NEUE SCHRIFTEN DES DEUTSCHEN STÄDTETAGES

—————————————— Heft 71 ——————————————

Gelebte Demokratie

Festschrift für

Oberbürgermeister a. D.
Dr. h.c. Manfred Rommel, Stuttgart

Herausgegeben für das Präsidium
des Deutschen Städtetages
von

Prof. Dr. Gerhard Seiler,
Oberbürgermeister der Stadt Karlsruhe,
Präsident des Deutschen Städtetages

Verlag W. Kohlhammer

DIE NEUEN SCHRIFTEN DES DEUTSCHEN STÄDTETAGES

veröffentlichen neben offiziellen Äußerungen des Deutschen Städtetages auch Arbeitsergebnisse und Diskussionsbeiträge seiner Gremien, seiner Mitglieder und sonstiger Mitarbeiter. Meinungen, die in den Schriften geäußert werden, stellen deshalb nicht in allen Fällen die festgelegte Ansicht des Deutschen Städtetages dar, sondern werden von den Verfassern verantwortet.

Sonderdruck für den Deutschen Städtetag

ISBN 3-17-015183-5

Werk-Nummer 15183

© Copyright 1997 Verlag W. Kohlhammer GmbH, Stuttgart, Berlin, Köln, Mainz – Verlagsort Köln

Druck: Drei Kronen Druck GmbH, Hürth/Rheinland

Printed in Germany   Imprimé en Allemagne

Inhalt

5

Geleitwort des Herausgebers

„Trotz ihrer wachsenden Probleme sind unsere Städte und Gemeinden noch immer Schulen der Demokratie. Nirgendwo sonst sind politische Entscheidungen direkter und erfahrbarer, nirgendwo sonst greifen sie unmittelbarer in das persönliche Lebensumfeld ein. Sie sind näher am Bürger als Landesverwaltungen, Bund oder Brüssel. Deshalb tun wir gut daran, den Kommunen das Recht der Selbstverwaltung zu erhalten. Ich gehe noch einen Schritt weiter: Wir sollten auch allen Versuchungen widerstehen, das Recht auf Selbstverwaltung faktisch auszuhöhlen. Diese Gefahr besteht. Vieles, was die Kommune betrifft, wird durch den Staat gesetzgeberisch und planerisch geregelt, vom berühmt-berüchtigten „goldenen Zügel" ganz zu schweigen. Handelnde und Betroffene sind also nicht mehr deckungsgleich."

Diese mahnenden Worte rief Bundespräsident Prof. Dr. Roman Herzog den Abgesandten der deutschen Städte anläßlich der Hauptversammlung des Deutschen Städtetages in Magdeburg 1995 ins Gedächtnis. Auf dem Podium hörte diese Sätze auch Manfred Rommel, langjähriger Präsident des Deutschen Städtetages. Der Bundespräsident traf mit diesen Aussagen auch das „Glaubensbekenntnis" des Stuttgarter Oberbürgermeisters.

Am Heiligen Abend 1928 in Stuttgart geboren, studierte Rommel nach 1945 Rechts- und Staatswissenschaften in Tübingen. Eine schnelle Karriere in der baden-württembergischen Landesverwaltung, u.a. im Innen-, Finanz- sowie im Staatsministerium, zuletzt als Staatssekretär schloß sich an. 1974 gewann er die Wahl zum Oberbürgermeister der baden-württembergischen Landeshauptstadt; 1982 und 1990 wiederholte er mit eindrucksvollen Ergebnissen diesen Erfolg. Mit Ablauf des Jahres 1996 schied er wegen Erreichens der Altergrenze aus dem Amt des Oberbürgermeisters und aus den Gremien des Deutschen Städtetages aus.

Als Präsident des Deutschen Städtetages 1977–1979, 1981–1983 und 1989–1993 gab Manfred Rommel dem Deutschen Städtetag ein unverwechselbares Profil. Sein erstes Anliegen galt den finanziellen Problemen der deutschen Städte. Engagiert setzte er sich dafür ein, durch eine radikale Neuordnung der Finanzverteilung zwischen Bund, Ländern und Kommunen ein föderales Konsolidierungskonzept für alle Haushalte der öffentlichen Hand auf den Weg zu bringen. Er wußte, daß die Kommunen große Mitverantwortung tragen. Nach 1990 galt seine Sorge einer angemessenen Finanzausstattung der Städte und Gemeinden in den neuen Ländern. Seine Anliegen waren aber nicht auf die Finanzen beschränkt: Eine Tolerierung von Doppelstaatsangehörigkeit, die Reform des Bodenrechts, Umschichtung der Mittel für den sozialen Wohnungsbau, der weitere Ausbau des öffentlichen Personennahverkehrs sowie insbesondere die Energiepolitik mit dem sog. Stromvergleich zwischen den westdeutschen regionalen Stromversorgern und den ostdeutschen Kommunen prägten seine Amtszeit. Mit anderen Großstadtkollegen rief der Stuttgarter Oberbürgermeister 1994 in einem Manifest zur Rettung der großen Städte auf; in der deutschen Politik sollen Großstadtprobleme wieder die Aufmerksamkeit bekommen, die sie verdienen.

In der Person Rommel vereinen sich rhetorische Brillanz, Stilsicherheit und Zitatenfestigkeit mit Geschick, gesundem Menschenverstand, Witz und Menschlichkeit. Das Unkomplizierte, Unprätentiöse prägt seine Handlungsweise. Vor Neuem kennt er keine Berührungsängste. Toleranz und Weltläufigkeit zeichnen ihn aus; die neuen Partnerschaften Stuttgarts mit Kairo, Lodz und Brünn, die Anerkennung aus Jerusalem sowie sein Amt als Koordinator für die deutsch-französische Zusammenarbeit sind dafür beredter Ausdruck.

Der Deutsche Städtetag ehrt mit dieser Festschrift seinen langjährigen Präsidenten. Diese Festschrift haben wir unter den Titel gestellt „Gelebte Demokratie". Mit dieser Überschrift haben wir umrissen, was das Leben Manfred Rommels in den letzten 20 Jahren entscheidend bestimmt hat. Es geht um eine Bestandsaufnahme, es geht aber auch um die Weiterentwicklung der kommunalen Demokratie; die folgenden Beiträge wollen zeigen, welchem Wandel diese unterworfen ist und wohin die Wege gehen.

Manfred Rommel, der Kommunalpolitiker, der Finanzpolitiker, der Wohnungspolitiker und der Energiepolitiker, der Sachwalter der Interessen kommunaler Selbstverwaltung und der Kommunalwirtschaft, wird sich darin in vielerlei Bezügen wiederfinden – meistens zu seiner Zufriedenheit, manches wird seinen Widerspruch ernten. Er wird es aber gewiß gerne sehen, daß diese Festschrift Auskunft gibt über den Wert und die Stellung der kommunalen Selbstverwaltung, wie sie im europäischen Kontext ganz besonders in Deutschland ausgeprägt, aber auch gefährdet ist.

Der Herausgeber und das Präsidium des Deutschen Städtetages überreichen diese Festschrift mit großem Respekt, tiefem Dank und den besten Wünschen für die Zukunft. Worte des Dankes gebühren allen, die am Zustandekommen dieser Festschrift beteiligt waren: In aller erster Linie den Autoren, die Manfred Rommel, jeder auf seine Weise, durch ihre interessanten, durchaus auch kontroversen und farbigen Beiträge ihre Hochachtung bezeugen. Dank gilt aber auch Herrn Jochen Dieckmann als dem Promotor und Herrn Niclas Stucke, der für Konzeption, Koordination und wissenschaftliche Redaktion dieses Werkes verantwortlich zeichnete.

Karlsruhe, 4. Juni 1997   Prof. Dr. Gerhard Seiler
Oberbürgermeister der Stadt Karlsruhe
Präsident des Deutschen Städtetages

11

ALBERT VON MUTIUS

Kommunen zwischen hohem Anspruch und rauher Wirklichkeit – Reflexionen zum Stellenwert kommunaler Selbstverwaltung –

I. Einführung

Manfred Rommel, dessen persönlichem praktischen Einsatz für eine streitbare, rechtsstaatliche und soziale Demokratie in verschiedenen herausgehobenen Funktionen diese Festschrift gewidmet ist, hat es vorbildlich verstanden, politischen Anspruch und praktisches Handeln in Kongruenz zu bringen. Wer angesichts seiner Realitätsanforderungen über den Stellenwert kommunaler Selbstverwaltung reflektiert, muß sich bereits selbstkritisch fragen, ob die Formulierung des Themas richtig gewählt ist. Denn eine Analyse der tatsächlichen Aufgaben der Gemeinden, Städte und Kreise in der Bundesrepublik ergibt, daß rein mengenmäßig die ganz überwiegende Zahl der Aufgaben rechtstechnisch keine Selbstverwaltungsaufgaben darstellen, sondern Fremdaufgaben, also Aufgaben zur Erfüllung nach Weisung oder Auftragsangelegenheiten aufgrund bundes- oder landesrechtlicher Zuordnung[1]. Und selbst im eigenen Wirkungskreis sind heute viele Angelegenheiten pflichtig zu erfüllen, so daß sich die Eigenverantwortlichkeit in den Grenzen des Grundsatzes der Gleichbehandlung aus Art. 3 Abs. 1 GG sowie der haushaltsrechtlichen Restriktionen nur noch auf geringfügige Modalitäten bezieht. Gleichwohl

---

[1] Zu den verschiedenen kommunalen Aufgaben statt vieler *Edzard Schmidt-Jortzig,* Kommunalrecht, Stuttgart u.a. 1982, S. 161 ff.; *Albert von Mutius,* Kommunalrecht, München 1996, Rdnrn. 298 ff.; *Rolf Stober,* Kommunalrecht in der Bundesrepublik Deutschland, 3. Aufl., Stuttgart u.a. 1996, S. 164 ff.; *Hans-Uwe Erichsen,* Kommunalrecht des Landes Nordrhein-Westfalen, 2. Aufl., Siegburg 1997, S. 67 ff. jeweils m.w.N.

erscheint es sachgerecht, in den Mittelpunkt kritischer Überprüfung von Anspruch und Wirklichkeit den Gedanken der Selbstverwaltung zu stellen; denn erst als sich die Idee der Selbstverwaltung[2] im Laufe des vergangenen Jahrhunderts als funktionsfähig erwies, ist der Staat mehr und mehr dazu übergegangen, eigene Aufgaben zusätzlich zu übertragen, also die Selbstverwaltungskörperschaften für den Vollzug der eigenen Angelegenheiten zu nutzen. Kommunale Selbstverwaltung als „mittelbare Staatsverwaltung"[3] dokumentiert also trotz klarer Trennung der Verantwortlichkeiten die Zusammengehörigkeit mehrstufiger Aufgabenerledigung in einer dezentralen Verwaltungsorganisation. Insoweit kommt hier zum Ausdruck, was seit nunmehr fast 200 Jahren, nämlich seit der Städteordnung des Freiherrn vom Stein von 1808, zu den wesentlichen Strukturelementen unseres modernen Verfassungsstaates gehört[4].

Dies entspricht auch der Wahrnehmung der Bürgerinnen und Bürger in unserem Gemeinwesen. Sie erleben den Staat nicht primär in Ministerien oder Oberbehörden des Bundes und der Länder, sondern vor Ort, also dort, wo sie ihre Anträge stellen, Leistungen insbesondere der Daseinsvorsorge entgegennehmen, Baugenehmigungen, Gewerbekonzessionen, Einwohnermeldebescheinigungen usw. erhalten oder Einrichtungen der Infrastruktur benutzen. Vor diesem Hintergrund ist es für die Entwicklung auch des Staatsverständnisses von elementarer Bedeutung, daß kommunale Dienststellen „Selbstverwaltung" nicht nur als Etikett verwenden, sondern als Philosophie, die die Praxis der Verwaltung vor Ort bestimmt.

---

[2] Vgl. *Hans Pohl,* Wurzeln und Anfänge der Selbstverwaltung, dargestellt am Beispiel der Städte, in: von Mutius, Selbstverwaltung im Staat der Industriegesellschaft, Heidelberg 1983, S. 3 ff.; *Christian-Friedrich Menger,* Entwicklung der Selbstverwaltung im Verfassungsstaat der Neuzeit, daselbst, S. 25 ff.; *Reinhard Hendler,* Selbstverwaltung als Ordnungsprinzip, Köln u.a. 1984, S. 8 ff.

[3] BVerwG, NVwZ 1984, 178; BVerfG, NJ 1995, 194 (195); *Albert von Mutius* (Fn. 1), Rdn. 16; *Edzard Schmidt-Jortzig* (Fn. 1), Rdnr. 3, 4.

[4] *Julius von Gierke,* Die erste Reform des Freiherrn vom Stein, 1957, passim; *Dieter Schwab,* Die „Selbstverwaltungsidee" des Freiherrn vom Stein und ihre geistigen Grundlagen, 1971, passim; *Ulrich Scheuner,* Grundbegriffe der Selbstverwaltung, in: Püttner (Hrsg.), Handbuch der kommunalen Wissenschaft und Praxis, Band I, 2. Aufl. 1981, S. 7 ff.

Grundgesetz und Landesverfassungen haben dieser strukturellen Bedeutung kommunaler Selbstverwaltung angesichts der Erfahrungen in der Weimarer Republik, im nationalsozialistischen Unrechtsstaat und in der Aufbauphase nach 1945[5] in eindrucksvoller Weise Rechnung getragen: Während sich die eigentlichen verfassungsrechtlichen Gewährleistungen einschließlich ihrer finanzverfassungsrechtlichen Ausprägungen entsprechend der Kompetenzverteilung zwischen Bund und Ländern in den Landesverfassungen finden[6], verortet das Grundgesetz die Selbstverwaltungsgarantie in die Homogenitätsbestimmung des Art. 28 GG und rückt sie damit in einen unmittelbaren Zusammenhang zu den Prinzipien des föderalen, demokratischen und sozialen Rechtsstaats[7]. Hieraus folgt: Art. 28 Abs. 2 GG enthält für die landesverfassungsrechtliche Ausgestaltung eine Mindestgarantie mit institutionellem[8] und subjektiv-rechtlichem Gehalt[9], die durch die subsidiäre kommunale Verfassungsbeschwerde zusätzlich abgesichert wird[10] und der einzelnen kommunalen Körperschaft Antrags-, Widerspruchs- und Beteiligungsrechte im Verwaltungsverfahren und im Verwaltungsprozeß vermittelt[11]. Zugleich wird, wie Art. 28 Abs. 1 S. 2 GG zu erkennen gibt, die Garantie kommunaler Selbstverwaltung damit zu einer verfassunggestaltenden Grundentscheidung bzw. Strukturbestimmung und zu

---

[5] Dazu mit umfangr. Nachw. *Albert von Mutius,* Kommunalverwaltung und Kommunalpolitik (1933-45), in: Jeserich/Pohl/von Unruh (Hrsg.), Deutsche Verwaltungsgeschichte Band IV, Stuttgart 1985, S. 1056 ff.; *ders.,* Kommunalverwaltung und Kommunalpolitik (ab 1945), in: Deutsche Verwaltungsgeschichte Band V, 1987, S. 314 ff.

[6] Nachw. bei *Albert von Mutius,* (Fn. 1), Rdn. 18.

[7] Zum Verhältnis von bundes- und landesverfassungsrechtlicher Gewährleistung der Selbstverwaltung ausführlich *Albert von Mutius,* Sind weitere rechtliche Maßnahmen zu empfehlen, ohne den notwendigen Handlungs- und Entfaltungsspielraum der kommunalen Selbstverwaltung zu gewährleisten?, Gutachten E zum 53. DJT, München 1980, S. 46 ff.; *Wolfgang Löwer,* in: von Münch/Kunig (Hrsg.), Grundgesetz-Kommentar Band 2, 3. Aufl. München 1995, Art. 28 Rdnr. 33 ff.

[8] Statt vieler *Klaus Stern,* in: Bonner Kommentar zum Grundgesetz, Art. 28 Rdn. 65; BVerfGE 1, 167 (173); 79, 127 (143).

[9] *Klaus Stern* (Fn. 8), Art. 28 Rdn. 65, 175; *Albert von Mutius* (Fn. 1), Rdnr. 150 ff.; *Wolfgang Löwer* (Fn. 7), Art. 28 Rdn. 41; BVerwGE 31, 263 (264); BVerwG, DVBl. 1970, 580; OVG Saarlouis, DÖV 1987, 496.

[10] Vgl. *Werner Hoppe,* in: Starck/Stern (Hrsg.), Landesverfassungsgerichtsbarkeit II, S. 260 ff.; *Jörn Ipsen,* Die kommunale Verfassungsbeschwerde nach Art. 54 Ziffer 5 der Niedersächsischen Verfassung, NdsVBl. 1994, S. 9 ff.; *Albert von Mutius* (Fn. 1), Rdnr. 67 ff.

[11] Vgl. BVerwGE 31, 263 (264); BVerwG, DVBl. 1970, 580 und NJW 1976, 2175.

15

einem verfassungsrechtlichen Ziel mit objektiv-rechtlichem Gehalt[12]. Der von Verfassungs wegen anerkannte gebietskörperschaftliche Charakter der Kommunen und ihre damit verbundene unmittelbar demokratische Legitimation in Art. 28 Abs. 1 S. 2 GG bewirken zumindest im Bereich der Erfüllung von Verwaltungsfunktionen eine prinzipielle Gleichwertigkeit der Erfüllungsebenen, wobei den kommunalen Körperschaften nach dem in den Art. 83, 30, 28 Abs. 2 S. 1 und 2 GG verankerten Prinzip der vertikalen Dezentralisation grundsätzlich die Kompetenz des ersten Zugriffs zusteht[13].

Diese institutionelle Garantie der kommunalen Selbstverwaltung hat bei genauer Betrachtung eine Außen- und Innenrichtung[14]: entstanden aus der Idee einer besseren verfassungsrechtlichen Absicherung in der Lehre von den institutionellen Garantien Friedrich Kleins[15] und Carl Schmitts[16], nach der derartige Rechts- und Wirkungszusammenhänge nur dann von Verfassungs wegen geschützt sind, wenn sie im Zeitpunkt des Inkrafttretens einer Verfassung rechtlich existieren, praktisch funktionieren und allgemein anerkannt sind, liegt es auf der Hand, daß Selbstverwaltung mehr ist als eine bloße juristische Kategorie. Es handelt sich um eine Kombination von Rechtseinrichtung und sozialem Gefüge, und deshalb greift es zu kurz, kommunale Selbstverwaltung nur als Schutz- und Abwehrrecht gegen staatliche Einwirkungen, als subjektives Recht mit Verfassungsrang usw. zu begreifen. Vielmehr gibt es offensichtlich Funktionsbedingungen, die von Ver-

---

[12] *Klaus Stern,* Das Staatsrecht der Bundesrepublik Deutschland, Band I, 2. Aufl., München 1984, S. 391 ff., zählt die kommunale Selbstverwaltung zu den „staatsformenden Instituten".

[13] Dies gilt um so mehr, als es für die Zuständigkeitsverteilung nach der Rastede-Entscheidung des BVerfG (BVerfGE 79, S. 127 ff./151 f.) für die Allzuständigkeitsvermutung der Gemeinden auf die Verwaltungskraft nicht ankommt. Dazu etwa *Hans-Günter Henneke/Gernot Schlebusch,* Rückführung von Normen und Standards, in: Henneke (Hrsg.), Stärkung der kommunalen Handlungs- und Entfaltungsspielräume, Stuttgart u.a. 1996, S. 51/76 ff.

[14] Dazu *Albert von Mutius* (o. Fn. 1), Rdnr. 140 ff.; *Herbert Bethge,* Das Selbstverwaltungsrecht im Spannungsfeld zwischen institutioneller Garantie und grundrechtlicher Freiheit, passim.

[15] Institutionelle Garantien und Rechtsinstitutsgarantien, Breslau 1934, S. 93 ff., 165 ff.; dazu *Gunther Abel,* Die Bedeutung der Lehre von den Einrichtungsgarantien für die Auslegung des Bonner Grundgesetzes, Berlin 1964, S. 121 ff.

[16] Freiheitsrechte und institutionelle Garantien der Reichsverfassung (1931), in: Verfassungsrechtliche Aufsätze aus den Jahren 1924-1954, Berlin 1958, S. 140 ff./158.

fassungs wegen als vorhanden vorausgesetzt werden, deren Existenz jedoch keineswegs selbstverständlich ist. Hierzu zählen: Es muß zur eigenverantwortlichen Wahrnehmung ein hinreichender Aufgabenbestand verfügbar sein; die gewählten Mandats- und Amtsträger müssen zur eigenverantwortlichen Aufgabenerledigung auch bereit und befähigt sein. Dies hat personelle, finanzielle und organisatorische Konsequenzen. Sie betreffen Motivation, Zusammenwirken von Haupt- und Ehrenamt sowie die Bereitschaft zum persönlichen Engagement und zu einem Eingehen auf die wirklichen (nicht nur parteipolitisch unterstellten) Belange der Bürgerinnen und Bürger. Man sollte sich davor hüten, diese Wirkungsbedingungen zu unterschätzen; wer dies tut, gibt entweder Selbstverwaltung bereits im Vorwege preis oder vergrößert die Distanz von Anspruch und Wirklichkeit in unerträglicher Weise. In der politischen wie wissenschaftlichen Diskussion dominiert meist die Außenrichtung der Selbstverwaltungsgarantie; ihre binnenstrukturelle Umsetzung verdient schon deshalb besondere Aufmerksamkeit und Sorgfalt, weil erst hieraus außengerichtete Abwehrstrategien legitimiert werden.

II. Ziele und Funktionen der verfassungsrechtlichen Gewährleistung kommunaler Selbstverwaltung

Spätestens seit der Stein'schen Städteordnung von 1808[17] basiert kommunale Selbstverwaltung in Deutschland auf zwei Funktionen, die im Grundgesetz (Art. 28 Abs. 2 und Abs. 1 S. 2 GG) sowie in den Landesverfassungen[18] auch hinreichend deutlich zum Ausdruck kommen. Diese Funktionen sind allgemein anerkannt; sie dienen als normatives Ziel für Gestaltungs- und Begrenzungsbefugnisse des parlamentarischen Gesetzgebers, zur Interpretation vorhandener Gesetze und untergesetzlicher Normen sowie zur normativen Steuerung der Tätigkeit von Behörden der unmittel-

---

[17] Vgl. *Julius von Gierke* (Fn. 4), passim; Krebsbach, Die Preußische Städteordnung von 1808. Festausgabe mit Darstellung der Grundlagen und Entstehung der Städteordnung sowie Fortentwicklung des preußischen Städterechts, 2. Aufl. 1970; *Meier,* Die Reform der Verwaltungsorganisation unter Stein und Hardenberg, 2. Aufl. 1912.
[18] Nachw. o. Fn. 6.

baren Staatsverwaltung (z.B. Aufsicht). Sie sind zugleich verbindliches objektives Recht mit der Folge, daß mangels ausdrücklicher unterverfassungsrechtlicher Konkretisierung hieraus in bestimmten Situationen bereits die Verfassungswidrigkeit von Regelungen und Maßnahmen folgen kann.

1. Administrative Funktion

Zunächst erfüllt die kommunale Selbstverwaltung eine administrative Funktion[19]. Sie verdeutlicht die Gliederung der öffentlichen Verwaltung in überschaubare Verwaltungseinheiten nach dem Prinzip der vertikalen Dezentralisation, also einer möglichst weitgehenden Aufgabenverlagerung auf die jeweils untere Entscheidungsebene, soweit dieses unter Berücksichtigung der Leistungsfähigkeit und Verwaltungskraft sachgerecht erscheint. Ferner geht es darum, eine einfache, überschaubare und akzeptierte Verwaltungsgliederung zu erreichen, den Bürgerinnen und Bürgern eine Anlaufstelle anzubieten, Verwaltungspersonal einzusetzen, welches beim Verwaltungsvollzug die unmittelbaren Folgewirkungen ein- und abschätzen kann. Das in der Selbstverwaltung verankerte Prinzip der Dezentralisation bedeutet mithin, daß Sach-, Bürger- und Ortsnähe Qualitätsmerkmale darstellen. Dies widerstreitet der allenthalben anzutreffenden Vorstellung, je höher die Entscheidungskompetenz angesiedelt sei, um so richtiger müßten die gefällten Entscheidungen sein. Höhere Instanzen haben vielmehr die Aufgabe, die Einheitlichkeit der Lebensverhältnisse und der Rechtsanwendung möglichst zu garantieren, politische, ökonomische, soziale und ökologische Rahmenbedingungen zu setzen, generelle Konzepte zu entwickeln und über deren Beachtung zu wachen (z.B. Rechtsaufsicht, Bindungswirkung der Ziele der Raumordnung und Landesplanung gemäß § 1 Abs. 4 BauGB, Entwicklung von Verkehrskonzeptionen, Wirtschaftsförderungsprogrammen usw.). Auch die Bündelung von Expertenwissen und ein besonders qualifizierter Sachverstand auf höherer Verwaltungsebene erscheinen schon aus Kostengründen

---

[19] Dazu ausführlich *Albert von Mutius,* Juristentagsgutachten (o. Fn. 7), S. 158 ff.

sinnvoll (z.B. Statistisches Landesamt, Geologisches Landesamt, Obere Denkmalbehörde usw.). Soweit solche einsichtigen Gründe für eine Bündelung von Aufgaben auf oberer Ebene nicht bestehen, zwingt das Prinzip der Dezentralisation zur Aufgabenverlagerung nach unten[20]. Dies gilt namentlich in den Bundesländern, in denen insbesondere nach der Kreisgebietsreform auf leistungsfähige und räumlich überschaubare Verwaltungsstrukturen aufgebaut werden kann[21].

Aus dieser Zielsetzung ergeben sich durchaus konkrete Folgerungen:

• Gemeinden und Kreise sind Träger mittelbarer Staatsverwaltung. Die Vorstellung einer Ansiedlung kommunaler Selbstverwaltung im gesellschaftlichen Raum entspricht nicht geltendem Verfassungsrecht, sondern den Vorstellungen der nicht in Kraft getretenen Paulskirchen-Verfassung von 1848. Gemeinde- und Kreisverwaltungen sind also prinzipiell genauso demokratisch legitimiert, rechtsstaatlich konstituiert und begrenzt sowie sozialstaatlich gebunden wie Institutionen der unmittelbaren Staatsverwaltung auch[22]. Deshalb betonen viele Landesverfassungen an verschiedenen Stellen ausdrücklich, Land, Gemeinden und Kreise seien verpflichtet, dieses oder jenes zu beachten. Dies hat praktische Bedeutung z.B. für die konkretisierten Staatszielbestimmungen, die die Landesverfassungen in Ergänzung zum Grundgesetz enthalten (z.B. Schutz nationaler Minderheiten und Volksgruppen)[23].

---

[20] Zum Prinzip dezentraler Aufgabenerfüllung *Albert von Mutius* (Fn. 1), Rdnr. 26 ff.; BVerfG, NVwZ 1989, 347 = DVBl. 1989, 300 ff.; Gesetzlich normiert ist dieses z.B. in § 26 Abs. 2 LVwG SH.

[21] Zu Maßstäben und Ergebnissen der kommunalen Gebietsreform in den westlichen Bundesländern *Werner Thieme*, in: Deutsche Verwaltungsgeschichte V (vgl. o. Fn. 5), S. 1027 ff.; zur Gebietsreform in den neuen Ländern *Werner Hoppe/Bernhard Stüer*, DVBl. 1992, S. 641 ff.; *Franz-Ludwig Knemeyer*, LKV 1992, S. 177 ff.; *ders.*, Die Verwaltung 1993, S. 273 ff.; *Wolfgang Bernet*, LKV 1993, S. 393 ff.; *Hubert Meyer*, LKV 1995, S. 317/318 ff.

[22] *Albert von Mutius* (Fn. 1), Rdnr. 37 ff.; *Rolf Stober* (Fn. 1), S. 99 ff.

[23] Vgl. Art. 25 Abs. 1 S. 2 Bbg.Verf., Art. 5 Abs. 2, 6 Sächs.Verf., Art. 37 Verf.LSA, Art. 5 Verf.SH; dazu *Albert von Mutius*, in: von Mutius/Wuttke/Hübner, Kommentar zur Landesverfassung Schleswig-Holstein, Kiel 1995, Art. 5 Rdn. 7.

- Als weitere Folgerung aus dieser administrativen Funktion läßt sich die zumindest verfassungspolitische Forderung ableiten, in Gesetzen klare Verantwortungsstrukturen zu schaffen, möglichst wenig Genehmigungsvorbehalte, Einvernehmens- und Benehmensregelungen vorzusehen, der Idee eines Kondominiums zwischen Kommunalaufsicht bzw. Fachaufsicht einerseits und kommunaler Aufgabenerfüllung andererseits nicht zu frönen, den Kreis der Beauftragten möglichst zu reduzieren, eine klare Trennung zwischen politischem und administrativem Controlling[24], also zwischen Programmierung, Steuerung und Verwaltungsvollzug, zu gewährleisten.

- Aus der administrativen Funktion ergeben sich im Zusammenhang mit notwendiger Aufgabenkritik auch Grenzen der Aufgabenausgliederung in den privaten oder zum Teil auch nur dritten Sektor (z.B. Wasserversorgung, Abfallwirtschaft, soziale Betreuung). Zwar sind diese Formen derzeit en vogue, gleichwohl sollte man sich darüber im klaren sein, daß von Verfassungs wegen die kommunalen Körperschaften selbst gehalten sind, die Erfüllung ihrer Kernaufgaben zumindest im Ergebnis zu gewährleisten[25]. Wenn also Kooperation oder Ausgliederung von Teilaufgaben etwa zur Nutzung externen Sachverstandes und zur Kosteneinsparung sinnvoll erscheinen, dann muß durch Satzung oder Vertrag der kommunalpolitische Einfluß gesichert und verwaltungsintern ein entsprechendes Beteiligungscontrolling aufgebaut werden[26]. Es darf nicht sein, daß wegen vermeintlicher

---

[24] Dazu *Jürgen Schmidberger,* Controlling für öffentliche Verwaltungen, Wiesbaden 1993; *Peter Horvath,* Controlling, 4. Aufl., München 1991; *Christoph Reichard,* Controlling in öffentlichen Institutionen, in: Weber/Tilkowski, Stuttgart 1989; *Thomas Reichmann,* Controlling mit Kennzahlen, München 1985; *Ulrich Andree,* Möglichkeiten und Grenzen des Controlling in der Kommunalverwaltung, Diss. Marburg 1993.

[25] Insoweit bestehen auch verfassungsrechtliche Grenzen einer Privatisierung kommunaler Aufgaben, vgl. Albert von Mutius (Fn. 1), Rdnr. 43 ff.; *Friedrich Schoch,* Privatisierung der Abfallentsorgung, Köln u.a. 1992, S. 50 ff.

[26] *Jürgen Schmidberger* (Fn. 24), S. 348 ff.; KGSt: Kommunale Beteiligungen II: Organisation der Beteiligungsverwaltung, Köln 1985, passim; *Gunnar Folke Schuppert,* Zur Kontrollierbarkeit öffentlicher Unternehmen – normative Zielvorgaben und ihre praktische Erfüllung, ZögU 1985, S. 310 ff.; *Monika Kuban,* Konzern Stadt – Die Steuerung der Beteiligungen, in: Schöneich (Hrsg.), Reformen im Rathaus, Köln 1996, S. 99 ff.; *Rüdiger Loitz/Michael Bradel,* „Konzern"controlling – Überlegungen zu einer Zusammenführung des Controlling von öffentlichen Unternehmen und Verwaltung, ZögU 1997, S. 99 ff.

Flexibilität sich die Kommunalverwaltung ständig auf der Flucht befindet – auf der Flucht aus dem Budget, der parlamentarischen bzw. politischen Kontrolle, der Finanzkontrolle usw. Im übrigen dürfte zumindest in größeren Kommunalverwaltungen längst der Zeitpunkt erreicht sein, nicht über neue Formen der Aufgabenausgliederung nachzudenken, sondern Instrumente zu entwickeln, die die zahlreichen Satelliten wieder einfangen, also die Einheitlichkeit der Verwaltung sichern und gemeinsame Zielsetzungen oder gar kommunale Identität in den Mittelpunkt rücken. Und immer wenn erwogen wird, Aufgaben in Form von rechtlich verselbständigten Organisationsformen zu erfüllen (GmbH, Aktiengesellschaft, kommunaler Zweckverband oder andere Formen interkommunaler Zusammenarbeit), sollte man sich kritisch fragen, ob nicht gleiche Effekte auch durch strukturelle Verwaltungsreformen (Maßnahmen der dezentralen Ressourcenverantwortung) erreicht werden können, bei denen jedoch die Einheit der gesamten Verwaltung erhalten bleibt.

• Folgerungen aus der administrativen Funktion ergeben sich namentlich bei den trotz vielfältiger erfreulicher Ansätze nach wie vor angezeigten Maßnahmen einer umfassenden Funktionalreform in den Flächenländern[27]. Hier muß – natürlich unter Berücksichtigung finanzieller Konsequenzen[28] – zur Verwirklichung einer klaren Abgrenzung unterschiedlicher Verantwortungsbereiche wesentlich stringenter das Prinzip der echten Kommunalisierung sämtlicher Aufgaben in der Fläche verfolgt werden[29]. Dabei sollte angesichts einer durchgehenden Stärkung der Verwal-

---

[27] Statt vieler *Jürgen Gornas*, Funktionalreform in Mecklenburg-Vorpommern, Dresden u.a. 1993, passim dazu *Hubert Meyer,* LKV 1994, S. 422 ff. und 1995, S. 317/318 ff.; *Albert von Mutius* (Hrsg.), Verwaltungsreform in Schleswig-Holstein – Schlußbericht der Enquete-Kommission zur Verbesserung der Effizienz der öffentlichen Verwaltung des Schleswig-Holsteinischen Landtages, Heidelberg 1995, S. 32 ff.

[28] Grundlegend *Friedrich Schoch/Joachim Wieland,* Finanzierungsverantwortung für gesetzgeberisch veranlaßte kommunale Aufgaben, Baden-Baden 1995, S. 126 ff.; *Friedrich Schoch,* Rechtliche Vernetzungen zwischen kommunaler Autonomie und staatlicher Abhängigkeit im kommunalen Finanzsystem, in: Henneke (Hrsg.), Steuerung der kommunalen Aufgabenerfüllung durch Finanz- und Haushaltsrecht, Stuttgart 1996, S. 81 ff.

[29] *Albert von Mutius* (Fn. 27), S. 34 ff.; eingehend *Helmut Wollmann,* „Echte Kommunalisierung" der Verwaltungsaufgaben: Innovatives Leitbild für umfassende Funktionalreform?, LKV 1997, S. 105 ff.

tungsebene der Kreise einerseits sowie der zunehmenden bundes-
wie europarechtlichen Determination von Aufgabenerfüllungen
andererseits auch in den größeren Bundesländern ernsthaft
geprüft werden, ob nicht die aufgeblähten kostenträchtigen Mit-
telinstanzen aufzulösen sind und eine klare Zweigliederung der
Verwaltung erhebliche Vorteile verspricht. Auf der einen Seite
wären die obersten und einige wenige obere Landesbehörden mit
dem Auftrag der politischen und parlamentarischen Verantwortung für Regierungsprogramme, für Entwicklung von Konzeptionen, für ein politisches Controlling, für fachliche Beratung und
Aufsicht, für die Vorbereitung von Gesetzgebungs- und Verord-
nungsvorhaben usw. zuständig; auf der anderen Seite stünden die
kommunalen Gebietskörperschaften mit den Routine- und Vollzugsaufgaben, insbesondere mit Wirkung in der Fläche, wobei
auch innerhalb des Bereichs der kommunalen Gebietskörperschaften die Aufgabenerfüllung soweit wie möglich nach unten
verlagert werden sollte. Zugleich würde auf diese Weise das wichtige Prinzip der Einheit der Verwaltung in der Fläche verwirklicht
mit der Konsequenz, staatliche Sonderbehörden (z.B. im Bereich
des Naturschutzes und der Landschaftspflege[30]) soweit als möglich aufzulösen. Gerade im Umweltschutz wird immer wieder die
Behauptung aufgestellt, eine Zentralisierung oder Hochzonung
der Aufgaben sei erforderlich, um die Unabhängigkeit der Aufgabenerledigung sicherzustellen. Dabei wird verkannt, daß in den
Kreisen, kreisfreien Städten und größeren kreisangehörigen
Gemeinden längst das ehrenamtliche Potential vorhanden ist,
welches außerordentlich engagiert dafür sorgt, daß wirksame
Umweltpolitik auf kommunaler Ebene stattfindet. Im übrigen
muß es natürlich darum gehen, im Zuge der Auflösung staatlicher
Sonderbehörden auch das Personal zu übertragen, weil nur dann
die Leistungsfähigkeit der Sonderbehörden und der Kommunalverwaltung vergleichbar werden. Ähnliches ist vorzuschlagen für
die Kataster- und Vermessungsverwaltung, für die Gewerbeauf-
sichtsämter im Verhältnis zur Kreisverwaltung oder für Aufgaben,

---

[30] Vgl. zum Problemkreis der Sonderbehörden *Hermann Hill*, in: Rechtsstaatliche Verwaltung
im Aufbau II – Sonderbehörden und Einheit der Verwaltung, 1993, S. 25 ff.

wie sie in Schleswig-Holstein durch die Ämter für Land- und Wasserwirtschaft wahrgenommen werden[31].

Was die rechtliche Qualifizierung der kommunalen Aufgaben anbelangt, so leisten wir uns in Deutschland eine verwirrende Vielfalt[32]: Wir differenzieren zwischen Auftragsangelegenheiten, Pflichtaufgaben zur Erfüllung nach Weisung, pflichtigen und freiwilligen Selbstverwaltungsangelegenheiten und schaffen damit zugleich undurchsichtige Verantwortungsstrukturen, mangelnde Transparenz für die Bürgerinnen und Bürger, aber auch für die ehrenamtlich Tätigen, weil ihnen nur schwer zu vermitteln ist, warum sie bei der einen Aufgabe mitzuwirken befugt sind, bei der anderen jedoch nicht. Auch hier sollte man sich im Zusammenhang mit einer echten Kommunalisierung der Aufgaben zu einer klaren Zweiteilung durchringen, also nur noch zwischen pflichtigen und freiwilligen Selbstverwaltungsangelegenheiten differenzieren. Die rechtlichen Maßstäbe der Kommunalaufsicht reichen angesichts der heutigen Regelungsdichte von Gesetzen, Verordnungen und sonstigen Rechtsnormen völlig aus, zumal hierzu auch das Haushaltsrecht mit seinen Grundsätzen der Wirtschaftlichkeit und Sparsamkeit zählt[33]. Im übrigen werden dergestalt die Grundgedanken des neuen Steuerungsmodells in der öffentlichen Verwaltung auf das Verhältnis von Staat und Kommunen übertragen: Der Staat steuert, delegiert aber Verantwortung durch Aufgabenübertragung und nimmt im Rahmen der Aufsicht Berichte über Art und Umfang der Aufgabenerledigung entgegen (Delegation von Ressourcenverantwortung kombiniert mit Berichtswesen). Eine solche Zweiteilung hätte natürlich Konsequenzen für die Binnenstruktur kommunaler Organisation: Sie würde das ehrenamtliche Element in der Kommunalverwaltung erheblich

---

[31] Vgl. *Albert von Mutius,* Verwaltungsreform (Fn. 27), S. 152/156 ff.

[32] Dazu *Franz-Ludwig Knemeyer,* DÖV 1988, S. 397 ff.; *Albert von Mutius* (Fn. 1), Rdnr. 303 ff.; *Hans-Uwe Erichsen* (Fn. 1), S. 67 ff.; *Rolf Stober* (Fn. 1), S. 38 ff.

[33] Dazu *Stefan Tholund,* Die gerichtliche Kontrolle der Haushaltsgrundsätze „Wirtschaftlichkeit" und „Sparsamkeit", Kiel 1991, passim; *Friedrich Wilhelm Held,* Steuerung kommunaler Aufgabenerfüllung durch Haushaltssicherungskonzepte und staatliche Genehmigungsvorbehalte bei Umlageerhebungen, in: Henneke (Fn. 28), S. 63 ff.

stärken bei gleichzeitiger Reduzierung auf das politische oder strategische Controlling[34].

2. Politisch-demokratische Funktion

Entsprechend ihrer ursprünglichen Idee soll die verfassungsrechtliche Gewährleistung der kommunalen Selbstverwaltung, wie nicht zuletzt Art. 28 Abs. 1 S. 2 GG zu erkennen gibt, eine politisch-demokratische Funktion erfüllen[35]. Gemeinden, Städte und Kreise sind insoweit in das demokratische System einbezogen, als auch auf kommunaler Ebene das Volk durch von ihm gewählte Organe oder selbst räumlich begrenzte (mittelbare) Staatsgewalt ausübt, grundsätzlich alle Angelegenheiten der örtlichen Gemeinschaft bzw. die zugewiesenen überörtlichen Aufgaben eigenverantwortlich wahrnimmt und dabei die Bürgerinnen und Bürger unmittelbar oder mittelbar in den Aufgabenvollzug einbezogen werden. Kommunale Körperschaften umschließen also Siedlungsräume, in denen Bürgerinnen und Bürger eigene Lebensinteressen verfolgen und darüber mehrheitlich entscheiden, mit denen sie sich identifizieren, in denen sie sich für das Gemeinwohl engagieren, die ihnen Freiräume zur Selbstverwirklichung bieten und die dazu geschaffen sind, ihre elementaren ökonomischen, sozialen und kulturellen Bedürfnisse zu befriedigen[36]. Deshalb trifft es zu, wenn Art. 11 Abs. 4 BayVerf., Art. 3 Abs. 2 MVVerf. betonen, „die Selbstverwaltung in den Gemeinden und Kreisen dient dem Aufbau der Demokratie von unten nach oben". Insoweit kann es nicht überraschen, daß häufig Strukturmängel im politischen System auf kommunaler Ebene schneller wahrgenommen werden als woanders, weil dort Verantwortung und Betroffenheit zugleich viel unmittelbarer empfunden werden.

---

[34] Nachw. o. Fn. 24.

[35] *Albert von Mutius* (Fn. 1), Rdnr. 43 ff. mit weit. Nachw.; dazu auch Hess.StGH, DÖV 1995, S. 596 ff. zu den insoweit gegebenen Anforderungen an die Ausgestaltung des kommunalen Wahlrechts.

[36] Zu diesem soziologisch-anthropologischen Aspekt kommunaler Selbstverwaltung etwa *Hans Pagenkopf*, Kommunalrecht Band 1: Verfassungsrecht, 2. Aufl., Köln u.a. 1975, S. 4 f.; *Edzard Schmidt-Jortzig* (Fn. 1), Rdn. 9.

Auch aus der so gekennzeichneten politisch-demokratischen Funktion ergeben sich wichtige Folgerungen:

• Die Zusammensetzung der Räte und Kreistage bietet Veranlassung, besonders sorgfältig auf die repräsentative Struktur der kommunalen Vertretungskörperschaften[37] zu achten. Dies liegt in der primären Verantwortung der politischen Parteien und Wählergemeinschaften bei der Kandidatenaufstellung und -auslese. Je mehr es gelingt, die kommunalen Vertretungskörperschaften und ihre Ausschüsse auf die eigentlichen Aufgaben des politischen Controllings (Vorgabe von Zielen, Programmen, Konzeptionen, allenfalls Entwicklung von Großprojekten) zu konzentrieren, um so mehr wirkt sich dieses auf die Qualität der Kandidatinnen und Kandidaten für die Kommunalwahl aus. Hieraus resultiert dann eine in sozialer, berufsmäßiger sowie alters- und bildungsbezogener Hinsicht bewirkte und von Verfassungs wegen gewollte Heterogenität der Kollegialstruktur der Beratungs- und Entscheidungsgremien.

• Es besteht Veranlassung, das Ehrenamt zu pflegen und zu stärken: In vielen Bundesländern ist zu beobachten, daß kaum noch Menschen bereit sind, sich für ehrenamtliche Tätigkeit namentlich in der Kommunalpolitik zu engagieren. Das hat viele soziale, ökonomische und politische Gründe. Es hat aber auch mit Umständen zu tun, die in der eigenen Verantwortung der Kommunen liegen. Analysen von Zeitbudget und Arbeitsaufwand des Ehrenamtes namentlich in größeren Städten zeigen, daß kommunale Selbstverwaltung auf dem Wege ist zu „implodieren". Sie fällt insoweit in sich zusammen, als die ehrenamtlich Tätigen in den Ausschüssen sich vornehmlich um jede Kleinigkeit kümmern („Gullydeckel-Perspektive"), zu der eigentlichen Arbeit der konzeptionellen und programmatischen Steuerung der Verwaltung jedoch nicht kommen bzw. hierzu überhaupt nicht in der Lage sind. Vor diesem Hintergrund ist die Grundidee der in vielen Kom-

---

[37] Zur repräsentativen Funktion der Gemeindevertretung statt vieler *Otto Gönnenwein*, Gemeinderecht, Tübingen 1963, S. 249 ff.; *Yvonne Ott*, Der Parlamentscharakter der Gemeindevertretung, Baden-Baden 1994, S. 96 ff.

munen heute erprobten Einführung neuer Steuerungsmodelle[38] im Grundsatz richtig, weil und soweit sie zu einer stärkeren Trennung von politischem Controlling einerseits und operativem Controlling einschließlich Verwaltungsvollzug[39] andererseits führt mit der Folge, daß sich das Ehrenamt auf das politische Controlling reduziert, sich also frei macht für die eigentlichen Aufgaben der Programmierung, politischen Steuerung und Kontrolle, während sich die hauptamtliche Verwaltung auf die professionelle Aufgabenerledigung und die notwendigen Informationen für die Politik konzentriert. Wie die Erfahrungen mit der Umsetzung dieser Reform namentlich in Großstädten zeigen[40], sind jedoch die Ehrenamtler nur schwer von den Vorteilen zu überzeugen, die diese Selbstbeschränkung mit sich bringen würde. Demgegenüber merken die Bediensteten der hauptamtlichen Verwaltung rasch, daß sie durch Delegation von Ressourcenverantwortung letztlich nur gewinnen können. Richtig verstanden kann also die Einführung neuer Steuerungsmodelle in die Kommunalverwal-

[38] Statt vieler *Gerhard Banner,* Verwaltungsführung, Organisation, Personalwesen (VOP) 1991, S. 6 (8 ff.); *ders.,* Von der Behörde zum Dienstleistungsunternehmen, 1993, S. 6 ff.; *ders.,* Kommunale Dienstleistungen zwischen Gemeinwohlauftrag, Bürgerschaft und Markt, in: Nierhaus (Hrsg.), Kommunale Selbstverwaltung – Europäische und Nationale Aspekte, Berlin 1996, S. 81 (90 ff.); *Brückmann,* in: ders./Walther (Hrsg.), Ein neues Steuerungssystem, 2. Aufl. 1994, S. 19 ff.; *Hermann Hill,* Verwaltungsorganisation 1995, S. 6 ff.; *KGSt,* Das neue Steuerungsmodell – Bericht Nr. 5/1993 und Bericht Nr. 6/1993; *dies.,* Organisationsarbeit im Neuen Steuerungsmodell – Bericht Nr. 14/1994; *dies.,* Verwaltungscontrolling im Neuen Steuerungsmodell – Bericht Nr. 15/1994; *D. Budäus,* Neues Führungsmanagement in der Erprobung, Stadt und Gemeinde 1997, S. 17 ff.; *ders.,* Public Management, 2. Aufl., Berlin 1994, passim; *C. Reichard,* Umdenken im Rathaus – neue Steuerungsmodelle in der Kommunalverwaltung, Berlin 1994, passim; *Maximilian Wallerath,* Verwaltungserneuerung, VerwArch Band 88 (1997), S. 1 (6 ff.); *Andreas Pinkwart,* Neue Verwaltungssteuerung im Spannungsfeld von Rat und Verwaltung, Städte- und Gemeinderat 1996, S. 383 ff.; *Albert von Mutius,* Neues Steuerungsmodell in der Kommunalverwaltung, in: Festschrift für Stern, München 1997, S. 685 (688 ff.) mit weit.Nachw.; *ders.,* Verwaltungsreform (Fn. 27), S. 36 ff.

[39] Zur Trennung von „Politik" und „Verwaltung" insbesondere *Gerhard Banner,* VOP 1991, S. 6 (8); *M. Blume,* Der Gemeindehaushalt 1993, S. 1 (2); *Brückmann,* HSGZ 1994, S. 222 (223); *Burkhart,* BWGZ 1994, S. 141 (142); *KGSt,* Bericht Nr. 5/1993, S. 3 (16 f.); *Kleinfeld,* in: Regionaal Bureau Onderwijs Noord – ein Midden – Limburg und Stadt Krefeld, Konzernstadt, S. 1 (6).

[40] Vgl. *Budäus,* Stadt und Gemeinde 1997, S. 17 (21 f.); *Albert von Mutius/Nils Behrndt,* Zwischenbericht über das Pilotprojekt „Verwaltungsreform" der Landeshauptstadt Kiel – Erste Phase, Kiel 1995; vgl. auch *Maximilian Wallerath,* VerwArch Band 88 (1997), S. 1 (18 ff.); DST, Städte auf dem Reformweg, Materialien zur Verwaltungsreform, DST-Beiträge zur Kommunalpolitik, Reihe A H.22, Köln 1996, passim.

tung bewirken, daß das Ehrenamt durch Konzentration auf das wesentliche überlebt. Nur wenn das geschieht, erhalten wir die kommunale Selbstverwaltung funktionsfähig. Die falsche Überlebensstrategie wäre es, durch Qualifizierungsmaßnahmen ehrenamtliche Mitglieder der Gremien zu „teilprofessionalisieren" oder über eine Fraktionsfinanzierung[41] Gegenbürokratien aufzubauen.

• Der generell zu beobachtende Rückzug vieler Menschen ins Private ermahnt uns, die Mitwirkung der Bürgerinnen und Bürger am kommunalpolitischen Entscheidungsprozeß[42] zu fördern, und zwar nicht nur dann, wenn diese im Einzelfall betroffen sind, sondern auch dort, wo derartige Mitwirkung manchem lästig erscheint. Solche Mitwirkungsrechte finden sich unterdessen in sämtlichen Kommunalverfassungen[43]; ihre Normierung in den neuen Bundesländern nach der politischen Wende war für die Belebung eines demokratischen Selbstbewußtseins der Bürgerinnen und Bürger von elementarer Bedeutung. Früher ist lange darüber theoretisch diskutiert worden, ob derartige „plebiszitäre Elemente"[44] nicht zu einer Aushöhlung des Prinzips der Repräsenta-

---

[41] Zur Zulässigkeit und Grenzen einer Fraktionsfinanzierung in den Kommunen grundlegend *Hubert Meyer,* Kommunales Parteien- und Fraktionenrecht, Baden-Baden 1990, S. 396 ff. (413 ff.); Fraktionsassistenten; VG Gelsenkirchen, NWVBl. 1987, S. 53 ff. (56 f.); *Erlenkämper,* NVwZ 1990, S. 116 ff. (129); vgl. auch *K.-A. Schwarz,* Zweckwidrige Verwendung von Fraktionsgeldern?, Nds.VBl. 1996, S. 155 ff.

[42] Hierzu allgemein *Albert von Mutius* (Fn. 1), Rdnr. 581 ff.; Hegele, Anhörungs-, Mitwirkungs- und Entscheidungsrechte von Einwohnern und Bürgern in der Gemeinde- und Landkreisordnung für den Freistaat Sachsen, LKV 1994, S. 16 ff.; *Hendler,* Zu den Vorzügen und Nachteilen verstärkter Bürgerbeteiligung auf kommunaler Ebene, der landkreis 1995, S. 321 ff.; Humpert, Bürgerantrag, Bürgerentscheid und Bürgerbegehren in der Kommunalverfassung der neuen Bundesländer, DÖV 1990, S. 999 ff.; *Stargardt,* Mittelbare und unmittelbare Formen der Bürgerbeteiligung in den Gemeinden und Kreisen, DVP 1994, S. 407 ff.; *Eberhard Schmidt-Aßmann,* in: ders., Besonderes Verwaltungsrecht, 10. Aufl. Berlin 1995, erster Abschnitt Rdnr. 89 ff.; *Franz-Ludwig Knemeyer,* Bürgerbeteiligung und Kommunalpolitik, München u.a. 1995, passim.

[43] Nachw. bei *Albert von Mutius* (Fn. 1), Rdnr. 588 ff.; *Rolf Stober* (Fn. 1), S. 120 ff.; vgl. auch *Hans Georg Fischer,* Bürgerbegehren und Bürgerentscheid – ein neues Element unmittelbarer Demokratie in der Kommunalverfassung von Nordrhein-Westfalen, NWVBl. 1995, S. 366 ff. sowie den Überblick bei *Stargarth,* DVP 1994, S. 407 (417/418).

[44] Hierzu bereits *Otto Gönnenwein,* Gemeinderecht (Fn. 37), S. 206 ff.; vgl. auch *Andreas Bovenschulte/Annette Buß,* Plebiszitäre Bürgermeisterverfassungen, Baden-Baden 1996, passim.

tion führen könnten. Die Praxis widerlegt diese Befürchtungen: Richtig gehandhabt, können sie sogar zur Stärkung der Repräsentation beitragen. Im übrigen haben es Kommunalpolitik und Kommunalverwaltung selbst in der Hand, wie im neuen Steuerungsmodell vorgesehen, ihre Aufgaben deutlicher „kundenorientiert"[45] zu erfüllen, d.h. an dem laufend ermittelten wirklichen Bedarf zu orientieren.

• Komplexität der zu erfüllenden Aufgaben, Strukturwandel und der Zustand der öffentlichen Finanzen veranlassen uns, die überkommenen Organisationsstrukturen der Kommunalverwaltung kritisch zu überprüfen. Wenn es richtig ist, daß namentlich Verwaltungsbehörden vor Ort Dienstleistungsbetriebe darstellen, die kunden- und kostenorientiert arbeiten müssen und sich vielfältigem externen und internen Wettbewerb zu stellen haben[46], dann muß dies zu Konsequenzen für das eigene Leitbild, für die Binnenstruktur und für stärkere Wechselwirkungen zwischen Verwaltung und Bürgerschaft führen. Als Beispiele mögen hier Stadtmarketing und die Einrichtung von Bürger-Centern dienen, mit denen eine Anlaufstelle geschaffen wird, in der eine umfassende Erstbetreuung unter allen in Betracht kommenden fachlichen Gesichtspunkten stattfindet[47].

[45] *Albert von Mutius*, Neues Steuerungsmodell (Fn. 38), S. 685 (691); *Gerhard Banner,* Kommunale Dienstleistungen (Fn. 38), S. 81 (96 ff.); *Hans-Josef Vogel/Michael Voigt/Bernd Wisser*, Kundenorientierung und Bürgeraktivierung als Erfolgsfaktoren der Verwaltungsmodernisierung, Städte- und Gemeinderat 1996, S. 400 ff.; *Hermann Hill*, Vergeßt die Bürger nicht!, in: Schückhaus (Hrsg.), Kommunen in Not – Wege aus der Krise: Reformansätze aus der kommunalen Praxis, Stuttgart 1996, S. 3 ff.
[46] Zur Kommune als Dienstleistungsbetrieb vgl. etwa *Bickeböller/Förster*, Stadt und Gemeinde 1993, S. 136 ff.; *Oppen*, Vom Verwaltungsapparat zum Dienstleistungsunternehmen: Klientenorientierte Gestaltungsvarianten sozialpolitischer Administration, 1991, passim; *Plathe*, Die Neue Verwaltung (DNV) 2/1995, S. 14 ff. und 3/1995, S. 20 ff.; *Schnappauf*, BayVBl. 1993, S. 578 ff.; *Wieland*, Informationen Niedersächsischer Landkreistag (NLT) 1994, S. 18 ff.; *Gerhard Banner*, Kommunale Dienstleistungen (Fn. 38), S. 81 (87 ff.); zum Wettbewerbsgedanken insbesondere *Sören Häggroth*, Marktorientierte kommunale Dienste: Erfahrungen aus Schweden, in: Banner/Reichard (Hrsg.), Kommunale Managementkonzepte in Europa, Köln u.a. 1993, S. 75 ff.; *Derek Thomas*, Surrey County Council: Leistungssteigerung durch Strukturreform und Wettbewerb, daselbst, S. 113 ff.
[47] Vgl. hierzu etwa *Hartmann*, der landkreis 1995, S. 382 ff.; *Lenk/Klee-Kruse*, Verwaltungsorganisation 1994, S. 6 ff.; dies., Bürgerbüros als innovative kommunale Serviceagenturen, Qualitätssteigerung öffentlicher und kommerzieller Dienste durch multimediale Telekooperation, 1995, passim.

III. Ausgewählte Aspekte der verfassungsrechtlichen Gewährleistung kommunaler Selbstverwaltung

1. Zur Struktur der Gewährleistung in Art. 28 Abs. 2 GG i.V.m. den landesverfassungsrechtlichen Garantien

Der Schutzbereich der verfassungsrechtlichen Gewährleistung kommunaler Selbstverwaltung auf Bundes- und Landesebene[48] wird geprägt durch das Prinzip eigenverantwortlicher Aufgabenerledigung in Gemeinden, Städten und Kreisen. Zugunsten der Gemeinden und Städte gilt die Allzuständigkeitsvermutung für den örtlichen Wirkungskreis; Art. 28 Abs. 2 S. 2 GG enthält eine Garantie der Kreisorganisation, verbunden mit einigen elementaren zugewiesenen Kreisaufgaben. Hierzu gehören etwa die typischen Ausgleichs- und Ergänzungsfunktionen[49], aber auch eigene Selbstverwaltungsaufgaben der Kreise. Ferner ist die Kreisverwaltung durch ein noch höheres Maß an übertragenen Vollzugsaufgaben gekennzeichnet, was den dreifachen Charakter dieser Institution verdeutlicht: Gemeindeverband, Selbstverwaltungskörperschaft und – im Wege der Organleihe – untere staatliche Verwaltungsbehörde[50]. Gegenständlich findet kommunale Selbstverwaltung in typischen Aufgabenfeldern statt, insbesondere Daseinsvorsorge, raumbedeutsame Planung, Finanzierung und Haushaltsbewirtschaftung, Personal und Organisation sowie Satzungsbefugnis. Schließlich führt die Rechtsprechung des BVerfG zur mangelnden Grundrechtsfähigkeit kommunaler Kör-

---

[48] Dazu ausführlich *Albert von Mutius,* Juristentagsgutachten (Fn. 7), S. 17 ff.; *Franz-Ludwig Knemeyer,* Die verfassungsrechtliche Gewährleistung des Selbstverwaltungsrechts der Gemeinden und Landkreise, in: von Mutius (Hrsg.), Selbstverwaltung im Staat der Industriegesellschaft, Heidelberg 1983, S. 209 ff.

[49] Dazu grundlegend *Köstering,* in: Püttner (Hrsg.), Handbuch der kommunalen Wissenschaft und Praxis Band III, 2. Aufl., S. 39/49 ff.; *Tiedeken,* Selbstverwaltung im Kreis: Nur Ausgleichs- und Ergänzungsfunktion?, in: von Mutius (Hrsg.), Selbstverwaltung im Staat der Industriegesellschaft, Heidelberg 1983, S. 341 ff.; *Friedrich Schoch,* Die Kreise zwischen örtlicher Verwaltung und Regionalisierungstendenzen, in: Henneke/Maurer/Schoch, Die Kreise im Bundesstaat, Baden-Baden 1994, S. 11 (27 ff.).

[50] Grundlegend *Georg-Christoph von Unruh,* Der Landrat – Mittler zwischen Staatsverwaltung und kommunaler Selbstverwaltung, Köln u.a. 1966, passim; *Albert von Mutius,* Kreise als Gebietskörperschaft, Gemeindeverband und untere staatliche Verwaltungsbehörde, der landkreis 1994, S. 5 ff.; *Eberhard Schmidt-Aßmann,* Perspektiven der Selbstverwaltung der Landkreise, DVBl. 1996, S. 533 ff.

perschaften vor allem im Vermögensbereich[51] dazu, öffentliches Vermögen ausschließlich funktionsabhängig zu begreifen mit der Folge, daß Eingriffe anderer Verwaltungsträger in kommunales Vermögen nur über die Selbstverwaltungsgarantie abgewehrt werden können[52].

In personaler Hinsicht sind verfassungsrechtlich geschützt die Gemeinden (einschließlich Städte) und (Land-)Kreise, nicht jedoch die Organisationsformen mehrstufiger Aufgabenerledigung (Ämter, Samtgemeinden, Verbandsgemeinden, Verwaltungsgemeinschaften) und die höheren Kommunalverbände[53]. Auch interkommunale Zusammenarbeit in den Formen des öffentlichen und des privaten Rechts ist weitgehend gesetzlicher Gestaltung zugänglich; zusammen mit den Instrumenten mehrstufiger Aufgabenerledigung erfüllen sie im ländlichen Raum eine sinnvolle Funktion insoweit, als sie verhindern, daß Kleinstgemeinden nur wegen mangelnder Verwaltungskraft aufgelöst werden müssen[54].

Durch die kommunale Selbstverwaltungsgarantie von Grundgesetz und Landesverfassungen werden alle Verwaltungsträger verpflichtet, bei denen es in Erfüllung ihrer Aufgaben zur Beschränkung kommunaler Eigenverantwortlichkeit kommen kann. Insoweit ist auch die interkommunale Wirkung dieser Garantie unterdessen völlig unbestritten[55]. Insoweit erfüllt Art. 28 Abs. 2

---

[51] So insbesondere die Sasbach-Entscheidung des BVerfG, BVerfGE 61, 82 = DVBl. 1982, 940 = DÖV 1982, 816; vgl. auch *Badura,* Grundrechte der Gemeinde?, BayVBl. 1989, S. 1 ff.; *Bethge,* Die Grundrechtsberechtigung juristischer Personen nach Art. 19 Abs. 3 GG, NVwZ 1993, S. 603 ff.; *Albert von Mutius* (Fn. 1), Rdnr. 116 ff.

[52] Diese Konsequenz wird allerdings in der Praxis kaum gezogen mit der Folge, daß bei derartigen Beeinträchtigungen kommunalen Eigentums ein verfassungsgerichtlicher Schutz jedenfalls nicht gewährt wird.

[53] Dazu etwa statt vieler *Albert von Mutius/Edzard Schmidt-Jortzig* (Hrsg.), Probleme mehrstufiger Erfüllung von Verwaltungsaufgaben auf Kommunalebene, Siegburg 1982, passim; *Albert von Mutius,* Regionale Selbstverwaltung in den neuen Bundesländern – Modell für die Zukunft?, in: Staatswissenschaften und Staatspraxis 1991, S. 3 ff.

[54] Dies war etwa die Erwägung für die Beibehaltung der Ämter in Schleswig-Holstein, vgl. *Albert von Mutius/Harald Rentsch,* Kommunalverfassungsrecht Schleswig-Holstein, 4. Aufl. 1994, § 1 AO Rdn. 2.

[55] Vgl. BVerfG, NVwZ 1989, 347; BVerwGE 67, 321 = NVwZ 1984, 176; OVG Lüneburg, DÖV 1980, 417 (419); *Franz-Ludwig Knemeyer,* DVBl. 1984, S. 23 ff.; *Albert von Mutius* (Fn. 1), Rdnr. 204 ff. mit weit. Nachw. auch zur älteren Gegenansicht.

GG i.V.m. den landesverfassungsrechtlichen Gewährleistungen auch die Funktion, zur Rationalität der Auseinandersetzung innerhalb der häufig durchaus heterogenen „kommunalen Familie" beizutragen. Dies wird praktisch für konkurrierende Aufgabenerfüllung im kreisangehörigen Raum, aber auch bei konkurrierender Wirtschaftsförderung. Hieraus folgt etwa das Gebot interkommunaler Abstimmung bei der Ansiedlung von Industrie- und Gewerbebetrieben oder der Ausweisung von Sondergebieten gemäß § 11 Abs. 3 BauNVO. Zugleich kann so dem zentralörtlichen Gliederungssystem der Raumordnung und Landesplanung[56] kommunale Durchsetzungskraft verliehen werden.

Kommunale Selbstverwaltung ist gemäß Art. 28 Abs. 2 GG von Verfassungs wegen einschränkbar. Zum einen sind die verfassungsunmittelbaren Schranken (Staatszielbestimmungen, Grundrechte, Finanzverfassung) zu beachten, zum anderen unterliegt die Selbstverwaltungsgarantie dem Gesetzesvorrang und dem Gesetzesvorbehalt. Zwar kommt bei der Einschränkung, insbesondere auch bei Aufgabenübertragungen, nach der Rastede-Entscheidung des BVerfG[57] dem parlamentarischen Gesetzgeber ein außerordentlich weiter Gestaltungsspielraum zu; dessen Grenzen sind jedoch erreicht, wenn die vorgesehenen Beschränkungen zur Verwirklichung legitimer Ziele weder geeignet noch erforderlich noch angemessen (= verhältnismäßig[58]) sind. Verwaltungspraxis und Rechtsprechung liefern hierzu ein breites Anschauungsmaterial[59]. Ob dabei die Intention des Art. 28 Abs. 2 GG „im Zweifel für die kommunale Selbstverwaltung" stets obsiegt, muß allerdings füglich bezweifelt werden. So hat etwa das BVerfG kürz-

---

[56] Vgl. *Rainer Wahl*, Rechtsfragen der Landesplanung und Landesentwicklung, 2. Band: Die Konzepte der Siedlungsstruktur in den Planungssystemen der Länder, Berlin 1978, S. 15 ff.; *Werner Hoppe/Benno Bunse*, Zentralörtliches Gliederungsprinzip und Bauleitplanung, WiVerw. 1984, S. 151 ff.; *Wilfried Erbguth/Jörg Schoeneberg*, Raumordnungs- und Landesplanungsrecht, 2. Aufl., Köln 1992, S. 8 ff.

[57] BVerfG, NVwZ 1989, 347 = DVBl. 1989, 300 ff.

[58] Zu diesen verfassungsrechtlichen Grenzen grundlegend *Willi Blümel*, Wesensgehalt und Schranken des kommunalen Selbstverwaltungsrechts, in: von Mutius (Hrsg.), Selbstverwaltung im Staat der Industriegesellschaft, Heidelberg 1983, S. 265 (269 ff.) mit umfangr. Nachw.

[59] Nachw. z. B. *Wolfgang Löwer*, in: von Münch/Kunig (Hrsg.), Grundgesetz-Kommentar Band 2, 2. Aufl., München 1995, Art. 28 Rdnr. 46 ff.; *Albert von Mutius* (Fn. 1), Rdnr. 216 ff.

lich die zwangsweise Einführung kommunaler Frauenbeauftragter für verfassungsmäßig erklärt[60]. Dies ist im Hinblick auf das legitime, unterdessen sogar verfassungsrechtlich verankerte Prinzip der Frauenförderung[61] im Grundsatz nicht zu beanstanden; die Frage ist nur, ob die kommunalen Körperschaften, die an dieses Verfassungsziel ohnehin gebunden sind, im Rahmen ihrer Eigenverantwortlichkeit nicht auch befugt bleiben müssen, andere Organisationswege der (mittelbaren) Frauenförderung einzuschlagen, oder ob nicht zumindest von Verfassungs wegen eine klare Befristung dieser Regelungen hätte erfolgen müssen, weil zu erwarten ist, daß einmal etablierte Beauftragte selbst dann als Institution bestehen bleiben, wenn ein hinreichendes Ausmaß der gebotenen Gleichstellung von Frauen erreicht ist.

2. Kommunale Eigenverantwortlichkeit

Rechtsnormativ wie faktisch lebt kommunale Selbstverwaltung von Inhalt und Ausmaß der eingeräumten und ausgeübten Eigenverantwortlichkeit[62]. Die Mandats- und Amtsträger müssen über die Aufgabenerledigung prinzipiell selbst entscheiden und nicht nur daran mitwirken; der Entscheidungsprozeß muß sich in repräsentativen, transparenten und auf Verantwortung ausgerichteten Strukturen abspielen. Hieraus ergeben sich Grenzen der Vorformung politischen Willens durch Parteien und Fraktionen, Grenzen für staatliche Genehmigungs-, Sanktions- und sonstige Kontrollbefugnisse, Grenzen für Einvernehmens- und Benehmensregelungen sowie die entscheidende Grundlage für die Ablehnung

---

[60] BVerfG, DVBl. 1995, 290 (292 f.); a.A. etwa *Hans-Uwe Erichsen,* Kommunale Organisationshoheit und Gleichstellungsbeauftragte, Arbeitshefte des SH Gemeindetages Nr. 2, 1991, S. 58 ff.; kritisch auch *Edzard Schmidt-Jortzig,* der landkreis 1994, S. 11 (12 f.); ders., Erschwerung kommunaler Aufgabenerfüllung durch Personalvertretungsrecht, (Gleichstellungs-)Beauftragte und verstärkte Bürgerbeteiligung, in: Henneke (Hrsg.), Stärkung der kommunalen Handlungs- und Entfaltungsspielräume, Stuttgart 1996, S. 97 (105 ff.).

[61] Art. 3 Abs. 2 S. 2 GG; dazu die Begründung der Gemeinsamen Verfassungskommission, BT-Drucks. 12/6000, S. 49 ff.; ähnlich vorher schon Art. 6 S. 1 Verf SH.

[62] Dazu *Albert von Mutius,* Juristentagsgutachten (Fn. 7), S. 20 ff.; *Hans Pagenkopf,* Kommunalverfassungsrecht (Fn. 36), S. 46 ff.; *Edzard Schmidt-Jortzig* (Fn. 1), Rdnr. 480 ff.; *Wolf/Bachhof/Stober,* Verwaltungsrecht II, 5. Aufl., München 1987, § 86 Rdnr. 50 ff.

der überkommenen Auffassung von einem „Kondominium" zwischen Staat und Kommunen[63]. Im übrigen folgt aus dem verfassungsrechtlichen Prinzip kommunaler Eigenverantwortlichkeit die ständige Mahnung an parlamentarische Gesetzgebung und administrative Normsetzung, Regelungsdichte zu reduzieren und Vorschriften im Zweifel „kommunalfreundlich" auszugestalten. Es bedarf im Normgebungsverfahren einer institutionalisierten „Kommunalverträglichkeitsprüfung", die etwa durch geregelte Mitwirkung kommunaler Spitzenverbände auf Bundes- und Landesebene gesichert werden kann.

Die kommunale Praxis liefert zahlreiche Beispiele, wie das Prinzip der Eigenverantwortlichkeit von innen und außen ausgehöhlt wird:

• Im Rahmen notwendiger Aufgabenkritik wird häufig das Heil (= Flucht aus dem Budget) in einer partiellen oder gänzlichen Aufgabenausgliederung in privatrechtliche Rechtsformen (GmbH, Aktiengesellschaft) gesehen; aber auch andere Mischformen des „Outsourcing" auf vertraglicher Grundlage werden zunehmend erprobt[64]. Vorsicht mit derartiger Satellitenbildung! Wenn dies wirklich nach Ausschöpfung aller Haushaltskonsolidierungs- und Reformmöglichkeiten die verbleibende Lösung ist, dann bedarf es zumindest einer sorgfältigen Ausgestaltung der Gesellschaftsverträge oder sonstigen Überlassungsverträge, um die Eigenverantwortlichkeit bzw. den kommunalpolitischen Einfluß sicherzustellen (Beteiligungscontrolling). Beispielhaft sei insoweit auf die

---

[63] Zu dieser überholten Vorstellung von einem „Kondominium" zwischen Staat und Kommunen *Eberhard Schmidt-Aßmann* (Fn. 42), Erster Abschnitt Rdn. 49; *Albert von Mutius* (Fn. 1), Rdnr. 882 ff. mit weit. Nachw.; *Rolf Stober* (Fn. 1), S. 160 ff.; *Wolf/Bachhof/Stober*, Verwaltungsrecht II (Fn. 62), Rdn. 180.

[64] Zu den verschiedenen Formen des „Outsourcing" *Albert von Mutius,* Verwaltungsreform (Fn. 27), S. 53 ff.; *W. Erbguth/F. Stollmann,* Erfüllung öffentlicher Aufgaben durch private Rechtssubjekte? Zu den Kriterien bei der Wahl der Rechtsform, DÖV 1993, S. 798 ff.; *Friedrich Schoch*, Privatisierung von Verwaltungsaufgaben, DVBl. 1994, S. 962 ff.; *H. Schumacher*, Die Übertragung öffentlicher Aufgaben der Gemeinden auf Dritte, LKV 1995, S. 135 ff.; *G. Witte*, Privatisierung städtischer Aufgaben, der städtetag 1994, S. 524 ff.; *J. Dieckmann*, Unternehmen Stadt, Gemeindehaushalt 1993, S. 121 ff.

sog. Betreibermodelle in der Abfallwirtschaft verwiesen[65]. Aber auch die Ausweitung öffentlich-rechtlicher Verträge im neuen Instrumentarium des Bauplanungsrechts (Vorhaben- und Erschließungsplan, städtebaulicher Vertrag)[66] erweitern nicht nur die Gestaltungsbefugnisse der Kommunalpolitik, sondern enthalten auch Risiken, einseitig bestimmten Investitionsinteressen nachzugeben.

• Die Praxis der Raumordnung und Landesplanung insbesondere in den neuen Bundesländern liefert Anlaß zur Kritik: Zum Teil wird detailliert durch entsprechende Stellungnahmen in die kommunale Bauleitplanung eingewirkt, und viele kommunale Vertretungskörperschaften und Bauplanungsämter nehmen dieses widerspruchslos hin. Von Verfassungs und Gesetzes wegen gilt allerdings das Gegenstromprinzip[67], also das Prinzip einer geteilten Verantwortung von unmittelbarer und mittelbarer Staatsverwaltung in den Kommunen. Gemäß § 1 Abs. 4 BauGB sind für die Bauleitpläne nur die Ziele der Raumordnung und Landesplanung verbindlich, alles andere, was sich in den landesplanerischen Stellungnahmen wiederfindet, unterliegt der Abwägung durch die Bebauungsplanung. Es stärkt die kommunale Eigenverantwortung nicht, wenn im Einzelfall der Eindruck erweckt wird, man könne nach wie vor durch solche Stellungnahmen von oben verbindliche Vorgaben setzen. Daher gilt für die obersten und oberen Landesbehörden: Zurückhaltung mit verbindlichen Maßga-

---

[65] Vgl. *Friedrich Schoch,* Privatisierung der Abfallentsorgung, Köln u.a. 1992, passim; *ders.,* Rechtsfragen der Privatisierung von Abwasserbeseitigung und Abfallentsorgung, DVBl. 1994, S. 1 ff.; *H. H. Greßhöner/Carl Stuhlmacher,* Privatisierung der kommunalen Abwasserentsorgung – Erfahrungen mit dem „Niedersächsischen Kooperationsmodell", Energiewirtschaftliche Tagesfragen 1994, S. 296 ff.; *J. C. Pielow,* Rechtlicher Rahmen für Public-Private-Partnership auf dem Gebiet der Entsorgung, DVBl. 1994, S. 1398 ff.; *K.-U. Rudolph,* Das Kurzzeit-Betreibermodell bei der Abwasserreinigung für die Stadt Altenburg, Gemeindehaushalt 1995, S. 85 ff.
[66] Statt vieler *Hans-Jörg Birk,* Die neuen städtebaulichen Verträge, 2. Aufl., Stuttgart u.a. 1996; *Rudolf Stich,* Verträge zwischen Gemeinden und privaten Vorhabensträgern nach dem neuen Bundesbaurecht, in: Karmann (Hrsg.), Das neue Bundesbaurecht, 1994.
[67] Vgl. § 1 Abs. 4 ROG; dazu *Braese,* Das Gegenstromverfahren in der Raumordnung – Zum Abstimmungsverfahren bei Planungen, 1982, passim; *Wickrath,* Bürgerbeteiligung im Recht der Raumordnung und Landesplanung, 1992, S. 33 ff.; *Winfried Brohm,* Öffentliches Baurecht, München 1997, S. 155 ff.; *Werner Hoppe/Susan Grotefels,* Öffentliches Baurecht, München 1995, S. 64 ff. mit weit. Nachw.

ben! Auch die Kommunalaufsicht sollte eher beraten und fördern als eingreifen[68].

• Wer eine kraftvolle Eigenverantwortung kommunaler Körperschaften will, muß auch zur Praxis der Mustersatzungen, Erlasse und Richtlinien auf Distanz gehen. Was nützen auf das wesentliche begrenzte Gesetze oder Verordnungen, wenn anschließend Beurteilungs- und Ermessensspielräume der Verwaltung durch Interpretationsrichtlinien und Anwendungserlasse der obersten Landesbehörden bis in Kleinigkeiten eingeengt werden[69]? Allerdings zeigt sich hier eine merkwürdige Schizophrenie der kommunalen Adressaten solcher Verwaltungsvorschriften selbst: Bei „Sonntagsreden" über das Wesen der kommunalen Selbstverwaltung wird die Flut dieser apokryphen Innen-Rechtssetzung[70] vehement beklagt, im rauhen Alltag werden von denselben Personen im Interesse einer gleichmäßigen Normanwendung derartige Erlasse gefordert. Vor diesem Hintergrund nimmt es nicht wunder, daß Vorschläge, derartiges Innenrecht grundsätzlich zu befristen, bislang kaum realisiert worden sind[71].

• Eigenverantwortliche Aufgabenerledigung wird schließlich durch eine immer noch wachsende Last von Aufgabenübertragungen durch Bundes- und Landesgesetze namentlich im Umwelt- und Sozialbereich radikal reduziert[72] – ein Phänomen, welches eben nicht nur unter dem finanzverfassungsrechtlichen

---

[68] Vgl. dazu *Albert von Mutius*, Juristentagsgutachten (Fn. 7), S. 79 ff.

[69] Dazu eingehend mit weit. Nachw. *Albert von Mutius*, Juristentagsgutachten (Fn. 7), S. 75 ff.

[70] Zu dieser Begrifflichkeit *Christian-Friedrich Menger*, Verwaltungsrichtlinien – Autonome Rechtssetzung durch die Exekutive?, in: Demokratie und Verwaltung, Schriftenreihe der Hochschule Speyer, Band 50, Berlin 1972, S. 299 f.

[71] So hat sich etwa die Enquete-Kommission zur Verbesserung der Effizienz der öffentlichen Verwaltung des Schleswig-Holsteinischen Landtages zu einer derartigen Befristung letztlich nicht durchringen können, sondern – im Interesse der Einstimmigkeit der Empfehlungen – nur vorgeschlagen, die Menge des Innenrechts radikal zu reduzieren; vgl. *Albert von Mutius*, Verwaltungsreform (Fn. 27), S. 44/45.

[72] Statt vieler *Hans-Günter Henneke/Gernot Schlebusch*, Rückführung von Normen und Standards, in: Henneke (Hrsg.), Stärkung der kommunalen Handlungs- und Entfaltungsspielräume, Stuttgart 1996, S. 51 (58 ff.) mit zahlreichen Beispielen; *Hartmut Maurer*, Die Finanzgarantie der Landkreise zwischen Bund und Ländern, in: Henneke/Maurer/Schoch, Die Kreise im Bundesstaat, Baden-Baden 1994, S. 139 (141 ff.); *Friedrich Schoch/Joachim Wieland*, Finanzierungsverantwortung für gesetzgeberisch veranlaßte kommunale Aufgaben, Baden-Baden 1995, S. 15 (105 ff.).

Aspekt der Auftragskostenerstattung[73] diskutiert werden darf. Denn zum einen bewirken Aufgabenübertragungen, daß die personellen und organisatorischen Kapazitäten für Selbstverwaltungsangelegenheiten schwinden; zum anderen ist damit typischerweise ein Verlust an ehrenamtlicher Mitwirkung verknüpft, weil nach geltendem Kommunalverfassungsrecht in aller Regel für die Erfüllung derartiger Fremdaufgaben ausschließlich die hauptamtliche Verwaltung zuständig ist[74]. Ausgehend von der Grundintention des Art. 28 Abs. 2 GG muß daher vor jeder Aufgabenübertragung durch Bundes- oder Landesgesetz kommunalfreundlich geprüft werden, ob nicht mit dem Übertragungsakt zugleich eine echte Kommunalisierung der Aufgabe zu erfolgen hat. Angesichts der Regelungsdichte heutiger Gesetze reicht die dann verbleibende Rechtsaufsicht zur notwendigen Steuerung und Kontrolle in aller Regel völlig aus.

3. Aufgabenzuschnitt

Gemäß Art. 28 Abs. 2 S. 1 GG erfolgt die Kompetenzabgrenzung zwischen kommunalen und staatlichen Ebenen durch die Kriterien der Örtlichkeit bzw. Überörtlichkeit der Aufgaben oder besser des Wirkungskreises[75]. Wie die Örtlichkeit zu begründen ist, ist Gegenstand zahlreicher wissenschaftlicher Monographien. Die insoweit vertretenen Ansätze sind ausgehend von verwaltungswissenschaftlichen Erkenntnissen und verwaltungspraktischen

---

[73] *Hartmut Maurer* (Fn. 72), S. 139 (144 ff.); *Friedrich Schoch/Joachim Wieland* (Fn. 72), S. 126 ff., 176 ff.; *Friedrich Schoch,* Finanzierungsverantwortung für gesetzgeberisch veranlaßte Ausgaben, in: Henneke (Hrsg.), Stärkung der kommunalen Handlungs- und Entfaltungsspielräume, Stuttgart 1996, S. 33 ff.; *Joachim Wieland,* Strukturvorgaben im Finanzverfassungsrecht der Länder zur Steuerung kommunaler Aufgabenerfüllung, in: Henneke (Hrsg.), Steuerung der kommunalen Aufgabenerfüllung durch Finanz- und Haushaltsrecht, Stuttgart 1996, S. 43 ff.
[74] Vgl. etwa § 44 Abs. 2 S. 1 b-w.GO, § 66 Abs. 1 S. 3 Nr. 3 hess.GO, § 62 Abs. 3 nw.GO, § 47 Abs. 1 S. 2 rh.-pf.GO, § 53 Abs. 2 S. 1 sächs.GO.
[75] Zur begrifflichen Eingrenzung der Angelegenheiten der örtlichen Gemeinschaft vgl. *Franz-Ludwig Knemeyer,* in: von Mutius (Hrsg.), Selbstverwaltung im Staat der Industriegesellschaft, Heidelberg 1983, S. 209 ff.; *Löwer,* in: von Münch/Kunig, Grundgesetz-Kommentar, 3. Aufl., München 1995, Art. 28 Rdnr. 45 ff. mit weit. Nachw.; *Albert von Mutius/Harald Rentsch,* Kommunalverfassungsrecht SH, 4. Aufl. 1994, § 1 GO Rdn. 2.

Erfahrungen meist viel zu statisch. Jeder Aufgabenerledigung liegt zunächst ein Konfliktbereich, ein Problem zugrunde; es folgen erste Konzepte der Zielorientierung und Programmierung, der Konfliktbewältigung. Sodann werden Instrumente und Verfahren der Erledigung entwickelt, es schließen sich Entscheidung und Vollzug, an und schließlich findet eine Kontrolle statt, aus der möglicherweise wieder neue Erkenntnisse für neue Aufgaben entstehen. Aufgabenerledigung vollzieht sich also in einem dynamischen, ablauforientierten Vorgang, meist in einem Kreislauf. Bei diesen Aufgabenkreisläufen ist es im föderalen und dezentralen Staat völlig normal, daß mehrere daran mitwirken, weil infolge der Politik-, Verwaltungs-, Wirtschafts- und Gesellschaftsverflechtung nahezu keine Aufgabe ausschließlich auf einer Stufe zu erfüllen ist. Letztlich wird es also darum gehen müssen, angesichts der Wertentscheidung der Verfassung für das Prinzip der Dezentralisation[76] festzustellen, wo das Schwergewicht der Aufgabenerledigung liegt. Dabei spricht eine Vermutung für den örtlichen Wirkungskreis, ergänzend für die Ebene der Kreise. Soweit allerdings die Aufgabe gesetzlich vorgegeben und ausgestaltet ist, kommt nach der Rastede-Entscheidung des BVerfG dem parlamentarischen Gesetzgeber ein weiter Spielraum zu, die Aufgabenerledigungsebene zu bestimmen[77].

Zur Verdeutlichung mögen auch insoweit zwei aktuelle Beispiele dienen:

• Erstmals hat das BVerwG in einer Entscheidung vom Mai 1995[78] ausgesagt, daß die Energieversorgung (nicht nur -verteilung) grundsätzlich eine kommunale Aufgabe darstellt, obwohl

---

[76] Siehe oben zu Fn. 13 sowie *Franz-Ludwig Knemeyer*, DVBl. 1984, S. 323 (324 ff.); *von Mutius* (Fn. 1), Rdnr. 189, 208 f.; *Wolf/Bachhof/Stober*, Verwaltungsrecht II, § 86 Rdnr. 190 f.

[77] BVerfGE 79, 127 (153 f.) = NVwZ 1989, 347 = NJW 1989, 1790; *Kay Waechter*, Kommunalrecht, 2. Aufl. 1995, Rdn. 68; zur Rastede-Entscheidung vgl. auch *Clemens*, NVwZ 1990, S. 834 ff.; *Albert von Mutius*, Die Gemeinde SH 1989, S. 193 ff.; *Friedrich Schoch*, VerwArch Band 81 (1990), S. 18 ff.

[78] BVerwG, Niedersächsischer Städtetag (NST-N) 1995, S. 277 (278); dazu mit Blick auf die Energierechtsreform *Ulrich Cronauge*, Energierechtsreform und kommunale Selbstverwaltung, Stadt und Gemeinde 1995, S. 275 ff.; NST-N 11/1995, S. 27 ff.

auch hier sich örtliche und überörtliche Ansätze mischen. Im sog. Stromstreit von 164 ostdeutschen Kommunen vor dem BVerfG war diese Frage noch außerordentlich streitig. Im Ergebnis führt die zu begrüßende Entscheidung des BVerwG dazu, daß die kommunalen Körperschaften nunmehr die heutigen Möglichkeiten dezentraler Energieversorgung (z.b. Wärme-Kraft-Kopplung oder Nutzung regenerativer Energiequellen) extensiv in Anspruch nehmen können und der kommunalpolitische Einfluß nicht nur über das kommunale Eigentum an den Versorgungsleitungen gesichert ist.

• Immer mehr kommunale Körperschaften haben sich entschlossen, entsprechend der internationalen Verpflichtungen der Bundesrepublik Deutschland ihren örtlichen und regionalen Beitrag zu einem global zu verstehenden Klimaschutz zu leisten, und zwar nicht nur durch unterschiedliche freiwillige Förderungsmaßnahmen[79], sondern dadurch, daß sie in kommunale Satzungen den Anschluß von Grundstücken an die Versorgung mit Fern-/Nahwärme und deren ausschließliche Benutzung vorschreiben[80] oder in Bebauungsplänen gemäß § 9 Abs. 1 Nr. 23 BauGB die Verwendung bestimmter Brennstoffe zur Wärmeversorgung oder Wasserbereitung ausschließen oder Grenzwerte für Schadstoff-

---

[79] Vgl. etwa BMU, Kommunaler Klimaschutz in der Bundesrepublik Deutschland, Bonn 1995; *Hartmut Murschall,* Klimaschutz in der Kommunalplanung, Stadt und Gemeinde 1996, S. 119 ff.; *Hans Bülter,* Stadt Garbsen – Mehr Energie für Klimaschutz, Stadt und Gemeinde 1996, S. 126 ff.; *Reinhard Sommer/Klaus Wehres,* Energiekonzept für die Stadt Aarhaus, Stadt und Gemeinde 1996, S. 134 ff.; *Bodo Taube/Frank Heins/Rolf Kalinowski,* CO_2-Einsparprogramme der Stadtwerke Hilden, Stadt und Gemeinde 1996, S. 130 ff.; *Landesregierung SH,* CO_2-Minderungs- und Klimaschutzprogramm für Schleswig-Holstein, LT-Drucks. 13/3078 vom 25.10.1995; *Energiestiftung Schleswig-Holstein,* Kommunaler Klimaschutz – eine Bestandaufnahme kommunaler Energiepolitik in Schleswig-Holstein, Kiel 1996; *Heiner Müller/Michael Seidel,* Freiwillige Selbstverpflichtungen der kommunalen Wirtschaft in der Energieversorgung, ZögU 1997, S. 109 ff.

[80] *Albert von Mutius,* Kommunale Kompetenzen für örtlich ansetzende Maßnahmen des Klimaschutzes?, Kiel 1995, S. 8 ff.; *ders.,* Die Gemeinde SH 1996, S. 63 ff.; *Wolfgang Ewer,* Möglichkeiten der öffentlich-rechtlichen und zivilrechtlichen Durchsetzung von Verpflichtungen zum Bezug von Wärme aus Blockheizkraftwerken, Schleswig-Holsteinische Anzeigen 1996, S. 62 ff.

Immissionen festlegen[81]. Wieweit derartige verbindliche Regelungen mit Grundrechten aus Art. 14 Abs. 1, 2 Abs. 1 GG vereinbar sind, mag hier dahin gestellt bleiben; die kommunale Kompetenz zur Regelung dieser Fragen wird man zumindest dann
nicht bestreiten können, wenn man sorgfältig zwischen der Aufgabe der Energieversorgung oder städtebaulichen Planung einerseits und dem Ziel des Klimaschutzes andererseits differenziert.
Die globale Zielsetzung jedenfalls macht die örtlich radizierte
Aufgabe nicht zu einer überörtlichen.

4. Finanzgarantie

Neben der Garantie der kommunalen Eigenverantwortlichkeit der
Aufgabenerledigung gewährleisten Grundgesetz und Landesver-
fassungen[82] den kommunalen Körperschaften eine finanzielle
Eigenverantwortung in gesonderten Bestimmungen[83]. Das
Grundgesetz hat dies bei der letzten umfassenden Novellierung
durch S. 3 in Art. 28 Abs. 2 GG nachgeholt. Wenngleich diese
Ergänzung der Sache nach nur deklaratorische Bedeutung hat,
wird dadurch doch eines deutlicher: Eigenverantwortung in der
Einnahmebeschaffung und in der Ausgabenwirtschaft stellt nicht
nur eine Hilfsfunktion der Sachaufgabenerledigung dar, sondern

---

[81] *Gundolf Bork,* Energiebezogene Festsetzungen in Flächennutzungs- und Bebauungsplänen,
Städte- und Gemeinderat 1996, S. 349 ff.; *Hans-Ulrich Stühler,* Zur Auslegung des Verwen-
dungsverbots gem. § 9 Abs. 1 Nr. 23 BauGB, VBlBW 1996, S. 328 ff.; *Albert von Mutius,* Kommunale Kompetenzen (Fn. 80), S. 42 ff.; *Gerhard Roller,* Wärmebezogene Festsetzungen im
Bebauungsplan, BauR 1995, S. 185 ff.; teilweise a.A. *Hartmut Wegener,* „Baugesetzbuch und
Gemeindeordnung" – kommunale Kompetenzen im Klimaschutz aus der Sicht des Innenministers, Die Gemeinde SH 1996, S. 64 ff.
[82] Vgl. Art. 28 Abs. 2 S. 3 GG sowie die Nachw. betr. landesverfassungsrechtliche Ausprägungen bei *Albert von Mutius,* Juristentagsgutachten (Fn. 7), S. 54 ff.; *Rolf Stober* (Fn. 1), S. 301 ff.
[83] Zur sogenannten Finanzhoheit vgl. statt vieler BVerfGE 26, 228 (244); 71, 25 (36); *Clemens,*
StT 1986, S. 319 (322); *Paul Kirchhof,* DVBl. 1980, S. 711 ff.; *Albert von Mutius/Olaf Dreher,*
Reform der Kreisfinanzen, Baden-Baden 1990, S. 19 ff.; *Susanne Schmitt,* Inhalt, verfassungsrechtliche Stellung und Bedeutungsgehalt der kommunalen Finanzhoheit, Stuttgart 1996,
passim.

hat eigenständige verfassungsrechtliche Bedeutung[84]. Dies liegt einmal daran, daß die Aufgaben der Selbst- und Fremdverwaltung auf das engste miteinander verbunden sind und daß andererseits bei Aufgabenübertragungen in aller Regel nur die Zweckausgaben, nicht jedoch der Organisations- und Personalaufwand der Kommunen erstattet werden. Deshalb können die kommunalen Körperschaften mit der oben beschriebenen ständigen Aufgabenüberbürdung letztlich zu bloßen Erfüllungsgehilfen des Staates, also zur untersten staatlichen Verwaltungsinstanz denaturieren. Über die verfassungsrechtliche Gegenwehr im Hinblick auf das finanzverfassungsrechtliche Konnexitätsprinzip zwischen Bund, Ländern und Kommunen wird – auch in dieser Festschrift[85] – erfreulicherweise verstärkt raisoniert[86], und erste verfassungsgerichtliche Erfolge sind auch erkennbar[87]. Gleichwohl sind damit die Probleme kommunaler Finanzausstattung, deren Quantität und Qualität für die Funktionsfähigkeit der Selbstverwaltung lebensnotwendig sind, keineswegs erschöpft.

Dies mögen folgende weiteren Aspekte der Finanzgarantie exemplarisch verdeutlichen:

---

[84] Unterdessen weitgehend unbestritten, vgl. *Albert von Mutius/Hans-Günter Henneke,* Kommunale Finanzausstattung und Verfassungsrecht, Siegburg 1985, S. 28 ff., 55 ff.; Napp, Kommunale Finanzautonomie und ihre Bedeutung für eine effiziente lokale Finanzwirtschaft, Frankfurt a.M. 1994, passim; *Rolf Grawert,* Kommunale Finanzhoheit und Steuerhoheit, in: von Mutius (Hrsg.), Selbstverwaltung im Staat der Industriegesellschaft, Heidelberg 1983, S. 587 ff.; *Albert von Mutius* (Fn. 1), Rdnr. 254 ff.

[85] *Ferdinand Kirchhof,* „Wer bestellt, bezahlt – Das Konnexitätsprinzip zwischen Bund, Ländern und Kommunen", S. 45 ff.

[86] Grundlegend insoweit *Friedrich Schoch/Joachim Wieland,* Finanzierungsverantwortung für gesetzgeberisch veranlaßte kommunale Aufgaben, Baden-Baden 1995, passim; Hartmut Maurer, Die Finanzgarantie der Landkreise zwischen Bund und Ländern, in: Henneke/Maurer/Schoch, Die Kreise im Bundesstaat, Baden-Baden 1994, S. 139 ff.; *Friedrich Schoch,* Finanzierungsverantwortung für gesetzgeberisch veranlaßte Ausgaben, in: Henneke (Hrsg.), Stärkung der kommunalen Handlungs- und Entfaltungsspielräume, Stuttgart 1996, S. 33 ff.; *Andreas Wahl,* SächsVBl. 1996, 298 ff.; *Hans-Günter Henneke,* Wegdrückungsmechanismus oder Verantwortungsprinzip? Zur Finanzierung kommunaler Aufgaben in Sachsen, LKV 1996, S. 257 ff.

[87] Vgl. Nds. StGH, DVBl. 1995, S. 1175 ff.; VerfGH NW, Urteil vom 12.12.1995, NVwZ 1996, S. 101 ff.; VerfGH NW, Urteil vom 9.12.1996 – VerfGH 11, 12, 15, 34 und 37/95; dazu nunmehr *Hans-Günter Henneke,* Kostenerstattungen für übertragene Aufgaben und für Sozialhilfelasten im kommunalen Finanzausgleich 1997, der landkreis 1997, S. 113 ff.; vgl. auch BVerwG, DVBl. 1996, S. 986 ff.

• Im Zusammenhang mit der Ausgestaltung des kommunalen Finanzausgleichs stellt sich u.a. die Frage, ob die kommunalen Körperschaften einen Anspruch auf finanzielle Mindestausstattung haben[88]. Als verfassungsrechtliche Untergrenze des Finanzausgleichs ist zwar generell anerkannt, daß die im Finanzausgleich zur Verfügung stehenden Mittel unter Berücksichtigung der kommunalen Eigenmittel einen Mindeststandard der Aufgabenerfüllung abdecken müssen. Sie beziehen sich jedoch nur auf alle Kommunen und auf deren unabweisbare Aufgaben. Insoweit ist das Prinzip finanzieller Mindestausstattung als verfassungsrechtlicher Maßstab problematisch und bislang von der Verfassungsrechtsprechung, insbesondere in Nordrhein-Westfalen, trotz der ständig vorgenommenen Reduzierung der Verbundquote nicht als verletzt anerkannt worden[89]. Finanz- und verfassungspolitisch jedoch ist dieses Prinzip für alle, die eine kraftvolle Selbstverwaltung erhalten wollen, unverzichtbar.

• Der kommunale Finanzausgleich erfüllt von Verfassungs wegen fiskalische und redistributive Funktionen. Er dient also der Aufstockung der kommunalen Finanzmasse einerseits und einer angemessenen Verteilung der Finanzmittel unter den Kommunen unter Berücksichtigung ihrer jeweiligen Finanzkraft, des Finanzbedarfs und der strukturbedingten Unterschiede, etwa auf der Einnahmeseite andererseits. Er darf aber nicht zu einer gleichmacherischen Nivellierung, sondern eben nur zu einem Ausgleich führen[90]. Er muß die vorhandene Finanz- und Leistungsfähigkeit der kommunalen Körperschaften stärken und Anreize für die

---

[88] Vgl. *Werner Hoppe*, DVBl. 1992, S. 117 ff.; *Hubert Meyer*, in: Darsow u.a. (Hrsg.), Kommunalverfassung für Mecklenburg-Vorpommern, 1995, § 91 LKO Rdnr. 2 ff.; *Albert von Mutius* (Fn. 1), Rdn. 164 und 256; *Hans-Günter Henneke*, Jura 1986, S. 568 (569 f.); *Franz-Ludwig Knemeyer*, der städtetag 1988, S. 327 (331).

[89] VerfGH NW, DVBl. 1985, S. 685 ff.; dazu kritisch *Albert von Mutius/Hans-Günter Henneke*, DVBl. 1985, S. 689 ff.; *Friedrich Schoch/Joachim Wieland*, Finanzierungsverantwortung (Fn. 86), S. 50 f.; vgl. auch VerfGH Rh.-Pf., DVBl. 1978, S. 802 und NVwZ 1982, S. 615.

[90] Zu den Grenzen der Nivellierung im kommunalen Finanzausgleich *Albert von Mutius* (Fn. 1), Rdnr. 468 ff.; *Albert von Mutius/Hans-Günter Henneke*, Kommunale Finanzausstattung und Verfassungsrecht, Siegburg 1985, S. 93 ff.; *Hans-Günter Henneke*, Jura 1987, S. 393 ff. (396); VerfGH NW, NJW 1985, S. 2321 ff. und DÖV 1993, S. 1003 ff. = Der Gemeindehaushalt 1994, S. 1088 ff.; dazu *Hans-Günter Henneke*, DÖV 1994, S. 1 ff. (10).

zukünftige Entwicklung bieten. Vor diesem Hintergrund bedürfen manche Finanzausgleichsgesetze der Länder einer kritischen Überprüfung nicht nur im Hinblick auf die Höhe der Finanzausgleichsmasse, sondern auch wegen des Verhältnisses von Schlüssel- und Zweckzuweisungen und wegen der Faktoren, die typische Bedarfe kennzeichnen sollen[91].

• Finanzgarantie heißt auch Erschließung eigener Einnahmequellen[92]: Die Landesverfassungen sagen z.T. ausdrücklich, daß die Länder jeweils dazu beitragen sollen, den Gemeinden und Kreisen eigene Steuerquellen zu erschließen. Vor diesem Hintergrund darf die Diskussion um sog. Bagatellsteuern nicht nur finanzpolitisch geführt werden. Man muß, wie etwa das Hebesatzrecht bei der Gewerbesteuer zeigt, den kommunalpolitischen Gestaltungseffekt derartiger kommunaler Einnahmequellen erkennen. Bei der Finanzierung der Kreise zeigt sich, daß die Kreisumlage[93] an bestimmte Grenzen stößt. Ursprünglich nur als Spitzenfinanzierung gedacht, trägt sie heute ganz wesentlich zur Finanzierung vielfältiger Kreisaufgaben bei, was im kreisangehörigen Raum angesichts der Knappheit der vorhandenen Ressourcen zu einem erheblichen Konfliktpotential geführt hat[94]. Ausgehend von dem finanzverfassungsrechtlichen Konnexitätsprinzip[95] wird man nachhaltig eine aufgaben- und autonomieori-

[91] Hierzu *Albert von Mutius* (Fn. 1), Rdnr. 458 ff. mit weit. Nachw.; dazu auch *K.-A. Schwarz,* Die finanzielle Ausgestaltung der Selbstverwaltungsgarantie, ZKF 1997, S. 26 (27 ff.) mit weit. Nachw.; *ders.,* Der kommunale Finanzausgleich – verfassungsrechtliche Grundlagen und Anforderungen, Der Gemeindehaushalt 1997, S. 25 ff.; *Engelbert Münstermann,* Kommunaler Finanzausgleich in Nordrhein-Westfalen – ein finanzpolitischer Dauerbrenner, Eildienst Städtetag NW 1997, S. 36 (39 ff.).

[92] *Ottfried Seewald,* in: Steiner (Hrsg.), Besonderes Verwaltungsrecht, 5. Aufl., Heidelberg 1995, Abschnitt 1 Rdn. 64; *Albert von Mutius* (Fn. 1), Rdn. 403.

[93] Dazu jüngst *Olaf Dreher,* Der Landkreis 1995, S. 164 ff.; *Edzard Schmidt-Jortzig/Utz Schliesky,* AfK 1994, S. 265 ff.; *Hans-Günter Henneke,* Die Kreisumlage 1997 – strukturelle Fragen und fiskalische Relevanz – , Der Landkreis 1997, S. 135 ff. mit weit. Nachw.

[94] Vgl. die Nachw. aus der jüngsten Rechtsprechung bei *Hans-Günter Henneke,* Der Landkreis 1997, S. 135 (138); *ders.,* Neue Rechtsprechung zur Kreisumlage bekräftigt Gestaltungsspielräume der Kreistage, Der Landkreis 1996, S. 515 ff.; *ders.,* Die Kreisumlage im Spannungsfeld zwischen Landkreis und Gemeinden, NV 4/1996, S. 9 ff.

[95] Dazu statt vieler *von Mutius* (Fn. 1), Rdn. 446 mit weit. Nachw.; *Gerhard Werner,* Die Gemeinde- und Kreisfinanzierung auf dem verfassungsrechtlichen Prüfstand, VBlBW 1997, S. 1 (5 ff.).

entierte Finanzausstattung der Kreise verlangen müssen[96]. Insoweit ist zu bedauern, daß entsprechende Diskussionen in der Verfassungskommission des Bundes, dieses bei der Novellierung des Grundgesetzes zu berücksichtigen, keinen Widerhall gefunden haben[97].

IV. Ausblick

Die kommunalen Gebietskörperschaften als Untergliederungen der Länder – und damit eingebettet in eine bundespolitische Gesamtverantwortung – stehen vor riesigen Herausforderungen: Fortschreitender sozialer Strukturwandel, demographische Entwicklung mit Überalterung und Migration, zunehmende Entleerung ländlicher Räume mit weiteren arbeitsmarkt- und strukturpolitischen Folgen, rasanter technologischer Fortschritt insbesondere im Bereich der Informations- und Kommunikationstechnologien, wachsende europäische und internationale Verflechtung mit dem Euro vor der Tür[98], neue Abhängigkeiten, neuer Wettbewerb, neue gesetzliche Determination und die kaum lösbare Aufgabe einer wirklich nachhaltigen Haushaltskonsolidierung. Solche Herausforderungen könnten lähmen, als stünde die „kommunale Selbstverwaltung (wirklich bereits) vorm Ab-

---

[96] So eingehend *Albert von Mutius/Olaf Dreher,* Reform der Kreisfinanzen – verfassungsrechtliche Determinanten eigener Steuereinnahmen für die Kreise, Baden-Baden 1990, passim; Entschließung des Präsidiums des DLT vom 28.4.1994 sub V (Der Anspruch der Kreise auf eine aufgabengerechte Finanzausstattung), Der Landkreis 1994, S. 244 (246); *Hans-Günter Henneke,* Aufgabengerechte Finanzausstattung der Landkreise als Grundlage der kommunalen Selbstverwaltung, LKV 1993, S. 365 ff.

[97] Vor diesem Hintergrund weckt allenfalls die Entschließung des Bundesrates vom 27.9.1996 (BT-Drucks. 13/5760 vom 10.10.1996) Hoffnungen, mit der die Einsetzung einer Gemeinsamen Kommission zur Reform der Gemeindefinanzen gefordert wird.

[98] Vgl. *Rainer Book/Rainer Jürgenliemk,* Kommunale Handlungsnotwendigkeiten zur Umstellung der Währung auf den Euro, Stadt und Gemeinde 1997, S. 10 ff.; *Hans-Michael Heitmüller,* Die Vorbereitung der Städte und Gemeinden auf die Wirtschafts- und Währungsunion, Stadt und Gemeinde 1997, S. 3 ff.; vgl. auch *Klaus Stern,* Europäische Union und kommunale Selbstverwaltung, in: Nierhaus (Hrsg.), Kommunale Selbstverwaltung – Europäische und Nationale Aspekte, Berlin 1996, S. 21 ff.; vgl. auch *Hanns Karrenberg/Engelbert Münstermann,* Gemeindefinanzbericht 1997 – städtische Finanzen '97 – Auf Maastricht-Kurs, der städtetag 1997, S. 129 ff.; *Roland Vogel,* Kommunen im Schatten des Euro, Der Gemeindehaushalt 1997, S. 49 ff.

grund"[99]. Stets können Krisen aber auch genutzt werden als Chance zur Innovation. Hier sollten die in den Gemeinden, Städten und Kreisen Verantwortlichen nicht primär auf Änderungen von außen warten, sondern durch Aufgabenkritik, strikte Bedarfsorientierung und Kostenmanagement das Heft der inneren Erneuerung selbst in die Hand nehmen. Hieraus erwachsen Kraft und Legitimation, Veränderungen auf anderen Entscheidungsebenen mit mehr Nachdruck einzufordern. Manfred Rommel hat dies in seinen zahlreichen Wirkungsbereichen erkannt und praktiziert, etwa dadurch, daß er vor einer grundlegenden Strukturreform der Stuttgarter Stadtverwaltung dazu beigetragen hat, die Verantwortlichkeiten von Politik und Verwaltung durch Überarbeitung der Hauptsatzung neu zu ordnen. Folgen wir seinem Vorbild!

---

[99] So der Titel der Eröffnungsrede des Vorsitzenden des LKT Rheinland-Pfalz, *Hans Jörg Duppré*, Zur öffentlichen Hauptversammlung des LKT am 21.11.1996, vgl. LKT-Sammelrundschreiben 37 vom 28.11.1996.

FERDINAND KIRCHHOF

*Es ist wichtig, ob über Millionen
oder über Milliarden gestritten wird.
Noch wichtiger ist, ob sie da sind oder nicht.*

Oder:

Wer bestellt, bezahlt –
das Konnexitätsprinzip zwischen Bund,
Ländern und Kommunen

Eigene Gedanken zur aufgabengerechten Finanzausstattung der
Gebietskörperschaften nebst einigen Zitaten aus dem Œuvre des
Jubilars*

*I. Die Meinung ist weit verbreitet, eigentlich sei die Demokra-
tie erst dann verwirklicht, wenn jeder machen könne, was er
wolle, dabei aber die Zahlungen aus öffentlichen Kassen pünkt-
lichst erfolgen,*

oder:

**Verteilung von Aufgaben und Finanzmitteln zwischen den
Gebietskörperschaften**

Die Bundesrepublik Deutschland gliedert ihre öffentlich-rechtlichen Gebietsorganisationen in Bund und Länder sowie in Kreise
und Gemeinden, also Kommunen. Bund und Länder besitzen

---

* Die Zitate sind entnommen aus *Ulrich Frank-Planitz* (Hrsg.), Manfred Rommels gesammelte Sprüche, 1988; *ders.,* Manfred Rommels politisches Lexikon, 2. Aufl. 1996 und aus der
Stuttgarter Zeitung vom 27.1.1997, S. 11. Der Autor folgt dadurch dem Rat des Jubilars: „Drum
würze, wenn Du es schon nicht lassen kannst, über Ziele zu sprechen, Deine Rede wenigstens
mit Witzen."

Autonomie in den Grenzen ihrer gemeinsamen, föderalen Verfassungsordnung aufgrund ihrer staatlichen Souveränität, den Kommunen wird sie durch ausdrückliche Anordnung in den Verfassungen, z.B. in Art. 28 Abs. 2 GG und in Art. 71 ff. der Verfassung des Landes Baden-Württemberg, garantiert. Die ideale Autonomie würde an sich völlige Selbstbestimmung über die eigenen Aufgaben und eine unbegrenzte Finanzhoheit enthalten. Die in drei Ebenen gegliederte deutsche Staatlichkeit kann eine völlig von den anderen Gebietskörperschaften isolierte Autonomie jedoch nicht dulden, weil staatliches Handeln gegenüber Bürger und Gesellschaft in einem sinnvollen Ineinandergreifen und in einem einheitlichen Vorgehen erfolgen muß. Deswegen ist eine Hierarchie vom Bund über die Länder bis zu den Kommunen zur Gewährleistung widerspruchsfreier, einheitlicher und zweckgerichteter Staatstätigkeit notwendig. Die Autonomie besteht deshalb nur, soweit übergeordnete Staatsziele, die Einheitlichkeit der Lebensverhältnisse oder territorial über eine Gebietskörperschaft hinausreichende Aufgaben keine Kompetenzübertragung auf die höhere Ebene nahelegen. Verfassungsordnung und -praxis räumen bei der dann erforderlichen Aufteilung der Kompetenzen letztlich dem Bund die überragende Stellung in der Rechtsetzung ein; am Ende der Zuständigkeitskette stehen die Kommunen, die sowohl den Gesetzen des Landes als auch des Bundes unterworfen sind, denn kommunale Autonomie besteht verfassungsrechtlich nur „im Rahmen" oder „nach Maßgabe der Gesetze". Die höheren Gebietskörperschaften haben von dieser Zugriffsmöglichkeit auf die unteren Ebenen durch parlamentarisches Gesetz jeweils regen Gebrauch gemacht. Gesetze des Bundes übertragen zahlreiche Verwaltungsaufgaben im Rahmen der Art. 84 und 85 GG auf die Länder; obwohl der Durchgriff auf die Kommunen verfassungsrechtlich wegen des Eindringens in die Organisationshoheit des jeweiligen Bundeslandes konstitutionell nur ausnahmsweise zugelassen ist, weist der Bund ihnen sogar in der Praxis regelmäßig unmittelbar Verwaltungsaufgaben zu. Den Ländern ist verfassungsrechtlich gegenüber den Kommunen freiere Hand gegeben, denn die Kreise und Gemeinden zählen zur mittelbaren Landesverwaltung, so daß allein die Selbstverwaltungs-

garantie in Art. 28 Abs. 2 GG und in der jeweiligen Landesverfassung eine – wenig effektive – Grenze für die staatliche Aufgabenübertragung bietet. Im Ergebnis nehmen die Kommunen als
bürgernahe Leistungsverwaltung vor Ort eine Vielzahl von Aufgaben wahr, die nur zum kleineren Teil von ihnen selbst autonom
aufgegriffen wurden, sondern meistens bundes- oder landesgesetzlich verursacht und ihnen übertragen wurden. Zur Zeit sind
z.B. etwa 75–90 % der ausführungsbedürftigen Bundesgesetze
von den Kommunen zu vollziehen[1].

II. Es entspricht der menschlichen Natur, Opfer am liebsten auf Kosten anderer zu bringen,

oder:

Die Finanzierungslasten nach Art. 104 a Abs. 1 GG

Unterschiedliche Wege beschreiten die Verfassungen, wenn sie
die Finanzierungslast für Aufgaben festlegen. Das Grundgesetz
stellt eine Konnexität zwischen Aufgaben und Ausgaben nach
dem Grundsatz der Vollzugskausalität in Art. 104 a Abs. 1 GG her,
indem es die Zweckausgaben für die Erfüllung einer Aufgabe derjenigen Gebietskörperschaft auferlegt, die sie durchführt. Sofern
der Bund oder ein Land seine eigenen Gesetze vollzieht, wirft das
keine Probleme auf. Da im deutschen Bundesstaat aber häufig der
Bund Gesetze erläßt, die nach Art. 84 und 85 GG von den Ländern auszuführen sind, bewirkt der Grundsatz der Vollzugskausalität in Art. 104 a Abs. 1 GG, daß die Länder die vom Bund ange-
ordneten Aufgaben nicht nur durchführen, sondern auch für deren
Kosten aufkommen müssen. Der Bund kann auf diese Weise par-
lamentarisch Wohltaten austeilen, die aus der für ihn fremden
Tasche der Länder zu begleichen sind. Zwar werden dieser Grundsatz der Vollzugskausalität und seine finanziellen Belastungen der
Länder in den Art. 104 a Abs. 2 bis 4, 91 a Abs. 4, 91 b S. 2, 106 a
und 120 Abs. 1 GG zum Teil wieder gemildert; Art. 104 a Abs. 5

---

[1] *Hannes Rehm,* AfK 1991, S. 213, 223 m.w.Nachw.

GG setzt aber dagegen für die Verwaltungsaufgaben, also die Kosten von Personal und Verwaltungsapparat, den Grundsatz der Vollzugskausalität ohne jegliche Ausnahme durch. Der Bund hat aber mittlerweile im Grundprinzip des Art. 104 a Abs. 1 GG eine Chance entdeckt, Politik auf fremde Kosten zu betreiben; er nutzt sie in der Praxis weidlich aus. Diese bundesverfassungsrechtliche Regelung bestimmt nur das Verhältnis von Aufgaben und Ausgaben zwischen Bund und Ländern, enthält jedoch keine Vorgabe für die Beziehung zwischen den Ländern und ihren Kommunen.

III. *Früher waren die Löcher nur in der Brezel, heute sind sie auch im Landeshaushalt,*

oder:

Die Finanzierungsverantwortung in den Landesverfassungen

Hierfür bieten die Länderverfassungen ein bunteres Bild, weil sie eine Konnexität zwischen Aufgaben und Ausgaben teils nach dem Prinzip der Vollzugs-, teils aber auch nach dem Prinzip der Gesetzeskausalität festlegen. Von einem Prinzip der Gesetzeskausalität spricht man, wenn der Gesetzgeber die Kosten der durch seinen parlamentarischen Akt begründeten Aufgaben selbst zu tragen hat. Im juristischen Sprachgebrauch wird der Begriff der Konnexität meist mit dem Prinzip der Vollzugskausalität des Art. 104 a Abs. 1 GG gleichgesetzt. Etymologisch wird aber nur ein irgendwie gearteter Zusammenhang zwischen Aufgaben und Ausgaben ausgedrückt. In diesem Sinne wird der Begriff des Konnexitätsprinzips hier verwendet, d.h. sowohl das Vollzugs- als auch das Gesetzeskausalitätsprinzip halten sich im Rahmen der Konnexität von Aufgaben und Ausgaben. Zur Finanzierung der vom Land auf die Kommunen übertragenen Aufgaben halten die Landesverfassungen drei Lösungen bereit: zum einen schweigen sie zur Kostenlast der einzelnen übertragenen Aufgaben und garantieren den Kommunen lediglich allgemein eine angemessene Finanzausstattung. Sie muß zwar generell aufgabengerecht bemessen sein, garantiert aber nicht volle Erstattung der Kosten der einzelnen übertragenen Aufgabe, sondern gewährleistet lediglich die finanzielle Minimalausrüstung für alle staatlich übertragenen Pflichtaufgaben und für die gesamten kommunalen Selbstverwaltungsaufgaben. Sie ist letztlich kaum zu quantifizieren und greift erst, wenn eine Kommune finanziell verhungern würde. Die Rechtsprechung hat noch niemals einen derartigen Zustand angenommen und einer Kommune deswegen einen konkreten Geldbetrag zugesprochen. Diese Landesverfassungen folgen somit im Ergebnis dem Prinzip der Vollzugskausalität, denn das Land kann gesetzlich auf die Kommunen Aufgaben übertragen, ohne sich im Einzelfall mit der einzelnen Kostenfrage auseinanderzusetzen. Es muß lediglich der gesamte Aufgabenbestand und seine Kostenfolge in den Schlüsselzuweisungen des kommunalen Finanzausgleichs bedacht werden.

Zweitens ordnen etliche Landesverfassungen an, daß bei der Übertragung einer Aufgabe Bestimmungen über ihre Kosten zu treffen seien. Damit wird der Landesgesetzgebcr verfassungsrechtlich zwar angehalten, die Kostenlast in seine Erwägungen über die Begründung und Übertragung einer Aufgabe einzubeziehen. Die Verfassung ordnet aber nur an, daß das Parlament die Kostenlast in dem Gesetz thematisieren muß, jedoch nicht, daß der Gesetzgeber sie selbst ganz oder teilweise zu tragen hätte. Er könnte sich z.B. im Einzelfall auch dafür entscheiden, die Kosten vollständig den Kommunen anzulasten; das Verfassungsgebot wäre damit eingehalten. In der Praxis führt das meist ebenfalls zur Vollzugskausalität. Die Kommunen tragen die Kosten für den Vollzug.

Einige Landesverfassungen folgen – als dritte Lösung – aber bereits dem Prinzip der Gesetzeskausalität[2] und verpflichten den Landesgesetzgeber, bei der Übertragung öffentlicher Aufgaben auf Kommunen für die dadurch verursachte Mehrbelastung einen entsprechenden finanziellen Ausgleich zu schaffen. Sie halten den Landesgesetzgeber bei der Aufgabenübertragung zur kostenechten Finanzierung der Kommunen für die jeweilige Aufgabe an. Das Verfassungsgebot umfaßt alle Kosten für die übertragene

---

[2] Art. 71 Abs. 3 bad.-württ., 85 Abs. 2 sächs., 87 Abs. 3 sachs.-anhalt., 93 Abs. 1 thüring. LV.

Aufgabe, ohne die Unterscheidung des Art. 104 Abs. 1 und 5 GG in Zweck- (= Sach-) und Verwaltungsausgaben aufzugreifen und im Verhältnis von Land und Kommunen nur die Sachausgaben dem Gesetzgeber anzulasten. Im Einzelfall ist bei den beiden letzten Lösungen dann ein nach Art und Höhe klar erkennbarer, gesonderter Ansatz der Kosten übertragener Aufgaben im Gesetz erforderlich, wie der niedersächsische Staatsgerichtshof entgegen der bisherigen Verfassungsrechtsprechung in den Ländern jetzt klargestellt hat[3]. Es genügt also nicht mehr die Sicherung der allgemeinen Finanzausstattung im kommunalen Finanzausgleich, sondern es ist ein besonderes Ausgleichssystem vorzusehen. Dies muß zwar nicht unbedingt in einer Kostenerstattungszuweisung bestehen, sondern ist auch in der Form der Zuweisung einer Finanzquelle oder einer monetären Entlastung an anderer Stelle möglich; in jedem Fall sind aber die konkreten Mehrbelastungen auszugleichen, die durch die neue Aufgabe bei den Kommunen entstehen. Selbst diese Verfassungslage löst jedoch allein das Problem der Kosten landesgesetzlich übertragener Aufgaben; für Aufgaben, die der Bund auf die Kommunen überträgt, gilt die Landesverfassung nicht[4].

Die Bilanz zum Problem staatlicher Pflichtaufgaben der Kommunen und ihrer Finanzierung ergibt also, daß die Kommunen zur Zeit von Verfassungs wegen grundsätzlich die Ausgaben bei der Durchführung bundes- und landesgesetzlich übertragener Aufgaben selbst aus eigenen Mitteln finanzieren müssen, sofern nicht das Grundgesetz ausnahmsweise den Bund verpflichtet, die Zweckausgaben ganz oder teilweise – über die Länder als Zahlstelle – zu erstatten oder die Landesverfassungen für landesgesetzlich übertragene Aufgaben das Prinzip der Gesetzeskausalität anordnen. In der Tat ist die gemeindliche Auftragsverwaltung also heute die billigste Form der Staatsverwaltung[5]. Die Kommunen sind das schwächste Glied in der Autonomiekette. Verschärft wer-

[3] DVBl. 1995, S. 1175 ff.
[4] *StGH Bad.-Württ.*, ESVGH 44, S. 1, 2 f.
[5] *Berkenhoff*, DVBl. 1955, S. 347, 348.

den die dadurch entstehenden Finanzprobleme dadurch, daß eine Aufgabenübertragung auf die Kommunen stets vollständig erfolgen muß, weil eine Mischverwaltung zwischen Land und Kommunen unzulässig ist, daß sie durch die Haushaltsvorschriften in der Kreditaufnahme enger gebunden sind als Land und Bund und daß ihnen nennenswertes, eigengestaltetes Steueraufkommen fehlt.

IV. *Realismus und Vernunft erfordern, daß man gelegentlich unangenehme Nachrichten überbringt,*

oder:

Konnexität zwischen Aufgaben und Ausgaben durch Vollzugs- oder durch Gesetzeskausalität?

1. In der Politik kommst Du mit einer einzigen Meinung nicht aus. Du brauchst mehrere, jedenfalls eine für die Staatseinnahmen und eine andere für die Ausgaben,

oder:

Überblick über die Lösungsmöglichkeiten

Das deutsche Verfassungsrecht neigt zur Zeit mehr zum Grundsatz der Vollzugskausalität. Diese Entscheidung wurde aber erst im Finanzreformgesetz von 1969 getroffen, während die früheren Lösungen und Vorschläge seit der ersten Bestimmung über die Lastenverteilung im Landessteuergesetz vom 30.3.1920[6] auch Elemente der Gesetzeskausalität enthielten[7]. Auch haben Kritik und Reformvorschläge seit 1969 nicht aufgehört, im Gegenteil in der letzten Zeit angesichts der Mißstände bei den Soziallasten zugenommen[8]. Das Prinzip der Vollzugskausalität steht also wie-

---

[6] RGBl. S. 402.
[7] Vgl. dazu *Ferdinand Kirchhof*, Empfehlen sich Maßnahmen, um in der Finanzverfassung Aufgaben- und Ausgabenverantwortung von Bund, Ländern und Gemeinden stärker zusammenzuführen?, Gutachten D zum 61. Deutschen Juristentag, Karlsruhe 1996, D 17 ff.
[8] Vgl. dazu *Ferdinand Kirchhof*, (Fn. 7), D 43 ff. und D 96 ff. m.w.Nachw.

der auf dem Prüfstand. Der lang anhaltende historische Streit und die unterschiedlichen Lösungen in den Landesverfassungen belegen, daß die Frage der Gesetzes- oder Vollzugskausalität noch nicht abschließend gelöst ist und daß sie überhaupt nicht für immer durch ein ewig gültiges Argument beantwortet werden kann.

Welches ist nun zur Zeit für die deutsche, in drei Ebenen gegliederte Staatlichkeit die beste Lösung? Etliche Vorschläge können von vornherein ausgeschieden werden, weil sie für die Praxis untauglich sind. So ist die Kostentragungspflicht für übertragene Aufgaben nicht nach dem Charakter der Aufgabe zu bestimmen, weil sie kaum a priori Bund, Ländern oder Kommunen zuzuordnen sind, sondern jeweils durch den voluntativen Übertragungsakt zur Staatsaufgabe gemacht und einer Gebietskörperschaft zugeordnet werden. Die territoriale Reichweite einer Aufgabe kann gleichfalls nicht die Finanzierungslast bestimmen, denn der Bund erfüllt auch Aufgaben, die nur Teile der Bundesgebiets betreffen, z.B. im Küstenschutz oder in der Werftenförderung, die Länder erledigen in vertraglicher Koordination Aufgaben auch bundesweit, wie bei ZDF oder ZVS, und die Kommunen verwalten ebenso über das Gebiet eines Kreises oder einer Gemeinde hinaus, z.B. in Ballungsgebieten, in der Koordination der Verkehrsnetze oder in der Kooperation bei der Versorgung mit kommunalen Leistungen. Das Interesse einer Gebietskörperschaft an der Erfüllung einer Aufgabe bietet keinen tauglichen Anhaltspunkt für die Finanzierungsverantwortung, weil der Begriff des Interesses sehr offen ist und sich die Interessen überschneiden können. So liegt z.B. das gute Funktionieren von Straßen- und Schienennetzen, ja überhaupt der gesamten räumlichen Infrastruktur, im Interesse der Gebietskörperschaften aller drei Ebenen. Zudem mahnen die schlechten Erfahrungen mit den Interessenquoten der Länder in den 50er Jahren zur Vorsicht, die Zuordnung der Kostenlast auf diesen Faktor zu stützen[9].

---

[9] Vgl. dazu *Ferdinand Kirchhof*, (Fn. 7), D 56 ff.

2. Die herrschende Meinung wird durch Bücher, die voneinander abgeschrieben sind, gebildet,

oder:

Das Verursacherprinzip als anerkannter Grundsatz

Angebracht ist es hingegen, die Finanzverantwortung auf das Verursacherprinzip zu stützen. Nach ihm hat derjenige die Kosten einer Aufgabe zu tragen, der sie verursacht. Das Prinzip ist tauglich, weil sich die Verursachung durch eine Gebietskörperschaft meistens klar feststellen läßt. Es hat den Vorzug, Konnexität zwischen Aufgaben(-Kausalität) und Ausgaben(-Belastung) herzustellen, und kann ferner in dieser Verknüpfung die Kosten dämpfen, weil der Urheber die Belastung in der eigenen Tasche spürt und folglich angehalten wird. Ferner schlägt auf der positiven Seite zu Buche, daß die Konnexität zwischen Aufgabe und Finanzierungslast mit dem Anreiz zur Reduzierung der Kosten zugleich die Staatsaufgaben begrenzt – eine Perspektive, die der deutschen Staatlichkeit Gelegenheit gäbe, sich auf das Wesentliche zu konzentrieren und der Gesellschaft mehr Freiraum zu lassen. Die grundsätzliche Geltung des Kausalitätsprinzips steht in der Verfassungspraxis und in der wissenschaftlichen Diskussion außer Frage. Die Ursache entscheidet letztlich über die Finanzierungslast.

An Ursachen gibt es aber in jedem Fall an sich viele, meist reihen sie sich in einer Kette hintereinander. Deshalb muß die den Kosten sachnächste Ursache – in der Umgangsprache würde man von der „eigentlichen Ursache" sprechen – über die Finanzverantwortung entscheiden. Es kommt also auf die Verfassungsrealität an. Die zwei typischen Ursachen für die Kosten übertragener Aufgaben sind der Verwaltungsvollzug und die gesetzliche Begründung der Aufgabe. Die Frage nach der Finanzierungsverantwortung spitzt sich also aus der Perspektive des Verursacherprinzips darauf zu, ob die causa der Kosten einer Aufgabe auf ihrer gesetzlichen Begründung und Regelung oder auf ihrem administrativen Vollzug beruht.

V. Noch nie hat einer die Wirklichkeit dadurch verbessert, daß er sie geleugnet hat,

oder:

Das Prinzip der Vollzugskausalität

Das in Deutschland vornehmlich geltende Prinzip der Vollzugs-kausalität lebt von der Prämisse, daß das Verwalten einer Aufgabe ihre Kosten verursacht. Eine derartige Kostenzuordnung wird in der Regel auch tatsächlich mit dem Hinweis begründet, die Durchführung der Verwaltungsaufgabe verursache die Kosten. Das ist zweifellos faktisch richtig, zur wertenden Zuordnung der Finanzierungslast aber zu kurz gegriffen. Denn hier muß auf die Ursache abgestellt werden, die wesentlich ist, und – in wertender, auf die finanziellen Konsequenzen der Normierung zielender Ent-scheidung – auf den Verursacher, der die Entstehung und den Umfang der Kosten in der Hand hat. Der Hinweis auf den Voll-zug als Kostenursache trifft bei der heutigen Detaillierung und Durchnormierung der öffentlichen Aufgaben nicht mehr zu. Die Vollzugskausalität erfaßt einfach die zeitlich letzte causa, obwohl an dieser Stelle in der gesamten Kausalkette meist kein Spielraum in der Kostenfrage mehr besteht. Meistens ist die Verwaltung durch das Gesetz strikt gebunden. Mit der gleichen Argumentati-on könnte man auch dem Geschädigten eines Autounfalls seinen Schadensersatzanspruch gegen den Schädiger absprechen, weil nicht der Unfall und die Beschädigung des Autos, sondern erst dessen Reparatur die Kosten verursacht habe.

Auch hier ist die Reparatur zweifellos die letzte causa für den Preis, den der Geschädigte zu zahlen hat; die entscheidende Ursa-che, die alles folgende kostenmäßig abschließend geprägt hat, ist aber der Unfall selbst. Im Regelfall läßt die zeitlich letzte Ursa-che nur die Kosten zutage treten, während der entscheidende Ver-ursachungsfaktor an anderer Stelle liegt. Die wesentliche causa liegt bei dem, der nach eigenem Willen bei vorhandenem Hand-lungsspielraum eine von mehreren möglichen Handlungsalterna-tiven auswählt; es kommt also auf den Spielraum an, den eine Stelle bei der Entscheidung besitzt, ob sie eine Aufgabe erfüllen will, und auf die Frage, wie sie den Spielraum hinsichtlich der finanziellen Konsequenzen ausnutzt. Damit liegt die wesentliche Ursache der Kosten einer Aufgabe entweder in der legislativen Verpflichtung eines Dritten zum Vollzug oder in den freiwilligen Aufwendungen des Verwaltungsträgers, wenn er bei der Ausführung des Gesetzes noch Spielraum hat. An diesen Gegebenheiten muß sich das Kausalitätsprinzip in der Anknüpfung an Vollzug oder Gesetz orientieren.

VI. Freiheitsspielraum: Lücke im Recht, die rasch durch weitere Vorschriften geschlossen werden muß,

oder

Der Restspielraum der Kommunen

Ein Spielraum beim Vollzug von Gesetzen ist heute für die Verwaltung recht gering geworden. Ein Restspielraum für die Kommunen besteht bei übertragenen Aufgaben noch dort, wo das übertragene Gesetz allein Ermächtigungsgrundlage, Handlungsrahmen oder Verfahren bietet und ihnen das materielle Ermessen beläßt. Hier ist das zur Zeit herrschende Prinzip der Vollzugskausalität zur Bestimmung der Finanzierungslast angebracht. Die Gesetze legen aber in der Regel bereits die Einzelheiten des Verwaltungsvollzugs fest, bestimmen Organisationsrecht und Personaleinsatz oder behalten der übertragenen Körperschaft das Recht vor, mit Verwaltungsvorschriften oder Einzelanweisungen die Verwaltung der Aufgabe weiter zu steuern. Die Gesetze verpflichten heute meist zur Durchführung der Verwaltungsaufgabe, geben nicht mehr allein die Befugnis zur Administration nach eigenem Handlungsermessen. Sie verleihen ferner dem Bürger oft individuelle Ansprüche auf eine Verwaltungsleistung, die die Kommunen zu befriedigen haben. Gesetzliche Standards zur Erfüllung kommunaler Aufgaben bestimmen das Kostenvolumen ebenfalls. Die heutige Flut detaillierter, anspruchsbegründender und Standards vorgebender Normen lassen den Kommunen nur noch einen geringen Spielraum für eigenverantwortete Entscheidungen bei der Durchführung staatlicher Aufgaben. Insoweit hat das Prinzip der Vollzugskausalität seine argumentative Basis verloren; nur insoweit ein Spielraum tatsächlich noch besteht, sollte die Kostenlast den Kommunen zugeordnet werden. In diesem Bereich sollte man allerdings auch beim Prinzip der Vollzugskausalität bleiben, weil anderenfalls die Kommunen zu Lasten der übertragenden Körperschaft – also ohne eigenes finanzielles Risiko – aufwendig verwalten könnten.

VII. *Wie arm wäre unsere Politik, wenn derjenige, der höhere Ausgaben für edle und gute Zwecke fordert, auch noch gezwungen würde nachzuweisen, woher denn Einnahmen kommen sollen, um diese Ausgaben zu finanzieren,*

oder:

Der Grundsatz der Gesetzeskausalität

Damit kommt für die Zuordnung der Finanzierungslast nach Verursachungsgesichtspunkten das Prinzip der Gesetzeskausalität in Frage. Dann würde an das Gesetz als Ursache von Aufgaben und Kosten angeknüpft. Da es zur Übertragung einer staatlichen Aufgabe auf die Kommunen immer eines Gesetzes bedarf und weil das Gesetz die Aufgabe nach dem Willen der übertragenden Gebietskörperschaft aufgreift, meist detailliert durchnormiert und der Kommune zur Durchführung übergibt, liegt die Regelursache für die Kosten für den übertragenen Wirkungskreis im staatlichen Gesetz. Soweit die Gesetze nicht nur Ermächtigungsgrundlagen oder Handlungsrahmen aufweisen, sondern objektive Pflichtzuweisungen, subjektive Ansprüche, Ermessensbindungen, Standards u.ä. aufweisen, hat die Kommune keine Handlungsalternative nach eigenem Ermessen mehr, verursacht sie also nicht selber voluntativ die Kosten, sondern hat der Gesetzgeber den Kostenrahmen bereits bestimmt. Deshalb sollte eine neue, realitätsgerechte Verfassung die Finanzierungslast nach der Hauptursache der Kosten, nämlich dem Gesetz, ausrichten. Insbesondere spricht für das Prinzip der Gesetzeskausalität, daß sich Bund

und Länder als aufgabenübertragende Körperschaften heute gezielt der Technik bedienen, durch Aufgabenzuweisungen an die Kommunen ihre politischen Programme aus fremder Tasche zu finanzieren, obwohl sie dem Bürger als eigene politische Leistung angeboten werden. Die Finanzierungslast sollte aber den Kommunen insoweit verbleiben, als sie für die Durchführung übertragener Aufgaben Gebühren, Beiträge oder privatrechtliche Entgelte zur Kostendeckung von Dritten erhalten.

Die Einführung eines Grundsatzes der Gesetzeskausalität, wo das Gesetz die Kosten bereits abschließend bestimmt, garantiert die finanzverfassungsrechtlich geforderte eindeutige Zuordnung der Kostenlast. Zudem stabilisiert sie die kommunale Autonomie, d.h. fördert die Ziele des Art. 28 Abs. 2 GG und der entsprechenden Vorschriften in den Landesverfassungen, denn eine Aufgabenübertragung auf die Kommunen ist dann stets mit der Sicherstellung aufgabenadäquater Finanzmittel verbunden. Der Kreis der übertragenen Aufgaben könnte also den Haushalt nicht mehr heimlich aufzehren, die Finanzhoheit der Kommunen wäre besser gesichert.

Hiergegen wird aber eingewandt, eine Aufgabenzuweisung mit gleichzeitiger finanzieller Dotation würde die Kommunen mehr als bisher schon durch Zweckzuweisungen an den goldenen Zügel des Staates binden. Dieses Argument sticht nicht, denn eine solche Finanzzuweisung würde nicht nach Art einer Zweckzuweisung bloß teilfinanzierend Anreize zur Übernahme von Aufgaben unter gleichzeitiger Beisteuerung eines finanziellen Eigenanteils der Kommune geben, sondern lediglich die Kosten einer bereits rechtlich übertragenen Aufgabe erstatten. Aufgaben und Ausgaben würden nur noch zur Deckung gebracht. Damit würde nicht der Satz eingeführt: „Wer bezahlt, bestimmt, welche Musik gespielt wird", sondern es würde, nachdem die zu spielende Melodie normativ festgelegt ist, lediglich deren Bezahlung durch den Auftraggeber nachgeschoben. Im Gegenteil würde die gleichzeitige Finanzierungspflicht den Gesetzgeber von unbesonnener Aufgabenübertragung abhalten können. Zudem enthielte eine Verpflichtung zum finanziellen Ausgleich nicht unbedingt die Obligation zur Gewährleistung von Finanzmitteln, sondern könnte auch mit der Zuweisung einer kostendeckenden Finanzquelle oder mit einer Entlastung an anderer Stelle erfüllt werden.

Vor allem würde mit dem Grundsatz der Gesetzeskausalität das demokratische Element in der Finanzverantwortung wieder stärker betont. In der parlamentarischen Demokratie führt eine Legitimationskette von den Volkswahlen zum Parlament; der Abgeordnete erhält sein Mandat aus dem Wahlakt. In der Gegenrichtung stehen folglich die Abgeordneten in der Verantwortung gegenüber dem Wähler; sie haben die Mandatsausübung vor dem Volk zu verantworten. Die haushaltsrechtliche Eigenverantwortung wird jedoch nur gewahrt, wenn das Parlament für seine materiellen Entscheidungen finanziell einzustehen hat. Demokratische Legitimationskette und finanzielle Verantwortungslinie setzen voraus, daß dem Parlament die Folgen seiner eigenen Entscheidung zugerechnet und spürbar werden. Das Parlament muß sich u.a. auch für die finanziellen Folgen seiner Entscheidungen gegenüber dem Wähler verantworten; den Wähler treffen die Konsequenzen seiner Wahlentscheidung allgemein in den Gesetzen, denen er unterliegt, und finanziell in den Abgaben, die der Staat ihm aufbürdet. Deshalb müssen Entscheidungs- und Ausgabenverantwortung immer beim Parlament liegen, wenn sein materielles Gesetz die Kosten verursacht. Anderenfalls verzerren sich materielle Entscheidungen und finanzielle Konsequenzen, denn die parlamentarischen Repräsentanten entziehen sich ihrer finanziellen demokratischen Verantwortung. Wenn Entscheidungs- und Ausgabenverantwortung zusammenfallen, trägt derjenige die Finanzverantwortung, der einen Spielraum zur Entscheidung besitzt und ausfüllt. Soweit das Gesetz die materielle Entscheidung trifft, hat deshalb die übertragende Gebietskörperschaft die Kosten der übertragenen Aufgabe zu tragen. Es wäre überdies ökonomisch von Nachteil, Entscheidungs- und Finanzverantwortung voneinander zu trennen, weil in diesem Fall das entscheidende Organ keine optimale Lösung treffen wird, da es den finanziellen Aspekt seines Beschlusses nicht zu vertreten hat und deshalb nicht in seine Überlegungen einbezieht; „es ist in der Politik schon oft versucht worden, nicht vorhandenes Geld auszugeben." Finanzwissenschaftlich erfüllt der Grundsatz der

Gesetzeskausalität die Forderungen nach fiskalischer Äquivalenz besser.

VIII. *Unsere Zeit krankt an der irrationalen Furcht vor der Tat und an dem ebenso irrationalen Mut zur Unterlassung,*

oder:

Einwände gegen die praktische Durchsetzung der Gesetzeskausalität

Eine inhaltlich ausgewogene und prinzipiengerechte Finanzverfassung muß sich dem Härtetest der Praxis stellen, denn eine Finanzverfassung soll ökonomische Realität gestalten, sonst taugt sie nichts. Das erste praktische Problem wird bei der Bestimmung der Kosten des Vollzugs der einzelnen Aufgabe auftauchen. Hier wird heftig gestritten werden, denn die Übertragung einer Aufgabe durch Gesetz zwingt gleichzeitig zur Verlagerung von Finanzmitteln. Ideal wäre eine Kostenerstattung nach den realen Aufwendungen für die einzelne Aufgabe. Sie steht vor der Schwierigkeit, daß die Kosten bei der Aufgabenübertragung nicht feststehen, sondern sich erst im Vollzug summenmäßig manifestieren. Man wird deshalb zumindest zu Beginn der Aufgabenstellung schätzen, d.h. von den konkreten Kosten abweichen müssen. Aber auch später wird eine exakte Begleichung der tatsächlich zu erstattenden Kosten technisch sehr aufwendig werden; sie ist oft sogar ökonomisch unangebracht, weil sie luxuriöses Verwalten durch die Kommune mit entsprechenden finanziellen Aufwendungen oder einen bisher nachlässigen Aufgabenvollzug mit höheren Zahlungen in der Nachholphase belohnen würde. Auf der anderen Seite kann man auch nicht mit pauschalen, „gegriffenen" Zahlen arbeiten, um nicht wieder in die Unverbindlichkeit eines allgemeinen Finanzausgleichs mit Schlüsselzuweisungen zur generell angemessenen Finanzausstattung der Kommunen zu geraten und Finanzausgleich und aufgabenbezogene Kostenerstattung zu vermengen. Dieses Problem läßt sich dadurch lösen, daß man zu Wahrscheinlichkeitsmaßstäben greift, die sich an den durchschnittlichen Kosten der Aufgabenerfüllung, z.B. in der

Form von Fallpauschalen, orientieren. Das Ausrichten an den tatsächlichen Kosten aller Kommunen verhindert die Entfernung von einer aufgabenadäquaten Erstattung, die Orientierung an Durchschnittskosten vermeidet luxuriöses Verwalten zulasten fremder Taschen.

Eine Kostenberechnung nach Durchschnittssätzen und Wahrscheinlichkeitsmaßstäben ist praktisch möglich. Vier Landesverfassungen sehen dieses Verfahren zur Zeit vor, in früherer Zeit war sie bereits geltendes Recht. Zudem erweist die aktuelle Praxis das Funktionieren solcher Kostenberechnungen, denn auch heute zwingt das kameralistische Haushaltssystem mit seinen Einzeltiteln zur exakt quantifizierten Veranschlagung der Ausgaben für jede einzelne Aufgabe. Gerade die Kameralistik, die mit Einnahmen und Ausgaben rechnet, ist hierfür besser gerüstet als betriebswirtschaftliche unternehmerische Rechnungssysteme, die Aufwand bewerten und abschreiben. Im kameralistischen System käme lediglich hinzu, daß außer der ausführenden Körperschaft auch die übertragende Körperschaft einen Titel für die Kosten der übertragenen Aufgabe in ihren Haushaltsplan einfügt.

Gewichtiger ist der Einwand, die Kostenerstattung würde zu einem aufwendigen, detaillierten System von Einzelerstattungen für jede Aufgabe führen. Auch diese Bedenken dürften in der Praxis nicht zutreffen. Diese Bedenken beruhen wohl eher auf dem Satz des Jubilars, „man kann alles vertreten, man muß nur vermeiden, konkret zu werden". Man könnte zum einen mit dem aufgabenbegründenden Gesetz zugleich die Kostenfrage klären und später anhand der tatsächlichen Kostenentwicklung nachsteuern. Die Summe der Einzelposten ließe sich dann monats- oder quartalsweise erstatten. Das Verfahren ist bei Geldleistungsgesetzen oder Subventionen, bei Sonderlastenausgleichen und Zweckzuweisungen bereits heute üblich und in der Praxis ohne Probleme. Besser und einfacher wäre es indes, das gesamte Erstattungsgeschehen in einem jährlichen Gesetz und mit einer jährlichen Transferleistung zu bewältigen, um einen permanenten Streit in einem Gesamtüberblick aller Kosten übertragener Aufgaben und in einer einzigen parlamentarischen Entscheidung zu bewältigen und zugleich darüber hinausgehende Einzeltransfers zu unterbinden. Jährlichkeit, Einheitlichkeit und Vollständigkeit des Transfergesetzes sollten wie beim Haushaltsplan beachtet werden. Dies böte den Vorteil eines einzigen Verfahrens pro Jahr, verhinderte dauernden Streit, würde dem übertragenden Gesetzgeber alle Aufgabenverlagerungen eindrücklich klarmachen und Gelegenheit geben, bei der jährlichen Entscheidung eventuelle Kostenänderungen bei bestehenden Aufgaben laufend zu berücksichtigen. Ein derartiges Transfergesetz würde die äußere Form eines Haushaltsplans aufweisen, das sich auf Ausgabetitel für übertragene Aufgaben zur Kostenerstattung beschränkt. Damit könnte es später auch ohne zusätzlichen Aufwand in den jährlichen Haushaltsplan der übertragenden Gebietskörperschaft aufgenommen werden. Wenn man ein Transfergesetz jeweils ein halbes Jahr vor dem Beschluß des Haushaltsplans erläßt, wäre es ohne zeitliche Probleme in den Plan einzufügen. Dieses Verfahren eines periodischen, umfassenden Transfergesetzes ist im Finanzverhältnis von Bundesgesetzgeber und staatlicher Landesverwaltung leicht zu überschauen. In der Beziehung zwischen Landesgesetzgeber und Kommunen würde es allerdings komplizierter, weil hier eine größere Anzahl von Landkreisen, Stadtkreisen und kreisangehörigen Gemeinden, teilweise sogar noch Ämter, Verbands- und Verwaltungsgemeinschaften einzubeziehen wären. Solche Probleme wären zu überwinden, wenn man die Grobverteilung der Finanzmittel zwischen Land und Kreisen vornähme, die Landkreise aber verpflichtete, die Feinverteilung – selbstverständlich unter Anwendung der gesetzlich vorgezeichneten Kostenfeststellungen – an die kreisangehörigen Gemeinden zu übernehmen.

IX. Die Alternative: In der Regel ist sie schlechter,

oder:

Nähere Ausgestaltung der Finanzierungslast

Zur Ausgestaltung des Prinzips der Gesetzeskausalität sind weitere Fragen nach politischem Ermessen und Zweckmäßigkeitserwägungen zu beantworten: zum einen ist zu entscheiden, ob nach dem Vorbild des Art. 104 a Abs. 1 und 5 GG die Zuweisungen der Finanzierungslast auf die Zweckausgaben, also die Sachausgaben für die Aufgabe, beschränkt werden und die Kosten des sächlichen und personellen Verwaltungsapparats nach dem Vorbild des Art. 104 a Abs. 5 GG doch der vollziehenden Körperschaft verbleiben. Hierfür spricht, daß auch bei einer Aufgabenübertragung grundsätzlich die Organisationshoheit der vollziehenden Körperschaft erhalten bleibt. Das gilt im Verhältnis von Bund und Ländern uneingeschränkt, im Verhältnis zu den Kommunen nicht immer, weil hier die staatlichen Gesetze in erheblichem Maße Personalstandards vorschreiben, Organisationspflichten aufstellen oder bestimmte Verfahren einrichten, statt sich nur auf materielle Regelungen zu konzentrieren. Deshalb läge es hier vielleicht nahe, ohne Differenzierung nach Zweck- und Verwaltungsausgaben auch die Kosten für den administrativen Apparat nach der gesetzlichen Verursachung zuzuordnen. Diese Lösung haben die vier Landesverfassungen im Auge, die bereits die Finanzverantwortung nach der Gesetzeskausalität regeln. Sie entspricht auch dem Beschluß der Verfassungsrechtlichen Abteilung des 61. Deutschen Juristentags von 1996, der für die Landesverfassungen folgende Formulierung empfahl: „Den Gemeinden und Gemeindeverbänden kann durch Gesetz die Erledigung von Aufgaben übertragen werden. Dabei sind Bestimmungen über die Deckung von Kosten zu treffen. Führen diese Aufgaben zu einer Mehrbelastung der Gemeinden oder Gemeindeverbände, so ist ein entsprechender finanzieller Ausgleich zu schaffen"[10], während das Gutachten für die Verfassungsrechtliche Abteilung sich für ein Vorgehen nach dem Vorbild des Art. 104 a Abs. 1 und 5 GG auch im Verhältnis des Staates zu seinen Kommunen aussprach[11]. Ein Mittelweg würde die allgemeinen Kosten des Verwaltungsapparats bei der Kommune belassen und nur die besonderen Kosten, die bei der Unterhaltung der speziellen Behörde zur Erbringung der jeweiligen Aufgabe entstehen, nach der Gesetzeskausalität zurechnen.

---

[10] *Verhandlungen des 61. Deutschen Juristentages Karlsruhe 1996*, Band II/1, Sitzungsberichte, 1996, M 77.
[11] *Gutachten* (Fn. 8), D 91.

Bei der Verteilung der Finanzierungslast wird häufig die Forderung nach einer quotalen Beteiligung der ausführenden Körperschaft an der Finanzierung der Aufgabe erhoben, um sie zum sparsamen Verwalten anzuregen. Obwohl damit sicherlich zur Kostendämpfung beigetragen werden könnte, würde ich solche edukativen Mitbeteiligungquoten nicht vorsehen, denn dann würden statt einer echten Kostenerstattung wieder Zuweisungen der übertragenden Körperschaft als goldener Zügel für die Kommunen geleistet; die Aufgabenerfüllung würde ferner teilweise eigene Haushaltsmittel in Anspruch nehmen und die Finanzen für die Selbstverwaltungsaufgaben bedrohen. Ihre Haushaltsautonomie würde also verkürzt. Diese Mischfinanzierung würde nur Kompetenzen verwischen und Verantwortung verschleiern. Zudem hat der Staat kaum die Aufgabe, die Kommunen zu erziehen, sondern allenfalls den Auftrag, im Wege der Rechts- oder Fachaufsicht Gesetzesverstöße zu unterbinden oder unzweckmäßiges Verhalten zu verhindern. Ferner ist ohnehin ein gewisses Edukationsmoment bereits in der Orientierung der Kosten an Durchschnittssätzen enthalten, der überdurchschnittliche Aufwendungen einzelner Kommunen unberücksichtigt läßt. Im übrigen ist bei einem verbleibenden Spielraum der Kommunen im Bereich des Ermessens stets ein Eigenanteil vorgesehen.

X. *Das Schwierigste an einem Mord ist der Leiche Abtransport,*

oder:

Probleme des Übergangs von der Vollzugs- zur Gesetzeskausalität

Jede erhebliche Umstellung der Finanzierung öffentlicher Tätigkeiten stellt nicht nur die Frage nach ihrer grundsätzlichen Zielsetzung und Rechtfertigung, sondern wirft daneben das Problem der Bewältigung der Übergangsphase auf. Wahrscheinlich würde ein plötzlicher Übergang von einem Haushaltjahr auf das andere zum Stichtag des 1. Januar abrupt eingespielte Verfahren beenden und zu Schwierigkeiten führen. Ein gleitender Einstieg in die Gesetzeskausalität durch Festlegung einer Übergangsphase in der Landesverfassung, zu deren Ende der Umstieg abgeschlossen sein müßte, würde diese Umstellungsprobleme vermindern, weil man Erfahrungen mit der neuen Finanzierungsweise sammeln und sogleich auf andere Aufgabenbereiche übertragen könnte. Möglich wäre auch, die Kostenerstattungspflicht nur für neu übertragene Aufgaben anzuordnen, so daß der bisherige Aufgabenbestand nach dem alten System der Vollzugskausalität finanziert würde. Damit würde man sich freilich ein Nebeneinander beider Systeme um den Preis eines überschaubaren, langsamen Hineinwachsens in die Gesetzeskausalität einhandeln.

Der Übergang würde auf den kommunalen Finanzausgleich einwirken. Während bisher Schlüssel- und Zweckzuweisungen oder Sonderlastenausgleiche der allgemeinen Finanzausstattung der Kommunen, ihren Selbstverwaltungsaufgaben und auch den übertragenen staatlichen Aufgaben dienen, würde das Kostenerstattungssystem nach dem Prinzip der Gesetzeskausalität die Finanzierung der staatlichen, übertragenen Aufgaben abschließend erledigen. Der kommunale Finanzausgleich hätte nur noch den Zweck der Sicherung allgemeiner Finanzausstattung der Kommunen im Bereich der Selbstverwaltung zu erfüllen. Sein Volumen würde entsprechend sinken; Schlüsselzuweisungen träten in den Vordergrund; zusätzliche Zweckzuweisungen oder Sonderlastenausgleiche wären rechtlich nicht untersagt, aber überflüssig; das Finanzausgleichsgesetz würde erheblich vereinfacht.

Der Übergang könnte in den Landesverfassungen vorgesehen werden, ohne daß zeitgleich das Grundgesetz entsprechend geändert werden müßte. Im Gegenteil würde die Forderung nach einem synchronen Geleitzug von Grundgesetz und Landesverfassung wegen der notwendigen Übereinstimmung von Bund und Ländern den Übergang politisch blockieren. Die Übertragung von Aufgaben durch den Bund und die Länder auf die Kommunen ist in Gesetzgebung, Haushalt, Finanzbeziehungen und den zugrunde liegenden Verfassungen getrennt. Es spricht nichts dagegen, daß eine Landesverfassung ausschließlich und isoliert die spezifischen Verhältnisse für ihr eigenes Gebiet in dieser Weise regelt, wie es auch einige Landesverfassungen bereits getan haben. Im Gegenteil ist nicht zu empfehlen, zuvor auf eine Grundgesetzänderung zu warten, weil dann die Gefahr besteht, daß der Bund zur Erzielung einer einheitlichen Regelung in allen Ländern in die Organisations- und Finanzhoheit der Länder eingreift, obwohl das föderalistische Prinzip hier zur Zurückhaltung mahnt. Zudem müßte eine Regelung im Grundgesetz für eine Aufgabenübertragung durch Bundesgesetz wegen der besonderen Rechtsbeziehungen im Bundesstaat etwas anders gestaltet werden: zum ersten wäre hier primär dafür Sorge zu tragen, daß der Bund nicht mehr entgegen Art. 84 und 85 GG in der Aufgabenzuweisung unmittelbar auf die Kommunen durchgreift, d.h. am wichtigsten wäre eine Erhöhung der Barrieren für den Kompetenzzugriff des Bundesgesetzgebers. Zum zweiten gibt es im Bundesstaat zur Schonung der Länder- und Kommunalautonomie kaum direkte Finanzbeziehungen zwischen Bund und Kommunen. Die Kostenerstattung für die Übertragung von Aufgaben an die Kommunen durch Bundesgesetz wäre deshalb vom Bund an das jeweilige Land zu leisten; dieses hätte es als durchlaufenden Posten an die mit der Aufgabe belasteten Kommunen weiterzugeben.

Die parlamentarische Diskussion zur Gesetzeskausalität bringt die Frage ins Spiel, in welchem Normenkomplex die Zuteilung des Finanzierungslast verankert werden soll. Hierfür kommt ausschließlich die Verfassung selbst in Frage. Denn der Gesetzgeber selbst soll wegen der Verursachung von Kosten im parlamentarischen Akt des Gesetzes finanziell gebunden werden. Würde man diese Entscheidung in einem einfachen Gesetz treffen, wie es z.B. jetzt in einigen Kommunalgesetzen vorgesehen ist, ohne sie zugleich in die Verfassung aufzunehmen, hätte der Gesetzgeber letztlich wieder freie Hand, durch ein späteres Aufgabengesetz seine Kostentragungspflicht zurückzunehmen. Erst die Normenhierarchie zwischen Verfassung und Gesetz kann ihn daran hindern und die Finanzierungslast kontinuierlich und stabil ordnen. Völlig untauglich wäre eine einfache Willenserklärung des Parlaments, denn ihr fehlt jegliche normative Wirkung.

XI. Auch mit den stärksten moralischen Argumenten lassen sich nicht hundert so verteilen, daß vier Leute je fünfzig bekommen,

auch: Die vier Grundrechenarten lassen sich durch die Politik nicht aufheben,

oder:

Ökonomische Wirkungen verfassungsrechtlicher Normen

Das vorgeschlagene Prinzip der Gesetzeskausalität würde die Finanzierung übertragener Aufgaben verfassungsadäquater und praxisgerechter gestalten. Ein Übergang zum Prinzip der Gesetzeskausalität ist deshalb angebracht. Es ist aber selbstverständlich, daß die rechtliche Ordnung der Finanzierungslast wie auch die gesamte Finanzverfassung nur die Verteilung staatlicher Einnahmen regeln, nicht das Geld selbst vermehren kann. Durch Rechtsnormen läßt sich kein Geld produzieren, es kann nur anders verteilt werden. Die Finanzverfassung – hier das Prinzip der Gesetzeskausalität – kann nur einen Beitrag zur zweckmäßigen und gerechten Verteilung öffentlicher Finanzmittel leisten und die staatlichen und kommunalen Funktionen und Aufgaben unterstützen. Allein der Umfang der staatlichen Einnahmen beruht auf dem Willen des Gesetzgebers, wie weit er sich an den Erträgen der Wirtschaft beteiligen will. Diese Quote kann er durch staatliche Abgabengesetze zwar verändern, aber auch hier sind ihm durch die Verfassung, allgemeine Gerechtigkeitsvorstellungen und von der Prosperität der Wirtschaft ökonomische Grenzen gesetzt.

HEINRICH SIEDENTOPF

Die Kommunen
in der Europäischen Union

1979 bewertete Manfred Rommel in der Zeitschrift „Die Öffentliche Verwaltung" die Lage der Kommunalverwaltung nach 30 Jahren Grundgesetz als „bedenklich."[1] Die Kommunalverwaltung sei nach Idee und Zielsetzungen ein freiheitsbewahrendes und demokratiesicherndes Instrument zugunsten des Bürgers und damit auch des Staatsganzen. Es sei falsch, den Freiraum der Kommunalverwaltung einerseits durch perfektionistische Regelungen zu beschneiden und andererseits dem Bürger in Gestalt von verschiedenen Beteiligungsformen scheinbar Möglichkeiten der stärkeren Einflußnahme auf Entscheidungen der Kommunalverwaltung einzuräumen.

Wie ist im Jahr 1997 die Lage der deutschen Kommunalverwaltung zu beurteilen? Die Diskrepanz zwischen Beteiligungsanspruch und Leistungserwartung der Bürger einerseits und Handlungs- oder Gestaltungsraum der kommunalen Selbstverwaltung andererseits ist eher noch größer geworden. Die meisten Aufgabenfelder der Kommunalverwaltung werden heute durch Gesetze, Verordnungen und Verwaltungsvorschriften des Bundes und der Länder bis in die Einzelheiten determiniert. Der Haushalt der Kommunen wird durch Pflichtaufgaben weitgehend gebunden. Für eine gestaltende Selbstverwaltung bleibt dabei kaum ein Raum. Die Selbstverwaltung der Kommunen ist heute weitgehend auf die Verwaltung des Mangels reduziert worden.

---

[1] *Manfred Rommel*, Zur Lage der Kommunalverwaltung nach 30 Jahren Grundgesetz, in: Die Öffentliche Verwaltung (DÖV), Jg. 32 (1979), S. 362–367.

67

I. Europäisierung

Im Vergleich mit dem Jahr 1979 ist die Lage der Kommunalverwaltung heute eher noch bedenklicher geworden. Heute ist ein Faktor der Einflußnahme auf die Kommunalverwaltung hinzugekommen, der 1979 nicht einmal der Erwähnung wert schien: Die Dynamik der europäischen Integration von der Wirtschaftsgemeinschaft über die Europäische Gemeinschaft hin zur Europäischen Union wirkt sich zunehmend auch auf die kommunale Selbstverwaltung in den Mitgliedstaaten aus. 1979 fand die erste Direktwahl zum Europäischen Parlament statt. 1997 – das sind vier Jahre nach der Vollendung des Binnenmarktes und nach dem Inkrafttreten des Maastrichter Vertrages. 1997 – das ist das zweite Jahr der Regierungskonferenz zur Revision des Maastrichter Vertrages mit den Reformzielen der Demokratisierung und der Effizienzsteigerung der europäischen Organe und Institutionen. Wird 1997 auch für die kommunale Selbstverwaltung in ihrer Vielfalt in den Mitgliedstaaten einen Ertrag bringen? Die kommunalen Forderungen wie die Ergänzung und Präzisierung des Subsidiaritätsprinzips in dem Vertrag oder die Stärkung des Ausschusses der Regionen oder die Garantie der kommunalen Selbstverwaltung in dem Primärrecht der Europäischen Union scheinen auf der Agenda der Regierungskonferenz nicht sehr weit vorn zu rangieren.

Der Beauftragte der Bundesrepublik Deutschland bei der Regierungskonferenz hat am 29. Oktober 1996 einen Textvorschlag zur Einfügung des kommunalen Selbstverwaltungsrechtes in Art. F Abs. 1 des EU-Vertrages eingebracht:

„Das Recht der Gemeinden und Gemeindeverbände, alle Angelegenheiten der örtlichen Gemeinschaft im Rahmen der Gesetze in eigener Verantwortung zu regeln und eine durch das Volk gewählte Vertretung zu haben, wird gewährleistet."

Die Garantie der kommunalen Selbstverwaltung im Unionsvertrag scheint für die Gemeinschaft und für die meisten Mitgliedstaaten heute noch keine besondere Bedeutung zu haben. Schon in den frühen Jahren der Gemeinschaft hat Hans Peter Ipsen dieser eine „Länderblindheit" attestiert. Seitdem aber hat die

Gemeinschaft gelernt, daß sekundäres Gemeinschaftsrecht, z. B. in der Form der Richtlinien zwar auf der Bundesebene in nationales Recht transformiert wird, daß es aber letztlich auf der Länderebene und durch die Kommunalverwaltungen angewandt und vollzogen wird. Schon im Interesse einer wirksamen und konsequenten Anwendung des Gemeinschaftsrechts in den Mitgliedstaaten kann sich die Europäische Union weder eine „Länderblindheit" noch eine „Kommunalblindheit" leisten.

Die Europäische Union sieht sich dabei allerdings mit einer Vielfalt von innerstaatlichen, politischen und administrativen Strukturen konfrontiert, die jeweils Teil der mitgliedstaatlichen Tradition und Kultur sind, Teil der mitgliedstaatlichen Identität, die die Europäische Union schützen und bewahren soll. Mit dem gemeinschaftsrechtlichen Begriff der „subnationalen Verwaltungseinheiten" sind im Falle Deutschlands der Föderalismus und die kommunale Selbstverwaltung nur höchst unzulänglich bezeichnet.

II. Bewährung

Die kommunale Selbstverwaltung ist in der deutschen Geschichte und nach dem Grundgesetz ein wesentliches Element der demokratischen Ordnung dieses Landes. Die Gemeinden und Kreise teilen mit dem Bund und den Ländern die unmittelbare demokratische Legitimation. Diese Einheitlichkeit der demokratischen Legitimationsgrundlage begründet die besondere Stellung der kommunalen Gebietskörperschaften im Aufbau des Staates. Zwischen dieser unmittelbaren demokratischen Legitimation und dem Zuschnitt der gebietskörperschaftlichen Aufgaben besteht ein zwingender Zusammenhang, der in der kommunalen Selbstverwaltungsgarantie des Grundgesetzes und der Länderverfassungen festgeschrieben und in der Rechtsprechung des Bundesverfassungsgerichts wiederholt bestätigt und verstärkt worden ist. Mit der Rastede-Entscheidung wird nicht nur der Schutz des Kernbereichs kommunaler Selbstverwaltung bestätigt; sondern es wird darüber hinaus dem Gesetzgeber aufgegeben, das Prinzip dezentraler Aufgabenansiedlung zu beachten, das die Vermutung der kommunalen gegenüber der staatlichen Zuständigkeit enthält

und dem Gedanken des Selbstbestimmungsrechts des Gemeinde-
bürgers wieder erhöhte Geltung verschafft. Die Verfassung des
Freistaats Sachsen vom 27. Mai 1992 hat diesen Vorrang kom-
munaler Aufgabenträgerschaft in Art. 85 I sehr konkret gefaßt:
„Den kommunalen Trägern der Selbstverwaltung kann durch
Gesetz die Erledigung bestimmter Aufgaben übertragen werden.
Sie sollen ihnen übertragen werden, wenn sie von ihnen zuver-
lässig und zweckmäßig erfüllt werden können."

Die kommunale Selbstverwaltung in Deutschland ist nicht nur in
der Verfassung konstituiert, sie hat sich auch in der Praxis und in
den Situationen des Umbruchs als stabiles Fundament des staatlichen Wiederaufbaus bewährt. Die kommunale Selbstverwaltung
war mehrfach in diesem Jahrhundert die Ebene, die zuerst die
Handlungsfähigkeit der Verwaltung wieder herstellen und den
Bürgern eine Möglichkeit politischer Mitwirkung eröffnen konnte. Dies gilt für die Zeiten nach den beiden Weltkriegen ebenso
wie für die Zeit nach dem Zusammenbruch der DDR.

Die kommunale Selbstverwaltung wurde von der am 18. März
1990 demokratisch gewählten DDR-Volkskammer mit dem
„Gesetz über die Selbstverwaltung der Gemeinden und Landkreise der DDR" vom 17. Mai 1990 wieder eingeführt. Dies war
nicht ein bloßer Transfer von Institutionen der Bundesrepublik
oder des Modells der kommunalen Selbstverwaltung in Art. 28 II
GG. Das Konzept der Selbstverwaltung von 1990 enthielt auch
die direkt-demokratischen Instrumente des Bürgerantrages, des
Bürgerentscheids und des Bürgerbegehrens, die bis dahin allein
in der Gemeindeordnung von Baden-Württemberg enthalten
waren. In den ersten demokratischen Kommunalwahlen vom
7. Mai 1990, nach dem Zusammenbruch der real-sozialistischen
DDR, wurde dieses Konzept der kommunalen Selbstverwaltung
von den Bürgern akzeptiert, wurden die administrativen und politischen Strukturen in den Gemeinden, Städten und Landkreisen
legitimiert. Die am 14. Oktober 1990 neu gewählten Landtage in
den östlichen Ländern verabschiedeten jeweils eigene Kommunalverfassungen und realisierten in schneller Folge weitreichende territoriale und funktionale Verwaltungsstrukturreformen. Was
in den westlichen Bundesländern erst in den 1960er Jahren, nach

mehrjähriger rechtsstaatlicher Verwaltungspraxis begonnen und in einem über zehnjährigen Prozeß – auch nicht vollständig – umgesetzt wurde, das wurde politisch und administrativ in wenigen Jahren in den östlichen Ländern geleistet. Unter Verwertung von Konzepten und Erfahrungen in den westlichen Ländern wurden dabei auch eigenständige Lösungen entworfen wie z. B. die Vollkommunalisierung der Kreisebene in Sachsen oder die Umwandlung aller staatlicher Aufgaben in Pflichtaufgaben nach Weisung bei Wahrnehmung durch kommunale Verwaltungsträger in Brandenburg.

Der Verwaltungsaufbau in den neuen Ländern setzt sich aus Rezeption, Evolution und Innovation zusammen.[2] Mancher Teil hat noch nicht seine endgültige Form gefunden. Doch die kommunale Selbstverwaltung hat sich erneut in einer Umbruchsituation bewährt. Sie hat den Bürgern die Teilhabe an den öffentlichen Angelegenheiten der Gemeinschaft ermöglicht und damit ihr Vertrauen in demokratische Prozesse gestärkt.

III. Gefährdungen

Gleichzeitig liegen in den westlichen wie in den östlichen Bundesländern die Gefährdungen und Einschränkungen der kommunalen Selbstverwaltung der Gemeinden, Städte und Kreise offen zu Tage. Sie haben sich seit den Feststellungen von Manfred Rommel im Jahr 1979 inhaltlich nicht wesentlich verändert: Regelungsperfektionismus, Detailplanung, Organleihe als Zeichen des Mißtrauens gegenüber der Kommunalverwaltung, Gleichwertigkeitswahn und die Problematik der kommunalen Finanzausstattung. Nach wie vor wird der Handlungsspielraum der Kommunalverwaltung durch umfassende höherstufige Raum- und Entwicklungsplanungen sowie durch detaillierte Fachplanungen eingeengt. Mit Gesetzen und Verordnungen wird mit Standards für Ausstattung, Fläche und Personalschlüssel von Einrichtungen

---

[2] *Heinz Köstering,* Vier Jahre Verwaltungsaufbau im Land Brandenburg – Rezeption, Evolution oder Innovation?, in: Verwaltungsrundschau, Jg. 41 (1995), S. 83–90.

eine Regelungsdichte geschaffen, die einen eigenständigen und örtlich angepaßten Vollzug erschwert. Kommissionen auf Bundes- und Landesebene versuchen, diesen „furor legislativus teutonicus" (Roman Herzog) zu bekämpfen oder wenigstens zu begrenzen. Generelle Standardabsenkungsgesetze und Experimentierklauseln sind dabei rechtsstaatlich und praktisch bedenkliche Mittel, denn sie entlassen den Gesetzgeber aus seiner Verantwortung für die generelle Regelung und überfordern gleichzeitig den konkret entscheidenden Verwaltungsbediensteten. Alles aber wird überschattet von der Knappheit der Ressourcen in den öffentlichen Haushalten, durch die Übertragung von staatlichen Aufgaben auf die kommunalen Gebietskörperschaften ohne eine entsprechende Finanzausstattung. Die Aufgaben- und Finanzautonomie der Kommunen wird durch eine solche unzureichende Finanzausstattung und durch die Begrenzung eigener kommunaler Steuern eingeschränkt. Staatliche Zweckzuweisungen beeinflussen und determinieren die kommunalen Prioritätensetzungen. Damit wird kommunale Selbstverwaltung auf mittelbare Staatsverwaltung reduziert, werden die Vielfalt und die Individualität der Kommunen, gegründet auf ihren Handlungs- und Gestaltungsspielraum, untergraben.

Die vorgenannten „hausgemachten" Gefährdungen der kommunalen Selbstverwaltung in Deutschland tauchen wieder auf und werden in das Feld geführt, wenn der Einfluß der europäischen Integration auf die Kommunalverwaltung analysiert werden soll. Alle nationalen Beschwerden werden um eine Stufe nach oben verlängert und finden ihre Entsprechung auf der europäischen Ebene: der „goldene Zügel" europäischer Strukturpolitik, die Normenflut aus Brüssel und die europäische Regelungsdichte, die Vollzugskontrolle durch Organe der Gemeinschaft sowie letztlich die unterschiedlichen Ausformungen der Kommunalverwaltung in den Mitgliedstaaten.[3] Schon im innerstaatlichen Bereich wurden früher staatliche Förderungsprogramme als „goldener

---

[3] *Horst Heberlein*, Europa der Kommunen, in: Kommunalforschung für die Praxis, Heft 31/32, Stuttgart 1995, S. 43–49.

Zügel", als die negative Seite von staatlichen Strukturmaßnahmen und als staatlicher Eingriff durch die Steuerung kommunaler Entscheidungen kritisiert. Inzwischen sollten die Kommunen gelernt haben, zwischen der Versuchung der finanziellen Förderung der Anfangsinvestition und der Eigenbeteiligung an der Fördermaßnahme einerseits sowie den Folgekosten andererseits zu unterscheiden. Europäische Förderungsprogramme sind gerade in Mitgliedstaaten mit finanzschwachen kommunalen Gebietskörperschaften ein unentbehrlicher Anreiz für lokale Initiativen und Aktivitäten. Auch der Vorwurf der „Länder- und Kommunalblindheit" der Gemeinschaft ist durch eine tatsächliche und institutionelle Weiterentwicklung in seiner ursprünglichen Überzeugungskraft reduziert worden: zum einen gibt es seit dem Maastrichter Vertrag den Ausschuß der Regionen mit einem Mitwirkungsrecht in den Verfahren der Rechtsetzung, zum anderen bestehen Länderbüros sowie das Europabüro der Deutschen Kommunalen Selbstverwaltung. Es überrascht, daß lokale und regionale Gebietskörperschaften aus Ländern mit gering ausgeprägtem Selbstverwaltungsrecht durchaus in Brüssel repräsentiert sind und den europäischen Entscheidungsprozeß in der Rechtsetzung sowie in einzelnen Programmentscheidungen beeinflussen können. Es ist wenig erfolgversprechend, wenn die deutsche Kommunalverwaltung angesichts der unterschiedlichen Ausgestaltungen und Standards der kommunalen Selbstverwaltung in den Mitgliedstaaten auf eine – nicht in der Kompetenz der Europäischen Gemeinschaft liegende – Harmonisierung der innerstaatlichen Verwaltungsstrukturen wartet oder diese von der Gemeinschaft erwartet. Die Einflußnahmen in Brüssel sind bisher davon unabhängig. Sie erfolgen nicht nur, aber auch in dem Rechtsetzungsverfahren der Europäischen Gemeinschaft, an dem die Mitgliedstaaten und ihre innerstaatlichen, subnationalen Gliederungen, im Falle Deutschlands also auch die Länder und die kommunalen Gebietskörperschaften, beteiligt sind.[4]

[4] *Klaus Stern*, Europäische Union und kommunale Selbstverwaltung, in: Michael Nierhaus (Hrsg.), Kommunale Selbstverwaltung – europäische und nationale Aspekte, Berlin 1996, S. 21–44, (Schriftenreihe des Kommunalwissenschaftlichen Instituts der Universität Potsdam, Bd. 1).

IV. Europäische Rechtsetzung

Die Produkte europäischer Rechtsetzung sind manchmal eine gelungene Karikatur. Nur ist die Botschaft dieser Karikatur oft mißverständlich und fehlleitend. Die Europäische Gemeinschaft ist eine Rechtsgemeinschaft – mit diesem Begriff wollte Walter Hallstein schon früh ein Gegengewicht zu dem Begriff der Wirtschaftsgemeinschaft schaffen. Diese Rechtsgemeinschaft entsteht durch die supranationale Rechtsetzung unter intensiver Beteiligung aller Mitgliedstaaten sowie durch die Umsetzung durch die und die Anwendung dieses Gemeinschaftsrechts in den Mitgliedstaaten. In der 19. Erklärung zum Maastrichter Vertrag haben die Mitgliedstaaten hervorgehoben, daß es für die innere Geschlossenheit und die Einheit des europäischen Aufbauwerks von wesentlicher Bedeutung ist, daß jeder Mitgliedstaat die an ihn gerichteten Richtlinien innerhalb der darin festgesetzten Fristen vollständig und getreu in innerstaatliches Recht umsetzt. Das Gemeinschaftsrecht muß in den Mitgliedstaaten mit der gleichen Wirksamkeit und Strenge angewandt werden, wie dies bei der Durchführung der einzelstaatlichen Rechtsvorschriften der Fall ist. Dieser Anspruch des Gemeinschaftsrechts wird durch seinen Vorrang gegenüber entgegenstehendem nationalen Recht, durch die Direktwirkung von nicht rechtzeitig umgesetzten Richtlinien und durch eine gemeinschaftsrechtliche Staatshaftung der Mitgliedstaaten abgesichert. Die Nichtbeachtung von Gemeinschaftsrecht in den Mitgliedstaaten durch staatliche oder kommunale Behörden oder durch die Gesetzgeber ist ein Angriff auf die europäische Rechtsgemeinschaft. Es ist deshalb bemerkenswert, aber nicht gerade beruhigend, daß vor einigen Wochen die Nichtumsetzung einiger umweltbezogener Richtlinien in dem Mitgliedstaat Deutschland ein kritisches, selbstkritisches Echo ausgelöst hat.

Das europäische Recht überlagert das nationale Recht der Mitgliedstaaten auf ihrem Territorium. Das widerspricht der gewohnten Tradition der nationalstaatlichen Verwaltung und des nationalstaatlichen Verwaltungsrechts. Die Mitgliedstaaten sind allerdings an der Schaffung sekundären Gemeinschaftsrechts intensiver beteiligt, als sie in der Regel selbst zugeben.[5] Zwar hat nach dem Maastrichter Vertrag die Europäische Kommission bis heute das Initiativmonopol für europäische Rechtsakte – die tatsächliche Initiative geht jedoch nur zu etwa 5 % von der Kommission aus, sehr viel häufiger von den Mitgliedstaaten und ihren Verwaltungen, von europäischen oder nationalen Interessengruppen. Die Mitgliedstaaten bzw. ihre Verwaltungen sind an den – früher mehrjährigen – Phasen der Vorbereitung des Entwurfs und der Rechtsetzung auf europäischer Ebene, insbesondere im Ministerrat intensiv beteiligt. Bereits in den informellen Expertengruppen zur Vorbereitung von Rechtsakten wird der Regelungsinhalt im wesentlichen bestimmt. Die Mitgliedstaaten versuchen dabei, ihr Rechtssystem, ihr Verwaltungssystem in die europäische Regelung einzubringen. Die Experten und später im Ministerrat die Regierungsvertreter bringen neben ihren spezifischen Fachkenntnissen auch die Erfahrungen, Traditionen und Verhaltensweisen ihres nationalen Verwaltungssystems ein. Das führt nicht selten zu einen komplizierenden „Addition" von nationalen Regelungen, zu widersprüchlichen und unpraktikablen Regelungen. Es ist allerdings die Aufgaben des einzelnen Mitgliedstaates, in dieser Vorbereitungsphase bereits die Umsetzungs- und Anwendungsprobleme aufzuzeigen und auf eine Praktikabilität der Rechtsakte zu drängen. Hier ist auch der Einflußbereich der praktischen Kommunalverwaltung über die nationalen und europäischen Spitzenverbände. Der Ausschuß der Regionen, selbst noch sehr in der Entwicklung begriffen, ist offiziell in die Rechtsetzungsverfahren einbezogen und kann diese durch seine Stellungnahmen beeinflussen. Er repräsentiert die regionalen und lokalen Gebietskörperschaften. Die deutschen Länder, die sich bei dem institutionellen Vorläufer, dem Beirat der regionalen und lokalen Gebietskörperschaften nicht eben engagiert gezeigt haben, mußten sich vom Bundeskanzler daran erinnern lassen, daß die lokalen Gebietskörperschaften in Deutschland eben die

[5] *Heinrich Siedentopf,* Umsetzung und Anwendung des Gemeinschaftsrechts in den Mitgliedstaaten, in: Siegfried Magiera/Heinrich Siedentopf (Hrsg.), Die Zukunft der Europäischen Union, Berlin 1997, S. 105–126, (Schriften zum Europäischen Recht, Bd. 35).

Gemeinden und Gemeindeverbände sind. Sie erhielten nur drei der 24 Sitze im Ausschuß der Regionen, während Frankreich 12 auf die Regionen und jeweils 6 auf die Departements bzw. die Gemeinden verteilt hat.

Im letzten Jahr hat der Ausschuß der Regionen die Bewertung der finanziellen und verwaltungstechnischen Auswirkungen von EU-Rechtsakten zu einem eigenen Thema gemacht. Er dringt darauf, daß die Gemeinschaftsorgane besser als bisher Rechtsakte nur schaffen, wenn sie sich hinreichend über diese Auswirkungen informiert haben. Bis zum Herbst 1996 hatte der Ausschuß der Regionen 93 Stellungnahmen verabschiedet. Er strebt eine Ausweitung der obligatorischen Befassung auf weitere Fachpolitiken mit regionalen und lokalen Auswirkungen an, wie z. B. Umwelt-, Agrar-, Verkehrs- und Technologiepolitik. Hierbei sowie bei einer Präzisierung des Subsidiaritätsprinzips suchen die regionalen und lokalen Gebietskörperschaften verständlicherweise in der laufenden Regierungskonferenz eine Kooperation mit dem Europäischen Parlament und äußern sich zu den territorialen Auswirkungen der europäischen Politik. Bei den institutionellen Reformen scheint eine nachhaltige Stärkung des Ausschusses der Regionen jedoch ein sekundäres Thema zu sein. Auch die Garantie der kommunalen Selbstverwaltung in den Verträgen, der Vorschlag der Bundesrepublik Deutschland, scheint bisher kein Echo bei den anderen Mitgliedstaaten ausgelöst zu haben. Ein Mitgliedstaat wie Großbritannien, der keine regionalen politischen Einheiten mit Selbstverwaltungsrechten kennt, wird einer weiteren Institutionalisierung der regionalen Ebene oder einer Präsenz solcher Ebenen im Ministerrat nur mit Schaudern entgegensehen.[6]

Die Beteiligung der Mitgliedstaaten und ihrer Verwaltungen bei der Schaffung, Umsetzung und Anwendung von Gemeinschaftsrecht verbietet selbstverständlich nicht die Kritik an den Produkten dieser Rechtsetzung. Der Mitgliedstaat Deutschland hat die

---

[6] *Keith Taylor,* European Union: The challenge for local and regional government, in: The Political Quarterly, Vol. 66 (1995), S. 74–83.

Genugtuung, daß seine Erfahrung in der Rechts- und Verwaltungsvereinfachung in Bund und Ländern, z. B. die „Blauen Prüffragen" des Bundes, auf europäischer Ebene zum Modell und Vorbild geworden sind, ebenso wie das Raster für die Überprüfung nach dem Subsidiaritätsprinzip. Die Kommission hat in einigen Politikfeldern die Zahl ihrer Rechtsakte in den letzten Jahren erheblich zurückgefahren – aber Rechtsvereinfachung sollte deutlich unterschieden werden von der inhaltlichen Reduzierung oder Aushöhlung eines Regelungsbereichs.

V. Beteiligung der Kommunen

Die Verankerung einer generellen europäischen Garantie der kommunalen Selbstverwaltung in dem EU-Vertrag ist ohne Zweifel ein erstrebenswertes Ziel, für das der Mitgliedstaat Deutschland sich zu Recht mit seinem Formulierungsvorschlag eingesetzt hat. Schließlich ist eine entsprechende Garantie im Grundgesetz enthalten. Schließlich haben Bundesverfassungsgericht und Landesverfassungsgerichte aus dieser Garantie auch erkennbare Grenzen für staatliche Ingerenzen gezogen. Der Schutz des Kernbereichs der Selbstverwaltung wurde entwickelt und ein Übermaßverbot definiert. Zugleich wird aus der deutschen Praxis aber auch die begrenzte praktische Reichweite dieser Garantie erkennbar: wie bestimmt sich der Kernbereich, wie kann man den Aufgabenentzug durch ein Beteiligungsrecht der Kommunen weitgehend rechtfertigen? Dies wurde bereits in den 70er Jahren diskutiert.

Die bisherigen Beteiligungsrechte der regionalen und lokalen Gebietskörperschaften in den europäischen Entscheidungsprozessen sollten nicht gering geachtet werden. Sie sind in langjährigen Phasen der Entwicklung erkämpft worden – von einem eher inoffiziellen Beirat bei der Kommission bis zum Ausschuß der Regionen, von den bloßen Stellungnahmen bis zu den obligatorischen Anhörungen. Ein solcher Ausschuß agiert allerdings auf einer relativ abstrakten und generellen Ebene und kann die Individualität und Vielfalt der repräsentierten Gebietskörperschaften nicht wiedergeben.[7] Dennoch kann der Ausschuß der Regionen nach dem fachlichen und politischen Gewicht seiner Stellungnahmen Einfluß gewinnen. Er kann den europäischen Organen das anbieten, was diese sonst nur gefiltert erfahren können, nämlich Erkenntnisse über die administrativen, technischen und praktischen Vollzugsprobleme vor Ort und auf der Vollzugsebene. Dabei kann er insbesondere auf die höchst unterschiedliche nationale Verwaltungsstruktur der Mitgliedstaaten auf der regionalen und lokalen Ebene verweisen. Die Bandbreite innerstaatlicher Organisation geht von der föderaler Staaten über Regionalstaaten, dezentralisierte Einheitsstaaten bis zu den Zentralstaaten. In einigen Mitgliedstaaten sind die innerstaatlichen Gliederungen zudem in Entwicklung zu mehr Selbständigkeit geraten. Die Vielfalt wird erkennbar, wenn unter dem Begriff der Region sehr unterschiedliche politische und administrative Organisationsformen subsumiert werden.

Entsprechend unterschiedlich sind verständlicherweise auch die Formen und die Intensität der innerstaatlichen Beteiligungen an der Rechtsetzung der Gemeinschaft. Überall ist der Wille an mehr Beteiligung erkennbar – in den meisten Mitgliedstaaten hat eine Ausweitung der Beteiligung in den letzten Jahren stattgefunden. Dies ist nicht zuletzt auf die Erfahrung zurückzuführen, daß eine Nichtbeteiligung der Vollzugsebene an der Vorbereitung von europäischem Recht sich später bei dem Vollzug des Gemeinschaftsrechts in den Mitgliedstaaten negativ und effizienzhemmend bemerkbar macht.

Die Beteiligung der Kommunen bei der Rechtsetzung der Gemeinschaft bei der regulativen Politik ist ein Bereich. Die Beteiligung der Kommunen bei der distributiven Politik, bei der Ausführung von Förder- und Strukturprogrammen der Gemeinschaft ist ein weiterer, schon wegen seiner finanziellen Dimen-

---

[7] *Anne Cathaly-Stelkens,* Kommunale Selbstverwaltung und Ingerenz des Gemeinschaftsrechts – insbesondere am Beispiel Frankreichs und Deutschlands, Baden-Baden 1996, S. 76–80. (Schriftenreihe des Europainstituts der Universität des Saarlandes – Rechtswissenschaft, Bd. 13).

sion besonders wichtiger Bereich. Die regionale Strukturpolitik der Gemeinschaft ist ein solches Politikfeld. Die Strukturmittel sind der zweitgrößte Einzelposten im Haushalt der Gemeinschaft: standen 1958–88 jährlich Haushaltsmittel von unter 3 Mrd. ECU zur Verfügung, sind 1989–93 jährlich 13 Mrd. ECU und für den Zeitraum von 1994–99 jährlich 25 Mrd. ECU verbindlich vorgesehen. Für die Strukturpolitik der Gemeinschaft hat eine weitgehende umfangs-, inhalts- und verfahrensmäßige Festlegung bis zum Jahr 1999 bereits stattgefunden.

Eine neue Strukturfonds-Periode beginnt mit dem Jahr 2000. Deshalb sollten bereits heute Überlegungen einsetzen, um neue Ansatzpunkte, Kriterien und Verfahren für eine höhere Effizienz und eine überzeugendere politische Legitimation in diesem wichtigen Politikfeld der Gemeinschaft zu entwickeln. Dieses Politikfeld hat mehrfach, vor allem 1988 und 1993, eine Novellierung des Systems und eine Reform erfahren, die unter dem Stichwort der Partnerschaft die Einbeziehung der Regionen in den Entscheidungsprozeß ermöglicht hat. Bis dahin war eine partnerschaftliche Praxis in der Strukturpolitik nur in den föderal gegliederten Mitgliedstaaten vorhanden. Die Einbindung der Regionen hat im Verlaufe der Jahre deutliche Fortschritte gemacht. Dennoch ist festzustellen, daß sich einige Mitgliedstaaten gegen das Prinzip der Partnerschaft grundsätzlich sperren und daß in den Begleitausschüssen ein deutliches Übergewicht der nationalen Verwaltungsinstanzen der Mitgliedstaaten gegeben ist.

Die Kritik an der europäischen, aber auch an der mitgliedstaatlichen Regionalpolitik richtet sich auf fast alle Phasen des Förderungsvorganges:[8]

• die mangelnde Einbindung der regionalen Strukturpolitik in eine gemeinschaftliche Raumentwicklungspolitik und die unzureichende Koordination mit anderen Politiken der Gemeinschaft,

---

[8] *Heinrich Siedentopf, Manfred Scholle, Erwin Schleberger* (Hrsg.), Europäische Regionalpolitik, Baden-Baden 1997 (Schriften der Deutschen Sektion des Internationalen Instituts für Verwaltungswissenschaften, Bd. 22); Akademie für Raumforschung und Landesplanung (Hrsg.), Institutionelle Bedingungen einer europäischen Raumentwicklungspolitik, Hannover 1994.

• die wenig durchschaubare und nur begrenzt rationale Entwicklung, Auswahl und Anwendung raumbezogener Förderkriterien und Förderstrategien,

• die wenig transparenten und wenig nachvollziehbaren Entscheidungsverfahren innerhalb der Gemeinschaft und die schwierige Koordination und Abstimmung mit den nationalen Förderprogrammen der Mitgliedstaaten,

• die immer noch begrenzte, in den Mitgliedstaaten unterschiedliche Beteiligung der innerstaatlichen, subnationalen Verwaltungsebenen, der regionalen und lokalen Gebietskörperschaften sowie der Sozialpartner,

• die erst jetzt verstärkt einsetzende Evaluierung und Kontrolle der Förderprogramme und der Einzelprojekte durch die Europäische Kommission und den Europäischen Rechnungshof.

Die Bundesregierung kann für sich in Anspruch nehmen, in ihrer Präsidentschaft in der zweiten Jahreshälfte 1994 und in den Beratungsergebnissen des informellen Raumordnungsministerrats von Leipzig mit dem Dokument „Grundlagen einer europäischen Raumentwicklung" dazu beigetragen zu haben, konsensfähige Leitbilder für die räumliche Entwicklung in Europa zu formulieren und zweckmäßige Abstimmungsverfahren zu entwickeln, die – unter Beachtung des Grundsatzes der Subsidiarität – die Eigeninitiative der europäischen regionalen und lokalen Gebietskörperschaften stärken und den Zusammenhalt der europäischen Union fördern sollen.

Die Strukturpolitik der Gemeinschaft steht unter dem Druck der flächendeckenden Erwartungen in den Mitgliedstaaten. Doch ein „Gießkannenprinzip" als Maxime der Förderung läuft der regionalen, kriteriengebundenen Konzentration auf einzelne, besonders strukturschwache Gebiete, auf „Aktionsräume von besonderer Bedeutung" zuwider. Das würde die regionale Strukturpolitik auf den Mechanismus eines Finanzausgleichs reduzieren. Das heutige System der regionalen Förderung durch die Gemeinschaft umfaßt 51 % aller EU-Bürger. Eine Konzentration soll dazu führen, daß zukünftig nur etwa 35 % der Bürger von Fördergebieten erfaßt werden. Eine solche Konzentration der Finanzmittel, eine Präzisierung der Bemessungskriterien sowie eine Neuordnung der inhaltlichen Ziele der Strukturfonds sind nicht nur administrative Vorgänge und Entscheidungen. Wegen der erheblichen Bedeutung dieser Entscheidungen für die Bürger und die gesellschaftlichen Gruppen in den betroffenen Regionen bedürfen solche Entscheidungen einer demokratischen, politischen Legitimation und Rückbindung. Dies ist vor allem die Aufgabe der Kommunen und die Begründung für die Beteiligung der Kommunen an den konkreten Förderentscheidungen.

Die kommunalen Gebietskörperschaften des Mitgliedstaates Deutschland haben eine lange Erfahrung mit gestuften, horizontalen und vertikalen Abstimmungs- und Koordinationsmechanismen. Das gilt für Rechtsetzungsverfahren wie auch für die Umsetzung distributiver Förderprogramme. Bereits innerhalb Deutschlands auf Landesebene gibt es sehr unterschiedliche Konzepte und Modelle. Diese Vielfalt und Flexibilität ist eine positive Erfahrung, die die deutschen Kommunen in die Europäische Union einbringen können.

FRANZ-LUDWIG KNEMEYER

Der süddeutsche Verwaltungschef und der Gemeinderat

Kommunale Selbstverwaltung wird bestimmt durch die handelnden Personen. Ihre Handlungsmöglichkeiten aber bestimmen sich weitgehend auch durch die Ausgestaltung der inneren Kommunalverfassung.

Es war insbesondere Gerhard Banner, der in der lang anhaltenden Diskussion um die beste Kommunalverfassung[1] nachgewiesen hat, daß die süddeutsche Kommunalverfassung, bestimmt durch die besondere Position des Bürgermeisters als Ratsvorsitzender und Verwaltungschef, den Anforderungen an eine moderne Kommunalverfassung weitestgehend Rechnung trägt.[2]

Nicht von ungefähr hat diese „süddeutsche Ratsverfassung", richtiger: die duale Rat-Bürgermeister-Verfassung[3], nach langen Diskussionen nun in der Reformphase der neunziger Jahre in die Kommunalgesetze der meisten Flächenländer der Bundesrepu-

---

[1] Gibt es die „ideale" Kommunalverfassung? Dazu *Franz-Ludwig Knemeyer*, Bayerisches Kommunalrecht, 9. Aufl., München 1996, Rn. 234.

[2] *Gerhard Banner*, Der sächsische Bürgermeister als Ratsvorsitzender und Verwaltungschef, in: Sachsenland-Kurier (Organ des Sächsischen Städte- und Gemeindetages) 7-8/94, S. 1 ff.; *derselbe*, Was muß eine Kommunalverfassung leisten?, in: E. Füsslin u.a. (Hrsg.), Kommunale Selbstverwaltung in der Gegenwart, Festschrift für Richard Seeger, Stuttgart 1987, S. 17 ff.; siehe auch *Hans-Ulrich Derlien*, Beurteilungskriterien zur Gestaltung von Kommunalverfassungen, in: Henneke (Hrsg.), Aktuelle Entwicklungen der inneren Kommunalverfassung, Stuttgart u.a. 1996, S. 25 ff. (Schriften zum deutschen und europäischen Kommunalrecht, Bd. 2).

[3] Zur richtigen Bezeichnung *Franz-Ludwig Knemeyer*, Erfahrungen mit der süddeutschen Gemeindeverfassung, in: Jörn Ipsen (Hrsg.), Kontinuität oder Reform – Die Gemeindeverfassung auf dem Prüfstand, Köln u.a. 1990, S. 37 ff.; *derselbe*, Bayerisches Kommunalrecht (Fn. 1), Rn. 230 ff. Der Vorschlag von Andreas Bovenschulte und *Annette Buß* (Plebiszitäre Bürgermeisterverfassungen – Der Umbruch im Kommunalverfassungsrecht, Baden-Baden 1996), alle Kommunalverfassungen mit dem Zusatz „plebiszitär" zu verknüpfen, geht fehl. Dies würde den plebiszitären Elementen ein ihnen nicht zukommendes Gewicht geben und die Bedeutung des Rates völlig vernachlässigen.

blik Eingang gefunden.[4] Damit können die Ausführungen unter dem für die Festschrift vorgegebenen Thema – Der süddeutsche Verwaltungschef und der Gemeinderat – heute glücklicherweise auch auf die meisten übrigen Länder übetragen werden.

In einer Festschrift für einen langjährigen, überaus erfolgreichen Bürgermeister süddeutscher Prägung, in dessen Amtszeit als Präsident des Deutschen Städtetages der Exporterfolg „seines" süddeutschen Systems gefallen ist, seien die guten Gründe für diesen Siegeszug einer Effizienz und Bürgernähe glücklich verbindenden rechtlichen Konstruktion unter vier Aspekten aufgezeigt:

1. Der Bürgermeister als eine Spitze über zwei Verwaltungszweigen

2. Persönliche Anforderungen und Möglichkeiten des Bürgermeisters

3. Pro und Contra Funktionenfülle des Bürgermeisters

4. Die Position des Gemeinderats im dualistischen Rat-Bürgermeister-System

Betrachtet man die sogenannten süddeutschen Kommunalverfassungen durch die politische Brille, so stellen sie sich dar als Bürgermeisterverfassungen. Der Bürgermeister ist derjenige, den der politisch Interessierte als Gemeindeoberhaupt ansieht. Der Bürgermeister besitzt Macht und Gestaltungsfülle wie kein anderer. Zudem ist er – gerade in Baden-Württemberg – parteiunabhängig und besitzt eine durch die unmittelbare Bürgerwahl verliehene „höhere Weihe".

Durch die kommunalrechtliche Brille betrachtet teilt der Bürgermeister die Gemeindeaufgaben mit dem Rat. Kommunalrechtlich zutreffend sind dann auch die süddeutschen Kommunalverfas-

---

[4] Dazu näher *Hans-Günter Henneke*, Reform der Kommunalverfassung in Zeiten der Verwaltungsmodernisierung, in: Henneke (Hrsg.), Aktuelle Entwicklungen der inneren Kommunalverfassung, Stuttgart u.a. 1996, S. 11 ff. (Schriften zum deutschen und europäischen Kommunalrecht, Bd. 2); zum Wettbewerb der Systeme siehe auch *Rolf Stober*, Kommunalrecht in der Bundesrepublik Deutschland, 3. Aufl., Stuttgart/Berlin/Köln 1996, § 4 III, und zum „Umbruch im Kommunalverfassungsrecht, namentlich unter dem Gesichtspunkt stärkerer Bürgerbeteiligung", *Andreas Bovenschulte/Annette Buß* (Fn. 3).

sungen nicht als „süddeutsche Ratsverfassung", sondern als Rat-Bürgermeister-Verfassung zu bezeichnen.[5] Sie wird – blendet man einmal die gängige Zufriedenheit mit dem je eigenen System, etwa der norddeutschen Ratsverfassung oder der Magistratsverfassung, aus – bei allen Wertungen sowohl unter Demokratie- als auch unter Effizienzgesichtspunkten als der kommunalen Selbstverwaltung besonders förderlich eingestuft.

Um Rechtsstellung und Bedeutung des Bürgermeisters als Verwaltungschef zu bestimmen, sind sowohl die kommunalverfassungsrechtlichen Gegebenheiten als auch die tatsächlichen Möglichkeiten zu betrachten, denn die Bestimmung der Bedeutung des Bürgermeisteramtes hängt maßgeblich ab von den Gestaltungsmöglichkeiten, die sich aus der Rechtsposition und den verschiedenen Bürgermeisterfunktionen erschließen. Diese Möglichkeiten werden individuell bestimmt unterschiedlich genutzt. Starke Bürgermeisterpersönlichkeiten vermögen sie voll auszuschöpfen. Offensichtlich ermöglichen die rechtlich bestimmten Positionen weite Entfaltungsmöglichkeiten.

I. Der Bürgermeister als eine Spitze über zwei Verwaltungszweigen

Haben Niedersachsen und Nordrhein-Westfalen mit ihrer Ratsverfassung „alle Macht den Räten" gegeben und damit, wie Banner[6] es ausführt, ein „idyllisches Herrschaftsmodell" in einer Zeit akzeptiert (akzeptieren müssen) und über Jahrzehnte beibehalten, so ist das Gegenstück, die süddeutsche Gemeindeverfassung, gekennzeichnet durch klare Steuerungsmöglichkeiten des Rates und der Verwaltung und besondere politische Potenz des Bürgermeisters. „Plebiszitäres Wahlkönigtum"[7] und schließlich – in

---

[5] Siehe dazu schon oben. Zur Vielfalt der Bezeichnungen siehe etwa die Angaben bei *Rolf Stober* (Fn. 4), Kommunalrecht, § 4 III, und bei *Bovenschulte/Buß* (Fn. 3).

[6] Vor- und Nachteile der Gemeindeordnungen in der Bundesrepublik, in: Mombaur, Neue Kommunalverfassung für Nordrhein-Westfalen?, Köln 1988, S. 26 ff.

[7] *Hans-Georg Wehling*, Auswirkungen der Kommunalverfassung auf das lokale politisch-administrative Handeln, in: Schimanke (Hrsg.), Stadtdirektor oder Bürgermeister, Basel u.a. 1989, S. 84 ff., 89. – Wehling spricht sogar von Omnipotenz.

Baden-Württemberg – Wahlunabhängigkeit von einer Partei machen den Bürgermeister quasi unabsetzbar.[8] Betrachtet man die Funktionszusammenhänge im einzelnen und addiert zu den Funktionen des Verwaltungschefs die Funktionen des Ratschefs, so wird ein nicht unerhebliches faktisches Übergewicht des von den Gemeindeordnungen (nur) als zweites Hauptorgan konstituierten Bürgermeisters deutlich.[9] Sein besonderes Gewicht erlangt der Bürgermeister aber als die eine steuernde Spitze über Rat und Verwaltung.[10]

1. Der Bürgermeister als Ratsvorsitzender

Von alters her ist die Funktion des Gemeinderatsvorsitzenden die klassische Bürgermeisterfunktion. Gibt schon allein die Leitung eines Kollegialorgans weitgehende Steuerungsmöglichkeiten, so werden diese verstärkt dadurch, daß er die Sitzungen vorzubereiten, die Tagesordnung zu gestalten und die Beschlüsse auszuführen hat.

Gerade über die Sitzungsvorbereitung hat der Bürgermeister eine nicht zu unterschätzende Steuerungsmöglichkeit. Schon durch die Plazierung in der Tagesordnung und die Art der Vorbereitung von Beschlüssen können Alternativen ausgeschieden und kann die vom Bürgermeister präferierte Alternative in den Vordergrund gestellt werden. Schließlich kann das Kollegialorgan ohne seine Ladung grundsätzlich nicht zusammentreten.

Wenn der Bürgermeister daneben noch geborener Vorsitzender der Ausschüsse ist, so laufen damit politisch alle Fäden in seiner Hand zusammen. Die starke Position als Gemeinderatsvorsitzen-

---

[8] Zur systemverfälschenden Abwahl in „reformierten Kommunalverfassungen" *Hans-Günter Henneke,* Rechtsfragen zu Status und Kompetenzen des Hauptverwaltungsbeamten, in: Henneke (Hrsg.), Aktuelle Entwicklungen der inneren Kommunalverfassung, Stuttgart u.a. 1996, S. 35 ff. (Schriften zum deutschen und europäischen Kommunalrecht, Bd. 2).

[9] Zum faktischen Übergewicht auch *Hans-Georg Wehling,* Der Bürgermeister und „sein" Rat, in: Politische Studien, Nr. 273, Januar/Februar 1984, S. 27 ff.

[10] So mittlerweile neben Baden-Württemberg und Bayern auch in Nordrhein-Westfalen, Rheinland-Pfalz, dem Saarland, Sachsen und Thüringen; zur Notwendigkeit einer Spitze über den zwei Organen *Franz-Ludwig Knemeyer* (Fn. 3), Erfahrungen mit der süddeutschen Gemeindeverfassung, S. 51.

der zeigt sich darüber hinaus in der Berechtigung, Ausschußbeschlüsse zu überprüfen, Gemeinderatsbeschlüsse und Ausschußbeschlüsse zu beanstanden, die Ordnung in den Gemeinderats- und Ausschußsitzungen zu handhaben und Sanktionen zu verhängen. Damit gewinnt der Bürgermeister eine starke Direktionsmöglichkeit. Wenn er schließlich auch noch die Gemeinderatsbeschlüsse eigenverantwortlich auszuführen hat, so wird deutlich, daß er es ist, der die generelle politische Marschrichtung maßgeblich bestimmt und die Realisierung im einzelnen in der Hand hat.

Der Vollständigkeit halber sei nur darauf hingewiesen, daß der Bürgermeister in Eilfällen die Rolle des Gemeinderats selbst übernehmen kann, wenn es darum geht, dringliche Anordnungen zu treffen und unaufschiebbare Geschäfte zu führen.

2. Der Bürgermeister als Behördenleiter

Der Bürgermeister ist darüber hinaus aber auch eigenständiges Organ und als solches losgelöst vom Rat. Er ist Chef der Gemeindeverwaltung. Gerade diese Doppelung macht aber den eigentlichen Reiz des Amtes aus.[11] Als Gemeinderatsvorsitzender und Behördenleiter verbindet er in der Spitze das willensbildende Organ und den Verwaltungsapparat. „Er ist nicht nur Geschäftsleiter, Dienstvorgesetzter, Wahlleiter, Selbstschutzleiter, Standesbeamter usw., sondern seine politische Funktion besteht zugleich darin, den Rat und die Verwaltung zusammenzuführen und die jeweils spezifischen Funktionen zur Geltung zu bringen."[12] Neben den schon angesprochenen Aufgaben liegt vor allem die Erfüllung der Aufgaben, die der Gemeinderat als Kollegialorgan nicht erledigen soll oder kann, der sogenannten „einfachen Geschäfte der laufenden Verwaltung" in der Kompetenz des Behördenchefs. Dieser zeitlich für den Verwaltungsapparat sehr

---

[11] Dazu näher *Alfred Leclaire,* Die Bedeutung des Bürgermeisteramtes hat zugenommen – Funktion und Position des bayerischen Bürgermeisters, in: Der Bayerische Bürgermeister (BayBgm) 4/5-1984, S. 12 ff., 13, und *Franz-Ludwig Knemeyer,* Der bayerische Bürgermeister – was sonst?!, in: Der Bayerische Bürgermeister (ByBgm) 3-1996, S. 98 ff.
[12] *Alfred Leclaire* (Fn. 11), S. 12 ff., 13.

aufwendige Bereich muß nicht nur der Vollständigkeit halber mit angeführt werden. Selbst wenn er gegebenenfalls auch noch durch Richtlinien des Gemeinderats in Grundzügen vorbestimmt wird, läßt er doch der Politikgestaltung genügend Raum. Gerade dieser Bereich ist unter dem Gesichtspunkt der Effizienz der Verwaltung, aber auch der Bürgernähe von herausragender Bedeutung.

Bemerkenswert ist schließlich die vom Gesetzgeber eingeräumte und in der Praxis reichlich realisierte Möglichkeit, dem Bürgermeister Ratsaufgaben zur selbständigen Erledigung zu übertragen. Gerade hier bestehen von Kommune zu Kommune nicht unerhebliche Unterschiede – gerade hier liegt aber auch ein Schlüssel für eine in vielen Bereichen erforderliche Reform der Ratsarbeit.[13]

Hier liegen die Möglichkeiten, die Ratsaufgaben so zu bestimmen und zu gestalten, daß die Räte ihren eigentlichen Funktionen nachkommen können.[14]

II. Anforderungen und Möglichkeiten des Bürgermeisters

Die Verbindung von Ratsvorsitz und Verwaltungsführung macht die Position des süddeutschen Bürgermeisters – mittlerweile die des Bürgermeisters in sieben Ländern[15] – äußerst gewichtig und attraktiv.

1. Führungsqualifikationen

Die anspruchsvolle Doppelrolle verlangt allerdings nach besonderen Eigenschaften. Sie verlangt politische Führungsqualifikation ebenso wie die Befähigung zur Verwaltungs- und Menschen-

---

[13] Siehe dazu im einzelnen etwa *Dieckmann/Kuban/Löhr/Meyer-Prieß/Potthast/Schöneich (Hrsg.)*, Reformen im Rathaus – Modernisierung der kommunalen Selbstverwaltung, Köln 1996, mit weiteren Nachw. und *Dill/Hoffmann (Hrsg.)*, Kommunen auf Reformkurs. Wie zukunftsfähig sind unsere Städte und Gemeinden für die Europäische Union?, St. Augustin November 1996.

[14] Siehe dazu hinten, Teil IV.

[15] Mittlerweile auch der Bürgermeister in Nordrhein-Westfalen, Rheinland-Pfalz, Saarland, Sachsen und Thüringen.

führung. Um die Fülle der gesetzlichen Funktionen des Bürgermeisters miteinander in Einklang bringen zu können, bedarf es der besonderen persönlichen Qualifikation. Leclaire hat diese treffend bezeichnet als Lotsen- und Steuermann-Funktion, als Hausvater-Funktion und – den Bürger nicht vergessen – auch als Bürgeranwalt; hinzu kommt die nicht unterzubewertende Aufgabe einer allgemeinen Lebenshilfe für seine Bürger. Schließlich hat der Bürgermeister „Verkäufer-Funktionen" zu erfüllen. So wie Bundespolitik und Landespolitik vermittelt werden müssen und derzeit wohl besonders schlecht verkauft werden, so muß auch die Gemeindepolitik in unserem System repräsentativer Demokratie „verkauft" werden.

Neben den politischen und verwaltungsfachlichen kommt den menschlichen Qualitäten eine herausragende Bedeutung für den Bürgermeister zu: „Führungsfähigkeit, Integrationsfähigkeit, Gespür für soziale Konstellationen, Kompromißbereitschaft, Kritikfähigkeit und manchmal wohl auch Schläue, verbunden mit einer gewissen Sturheit. Besonders gewichtig scheint die Fähigkeit, einen Interessenausgleich herbeiführen zu können."[16] Von besonderer Bedeutung ist die Fähigkeit des Bürgermeisters, das Kreativ- und Leistungspotential seiner Mitarbeiter zu nutzen.[17] Nicht minder bedeutsam ist die Entscheidungs- und Problemlösungsfähigkeit des Verwaltungschefs einzustufen.[18]

2. Doppelrolle und Rollenwechsel

Die Doppelrolle zwingt den Bürgermeister aber auch zum häufigen Rollenwechsel. „Einmal ist er und hat er zu sein der Vertreter der Interessen ,seiner Leute im Rathaus' gegenüber dem Rat, ein andermal ist er und hat er ebenso zu sein der Exponent des Beschlußorgans, das die professionelle Verwaltung zu kontrollieren und dafür zu sorgen hat, daß diese nicht gegenüber dem Rat dominierend wird. Die Bewährung des Bürgermeisters beim

---

[16] *Alfred Leclaire* (Fn. 11).
[17] Siehe dazu ausführlich *Gerhard Banner* (Fn. 2), Der sächsische Bürgermeister, S. 2 f.
[18] Auch dazu im einzelnen *Gerhard Banner* (Fn. 2).

Wechsel zwischen diesen beiden Polen seiner Amtstätigkeit, der oft mit erheblichen Rollenkonflikten verbunden ist, stellt einen ganz entscheidenden Teil seiner Bewährung überhaupt dar und setzt menschliche und fachliche Qualitäten voraus, die nur schwer erlernbar sind."[19] Der Bürgermeister muß es verstehen, neben der Führung der Verwaltungsorganisation auch auf dem politischen Klavier zu spielen, sonst wird er im Rat in ständige Bedrängnis geraten. Politische Führungsfähigkeit muß Hand in Hand gehen mit der Bereitschaft und Fähigkeit zur Personalführung.

3. Parteiunabhängigkeit durch Urwahl ohne Abwahl

Um die hier angerissenen anspruchsvollen und konfliktangelegten Funktionen effektiv erfüllen und miteinander vereinbaren zu können, ist dem süddeutschen Bürgermeister über die direkte Volkswahl für seine Amtsführung eine weitgehende Unabhängigkeit von einer Partei ermöglicht.[20] Die Urwahl ermöglicht es auch dem Mitglied einer Partei oder Wählervereinigung, sich von deren Einfluß so weit zu emanzipieren, daß er sich selbst bei einem Streit mit seiner Partei oder Wählervereinigung sehr oft als selbständiger Kandidat zu behaupten in der Lage ist. Dieser Unabhängigkeit bedarf der Bürgermeister als Führungs- und Integrationsfigur. Nur auf auf diese Weise wird es ihm möglich sein, bei dem nicht selten gegebenen Zwang zu Kompromissen erfolgreich zu handeln, ja seine Mehrheiten quer durch die Fraktionen zu suchen und zu finden. Zudem ergänzen sich Urwahl des Bürgermeisters und bürgerbestimmtes Wahlsystem zum Gemeinderat in gelungener Weise vor dem Hintergrund von Bürgervorstellungen von einer parteipolitisch nicht bestimmten Gemeindepolitik, die sich an Sachfragen zu orientieren hat. Wie bei der Gemeinderatswahl so kommen vor allem bei der Bürgermeisterwahl in weiten Bereichen parteipolitisch neutrale Selektionskriterien zum Zuge. Die Bürger honorieren es dem Bürgermeister,

---

[19] *Alfred Leclaire* (Fn. 11), S. 14.
[20] Zur parteipolitischen Unabhängigkeit *Franz-Ludwig Knemeyer/Katrin Jahndel,* Parteien in der kommunalen Selbstverwaltung, Stuttgart u.a. 1991 (Kommunalforschung für die Praxis, Heft 28).

wenn er – selbst bei Parteizugehörigkeit – über allen Parteien und Parteiungen der Gemeinde steht. Daß der weitgehend parteiunabhängige, starke, verwaltungserfahrene Bürgermeister vom Bürger auch gewünscht wird, zeigen die „akklamationsähnlich hohen Stimmenanteile bei der Wiederwahl bewährter Bürgermeister".[21] Diese starke Position ist sicherlich auch maßgeblich dafür, daß sich Baden-Württemberg und Bayern nie haben entschließen können – ja nicht einmal längere Überlegungen darauf verwandt haben –, eine Abwahlmöglichkeit während der laufenden Amtsperiode vorzusehen.[22] Die in den letzten Jahren anzutreffenden „Nichtwiederwahlen" von Amtsinhabern bedeuten keine Kritik am System, sprechen vielmehr eher für die These vom mündiger gewordenen Bürger.

4. Persönlicher Bürgerkontakt des Bürgermeisters – Problemkenntnis, Problemnähe –

Mit der Urwahl des Bürgermeisters ist der süddeutsche Verwaltungschef auch nach außen hin für seine Bürger erkennbar „Ortsoberhaupt". Die Urwahl erfordert freilich, anders als in allen anderen Systemen, nicht nur den Bürgerkontakt während der Wahlzeit, sondern während der gesamten Amtsperiode. Der urgewählte Bürgermeister muß immer wieder den unmittelbaren Kontakt zu „seinen" Bürgern suchen. Je weiter sich die moderne öffentliche Verwaltung ausweitet, differenziert und unpersönlicher wird, je mehr Verwaltung dem Bürger nunmehr in unleserlichen Computerauszügen entgegentritt, um so mehr verspürt dieser das Bedürfnis nach einem Helfer, Vermittler und Anwalt. Diese Rolle erfüllt namentlich in kleineren und mittleren Gemeinden traditionell der Bürgermeister. Er wird als Ansprechpartner in allen Verwaltungsangelegenheiten, die auf den Bürger zukommen, angesehen, unabhängig davon, ob der Bürgermeister nun

---

[21] *Hans-Georg Wehling*, Der Bürgermeister. Rechtsstellung, Sozialprofil, Funktionen, in: Pfizer/Wehling (Hrsg.), Kommunalpolitik in Baden Württemberg, 2. Aufl., Stuttgart 1991, S. 164 (Schriften zur politischen Landeskunde Baden-Württembergs).

[22] Zur Abwahl *Hans-Günter Henneke* (Fn. 8), Rechtsfragen zu Status und Kompetenzen des Hauptverwaltungsbeamten, S. 35 ff. – Alle anderen Länder haben die Abwahlmöglichkeit (jedenfalls für den hauptamtlichen Bürgermeister) eingeführt.

wirklich zuständig ist oder nicht. Der urgewählte Bürgermeister kann und wird sich dieser Aufgabe nicht entziehen. In seiner Position gewinnt die Allzuständigkeit der Gemeinde ihre umfassendste Bedeutung[23], in ihr lassen sich alle Aktivitäten der öffentlichen Verwaltung bündeln, soweit sie in irgendeiner Weise die Gemeinde berühren. „Die Nähe zu den Problemen des Alltags; die (notwendigerweise) unkomplizierte, unorthodoxe Art zuzugreifen; die gewohnte Eigenständigkeit; die vom Bürger erwartete und honorierte Entscheidungsfreudigkeit; die Bereitschaft, allgemeine Regelungen so lange zurechtzubiegen, bis sie passen – all das ermöglicht es den Lokalverwaltungen mit dem Bürgermeister an der Spitze, auch in Umwälzungen und Krisenzeiten des Staates ziemlich reibungslos zu funktionieren ... Öffentliche Verwaltung verliert somit in Gestalt des Bürgermeisters ihre Ferne und Abstraktheit, wird persönlich, greifbar, ansprechbar."[24] Gemeindeverwaltung gewinnt so die immer wieder geforderte Bürgernähe.[25]

5. Funktionenfülle und Anforderungsprofil als Garantien für eine bürgernahe Gemeindeverwaltung

Dem gezeichneten besonders hohen Anforderungsprofil entspricht das kommunalverfassungsrechtliche Handlungsinstrumentarium, das es er einzelnen Bürgermeisterpersönlichkeit erlaubt, diesen Anforderungen gerecht zu werden. Gerade die Art der Stellung und die Fülle der Funktionen sollte es aber auch für besonders qualifizierte Persönlichkeiten besonders reizvoll erscheinen lassen, sich dieser Aufgabe zu stellen. So hat dann auch Gerhard Banner festgestellt, daß die Bürgermeister in Baden-Württemberg und Bayern zu den qualifiziertesten überhaupt gehören dürften. Er sieht dafür zwei Gründe:

---

[23] Zur Problematik in der zweigleisigen Verfassung mit ihrem nicht selten anzutreffenden Zwang des Bürgermeisters, in die Verwaltung einzugreifen, siehe insb. die Ausführungen des früheren niedersächsischen Innenministers *Josef Stock*, in: Ipsen (Hrsg.), Kontinuität oder Reform – Die Gemeindeverfassung auf dem Prüfstand, Köln 1990, S. 5 ff.

[24] *Hans-Georg Wehling* (Fn. 21), Der Bürgermeister, S. 174 f.

[25] Zur Urwahl des Bürgermeisters *Gerhard Banner* (Fn. 2), Der sächsische Bürgermeister, S. 3 ff.

erstens sei die Position für fähige Persönlichkeiten attraktiv, während die Anziehungskraft der Position des Gemeindedirektors, wie Stellenausschreibungen zeigen würden, zurückginge;

zweitens hätten die Wähler offensichtlich ein gut entwickeltes Gefühl für die Qualität von Bewerbern. Daß auch Räte ein solches Gefühl besäßen, solle nicht bezweifelt werden, sie würden diesem Gefühl nur eben nicht immer folgen.[26]

Zum Anforderungsprofil des sächsischen Bürgermeisters – der reinen Verwirklichung des süddeutschen Bürgermeisters in einer neuen Kommunalverfassung – schreibt Gerhard Banner 1994 im Sachsenland-Kurier, dem Organ des Sächsischen Städte- und Gemeindetages, als Fazit: „Vor Jahrzehnten, als wir noch ruhigere Zeiten hatten, konnte der volksgewählte Bürgermeister in seiner Gemeinde eine Art Herrscher sein. Heute ist er ein harter Arbeiter, der, ständig in der Öffentlichkeit stehend, vielerlei Ansprüchen gleichzeitig genügen soll. Einige Beispiele:

Konzepte für die zukünftige Entwicklung seiner Gemeinde ausarbeiten und dafür im Rat für Zustimmung sorgen,

seiner Gemeinde im Standortwettbewerb eine günstige Position sichern,

mit der örtlichen Wirtschaft eng zusammenarbeiten – viel enger, als das in Wachstumszeiten notwendig war,

sein Rathaus zum Dienstleistungsunternehmen umbauen und

Bürger, Politiker und Mitarbeiter für dieses Ziel motivieren,

die Bürgerschaft stärker für das Gemeinwesen engagieren

und schließlich noch seine eigene Wiederwahl sicherstellen.

Dieses Anforderungsprofil läßt wenig Raum für Selbstbespiegelung und Personenkult. Die Fähigkeiten, die es verlangt, lauten: zuhören, sich entscheiden, überzeugen, mit gutem Beispiel vorangehen, präsent sein, wenn man gebraucht wird."[27]

---

[26] *Gerhard Banner* (Fn. 6), Vor- und Nachteile der Gemeindeordnungen, S. 29.
[27] Sachsenland-Kurier 7/8-1994, S. 5 III, Pro und contra Funktionenfülle und Urwahl des Bürgermeisters – ein optimales Kommunalverfassungssystem.

III. Pro und Contra Funktionenfülle

Wertet man die Position des Bürgermeisters im „süddeutschen System", so soll nicht verkannt werden, daß es auch heute noch kritische Stimmen gibt. Freilich – dies sei sogleich ergänzt – kommen diese im wesentlichen nur noch aus Ländern, in denen das System entweder (noch) nicht oder erst gerade eingeführt worden ist. Dafür ist bezeichnend, daß nach anfänglichen Diskussionen um den Stellenwert der Urwahl des Rats- und Verwaltungschefs in Bayern und Baden-Württemberg zu Beginn der fünfziger Jahre gleichermaßen Kritik geäußert wurde, daß die Kritiker jedoch nach den Erfahrungen der ersten Amtszeit völlig verstummt waren. Nur drei Aspekte seien herausgestellt: die Gefahren „bürokratischen Übermuts" und/oder „politischer Übermacht" sind außerhalb des Systems schärfer gesehen und angesprochen worden als in Baden-Württemberg und Bayern.[28] Kritisch und nicht ganz unrealistisch ist sicherlich heute auch noch der seinerzeitige Ludwigshafener Oberbürgermeister Hans Klüber mit den Äußerungen in seinem „Kommunalrecht" zu zitieren, der die Machtposition des Bürgermeisters als bis an die äußerste Grenze dessen gehend eingestuft hat, was in einer Demokratie im einzelnen noch eingeräumt werden könne.[29]

Zur Machtfülle kommt die sichere Position für die gesamte Wahlzeit (keine Abwahl) und eine weitere zeitliche Zementierung hinzu, da der erneut zur Wahl antretende Bürgermeister schon aufgrund des Amtsbonus seinem Herausforderer praktisch keine Chance läßt. Immerhin ist zu vermerken, daß Amtswechsel seit den letzten Wahlen nicht mehr ganz so selten sind.

Gegen das süddeutsche System wird aber vor allem angeführt, daß durch die Machtfülle und individuelle Legitimation die verfassungsgewollte Rolle der Gemeinderäte als oberstes gemeindliches Verwaltungsorgan erschüttert und das ohnehin schon durch

---

[28] So z.B. durch die Niedersächsische Sachverständigenkommission 1978, Bericht S. 134.
[29] *Hans Klüber,* Das Gemeinderecht in den Ländern der Bundesrepublik Deutschland, Berlin u.a. 1972, insb. S. 121 ff., 128 ff.

Informationsvorsprung und Sachverstand vorhandene Übergewicht der Verwaltung noch mehr gesteigert werde.[30] Gerade zu diesem Argument wird in einem eigenen Punkt (IV.) noch ein wenig näher Stellung zu nehmen sein. Festzustellen ist schon jetzt, daß die hier nur angedeuteten Bedenken sich in der Praxis als überzogen und unhaltbar erwiesen haben. Eine „Entmachtung der Räte" kann keineswegs festgestellt werden.

Für die starke Position des süddeutschen Bürgermeisters ist vor allem ins Feld zu führen, daß die Urwahl die Demokratiebasis verbreitert und größeres kommunalpolitisches Engagement des einzelnen Bürgers mit sich bringt. Sie führt zu einer Stärkung des demokratischen Systems und vermeidet eine Verfremdung der Kommunalwahlen durch parteiinterne Vorentscheidung, sie bindet den Bürgermeister in seiner Verantwortung bei Wahl und Wiederwahl unmittelbar an die Wählenden.

Vor allem aber werden wesentliche Vorteile für die Effizienz der Verwaltung herausgestellt.[31] Auch sind die Verwaltungsqualitäten der Bürgermeister in den süddeutschen Ländern besonders beeindruckend. Wie Banner ausführt, haben die Wähler ein gut entwickeltes Gefühl für die Qualität von Bewerbern.[32]

In einer seiner neueren Arbeiten ist Banner neben dem Aspekt der politischen Potenz des urgewählten Bürgermeisters auch Fragen nachgegangen, ob der Bürgermeister sein Amt erfolgreich ausüben könne, wenn er nicht Kandidat der Ratsmehrheit ist, ob die Volkswahl qualifizierte Bewerber ins Amt bringt und ob der volksgewählte Bürgermeister in seiner Doppelfunktion als Verwaltungschef und Ratsvorsitzender nicht überlastet sei. Bei jeder dieser Fragen gelangt Banner zu dem zu unterstreichenden Ergebnis, daß die kommunalverfassungsrechtliche Ausgestaltung optimal ist.

---

[30] Dazu im einzelnen *Hermann Schönfelder,* Rat und Verwaltung im kommunalen Spannungsfeld, 2. Aufl., Köln u.a. 1979, insb. S. 160 (Schriften zur öffentlichen Verwaltung, Bd. 18).
[31] Siehe dazu schon vorne.
[32] *Gerhard Banner* (Fn. 6), Vor- und Nachteile der Gemeindeordnungen, S. 29.

Das beste Argument für die Vorteile der „süddeutschen Kommunalverfassung" ist jedoch ihre nunmehr weitgehende Übernahme auch in früher ganz anders bestimmte Kommunalordnungen.[33]

Dementsprechend bleibt nur ein einziger – wenn auch ganz gravierender – Aspekt, von dessen Bewertung die endgültige Einstufung des Systems abhängt: die schon angesprochene Frage, ob und inwieweit die verfassungsgewollte Rolle der Räte durch die Position des Verwaltungschefs eingeschränkt wird oder werden kann.

IV. Die Position des Gemeinderats im dualen Rat-Bürgermeister-System

Unbestritten ist der Gemeinderat in der süddeutschen Kommunalverfassung das erste Hauptorgan. Unmittelbar von der Bürgerschaft gewählt, durch ein von Kumulieren und Panaschieren bestimmtes Kommunalwahlsystem weitgehend dem Bürgereinfluß unterstellt, hat er die zentralen Fragen gemeindlicher Politik zu entscheiden. Für ihn spricht die Vermutung der Kompetenz in allen Fällen, in denen diese nicht gesetzlich ausdrücklich dem Bürgermeister zugewiesen ist. Dennoch ist die Bezeichnung „süddeutsche Ratsverfassung" irreführend, da dem Bürgermeister im Gegensatz zu den zwischen den Kriegen geltenden echten Ratsverfassungen bewußt eine starke, eigenlegitimierte Stellung als zweites Hauptorgan der Gemeinde eingeräumt worden ist. Treffender ist damit die Bezeichnung als duale Rat-Bürgermeister-Verfassung.

Aus Rats- und Bürgermeister-Positionen ergeben sich freilich nicht selten auch Spannungen und ein immer wiederholtes Streben nach Wahrung der eigenen Kompetenzen. Ein solches Streben braucht auch bei zwei auf ein Ziel gerichteten Organen kei-

---

[33] Lediglich Hessen hat an seiner völlig andersartigen Kommunalverfassung – der Magistratsverfassung – festgehalten. Nordrhein-Westfalen und Rheinland-Pfalz kennen Modifikationen, und Abweichungen gibt es noch in der Beibehaltung an eigenen Ratsvorsitzenden in Brandenburg, Hessen, Mecklenburg-Vorpommern, Niedersachsen, Sachsen-Anhalt und Schleswig-Holstein.

neswegs negativ gesehen zu werden. Vor allem braucht diese Konstruktion nicht zu einem gegenseitigen Mißtrauen zu führen. Schon gar nicht sollte man von einem „Ur-Mißtrauen" zwischen Gemeinderat und Verwaltung sprechen, wie dies bei den wohl vom großstädtischen Hintergrund geprägten Ausführungen von Schmidt-Eichstaedt der Fall ist.[34] Voraussetzung ist allerdings, daß Gemeinderat und Bürgermeister, Gemeinderat und Verwaltung sich von ihrem Grundverständnis her als „in einem Boot sitzend" betrachten, beide sind Verwaltungsorgane. Das dem „Stadtregierungsmodell"[35] zugrunde liegende Verständnis von Parlament und Regierung, von „Regierungsfraktion" und Opposition – am ehesten noch in der hessischen unechten Magistratsverfassung angelegt –, ist dem Kommunalverfassungsrecht grundsätzlich fremd. Trotz der Kompetenzenfülle und der Steuerungskapazitäten, die dem Bürgermeister durch Sitzungsvorbereitung, Sitzungsleitung und „Sitzungsnachbereitung" – Vollzug – zustehen, braucht eine schädliche „Machtverteilung"[36] zu Lasten der Kommunalvertretung nicht befürchtet zu werden.

Freilich wird es im wesentlichen an den Gemeinderäten selbst liegen, ob und wie sie die ihnen zustehenden Kompetenzen eigenverantwortlich und umfassend wahrnehmen. Bekanntlich werden ja gerade die Entscheidungen der Gemeinderäte in der Praxis vielfältig vorprogrammiert, vorprogrammiert durch gesetzliche, aber auch andere staatliche Vorgaben und Vorentscheidungen, vorprogrammiert aber auch und gerne durch den Bürgermeister und die eigene Bürokratie. Daß dies allerdings zu einer „Entmachtung der Räte" geführt habe, wird man wohl trotz mancher Klagen selbst dort nicht feststellen können, wo Bürgermeister ihre Position gegenüber dem Gemeinderat besonders nachhaltig verfechten und behaupten und von sich sagen, daß sie die Kunst des Bürger-

---

[34] *Gerd Schmidt-Eichstaedt*, Die Machtverteilung zwischen der Gemeindevertretung und dem Hauptverwaltungsbeamten im Vergleich der deutschen Kommunalverfassungssysteme, in: Archiv für Kommunalwissenschaften (AfK), Jg. 24 (1985), S. 20 ff., 29 m.w.N.

[35] Zum System der Stadtregierung Gerd Schmidt-Eichstaedt (Fn. 34), S. 35, und *Franz-Ludwig Knemeyer*, Parlamentarisierung der Stadträte und Stadtregierung? Rückbesinnung auf die kommunalverfassungsgemäße Rollenverteilung, in: Schwab/Giesen/Listl/Strätz (Hrsg.), Staat, Kirche, Wissenschaft in einer pluralistischen Gesellschaft, Festschrift für Paul Mikat zum 65. Geburtstag, Berlin 1989, S. 741 ff.

[36] So aber *Gerd Schmidt-Eichstaedt* (Fn. 34), S. 29.

meisterns verstehen. Diese Kunst des Bürgermeisterns bedeutet nämlich auch, daß sie Spannungen zum Rat vermeidet, denn jeder Bürgermeister weiß, daß er den Rat nicht selten in unterschiedlichster Zusammensetzung für seine Entscheidungen braucht. Der urgewählte Bürgermeister denkt und handelt – jedenfalls da, wo die Stadtverwaltung nicht zur Stadtregierung geworden ist – nicht in Kategorien von „Regierungsfraktion und Opposition". Er sucht sich seine zumeist recht hohen Mehrheiten „quer durch die Fraktionen".

Die wichtigste Einbruchstelle in die Kompetenzen des Gemeinderats ist die Sitzungsvorbereitung durch den Bürgermeister und seine „Verwaltung" nur dann, wenn der Rat nicht selbst darauf achtet, daß die Vorbereitung offengelegt wird und trotz aller notwendigen Komprimierung des Vortrags die Argumente nicht verkürzt oder vielleicht gar nicht erst auf den Tisch gebracht werden. Auch hier vermag ich Schmidt-Eichstaedt nicht zu folgen, der verallgemeinert darlegt, daß die Vorbereitung der Gemeinderatsbeschlüsse so weit führen könne, daß die Entscheidungstätigkeit des Gemeinderats sich de facto auf prozeßleitende Beschlüsse und Kulminationsbeschlüsse beschränke.[37] Prozeßleitende Beschlüsse müssen am Anfang einer Befassung mit grundlegenden Zukunftsfragen der Gemeinde stehen, Beschlüsse, die der Verwaltung eine allgemeine Richtung angeben. Dies schließt aber nicht aus, daß die Gemeinderäte während der Erarbeitungszeit untätig bleiben und erst nachdem die Argumente gesammelt, die entscheidenden Weggabelungen in Sicht und das Problem auf seinem Kulminationspunkt ist, nur noch die Entscheidung des Rates herbeigeführt würde.[38]

Wenn auch die Einwirkungsmöglichkeiten des Gemeinderats von Gemeinde zu Gemeinde verschieden sind, so werden doch von ihm nicht nur rechtlich, sondern auch faktisch vielfach „Weichen" für das Verwaltungshandeln gestellt und auf diese Weise scheinbar verlorengegangene Eigenständigkeit bei der Gemeinderatsentscheidung selbst aufgefangen.

---

[37] *Gerd Schmidt-Eichstaedt* (Fn. 34), S. 22.
[38] So *Gerd Schmidt-Eichstaedt* (Fn. 34), S. 22.

Sieht man die Entscheidungsfunktion des Gemeinderats richtig, so muß man sie auch mit einer Initiativfunktion koppeln. Das bedeutet, daß der Gemeinderat von sich aus Probleme aufgreifen und Lösungsmöglichkeiten anstoßen kann. Diese Initiativfunktion verlangt es, daß der Gemeinderat sich nicht vom Bürgermeister das Heft aus der Hand nehmen läßt. Selbst wenn im Bereich der Information zwischen Bürgermeister und Gemeinderat kaum jemals eine Waffengleichheit oder Gleichheit in den Ausgangspositionen hergestellt werden kann, so ist es dem Gemeinderat doch möglich, sich durch Ausschöpfung seiner Informationsrechte selbst in vielen Bereichen kundig zu machen.

Dies bedeutet keinesfalls, daß der Gemeinderat die Verwaltung durch Anfragen in Trab halten sollte. Eine gute und effektive Zusammenarbeit setzt ein Vertrauensverhältnis auch mit der Verwaltung voraus. Dieses muß seinerseits gekennzeichnet sein durch möglichst umfassende und frühzeitige Information.

Nur wenn sich im Verhältnis Rat/Verwaltung Mißtrauen einschleicht, wird sich der Gemeinderat zum Schaden des gesamten Systems zu weit in die eigentliche bürokratische Arbeit hineindrängen. Gute Gemeinderatsarbeit ist dadurch gekennzeichnet, daß das Kollegialorgan sich so viele Einzelentscheidungen wie eben möglich vom Leibe hält, um Leitentscheidungen ausgiebig erörtern und fundiert treffen zu können. Besinnung auf das Wesentliche, Verzicht auf die weniger wichtigen zugunsten der wichtigen Angelegenheiten und Behandlung der wichtigen entsprechend ihrer Gewichtung, Rückbesinnung auf das „Ob" und „Bis wann" und Überlassung des „Wie" und „Mit wem" an den Bürgermeister, das ist die beste Grundlage für eine ratsentsprechende Aufgabenwahrnehmung. Die Räte müssen sich mit dem Leitbild Stadt einschließlich der finanziellen Strategien befassen, Ziele vorgeben und deren Verwirklichung kontrollieren, die Ausführung selbst aber der Verwaltung überlassen ohne die Beschlüsse bis an den Schreibtisch zu reglementieren. Ein derartiges Aufgabenverständnis ist auch Voraussetzung für alle Ansätze zu neuen Steuerungsmodellen.[39] Nur auf diese Weise wird auch der

---

[39] Dazu etwa *Jochen Dieckmann*, Bürger, Rat und Verwaltung, in: Reformen im Rathaus, Die Modernisierung der kommunalen Selbstverwaltung, Köln u.a. 1996, insb. S. 19 ff., sowie die übrigen in diesem Band angegebenen Beiträge (s. Fn. 13).

immer wieder beklagten zeitlichen Überbeanspruchung Rechnung getragen.[40]

Die Kompetenzen des Gemeinderats wären unvollständig angegeben, würde nicht noch ein Blick auf die Kontrollkompetenz geworfen. Die neben der Verwaltungsfunktion bestehende Kontrollfunktion des Gemeinderats als Korrelat zur Vollzugskompetenz des Bürgermeisters kennzeichnet sehr deutlich die Einheit von Gemeinderat und Bürgermeister mit seiner Verwaltung. Die Kontrolle der Verwaltung durch den Gemeinderat, die neben die staatliche Aufsicht und auch neben die Kontrollmechanismen von Presse und interessierter Öffentlichkeit tritt, ist deswegen von maßgeblicher Bedeutung, weil Bürokratien zur Verselbständigung neigen. Die Lösung der Verwaltung von der kollegialen Entscheidungsbasis braucht dabei gar nicht beabsichtigt zu sein, sie liegt weitgehend in der Natur der Sache.

Freilich darf die Kontrolle des Gemeinderats nicht verstanden werden als Kontrolle der Legislative über die Exekutive, sie muß sich vielmehr darstellen als partnerschaftliche Kontrolle eines Verwaltungsorgans gegenüber dem anderen Verwaltungsorgan. Aus diesem Verhältnis ergibt sich schließlich noch eine weitere wesentliche Korrekturbemerkung. Zumeist wird ja – wie auch in diesem Beitrag – der Bürgermeister als Verwaltungschef bezeichnet und dementsprechend die Verwaltung als „seine Verwaltung" gesehen. Gerade im Kontrollbereich hat die „Bürokratie" nicht nur Hilfstruppe des Bürgermeisters, sondern in gleicher Weise Hilfstruppe des Gemeinderats zu sein. Einstellung auf die

---

[40] Zum Zeitbudget sei nur hingewiesen auf Jochen Dieckmann, Rat und Verwaltung. Nimmt jeder die richtigen Aufgaben wahr?, in: Festschrift für Christian Roßkopf, Mainz 1995. Er führt dort u.a. aus, jede Befragung in jedem System habe zu dem Ergebnis geführt, daß die Belastungen der kommunalen Mandatsträger erheblich sind, und viele sagen, daß sie Beruf, Mandat und Privatleben nur mit erheblichem Aufwand miteinander vereinbaren können. Daraus – so Dieckmann – „allerdings den Wunsch der Mandatsträger abzuleiten, von ihren Aufgaben entlastet zu werden, wäre verfrüht und problematisch. Ist diese Last vielleicht eine ‚süße Last'?" (S. 113) – Eine umfangreiche Bürgermeisterbefragung in Baden-Württemberg ist ausgewertet von *Siegfried Bäuerle* und wird 1997 publiziert, zum Landkreisbereich siehe *Hubert Meyer,* Künftige Ausgestaltung der Individualrechte von Kreistagsabgeordneten unter dem Aspekt Gefährdungen der ehrenamtlichen Mandatswahrnehmung, mit weiteren Nachw., in: Henneke (Hrsg.); Aktuelle Entwicklungen der inneren Kommunalverfassung, Stuttgart u.a. 1996, S. 77 f. (Schriften zum deutschen und europäischen Kommunalrecht, Bd. 2).

Gemeinderatsarbeit, vollkommene Vorbereitung ohne Vorbestimmung und gegenseitige rechtzeitige Information sowie Vertrauen in die Vollständigkeit der Information sind die Basis für eine gute Gemeindearbeit. Nur auf diese Weise sind die zwei Säulen der einen Verwaltung – der Rat und die Bürokratie – unter der einen Spitze des Bürgermeisters wie ein Gespann vom Bürgermeister zu lenken und auf Kurs zu halten.

Fazit

Der süddeutsche Verwaltungschef und der Gemeinderat – Ausdruck für die mehrheitlich noch als süddeutsche Ratsverfassung bezeichnete, Bürgernähe und Effizienz ermöglichende optimale Organisationsstruktur – ist nach langen Diskussionen unter der Präsidentschaft des ehemaligen Stuttgarter Oberbürgermeisters Manfred Rommel endlich zum Exportmodell geworden. Damit hat sie – richtig bezeichnet – ihren geographischen Zusatz „süddeutsch" verloren. Als duale Rat-Bürgermeister-Verfassung – teils unter einer Spitze, teils mit Doppelspitze – ist sie zur Grundvoraussetzung für eine Modernisierung der Kommunalverwaltung – für Reformen im Rathaus[41] – geworden.

---

[41] Zum allenthalben diskutierten Umdenken im Rathaus, gefaßt unter der Bezeichnung „neue Steuerungsmodelle in der deutschen Kommunalverwaltung", siehe etwa *Christoph Reichard, Umdenken im Rathaus*, 3. Aufl., Berlin 1994, und *Dieckmann/Kuban/Löhr/Meyer-Prieß/Potthast/Schöneich* (Fn. 13) m. umf. Nachw.; *Siegfried Honert*, Zur Führung des Dienstleistungsunternehmen Stadtverwaltung, in: Stadt und Gemeinde, 1996, S. 348 ff.

HELLMUT WOLLMANN

Der institutionelle Umbruch in den ostdeutschen Städten – zwischen Rezeption, Eigenentwicklung und Innovation

Dieser Beitrag gilt dem Um- und Aufbau der neuen personellen und organisatorischen Strukturen in den ostdeutschen Städten nach 1990. Zunächst soll die Veränderung der maßgeblichen (auch kommunalrechtlichen) Rahmenbedingungen in Erinnerung gerufen werden, unter denen die kommunale Selbstverwaltung in den ostdeutschen Kommunen neugeschaffen wurde (unten I.), sodann auf die personellen Veränderungen (unten II.) und die organisatorischen Umbrüche (unten III.) eingegangen werden. Der Aufsatz schließt (unten IV.) mit einem Ausblick auf das kommunalrechtliche und institutionenpolitische Innovationspotential dieses schier beispiellosen Transformationsprozesses.[1,2]

[1] Der Beitrag stützt sich auf Ausarbeitungen des Verfassers im Rahmen seiner Mitwirkung an der Berichterstattung der *Kommission zur Erforschung des sozialen und politischen Wandels in den ostdeutschen Ländern* (KSPW). Insbesondere fußt er auf: *Hellmut Wollmann,* Institutionenbildung in Ostdeutschland: Neubau, Umbau und „schöpferische Zerstörung", in: M. Kaase, A. Eisen, O. Gabriel, O. Niedermayer, H. Wollmann (Hrsg.), Politisches System, Opladen 1996, S.48 ff. sowie auf dem – aus zitiertechnischen Gründen – in der nachstehenden Fußnote nachgewiesenen Beitrag.
[2] *Hellmut Wollmann,* Transformation der ostdeutschen Kommunalstrukturen: Rezeption, Eigenentwicklung, Innovation, in: H. Wollmann, H.-U. Derlien, K. König, W. Renzsch, W. Seibel (Hrsg.), Transformation der politisch-administrativen Strukturen in Ostdeutschland, Opladen 1997.

103

I. Rahmenbedingungen

1. Unmittelbare Umbruch- und „Gründungs"phase

Zwar teilte der Systemwechsel in Ostdeutschland mit dessen real-sozialistischen Nachbarn in Mittelosteuropa die Ausgangssituation, daß es um nichts weniger ging als um eine fundamentale politische, institutionelle, wirtschaftliche und gesellschaftliche Transformation und die „schöpferische Zerstörung" (Joseph Schumpeter) einer sozialistischen Staatlichkeit, die das gesamte gesellschaftliche und wirtschaftliche System durchdrungen hatte und von der zentralistischen Parteiführung in eisernem Griff gehalten worden war. Ein entscheidender Unterschied zum Systemwechsel in den anderen mittelosteuropäischen Reformländern bestand in Ostdeutschland aber darin, daß dessen Transformation in den Prozeß der deutsch-deutschen (Wieder-)Vereinigung eingebettet war und als Beitritt nach Art. 23 GG erfolgte, durch den die DDR, als völkerrechtliches Subjekt untergehend, in das politische, institutionelle und wirtschaftliche System der Bundesrepublik integriert, inkorporiert wurde.

Damit gehorchte die institutionelle Transformation einer Integrationslogik, die sich in der Triade dreier mächtiger Bestimmungsfaktoren geltend machte[3]:

• einem Institutionentransfer[4], in dem sich der Neu- und Aufbau der institutionellen Strukturen in Ostdeutschland weitgehend an der Institutionenwelt der „alten" Bundesrepublik orientierte,

• einem Personentransfer, innerhalb dessen zahlreiche westdeutsche Fachleute und Berater, sei es vorübergehend als „Leihbeamte", sei es dauerhaft, nach Ostdeutschland wechselten, um dort leitende Positionen beim institutionellen Neubau zu übernehmen,

---

[3] vgl. *Wollmann* (Fn. 1), S. 49 ff.
[4] vgl. *Gerhard Lehmbruch,* Institutionentransfer. Zur politischen Logik der Verwaltungsintegration in Deutschland, in: W. Seibel/A. Benz/H. Mäding (Hrsg.), Verwaltungsreform und Verwaltungspolitik im Prozeß der deutschen Einigung, Baden-Baden 1993, S. 42-66.

104

• und last not least einem Finanztransfer, in dem Finanzmittel gigantischer Größenordnung nach Ostdeutschland flossen, um Investitionsvorhaben, Personal- und Sozialausgaben zu finanzieren[5].

Dem Umbruch der kommunalen, politischen und administrativen Strukturen kam in diesem historisch schier beispiellosen Transformationsprozeß eine Schlüsselbedeutung schon deshalb zu, weil die Schaffung leistungsfähiger kommunaler Institutionen eine entscheidende Voraussetzung für Verlauf und Gelingen des Systemwechsels in Ostdeutschland und dessen Integration in das Wirtschafts- und Sozialsystem der Bundesrepublik bildete.

Die ostdeutschen Städte, Gemeinden und Kreise erwiesen sich als die einzige institutionelle Ebene, die den Untergang des DDR-Staats organisatorisch überlebte. Demgegenüber verschwand die zentralstaatliche DDR-Regierung mit dem vollzogenen Beitritt am 3. Oktober 1990; auch die bisherigen Bezirksverwaltungen wurden in drei der neugebildeten fünf Bundesländer beseitigt, die übrigen Verwaltungsstrukturen des zentralistischen DDR-Staats entweder in die neuen Verwaltungsstrukturen der Länder eingeschmolzen oder durch „Abwicklung" aufgelöst.[6]

Insgesamt setzte die Umstrukturierung der kommunalen Ebene bereits im Mai 1990 ein – im Gefolge der am 6. Mai 1990 abgehaltenen demokratischen Wahlen und auf der Grundlage der von der demokratischen DDR-Kammer verabschiedeten neuen Kommunalverfassung vom 17. Mai 1990 – , in einer Phase also, als die Regierungsstrukturen der DDR zunehmend in Agonie fielen, während der Aufbau der neuen Länderstrukturen erst nach der Bildung der neuen Länderregierungen Ende Oktober 1990 in Gang kam. Die ostdeutschen Kommunen agierten mithin „fast ein Jahr lang praktisch ohne staatliche Aufsicht und Anleitung"[7].

---

[5] vgl. *Wolfgang Renzsch*, Budgetäre Anpassung statt institutionellen Wandels, in: Wollmann u.a. (Fn. 2).

[6] vgl. *Wollmann* (Fn. 1), S. 85 ff.

[7] *Jan Hoesch*, Zum Verwaltungsaufbau in den neuen Bundesländern, in: Recht und Politik, (1993) 3, S. 140-145.

Mit dem Inkrafttreten der neuen Kommunalverfassung vom 17. Mai 1990, die weitgehend dem Grundmodell der kommunalen Selbstverwaltung in den westdeutschen Ländern folgte[8], und aufgrund der umfangreichen Gesetzgebung, mit der die DDR-Volkskammer – zur Vorbereitung der Wirtschafts-, Währungs- und Sozialunion zum 1.7.1990 – die Rechtsanpassung der Noch-DDR an die Bundesrepublik vorantrieb[9], änderte sich das Zuständigkeits- und Aufgabenmodell der Kommunen fundamental. Hatten sie im realsozialistischen Organisationsmodell nur die Funktion „örtlicher" Organe der zentralistischen Partei- und Staatsmacht, gewannen sie nunmehr einen umfangreichen Aufgabenbestand zurück, der von dem traditionellen (dualen) Nebeneinander von Aufgaben der kommunalen Selbstverwaltung und übertragenen Aufgaben gekennzeichnet war.

So wurden einerseits weite Bereiche der bisherigen Zuständigkeiten und Verwaltungsteile der Kreise und Städte obsolet, vor allem jene, die sich aus ihrer Einbindung in die zentralistisch gelenkte Staatswirtschaft und deren regionalen und örtlichen Produktions- und Versorgungsfunktionen ergeben hatten. Auf der anderen Seite sahen sich die Kommunen völlig oder weitgehend neuen Aufgaben gegenüber, die die Schaffung neuer Verwaltungsstrukturen erforderten (z.B. Bauleitplanung, Sozial-, Umwelt-, Liegenschaftsverwaltung).

Schließlich sahen sich insbesondere die kreisfreien Städte, aber auch die Kreise und größeren kreisangehörigen Städte, dadurch einer gewaltigen organisations- und personalpolitischen Aufgabe gegenüber, daß sie auf der Grundlage des DDR-Kommunalvermögensgesetzes vom 6. Juli 1990[10] im Spätjahr 1990, teilweise noch vor dem 3. Oktober 1990, ihre Anträge an die Treuhandanstalt auf (Rück-)Übertragung des Kommunalvermögens richteten und hierbei eine Vielzahl von Betrieben und Einrichtungen des

---

[8] Näheres bei *Wollmann* (Fn. 2), S. 263 ff. mit Nachweisen.

[9] vgl. *Hellmut Wollmann*, Entwicklung des Verfassungs- und Rechtsstaates in Ostdeutschland als Institutionen- und Personaltransfer, in: Wollmann u.a. (Fn. 2).

[10] Dessen § 1 lautet: „Volkseigenes Vermögen, das kommunalen Aufgaben und kommunalen Dienstleistungen dient, wird den Gemeinden, Städten und Landkreisen kostenlos übertragen".

Gesundheits-, Sozial- und Freizeitsektors einschließlich entsprechender betrieblicher Einrichtungen (Betriebskindergärten, -polikliniken usw.), reklamierten[11]. In den kreisfreien Städten schnellte die Zahl der Kommunalbediensteten um die Jahreswende 1990/1991 schlagartig von 250 bis 350 Mitarbeitern der bisherigen Kernverwaltung auf 4.000 bis 5.000, teilweise bis zu 10.000 in die Höhe[12].

2. „Zweite Veränderungswelle" der Rahmenbedingungen

Kaum hatten die ostdeutschen Kommunen in der Gründungsphase den Umbruch der politischen und administrativen Strukturen der Kommunen eingeleitet, festgelegt und umgesetzt, sahen sie sich neuen Anstößen zu weiteren einschneidenden Organisationsveränderungen gegenüber, nämlich

• den neuen Kommunalverfassungen der ostdeutschen Länder,

• der Kreisgebietsreform,

• der Gemeindeverwaltungsreform,

• der Funktionalreform und

• dem Übergreifen der in den alten Bundesländern unter dem Stichwort des Neuen Steuerungsmodells in Gang gekommenen Verwaltungsmodernisierungsdebatte.

Dieser neuerliche Veränderungsschub in den Rahmenbedingungen kann hier nur angetippt werden. Für ein „Konzentrat" relevanter Informationen wird auf die nachstehende Tabelle 1 verwiesen.

---

[11] vgl. *Deutscher Städtetag,* Herstellung kommunalen Eigentums und Vermögens in den neuen Bundesländern. DSt-Beiträge zur Kommunalpolitik. Reihe A (1990)12, Köln; *Oliver Scheytt/Hans-Christian Otto,* Der Einigungsvertrag in der kommunalen Praxis, Berlin/München 1991; *Michael Schöneich,* Kommunale Wirtschaftsentwicklung – Anforderungen an die Treuhandanstalt, in: R. Pitschas (Hrsg.), Verwaltungsintegration in den neuen Bundesländern, Berlin 1993, S. 117-130; *Klaus König, Jan Heimann,* Vermögens- und Aufgabenzuordnung nach Üblichkeit, in: Wollmann u.a. (Fn. 2), S. 121 ff.
[12] Zu den Zahlen: *Sabine Lorenz,* Strukturen und Entwicklung der Aus- und Fortbildung von Verwaltungspersonal in den neuen Bundesländern, KSPW-Expertise. Unveröff. Ms., Humboldt-Universität zu Berlin 1996; *Gertrud Kühnlein,* Fortbildung und Personalpolitik in ostdeutschen Verwaltungen. Verv. Ms. SFS Dortmund, 1996: S. 44 ff.

Tabelle 1: Kreisgebiets- und Gemeindereform in den neuen Bundesländern

Land	Kreisgebietsreform					Gemeindereform				
	Gesetz	Veränderungen				Gesetz	Veränderungen			
		Landkreise			kreis-freie Städte		Ämter*/ Verwaltungsgem.**/ Verwaltungsverb.*** Gemeinden			amtsfr/ verw.-fr.
		Zahl der LK	Ø EW in Tsd.	Ø Fl. in km²	Zahl		Zahl	Ø EW in Tsd.	amts.- usw. ang. Gem.	Zahl
M-V	Landkr. neuordG v. 23.6.93	31 ↓ 12	41 ↓ 103	1.942	6 ↓ 6	AO v. 18.3.92	*123	5.5	1.096	53
Br	KrGebRef.G v. 16.12.92	38 ↓ 14	50 ↓ 143	2.333	6 ↓ 4	AO v. 19.12.91	*160	8	1.683	56
S-Anh	KrGebRef.G v. 13.7.93	37 ↓ 21	60 ↓ 102	953	3 ↓ 3	GNeuO k. GA v. 09.10.92	**194		1.250	21
Sa	KrGebRef.G v. 25.5.93	48 ↓ 23	69 ↓ 138	769	6 ↓ 7	G ü. kom. Zus.-arb. v. 19.8.93	**71 ***26	126 111	1635 84	8 [#]
Thür	NeugliedG v. 16.8.93	35 ↓ 17	57 ↓ 116	452 ↓ 908	5 ↓ 5	Thür.KO v. 16.8.93	**116		878	147

Legende: KrGebRef.G = Kreisgebietsreformgesetz; AO = Amtsordnung;
Landkr.neuordG = Landkreisneuordnungsgesetz; G = Gesetz; [#] = freiwillige
Zusammenschlüsse; LK = Landkreise; Gem. = Gemeinden; * = Ämter; ** =
Verwaltungsgemeinschaften; *** = Verwaltungsverbände; Fl. = Fläche; amtsfr./verw.-
freie Gem. = amtsfreie/verwaltungsfreie Gemeinden; EW = Einwohner; amts.-usw.
ang. Gem. = amts- (bzw. verwaltungsgemeinschafts-) angehörige Gemeinden; GNeuO
k. GA = Gesetz zur Neuordnung der kommunalen Gemeinschaftsarbeit

3. Neue Kommunalverfassungen

Ab Mitte 1991 berieten und beschlossen die ostdeutschen Landtage neue Gemeinde- und Kreisordnungen, die zum Datum der

nächsten Kommunalwahlen in Kraft traten[13] und damit die zunächst als Landesrecht fortgeltende DDR-Kommunalverfassung vom 17. Mai 1990 ablösten. Als eine der markantesten Veränderungen sei an dieser Stelle lediglich hervorgehoben, daß nunmehr in allen ostdeutschen Ländern – in Anlehnung an die „Süddeutsche Bürgermeister-Rats-Verfassung" – die Direktwahl des Bürgermeisters sowie überwiegend – als kommunalgeschichtliche Innovation – auch Abwahlverfahren („recall") vorgesehen sind.

Auf jene weitere bemerkenswerte Neuerung, die in den neuen Kommunalverfassungen zum Verhältnis von Staat und Kommunen (äußere Kommunalverfassung) durch den Übergang vom dualistischen zum monistischen Aufgabenmodell eingeleitet wurde, soll in den abschließenden Bemerkungen (siehe Kap. IV) zurückgekommen werden.

4. Kreisgebiets- und Gemeinde(verwaltungs)reform

Die DDR hatte auf der kommunalen Ebene eine Gebietsstruktur hinterlassen, die – auf die am Staatsorganisationsmodell der Sowjetunion ausgerichtete Verwaltungsreform von 1952 zurückgehend – 191 Landkreise mit durchschnittlich 60.000 Einwohnern umfaßte. Außerdem zählte die DDR 7.564 kreisangehörige Gemeinden, die Hälfte von ihnen mit weniger als 500 Einwohnern.[14]

Unter Verweis auf die Angaben in Tabelle 1 sei zu Verlauf und Ergebnis der Kreisgebiets- und Gemeindeverwaltungsreformen in den neuen Ländern an dieser Stelle nur so viel gesagt[15]:

In allen ostdeutschen Ländern wurden noch in der ersten Legislaturperiode der Landtage Kreisgebietsreformen beschlossen, die

---

[13] also z. B. am 5. Dezember 1993 in Brandenburg. Für Einzelheiten vgl. *Dian Schefold/Maja Neumann*, Entwicklungstendenzen der Kommunalverfassungen in Deutschland: Demokratisierung oder Dezentralisierung? Basel usw. 1995; auch *Wollmann* (oben Fn. 2) mit weiteren Nachweisen.

[14] vgl. *Albrecht Rösler*, Zur Beibehaltung traditioneller Gemeindegrößen in der ehemaligen DDR, in: G. Püttner/W. Bernet (Hrsg.), Verwaltungsaufbau und Verwaltungsreform in den neuen Ländern. Köln usw. 1991, S. 29-56.

[15] Näheres bei *Wollmann* (oben Fn. 2) mit zahlreichen Nachweisen.

mit der Wahl der neuen Kommunalvertretungen[16] in Kraft traten – mit einer Zügigkeit, die angesichts der konfliktreichen Langwierigkeit der kommunalen Gebietsreformen in den westdeutschen Ländern in den späten 60er und frühen 70er Jahren[17] in Erstaunen versetzt. Im Ergebnis wurde die Zahl der Kreise in den ostdeutschen Ländern von insgesamt ursprünglich 191 auf 77 reduziert, also fast gedrittelt.

Die kreisfreien Städte blieben vom Neuzuschnitt der Kreisgebiete weitgehend verschont. Lediglich im Land Brandenburg wurde die Zahl der kreisfreien Städte von sechs auf vier durch „Einkreisung" von zwei bislang kreisfreien Städten[18] reduziert. In Sachsen kam es im Verlauf des konfliktreichen Entscheidungsprozesses über die Kreisgebietsreform sogar zur „Auskreisung" einer weiteren kreisfreien Stadt[19]. Auch in Thüringen ist vorgesehen, ab 1998 eine bislang kreisangehörige Stadt[20] kreisfrei zu machen[21].

Durchweg wurde auf eine Gemeindegebietsreform im Wege einer gegebenenfalls gesetzgeberisch verfügten Zusammenlegung (Eingemeindung) von Gemeinden zur Bildung neuer „Einheitsgemeinden" verzichtet und statt dessen Ämter (so in Brandenburg und Mecklenburg-Vorpommern) bzw. Verwaltungsgemeinschaften (so in den anderen Ländern) als gemeinsame Verwaltungseinheit der als politische Gebietskörperschaften fortbestehenden Kleingemeinden vorgeschrieben (vgl. hierzu Tabelle 1).

Anders als die übrigen vier ostdeutschen Länder zielte die Landesregierung von Sachsen institutionen- und verwaltungspolitisch von vornherein auf die Schaffung von größeren „Einheitsgemeinden" im Wege einer Gemeindegebietsreform. Im Rahmen der bis 31.12.1995 andauernden Freiwilligkeitsphase und der seitdem geltenden sog. Vermittlungsphase reduzierte sich die Zahl der Gemeinden von ursprünglich 1.626 (1990) auf 848 (Stand

---

[16] vgl. oben Fn. 13.

[17] vgl. *Eberhard Laux*, Erfahrungen und Perspektiven der kommunalen Gebiets- und Funktionalreformen, in: R. Roth/H. Wollmann (Hrsg.), Kommunalpolitik, Opladen 1994, S. 136-154.

[18] Schwedt und Eisenhüttenstadt.

[19] Hoyerswerda, 62.000 Einwohner.

[20] Eisenach, 44.000 Einwohner.

[21] hierzu kritisch *Hubert Meyer*, Kreisselbstverwaltung in den neuen Bundesländern, in: Der Landkreis, (1994) 1, S. 15-21.

1.4.1996). Die gesetzliche Regelung der Gemeindegebietsreform soll im Sommer 1998 abgeschlossen sein; in der Staatsregierung wurde eine nach Abschluß der Gemeindegebietsreform anzustrebende Zahl von 500 bis 550 Gemeinden genannt[22].

Inzwischen wurde aber auch in anderen ostdeutschen Ländern – so mit zunehmender Bestimmtheit in Brandenburg – von Landespolitikern eine radikale Umgestaltung der bestehenden Ämterordnung in Samt-, wenn nicht in Einheitsgemeinden ins Gespräch gebracht[23].

Des weiteren ist auch auf die Anläufe zu Funktionalreformen hinzuweisen, die inzwischen – vor allem in Brandenburg und Mecklenburg-Vorpommern – in Gang gekommen sind[24]. Diese sind wesentlich darauf gerichtet, die „Kopflastigkeit"[25] und die „Ungereimtheiten"[26] zu korrigieren, die aus der „Gründungsphase" der neuen Strukturen der Landesverwaltungen rühren.

Schließlich ist auf die Anstöße hinzuweisen, die für eine weitere Restrukturierung der kommunalen Institutionen davon ausgehen, daß die Diskussion zum Neuen Steuerungsmodell und zum „Umdenken im Rathaus"[27] inzwischen auch verstärkt die ostdeutschen Kommunen, in Sonderheit die Städte, ergriffen hat[28].

---

[22] vgl. *W.-U. Sponer,* Länderbericht in Sachsen, in: Landes- und Kommunalverwaltung, (1996) 8, S. 267-269.

[23] vgl. *Hasso Lieber,* Worum geht es bei der Reform der Kommunalverfassung?, in: Brandenburg Kommunal, (1996)17, S. 4-5; *Alwin Ziel,* Kommunalreform, in: Brandenburg Kommunal, (1996) 17, S. 2-3.

[24] Näheres bei *Wollmann* (oben Fn. 2) sowie bei *Hellmut Wollmann,* „Echte Kommunalisierung" der Verwaltungsaufgaben: Innovatives Leitbild für umfassende Funktionalreform?, in: Landes- und Kommunalverwaltung, (1997) 4.

[25] *Heinz Köstering,* Vier Jahre Verwaltungsaufbau im Lande Brandenburg – Rezeption, Evolution oder Innovation?, in: Verwaltungsrundschau, (1995) 3; S. 83-89.

[26] *Ronald Brachmann,* Zum Stand der Verwaltungsreform in Sachsen-Anhalt, in: Landes- und Kommunalverwaltung, (1996) 2, S. 34-40.

[27] vgl. *Christoph Reichard,* Umdenken im Rathaus, Berlin 1994; vgl. ferner etwa *Christoph Reichard/ Hellmut Wollmann* (Hrsg.), Kommunalverwaltung im Modernisierungsschub?, Basel usw. 1996.

[28] vgl. hierzu die Ergebnisse zweier Umfragen, die der Deutsche Städtetag zwischen November 1994 und Februar 1995 (vgl. *Deutscher Städtetag,* Städte im Aufbruch. Fünf Jahre kommunale Selbstverwaltung in den neuen Ländern, DSt-Beiträge zur Kommunalpolitik. Reihe A (1995) 21, Köln) und zwischen Januar und März 1996 (vgl. *Erko Grömig/H. Thielen,* Städte auf dem Reformweg. Zum Stand der Verwaltungsmodernisierung, in: der städtetag, (1996) 9, S. 596-600) unter seinen westdeutschen und ostdeutschen Mitgliedsstädten durchführte, vgl. auch *Wollmann* (Fn. 2) mit weiteren Nachweisen.

II. Umbruch der Personalstrukturen

1. Elitenwechsel[29]

Die kommunale Führungs- und Machtelite des SED-Regimes hatte sich vor allem aus den Mitgliedern der Räte der Kreise, Städte und Gemeinden zusammengesetzt; ihre rund 17.000 Funktionsträger gehörten überwiegend den Führungsrängen der SED („Nomenklaturkader") an. Nachdem die kommunalen Machtpositionen der SED seit dem Jahreswechsel 1989/1990 – unter dem Druck der lokalen Runden Tische – zunehmend zerfallen waren, vollzog sich als Ergebnis der demokratischen Kommunalwahlen vom 7. Mai 1990 der endgültige Machtwechsel in Kommunalpolitik und -verwaltung[30,31].

Der nachgerade revolutionäre Bruch kam zum einen in einer weitgehenden personellen Erneuerung (Elitenwechsel) in den Kom-

[29] zur Elitenzirkulation im ostdeutschen Systemwechsel grundlegend zuletzt *Hans-Ulrich Derlien*, Elitenzirkulation zwischen Implosion und Integration, in: Wollmann u.a. (Fn. 2), S. 335 ff.

[30] Die folgenden Ausführungen stützen sich zum einen insbesondere auf Ergebnisse eines Forschungsprojekts, das, an der Humboldt-Universität zu Berlin bearbeitet und von der KSPW gefördert, in den Ländern Brandenburg und Sachsen-Anhalt 1993/1995 in einer kreisfreien Stadt und zwei kreisangehörigen Städten, zwei Landkreisen sowie je zwei Ämtern bzw. Verwaltungsgemeinschaften verfolgt wurde; u.a. wurden Ende 1993/Anfang 1994 (d.h. am Ende der 1. kommunalen Wahlperiode) mündliche Interviews mit führenden Mitgliedern der Kommunalvertretungen (Fraktions-, Ausschußvorsitzenden) und Verwaltungsführungs- und -leitungspersonal (Ober-Bürgermeistern, Landräten, Beigeordneten/Dezernenten und Amtsleitern) durchgeführt. Vgl. *Frank Berg/Martin Nagelschmidt/Hellmut Wollmann*, Kommunaler Institutionenwandel. Regionale Fallstudien zum ostdeutschen Transformationsprozeß. Opladen 1996.

[31] Zum andern wird im folgenden Bezug genommen auf Ergebnisse des Forschungsprojekts „Lokale Demokratie", das am WZB in Kooperation mit dem Lehrstuhl Verwaltungslehre der Humboldt-Universität zu Berlin durchgeführt wurde. In dem Projekt wurde im Mai 1995 (also in der 2. ostdeutschen Kommunalwahlperiode) in 40 westdeutschen und 37 ostdeutschen Städten zwischen 25.000 und 250.000 Einwohnern eine schriftliche repräsentative Befragung von 1. (Ober-) Bürgermeistern, (Ober-)Stadtdirektoren, Beigeordneten/ Dezernenten, 2. Amtsleitern, 3. Mitgliedern der Gemeindevertretungen, 4. Fraktionsvorsitzenden und 5. lokalen Parteivorständen durchgeführt. Zur Methode vgl. *Thomas R. Cusack/Bernhard Weßels*, Problemreich und konfliktgeladen: Lokale Demokratie in Deutschland fünf Jahre nach der Vereinigung. Berlin: WZB, 1996, S. 5; zu Ergebnissen vgl. *Thomas R. Cusack*, Problem-Ridden and Conflict-Ridden: Local Government in Germany Five Years after Unification. Some Preliminary Results from the Project on Democracy and Local Governance in Germany. Manuskript (unveröff.), Berlin 1996. Die in diesem Aufsatz verwendeten Tabellen beruhen auf einer von Frank Berg durchgeführten Zusatzauswertung. Für die Nutzung und Interpretation der Daten dieses Projekts ist im Auge zu behalten, daß sich die Erhebung auf Städte zwischen 25.000 und 250.000 Einwohner bezog. Damit ist ein gewisser (Mittel- und Groß-)Stadt-Bias in Rechnung zu stellen. Zu den hier interessierenden Ergebnissen ausführlicher Wollmann (Fn. 1), S. 110 ff., insbesondere die Tabellen 8, 9 und 10.

munalvertretungen zum Ausdruck. Rund drei Viertel der am 7. Mai 1990 gewählten Kommunalvertreter waren Neupolitiker, die nach der Wende erstmals ein politisches Mandat übernahmen, ein Viertel Altpolitiker, die bereits vor der Wende eine politische Funktion, insbesondere durch ein Mandat in einer örtlichen Volksvertretung, innegehabt hatten.

Im politisch-administrativen Führungspersonal der Kommunen spiegelte sich der radikale politische Wechsel darin wider, daß die neuen Kommunalvertretungen zu den (Ober-)Bürgermeistern und Landräten der ersten Stunde ganz überwiegend ebenfalls Neupolitiker, die vor der Wende keine politischen oder administrativen Positionen, schon gar nicht in der bisherigen kommunalen Machtelite als Mitglieder der Räte des Kreises oder der Stadt, innegehabt hatten. Auch die neuen Positionen der Beigeordneten/Dezernenten und Amtsleiter wurden zum größeren Teil von Personen übernommen, die bislang außerhalb des Staatsapparates, insbesondere in staatswirtschaftlichen Betrieben oder im Bildungswesen, tätig gewesen waren. Nur ein Teil der kommunalen Führungspositionen wurde mit Altpersonal besetzt, also mit Personen, die schon vor der Wende im Staatsapparat – in der Regel in nachgeordneten Positionen – tätig gewesen waren (für weitere Informationen vgl. Tabelle 2). Etwa 15% der neuen Beigeordneten und Amtsleiter in den Städten waren Westdeutsche, die in der unmittelbaren Umbruchphase überwiegend aus den westdeutschen Partnerkommunen (oft zunächst vorübergehend als Verwaltungshelfer) als Beigeordnete meist für die Leitung der für den Verwaltungsumbau zentralen Wirtschafts-, Finanz- oder Hauptamtsdezernate und als Amtsleiter vielfach zum Aufbau der Rechtsämter kamen.[32]

In einem beispiellosen Umfang handelt es sich bei dem neuen Führungs- und Leitungspersonal der ostdeutschen Kommunen um Politik- und Verwaltungsneulinge und um Seiteneinsteiger,

---

[32] zur kommunalen Verwaltungshilfe vgl. *Wollmann* (Fn. 1), S. 60 mit Nachweisen, grundlegend zuletzt *Dieter Grunow* (Hrsg.), Verwaltungstransformation zwischen politischer Opportunität und administrativer Rationalität, Bielefeld 1996.

die vor der Wende zum engeren Politik- und Staatsapparat des SED-Regimes auf Distanz geblieben, jedenfalls außerhalb dieses tätig gewesen waren.

Das besondere Profil der neuen kommunalen Führungs- und Leitungsschicht („neue Verwaltungselite") wird vor allem im Vergleich mit den entsprechenden westdeutschen Positionsträgern sichtbar. Unter Verweis auf Tabelle 2 seien hier einige west-/ostdeutsche Vergleichsdaten zur Gruppe der Amtsleiter angesprochen[33], die sich in den ostdeutschen Stadtverwaltungen zu fast zwei Dritteln aus Verwaltungsneulingen und Quereinsteigern, zu rund einem Viertel aus „Altpersonal" und zu einem knappen Fünftel aus Westdeutschen zusammensetzt.[34]

Tabelle 2: Amtsleiter in Städten zwischen 25.000 und 250.000 Einwohnern (Mitte 1995)

| | ostdeutsche Städte | | | | west-deutsche Städte n = 115 |
| | Ostpersonal | | | West-personal n = 14 | |
	gesamt n = 67	„alt" n = 20	„neu" n = 47		
Alter (Ø)	45,7	46,6	45,2	39,6	48,5
weiblich (%)	29,9	35,0	27,7	21,4	6,1
jurist., verwaltungs- oder wirtschaftsbezogenes Ausbildungsprofil (%)	19,7	25,0	17,4	71,4	69,9
techn., naturwissensch. oder medizinisches Ausbildungsprofil (%)	73,7	60,0	65,2	14,3	21,2
Hochschulabschluß	67,2	55,0	72,3	85,7	47,0
Tätigkeitsdauer in polit. od. öffentl. Positionen *vor* 1990 (Jahre)	3,2	11,6	-0,4	4,9	17,6

[33] Für einen entsprechenden ost-/westdeutschen Vergleich hinsichtlich der Positionsgruppe der (Ober-)Bürgermeister, (Ober-)Stadtdirektoren und Beigeordneten vgl. Wollmann (Fn. 1), S. 123 ff., insbesondere Tabelle 9.

[34] 58%, 24% bzw. 17% auf der Grundlage der repräsentativen Befragung in Städten zwischen 25.000 und 250.000 Einwohnern, vgl. Fn. 30.

Während bei den ostdeutschen Amtsleitern das technisch-natur-wissenschaftlich-medizinische Ausbildungsprofil (mit rund zwei Dritteln) überwiegt und das juristisch-verwaltungsbezogene (mit einem Fünftel) zurücktritt, verhält sich dies genau umgekehrt bei den westdeutschen Amtsleitern: Zwei Drittel von ihnen weisen ein verwaltungsbezogenes Ausbildungsprofil auf, nur ein Fünftel ein technisches. Besonders auffällig wird die fehlende Verwal-tungspraxis der „neupersonellen" ostdeutschen Amtsleiter ange-sichts dessen, daß ihre westdeutschen Amtskollegen durch-schnittlich auf knapp 20 Jahre Verwaltungspraxis zurückblicken und auch ihre „altpersonellen" ostdeutschen Kollegen es immer-hin auf eine rund 10jährige Verwaltungspraxis bringen. Ins Auge springt auch, daß insbesondere die „neupersonellen" ostdeut-schen Amtsleiter über eine deutlich höhere formale Qualifikation (nicht selten mit einem Doktor-Abschluß) verfügen als die west-deutschen. Hervorgehoben sei schließlich, daß ein knappes Drittel der neuen Amtsleiterpositionen in den ostdeutschen Städ-ten von Frauen übernommen worden ist, während der entspre-chende Anteil in den westdeutschen Kommunen bei etwa 6 Pro-zent liegt.

Als Ergebnis des weitgehenden Elitenaustausches, der den Systemwechsel in Ostdeutschland auch auf der kommunalen Ebene kennzeichnete, wurde der Auf- und Umbau der ostdeut-schen Institutionenwelt – sieht man von dem wichtigen Beitrag der westdeutschen Verwaltungshelfer, inbesondere im Rahmen der kommunalen Partnerschaften, ab – von ostdeutschen Politik- und Verwaltungsneulingen geleistet. Dadurch, daß die neue poli-tische und administrative Elite verhältnismäßig jung ist und in den Verwaltungen weder mit nennenswerter Fluktuation noch Expan-sion der Stellen zu rechnen ist, wird es bei dieser personalstruk-turellen Prägung, einschließlich der Häufung von Ingenieuren und Naturwissenschaftlern, auf Jahre bleiben. Damit wird vor allem in der ostdeutschen Verwaltung ein Ausbildungs- und Karriereprofil des Führungs- und Leitungpersonals sichtbar, das in scharfem Kontrast zu dem in der alten Bundesrepublik steht. Während es sich in Westdeutschland, der deutschen Verwal-tungstradition folgend, um „in langjähriger Vorbildung fachgeschultes"[35] Verwaltungspersonal handelt und im höheren Verwaltungsdienst nach wie vor das Juristenmonopol herrscht, entbehrt die neue administrative Führungskohorte in Ostdeutschland dieser verwaltungsbezogen fachlichen Vorbildung, setzt sich also aus Dilettanten (im Verständnis von Max Weber)[36] und hierbei überwiegend aus Ingenieuren und Naturwissenschaftlern zusammen. Angesichts dieser personalstrukturellen Eigentümlichkeit der Verwaltungsentwicklung in Ostdeutschland kann darüber spekuliert werden, ob „diese neue Verwaltungselite im Begriffe (stehe), Max Webers Skepsis gegenüber den 'Dilettanten' in der Verwaltung zu widerlegen"[37], und kann – folgenreicher – die Frage aufgeworfen werden, ob sich hier ein ostdeutsches Eigen- und Gegenmodell formiert, das den nach wie vor bürokratisch-legalistisch akzentuierten Ausbildungs-, Rekrutierungs-, Organisations- und Handlungsmodus der (west-) deutschen Verwaltungstradition in Zweifel zieht.

Angesichts dessen, daß sich die neue ostdeutsche administrative Führungs- und Leitungskohorte zu einem guten Teil aus Ingenieuren und Naturwissenschaftern zusammensetzt, von denen sich inzwischen viele zu praxiserfahrenen, „professionalisierten" und selbstbewußten Politik- und Verwaltungsleitern und -managern gemausert haben[38], könnte sich damit der in der (west-)deutschen Verwaltungswelt noch immer dominanten bürokratisch-legalistischen (Über-)Regelung des Verwaltungshandelns eine ostdeutsche Modernisierungsvariante entgegenstellen, die, stark in der

---

[35] *Max Weber,* Wirtschaft und Gesellschaft, Tübingen 1972, S. 831.

[36] *Weber* (Fn. 35), S. 161, 164, insbes. S. 831, wo er „Fachbeamtentum" (als personalstrukturelles Junktim und Pendant der fortgeschrittenen bürokratischen Organisationsform, ebda.: S. 561 ff.) und „Dilettantenverwaltung" (als vor- und unprofessionelle, insbesondere der „Fachschulung" des Personals ermangelnde Verwaltungsform) gegeneinander stellt.

[37] *Hellmut Wollmann/Wolfgang Jaedicke,* Neubau der Kommunalverwaltung in Ostdeutschland – zwischen Kontinuität und Umbruch, in: W. Seibel u.a. (Hrsg.), Verwaltungsreform und Verwaltungspolitik im Prozeß der deutschen Einigung. Baden-Baden 1993, S. 108.

[38] „Die Kommunalverwaltung nach der Wende ist von Ingenieuren aufgebaut worden", so Amtsleiter im Interview (zitiert bei: *Berg/Nagelschmidt/Wollmann* 1996, Fn. 30). Oder: „Der deutsche Ingenieur kann alles", Amtsleiter im Interview (zitiert bei: *Wolfgang Jaedicke/Kai Wegrich/Sabine Lorenz/Hellmut Wollmann,* Kommunale Verwaltungspolitik in Ostdeutschland. Basel usw. 1997.

116

technisch-naturwissenschaftlichen Denk- und Erfahrungswelt wurzelnd, die öffentliche Verwaltung als eine auf Problemlösungen angelegte, zielorientiert-instrumentelle, stärker an der handlungspragmatischen Machbarkeit denn an juristischer Zulässigkeit ausgerichtete Organisations- und Handlungsform begreift.

2. Personalentwicklung

In der Umbruchphase waren die Kommunen organisations- und personalpolitisch einerseits gefordert, neue Personalstäbe aufzubauen und diese in einer „gigantischen und historisch einmaligen Fortbildungswelle"[39] für die Aneignung und Handhabung der neuen Rechts- und Institutionenwelt zu ertüchtigen. Andererseits waren sie vor die sozial- und beschäftigungspolitische Zerreißprobe gestellt, vor allem die Personalbestände, die sie als Erbe der sozialistischen Staatlichkeit mit ihrem staatlichen und betrieblichen Netz der Gesundheits-, Sozial-, Bildungs- und Freizeitversorgung hatten, in Anpassung an die westdeutsche Normalität drastisch zu reduzieren. Die Dramatik dieser personalwirtschaftlichen Ausgangssituation der ostdeutschen Kommunen wird darin sichtbar, daß diese am 30. Juni 1991 insgesamt 661.000 Beschäftigte zählten, was einen Personalbestand von 41,6 Beschäftigten pro 1.000 Einwohner und damit genau doppelt so viel wie in den alten Bundesländern (mit 20,8) bedeutete (vgl. Tabelle 3)[40].

Die Aufgliederung nach Aufgabenbereichen spitzt den Vergleich mit den westdeutschen Kommunen zu[41]. Während die ostdeutschen Kommunen 1991 11 Beschäftigte pro 1.000 Einwohner im Bereich „Soziale Sicherheit" hatten, waren dies in den westdeutschen Kommunen 2,9, also etwa ein Viertel. Ähnliches war 1991 für den Bereich „Gesundheit, Sport, Erholung" zu beobachten.

---

[39] *R. Ehrhardt,* Fortbildung für den Verwaltungsaufbau, in: R. Pitschas (Hrsg.), Verwaltungsintegration in den neuen Bundesländern, Berlin 1993, S. 241; vgl. *Wollmann* (Fn.1), S. 130 ff. mit Nachweisen.
[40] Hierbei ist zu vermuten, daß die Gesamtbeschäftigungszahl Anfang 1991 noch deutlich höher lag und in der ersten Jahreshälfte von 1991 bereits merklich reduziert wurde.
[41] vgl. hierzu auch die Tabelle 12 in Wollmann (Fn. 1), S. 133.

Diese Zahlen legen offen, daß die Kommunen durch die (Rück-) Übertragung von Kommunalvermögen (betriebliche Kinderkrippen, Schulhorte usw., Polikliniken, Krankenhäuser usw.) große Personalstäbe gerade in Feldern übernommen haben, die in den alten Bundesländern entweder weniger ausgebaut oder überwiegend in der Hand von „freien Trägern" sind. Die kommunalfinanziellen Konsequenzen dieser personellen Überausstattung der ostdeutschen Kommunen ist daran ablesbar, daß ihre Personalausgaben 1992 – ungeachtet der gegenüber dem West-Tarif abgesenkten Entgeltung – 45% höher als in den westdeutschen Kommunen lagen[42].

Tabelle 3: Personal der Gemeinden / Gv. 1991–1994 (pro 1000 Einwohner und nach Umfang des Dienstverhältnisses)

Jahr	neue Länder			alte Länder		
Personalveränderung	Gesamt in Tsd.°°	*pro 1000 EW*	*Teilzeit-quote*	Gesamt in Tsd.°°	*pro 1000 EW*	*Teilzeit-quote*
1991	662	41,6	13,38	1.334	20,8	23,79
1992	655	41,6	11,66	1.360	21,0	24,52
1993	539	34,5	14,95	1.345	20,5	24,88
1994	476	30,7	25,71	1.330	20,2	25,14
Veränderung 91–92 in %	- 1,02			1,96		
Veränderung 92–93 in %	- 17,67			-1,13		
Veränderung 93–94 in %	-11,68			-1,09		
Veränderung 91–94 in %	-28,03			-0,30		

In der Auseinandersetzung mit ihren vergleichsweise hohen Beschäftigtenzahlen machten die Kommunen vom im Einigungsvertrag auch für sie vorgesehenen, bis Ende 1993 verlängerten ordentlichen Sonderkündigungsrecht sehr unterschiedlich Gebrauch. In vielen Städten wurde beschlossen, keine betriebsbedingten Kündigungen auszusprechen, sondern zunächst alle

---

[42] vgl. *Hanns Karrenberg/Engelbert Münstermann,* Gemeindefinanzbericht 1994, in: der städtetag, (1994) 3, S. 140.

Mitarbeiter zu übernehmen[43]. Statt dessen wurden in vielen Fällen vertragliche Auflösungen (zusammen mit Abfindungen) und auch Regelungen der Teilzeitbeschäftigung getroffen.

Zwischen 1991 und 1994 ging die Zahl der Kommunalbediensteten insgesamt um über ein Viertel (28,3%) zurück (vgl. Tabelle 3) – mit dem schärfsten Einschnitt von 1992 auf 1993 (17,7%). Besonders ausgeprägt war zwischen 1991 und 1994 der Personalrückgang im Aufgabenbereich „Gesundheit, Sport, Erholung"; der größte Rückgang zeigt sich im Bereich „Krankenhäuser", worin sich die Auflösung der Polikliniken, aber auch die rechtlich-organisatorische Auslagerung der Krankenhäuser, bemerkbar machen.

III. Umbruch der Organisationsstrukturen

Die Kommunen und ihr neues Führungspersonal standen damit vor der Aufgabe, in einem Akt „schöpferischer Zerstörung" die bisherige (in den Stadtkreisen, d.h. kreisfreien Städten 18säulige) Abteilungs- und Sachbereichsgliederung aufzulösen und die organisations- und personalstrukturellen „Bruchstücke" – zusammen mit den hinzukommenden Verwaltungsteilen und Personalbeständen – in ein neues Aufgaben- und Organisationsschema zu fügen. Vor allem die kreisfreien, aber auch die größeren kreisangehörigen Städte waren mit der zusätzlichen Aufgabe konfrontiert, die Lawine der Rückübertragung von Kommunalvermögen organisations- und personalpolitisch zu bewältigen. Das neue ostdeutsche kommunale Führungspersonal, aber auch die westdeutschen Berater und Verwaltungshelfer, standen damit vor einer Restrukturierungsaufgabe, die nach Umfang und Art in der westdeutschen kommunalen Praxis, sieht man einmal von der Situation unmittelbar nach dem 2. Weltkrieg ab, kein Beispiel hatte.

Die Entscheidungen über die künftige Organisationsstruktur, deren Ausarbeitung am 6. Mai 1990 vereinzelt bereits weitgehend

---

[43] *Kühnlein* (oben Fn. 12), S. 32, Fn. 37.

vorlag[44], in den meisten Fällen nach den Kommunalwahlen unverzüglich angepackt wurde[45], waren in Verlauf und Ergebnis einerseits davon bestimmt, daß sie sich – auf der Grundlage der neuen DDR-Kommunalverfassung vom 17. Mai 1990 – an dem KGSt-Modell, jedenfalls in dessen traditionellen Schlüsselfestlegungen orientierten, insbesondere an der hierarchisch-vertikalen Gliederung von Dezernaten und Ämtern sowie an dem funktionalen und institutionellen Nebeneinander von Querschnittsressorts bzw. Ämtern (Organisation, Personal, Recht, Finanzen) und Facheinheiten.

Verlauf und Ergebnis des institutionellen Umbruchs zeigen, daß dieser innerhalb dieses Grundmodells von einer außerordentlich großen institutionellen Variabilität und Varianz gekennzeichnet ist, die insbesondere hinsichtlich der Zahl der Dezernate und Ämter, des unterschiedlichen fachlichen Zuschnitts der Dezernate und der Zuordnung der Ämter zu diesen sowie der Rate und des Tempos wiederholter Organisationsänderungen binnen weniger Jahre zum Ausdruck kam. Diese konkreten Organisationsentscheidungen lösten sich von der Bannkraft des KGSt- oder Partnerkommune-Modells und sind – jedenfalls in den Detailentscheidungen – von Faktoren bestimmt, die wesentlich im ostdeutschen Entscheidungsfeld selbst sowie in der spezifischen Dynamik des Transformationsprozesses wurzeln[46].

Dies trifft zum einen auf die konkreten politischen Konstellationen und Koalitionen vor Ort zu, deren Veränderungen, Zerbrechen und Neukonstituierung durch den hierdurch bedingten Neuzuschnitt der Dezernate und die Neuzuordnung von Ämtern unmittelbar auf die Organisationsstruktur durchschlugen.

---

[44] Zum Beispiel der Stadt Jena vgl. *Christoph Boock*, Vom Bürgerforum in die Stadtverwaltung. Erfahrungen aus Jena, In: S. Benzler u.a. (Hrsg.), Deutschland-Ost vor Ort. Anfänge der lokalen Politik in den neuen Bundesländern. Opladen 1995, S. 57.

[45] Zum Beispiel des Kreises Cottbus vgl. *Christian Hanisch*, Fragen der Strukturumstellung in der Verwaltung, in: Der Landkreis, (1991) 2, S. 71-74.

[46] Für detaillierte Fallstudien zum Prozeß der Institutionenbildung in ostdeutschen Kommunen vgl. *Berg/Nagelschmidt/Wollmann* (Fn. 30). Vgl. auch *Dieter Meisel*, Kommunale Selbstverwaltung im Umbruch: Entscheidungsprozesse in einer ostdeutschen Stadt nach der Wende, Erfurt/Vieselbach 1995, mit einer außerordentlich ergiebigen Fallstudie zur Stadt Jena.

Zum andern war der unter extremem Zeit- und Problemdruck stehende Institutionalisierungsprozeß maßgeblich von institutioneller Improvisation bestimmt[47]. „Die ständig praktizierten Veränderungen in den Strukturen der Kommunalverwaltungen – Ämter werden zusammengefaßt oder innerhalb der Dezernate neu zugeordnet; Dezernate werden aufgelöst oder wieder neu gegründet, wenn Defizite erkennbar sind – zeigen den Anpassungsbedarf an die Bedingungen einer funktionierenden Verwaltung"[48].

Damit sind in den ostdeutschen Städten und Kreisen Organisationsstrukturen entstanden, die sich zwar grundsätzlich an dem herkömmlichen Grundschema (KGSt-Modell) und den Organisationsbeispielen der westdeutschen Partnerkommunen orientierten, jedoch in mannigfachen Variationen den situativen Handlungskontext und seine endogenen Bedingungen widerspiegeln[49].

Im Rückblick ist verschiedentlich kritisch geltend gemacht worden, im Zuge dieses Institutionentransfers seien „veraltete zentralistische westliche Verwaltungsmodelle in ostdeutsche Kommunen"[50] übernommen und Innovationschancen verspielt worden[51]. Dem ist zum einen entgegenzuhalten, daß die Debatte um ein „Neues Steuerungsmodell" auch in der alten Bundesrepublik erst im Laufe von 1990, also in einer Phase vordrang, in der die grundlegenden institutionellen Entscheidungen – am frühesten auf der kommunalen Ebene – unter enormem Zeit- und Problemdruck getroffen werden mußten. So war es durchaus einleuchtend und rational, wenn sowohl die westdeutschen Berater, einschließlich der in Organisationsfragen der Kommunen einflußreichen

---

[47] *Boock* (Fn. 44), S. 95.

[48] *Wilma Hammernick,* Probleme der Wirtschaftsförderung und Stadtentwicklung aus kommunaler Sicht am Beispiel der Stadt Suhl/Thüringen, in: R. Pitschas (Fn.11), S. 131 f.

[49] vgl. *Berg/Nagelschmidt/Wollmann* (Fn. 30); *Jaedicke/Wegrich/Lorenz/Wollmann* (Fn. 38) mit Fokus auf Sozial- und Umweltverwaltung.

[50] vgl. *Reichard* (oben Fn. 27), S. 68.

[51] vgl. *Hermann Hill,* Die neue Verwaltung nachhaltig entwickeln, in: Die Öffentliche Verwaltung, (1993) 2, S. 54-60.

KGSt[52], als auch das ostdeutsche Führungspersonal auf die in ihren Stärken und Schwächen einigermaßen bekannten traditionellen Organisationsmuster und -prinzipien setzten, anstatt sich auf das Wagnis neuer, auch in der alten Bundesrepublik zu diesem Zeitpunkt noch völlig unerprobter Organisationskonzepte einzulassen.

Die Aufbauorganisation in den Städten kam mit Beginn der 2. kommunalen Wahlperiode erneut vor allem dadurch in Bewegung, daß die neuen Gemeindeordnungen die Zahl der Beigeordneten je nach Gemeindegröße begrenzten und, da die Beigeordneten in der Regel zugleich mit der Leitung von Dezernaten betraut worden waren, auch eine Reduzierung der Zahl der Dezernate und damit eine Restrukturierung der Kommunalverwaltung insgesamt nach sich zogen. Dies traf mit den wachsenden finanziellen Bedrängnissen der Kommunen zusammen, die neben weiterem Stellenabbau auch eine organisationsstrukturelle „Verschlankung" der Kommunalverwaltungen – zumal vor dem Hintergrund der Inflationierung von Derzernaten und Ämtern in der 1. Wahlperiode – erzwangen.

Inzwischen weisen die ostdeutschen Stadtverwaltungen in den kreisfreien Städten unter 100.000 Einwohnern durchschnittlich 4,25 Dezernate und 23 Ämter und die zwischen 100.000 und 200.000 Einwohnern 5,6 Dezernate und 27 Ämter auf[53]. Der Vergleich der letzteren mit den westdeutschen Städten derselben Größenklasse ergibt eine bemerkenswerte Übereinstimmung (durchschnittlich 5,6 Dezernate und 28 Ämter).

---

[52] So betrachtet, ist es nur scheinbar paradox, wenn die KGSt im Verlaufe von 1990 zeitlich parallel einerseits – im Kielwasser der internationalen New Public Management-Debatte und insbesondere des *Tilburger Modells* – ihr Neues Steuerungsmodell konzeptionell und instrumentell entwickelte (vgl. *Gerhard Banner,* Von der Behörde zum Dienstleistungsunternehmen. Die Kommunen brauchen ein neues Steuerungsmodell, in: Verwaltungsführung, Organisation, Personal, (1991) 3, S. 6-11) und andererseits mit Blick auf die singuläre Situation in Ostdeutschland ihre traditionellen, über die Jahre entwickelten und in den westdeutschen Städten insgesamt bewährten Organisationsmodelle und -empfehlungen setzte, vgl. KGSt, Organisationsmodell für Gemeinden und Verwaltungsgemeinschaften in der DDR (bis 5.000 Einwohner), Köln 1990; KGSt, Organisationsmodelle für Landkreise der DDR, Köln 1990. Einem On-dit zufolge tagten bei der KGSt die entsprechenden Arbeitsgruppen zeitweise Tür an Tür.
[53] Eigene Auswertung der Dezernatsgliederungspläne (Stand Sommer 1996) von 17 kreisfreien Städten bis zu 200.000 Einwohnern.

Um den Fortgang und Stand der vom „Neuen Steuerungsmodell" (NSM) inspirierten Modernisierungsansätze in den ostdeutschen Städten greifbar zu machen[54], wird im folgenden zwischen veränderten

- Interaktionsformen,

- Entscheidungs- und Handlungsverfahren („Verfahrensinnovationen") und

- organisatorisch-personellen Strukturen („Strukturinnovationen")

unterschieden.

Typischerweise faßten die Modernisierungskonzepte des Neuen Steuerungsmodells in den kommunalen Agenden dadurch Fuß, daß die kommunale Diskussion hierüber erst einmal in einer (vielfach zunächst verwaltungsinternen) Projektgruppe institutionalisiert wurde, die, mit dem Ziel der Haushaltskonsolidierung, die Einführung von Elementen des NSM prüfen sollte. Schon die Institutionalisierung des kommunalen Modernisierungsdiskurses kann einen wichtigen verwaltungspolitischen Anstoß und Kontext bilden, ist er doch geeignet, unter seiner suggestiven Terminologie auch eher herkömmlichen Reformansätzen Resonanz zu verschaffen.

Angesichts ihrer Finanzprobleme kann es nicht verwundern, daß die ostdeutschen Städte den Einstieg in das NSM in erster Linie über Ansätze einer neuen Budgetierung suchen, wobei auch hier zu konstatieren ist, daß, wie unlängst zu den in westdeutschen Städten auffindbaren Budgetierungsansätzen bemerkt worden ist,

---

[54] Die nachstehende empirische Skizze stützt sich auf die Untersuchung, die *Sabine Lorenz* im Frühjahr 1996 im Rahmen einer KSPW-Expertise zum Stand der Verwaltungsmodernisierung in ostdeutschen Städten und Landkreisen durchführte (*Sabine Lorenz,* Einführung „Neuer Steuerungsmodelle" in ostdeutschen Kommunalverwaltungen – zwischen Modernisierungsrhetorik und Reformpraxis. KSPW-Expertise, Ms., Humboldt-Universität zu Berlin, 1996); von 43 angeschriebenen Städten antworteten 24 und gaben 19 Modernisierungsaktivitäten im weiteren Sinne an (= 44%). In der Tendenz stimmt dieser Prozentsatz mit dem Ergebnis der Umfragen des Deutschen Städtetages überein. Ausführlicher (mit zahlreichen Nachweisen) vgl. *Wollmann* (oben Fn. 2), S. 41 ff. sowie *Jaedicke/Wegrich/Lorenz/Wollmann* (Fn. 38).

„es so viele Verfahren gibt, wie es Städte gibt"[55]. Einige Städte beginnen damit, einzelnen Fachämtern partielle Globalbudgets zuzuteilen, allerdings vorerst in Marginalbereichen, wie Bewirtschaftung von Reise-, Fortbildungs-, Porti- und Telefonkosten. Ein anspruchsvolleres Konzept dreht sich um die Flexibilisierung der Haushaltsbewirtschaftung durch Schaffung partieller Deckungsfähigkeit und Übertragbarkeit innerhalb globalisierter Einzelbudgets, die ihrerseits auf der Basis der prognostizierten Gesamteinnahmen des bevorstehenden Haushaltsjahres erstellt werden.

Einen weiteren Schwerpunkt der bisherigen Aktivitäten bilden die Arbeiten an der Definition von Produkten. Diese sind teils auf die Ermöglichung interkommunaler Vergleiche („benchmarking") und den Aufbau von Kostenrechnungssystemen gerichtet, die zunächst in Pilotämtern erprobt werden sollen. Das Ziel dieser beträchtlichen Investitionen und der zum Teil sehr aufwendigen Detailarbeit sind die Einführung der dezentralen Ressourcenverantwortung und der allmähliche Übergang zu einer outputorientierten Steuerung.

Ungeachtet der verbreiteten Reformrhetorik lassen diese beobachtbaren Ansätze bislang allerdings kaum eine operative Anwendung des Neuen Steuerungsmodells erkennen. Vielmehr zeigt sich in der kommunalen Praxis, daß in den Fachämtern kaum Veränderungen in der Einstellung oder Arbeitsweise aufgrund der Übertragbarkeit und Deckungsfähigkeit zu beobachten sind. Die in den Verwaltungen ermittelten Steuerungsinformationen (Produkte, Leistungen usw.) haben sich bislang offenkundig noch nicht auf die Steuerung selbst ausgewirkt, so daß „alle wie bisher arbeiten"[56]. Die Budgetierung geht oft „an den politischen Ratsgremien vorbei" und wird „nur als ein Instrument zur Delegation von Sparverantwortung eingesetzt"[57]. Vielfach werde „unter dem Eti-

---

[55] Deutscher Städtetag (Fn. 28).
[56] So der Kämmerer einer ostdeutschen Landeshauptstadt im Interview.
[57] *Michael Blume*, Probleme bei der Einführung eines neuen Steuerungsmodells, in: Verwaltungsorganisation, (1994) 5, S. 8.

kett 'Budgetierung' doch nur wieder (der) Einsparungskrieg von gestern (ge)kämpft"[58].

Erste Ansatzpunkte für organisatorisch-personelle Veränderungen sind bislang im Bereich des Controllings und Berichtswesens zu beobachten, der durch die Erstellung von Produktplänen und die Erfassung von Leistungsinformationen ein vergleichsweise weit entwickeltes Reformelement darstellt. So wurden inzwischen in einigen ostdeutschen Städten Controlling-Einheiten bei der Verwaltungsspitze eingerichtet[59], teils Controller im Zusammenhang mit oder in der Kämmerei eingestellt[60].

Abgesehen von den wenigen Controlling-Einheiten hat die NSM-Diskussion in den ostdeutschen Städten noch keine organisationsstrukturellen Veränderungen bewirkt. Vereinzelt (so in Coswig) liegen umfassende Entwürfe zur Neuorganisation der Verwaltung in Richtung auf eine „Konzernstruktur" vor[61].

IV. Ausblick: Neues Kommunal- oder gar neues Staatsmodell durch „echte Kommunalisierung" öffentlicher Aufgaben – aus dem Osten etwas Neues?

Der auf der kommunalen Ebene bereits Mitte 1990 einsetzende Um- und Neubau der politischen und administrativen Strukturen hat sich mit einer verwaltungshistorisch schier beispiellosen Schnelligkeit und Dramatik vollzogen. Der institutionellen Gründungsphase, in der 1990/1991 die politischen und administrativen Strukturen der Kommunen vollständig umgekrempelt wurden, folgte noch während der ersten Wahlperiode der neuen Landtage mit den neuen Kommunalverfassungen, der Kreisgebiets- und Gemeindeverwaltungsreformen sowie den Anläufen zu Funk-

---

[58] *Erko Grömig,* Verwaltungsmodernisierung und kommunale Fortbildung, in: Das Rathaus, (1995) 9, S. 428-432.

[59] Eine eigene Auswertung der Dezernatsgliederungspläne von 24 (von insgesamt 29) ostdeutschen kreisfreien Städten (Stand Sommer 1996) zeigt, daß inzwischen in vier (Stralsund, Greifswald, Gera und Rostock) eine Controlling-Einheit beim Oberbürgermeister besteht.

[60] so Görlitz, Potsdam.

[61] vgl. *Reichard* (Fn. 27), S. 58 f.

tionalreformen eine zweite Veränderungswelle, durch die die kommunalen Strukturen noch einmal institutionell umgepflügt wurden. War der institutionelle Um- und Neubau der Gründungsphase vom Prägestempel des Institutionentransfers und der (durch die massive Verwaltungshilfe durch Bund, Partnerländer und -kommunen unterstützten) Rezeption der westdeutschen Organisationsmodelle gekennzeichnet, so zeigten sich im weiteren Verlauf zunehmend institutionelle Eigenentwicklungen, ja Ansätze zu Innovationen[62], mit denen die ostdeutsche Institutionenwelt bereits über die westdeutsche hinausgeht und damit ihrerseits auf diese beispielgebend und innovierend zurückwirken könnte.

Kommunalrechtlich und verwaltungspolitisch innovatives Potential ist insbesondere in dem neuen Aufgabenmodell zu erkennen, das sich in den neuen Kommunalverfassungen abzeichnet und geeignet ist, fundamentale rechtliche und organisatorische Prämissen des traditionellen Kommunalmodells und damit auch des überkommenen Staatsmodells zu revidieren und zu modernisieren[63].

Diesem in der deutschen Verfassungs- und Verwaltungsgeschichte wurzelnden Kommunalmodell ist bekanntlich ein dualistisches („janusköpfiges") Aufgabenverständnis eigentümlich, wonach die Kommunen einerseits ihre kommunalen Selbstverwaltungsaufgaben in kommunaler Eigenverantwortung ausüben (eigener „Wirkungskreis") und die Kommunalverwaltungen andererseits ihnen vom Staat übertragene Aufgaben („übertragener Wirkungskreis") erledigen. Vermöge dieses dualen Aufgabenmodells sind Staats- und Kommunalverwaltung in gewissem Sinne institutionell verklammert und sind die kommunalen Institutionen in gewissem Maße „verstaatlicht"[64]: Im vertikalen Verhältnis, in der

---

[62] Zur Unterscheidung zwischen Rezeption, Eigenentwicklung und Innovation vgl. *Wollmann* (Fn. 2), ähnlich *Köstering* (Fn. 25).

[63] Zum folgenden ausführlich *Wollmann* (Fn. 2) sowie *Wollmann* (Fn. 24).

[64] vgl. *Hellmut Wollmann*, Verwaltungsmodernisierung: Ausgangsbedingungen, Reformanläufe und aktuelle Modernisierungsdiskurse, in: Reichard/ Wollmann (Fn. 27), S. 5 mit weiteren Nachweisen zu dieser Debatte. Vgl. auch zuletzt *Gerhard Banner*, Politische Steuerung, kommunale Verwaltungsmodernisierung und der „Faktor Staat", unveröff. Ms. (Febr. 1997).

äußeren Kommunalverfassung, kommt dies darin zum Ausdruck, daß die Kommunen hinsichtlich der übertragenen Aufgaben nicht nur der Rechtsaufsicht, sondern der intensiveren, die Zweckmäßigkeit des Handelns einbeziehenden Fachaufsicht durch den Staat unterliegen; im horizontalen Verhältnis, in der inneren Kommunalverfassung, wird dies darin sichtbar, daß die Kommunalvertretungen – anders als für die kommunalen Selbstverwaltungsangelegenheiten – keine eigene Zuständigkeit in bezug auf die Erledigung der übertragenen Aufgaben besitzen. Im internationalen Vergleich der Kommunalverfassungen wird diese (der kontinental-europäischen, zumal deutschen Verwaltungstradition eigentümliche) dualistische Aufgabenverklammerung und -verflechtung als Typus einer „administrativen Integration" der Kommunen in die Staatsverwaltung bezeichnet[65] und dem (anglosächsischen) „Trennmodell" gegenüber gestellt[66], in dem der Aufgabenvollzug durch die staatlichen Behörden und die Kommunen institutionell geschieden bleibt und die letzteren die ihnen zugewiesenen kommunalen Aufgaben in kommunaler Selbstverwaltung wahrnehmen. Zwar führt der internationale Vergleich vor Augen, daß im Rahmen und als Ergebnis des dualen Zuständigkeitsmodells die deutschen Kommunen ein sehr viel breiteres Aufgabenspektrum und -gewicht haben. Jedoch scheint dieser Aufgaben- und Bedeutungsgewinn mit einer wesentlich höheren staatlichen Regelungs- und Aufsichtsdichte bezahlt[67], durch die die Kommunalverwaltung und ihre Bediensteten ungeachtet dessen, daß sie unter der kommunalen Personalhoheit stehen, sozusagen verstaatlicht werden – von der prekären Abhängigkeit der Kommunen von staatlichen Finanzzuweisungen gar nicht zu reden.

---

[65] vgl. *Harald Baldersheim* et al. (eds.), Local Democracy and the Processes of Transformation in East-Central Europe, Boulder: Westview Press, 1996, S. 41: „administrative-integrated model".

[66] „separationist model" vgl. *Franco Kjellberg,* Conceptions and Reforms of Local Government in Democratizing Societies, unveröff. Ms. (University of Oslo) 1996; *Baldersheim* et al. (Fn 65) sprechen von „community-oriented model".

[67] zur Regelungsdichte vgl. etwa *Gerd Schmidt-Eichstaedt,* Die Kommunen zwischen Autonomie und (Über-)Regelung durch Bundes- und Landesrecht sowie durch EG-Normen, in: Roth/Wollmann (Fn. 17), S. 95 ff.

Nachdem sich die DDR-Kommunalverfassung vom 17. Mai 1990 an dem traditionellen dualistischen Aufgabenmodell orientiert hatte, haben sich die neuen Kommunalverfassungen und auch die bislang vorliegenden Funktionalreformgesetze der neuen Länder von diesem weitgehend gelöst und folgen einem monistischen Aufgabenmodell, wonach auch die staatlichen Aufgaben nunmehr – als Pflichtaufgaben zur Erfüllung nach Weisung – den kommunalen Gebietskörperschaften als solchen übertragen, also kommunalisiert werden. Allerdings kann bislang insoweit nur von einer unechten Kommunalisierung gesprochen werden, als auch in den neuen Kommunalverfassungen im wesentlichen an der Fachaufsicht – und damit an einem wesentlichen Element des bisherigen dualen Aufgabenmodells – noch immer festgehalten wird. Um so größere Aufmerksamkeit verdient die vom Land Brandenburg eingeführte Figur einer Sonderaufsicht, durch die die Kontrollbreite und -tiefe der überkommenen Fachaufsicht merklich eingeschränkt und in der ein deutlicher Schritt hin zu einer bloßen Rechtsaufsicht zu erkennen ist. Mit der (unechten) Kommunalisierung der staatlichen Aufgaben und der Erosion der herkömmlichen Fachaufsicht zeichnet sich im vertikalen Verhältnis zwischen Staat und Kommunen (äußere Kommunalverfassung) eine Einebnung und letztlich Aufgabe des Unterschieds zwischen den überkommenen Selbstverwaltungsaufgaben und den übertragenen Aufgaben in Richtung auf eine echte oder volle Kommunalisierung ab.

Zugleich ist in das horizontale Verhältnis der kommunalen Organe (innere Kommunalverfassung) Bewegung gekommen. Besaßen die Kommunalvertretungen unter der DDR-Kommunalverfassung vom 17. Mai 1990 in Ansehung der übertragenen Aufgaben – gemäß der Logik des dualistischen Aufgabenmodells – keine eigenen Zuständigkeiten, so räumen ihnen die neuen Kommunalverfassungen nunmehr zumindest Informations- und Beratungsrechte ein; am weitesten geht wiederum das Land Brandenburg, wo sich die Zuständigkeit der Kommunalvertretungen auch auf die Pflichtaufgaben zur Erfüllung nach Weisung erstreckt. Auch in der inneren Kommunalverfassung ist damit eine echte oder volle Kommunalisierung der übertragenen Aufgaben in Gang gekommen.

Ingesamt scheinen die Rahmenbedingungen und Strukturen der kommunalen Institutionenwelt in Ostdeutschland von einer Dynamik und Eigenentwicklung ergriffen, an deren Ende ein wahrhaft dezentralisiertes Verfassungs- und Verwaltungsmodell stehen könnte, in dem die Landtage und Landesregierungen ihre wesentliche Zuständigkeit und Verantwortung darin haben, (Landes-) Politik zu machen (Landesgesetzgebung, Mitwirkung an der Bundesgesetzgebung und -politik über den Bundesrat, Landeshaushalt, Beratung und Rechtsaufsicht über die Kommunen usw.), während die Kommunen in der Regel zuständig wären für die (erstinstanzliche) Erledigung der ihnen im Wege echter Kommunalisierung übertragenen Aufgaben (bei zu sichernder Finanzausstattung) und hierbei lediglich der Rechtsaufsicht durch das Land unterstünden. In dem Maße freilich, wie sich die (Kontroll-) Zuständigkeit der Kommunalvertretungen auch auf die echt kommunalisierten Aufgaben erstreckt, stellt sich mit besonderer Dringlichkeit die Frage nach einer neuen Austarierung und Präzisierung der Zuständigkeiten zwischen der (gemäß der überkommenen Kommunaltradition im Bereich der Selbstverwaltungsaufgaben grundsätzlich „allzuständigen") Kommunalvertretung einerseits und der Kommunalverwaltung, insbesondere dem (neuerdings in allen fünf ostdeutschen Ländern direkt gewählten) Bürgermeister, andererseits. Konzeptionelle Anleitung für eine solche Neuabgrenzung der horizontalen Zuständigkeiten könnte daraus gewonnen werden, die neuen Kommunalverfassungen als lokale Ausprägungen eines „präsidentiell-parlamentarischen" Systems zu sehen, in der sich die Funktion der kommunalen Parlamente wesentlich auf die politischen Leitungsentscheidungen, kommunale Normsetzung, Budgetbeschlußfassung sowie die generelle Steuerung und Kontrolle der Verwaltung erstreckt.[68]

---

[68] Für eine nähere Diskussion der Parlamentarisierung der kommunalen Politik- und Verwaltungsebene und für eine Auseinandersetzung mit der entgegenstehenden überkommenen staats- und kommunalrechtlichen Lehre vgl. *Wollmann* (Fn. 64), S. 36 ff. sowie *Wollmann* (Fn. 2) jeweils mit weiteren Nachweisen.

Diese Überlegungen lassen sich überdies auch mit den Vorstellungen und Forderungen des Neuen Steuerungsmodells verknüpfen, wonach sich die Kommunalvertretungen in ihrem Verhältnis zur Verwaltung und Verwaltungsführung künftig auf die politischen Grundsatz- und Leitungsentscheidungen, die strategische Steuerung und Kontrolle der Verwaltung konzentrieren sollten, anstatt sich in Details und Einzelfallentscheidungen zu verlieren und zu verzetteln.

Die in der ostdeutschen kommunalen Institutionenwelt in Gang gesetzte Veränderungsdynamik könnten mithin nachhaltige Anstöße dazu geben, grundlegende Prämissen der insoweit noch weitgehend im letzten Jahrhundert wurzelnden deutschen Kommunaltradition konzeptionell und rechtsdogmatisch zu überdenken, um nicht zu sagen: zu entrümpeln und zu modernisieren. Aus dem Osten etwas Neues!

DIETRICH FÜRST

„Weiche" versus „harte" Kommunalverbände: Gibt es Gründe für eine „härtere" Institutionalisierung der regionalen Kooperation?

I. Vorbemerkungen

Die Frage der geeigneten Organisationsformen für die Stadt-Umland-Kooperation wird seit einigen Jahren wieder vehement diskutiert[1]. Dabei geht es u.a. darum, wie „hart" solche Kooperationsformen sein sollen. Dieser verfassungsrechtliche Härtegrad wurde zuerst von Frido Wagener[2] in die Debatte eingeführt. Er unterschied zwischen „weichen" und „harten" Verbänden nach ihrer institutionellen Souveränität, ausgedrückt in Kompetenzfülle, Ressourcenausstattung und Art der Legitimationsgrundlage. „Weich" sind diejenigen Verbände, die über nur unbedeutende Trägerschaftsaufgaben verfügen und über das Delegiertenprinzip von den Mitgliedsgemeinden abhängig bleiben, „hart" diejenigen, die erhebliche Kompetenzen und direkt gewählte Legitimationsorgane haben (z.B. Landkreise, Umlandverband Frankfurt, Region Stuttgart). Wir schließen uns im folgenden dieser Begrifflichkeit an.

---

[1] Sie kommt phasenweise immer wieder auf. Nach der Diskussion zu Modellen der Stadt-Umland-Organisation im Rahmen der Gebietsreform (60er Jahre, vgl. *Dietrich Fürst/Joachim J. Hesse/Hartmut Richter:* Stadt und Staat, Baden-Baden: Nomos 1984) und im Zuge der zunehmenden Europäisierung der Regionen zu Beginn der 80er Jahre (vgl. *Hinrich Lehmann-Grube:* Die Verwaltung von Stadtregionen in der Bundesrepublik Deutschland, in: H. Lehmann-Grube, G. Seele, (Hg.): Die Verwaltung der Verdichtungsräume, Baden-Baden: Nomos 1983 (Schriften der Deutschen Sektion des Internationalen Instituts für Verwaltungswissenschaften, Bd. 9), S. 9-67) gibt es im Gefolge des „Europas der Regionen" wieder eine solche Diskussionswelle.
[2] *Frido Wagener,* Stadt-Umland-Verbände, in: G.Püttner, Hg., Handwörterbuch der kommunalen Wissenschaft und Praxis, Bd. 2, Berlin/Heidelberg: Springer 1982, S. 413-429.

131

Die Frage der harten oder weichen Verbandsformen wurde in der Vergangenheit meist verwaltungstechnisch beantwortet. Zu wenig wurde jedoch berücksichtigt, daß organisatorische Lösungen in unterschiedlichen politisch-administrativen Kontexten sehr unterschiedlich wirken können und daß zudem unterschiedliche Verfassungs- und Kulturtraditionen unterschiedliche Organisationsformen präferieren lassen. So ist es nicht zufällig, daß in den USA und in der Schweiz mit starker Verankerung der Eigenständigkeit des Individuums und der Selbstverwaltung härtere Verbandsformen sehr kritisch eingeschätzt werden[3], während in Frankreich, Großbritannien und beispielsweise Schweden[4] mit stärkerem Gewicht des Staates und schwächerer kommunaler Selbstverwaltung härteren Regionalverbänden der Vorzug gegeben wird.

Ohne im folgenden auf die unterschiedlichen Formen der Kooperation einzugehen[5], fragen wir, ob es für deutsche Verdichtungsräume Gründe gibt, eher härtere Verbandsformen zu wählen, und welchen Einfluß darauf politisch-administrative Kontextstrukturen haben. Im Argumentationsgang fragen wir zunächst nach den Wirkungen der Institutionalisierung, dann nach deren Modifikation durch politisch-administrative Kontextbedingungen, dann nach dem Institutionalisierungsbedarf von Verdichtungsräumen

---

[3] *Zusammenarbeit in den Agglomerationen,* Bericht der Arbeitsgruppe zuhänden der Gemeindedirektion Bern, Bern, Dez. 1992. Die für Bern eingesetzte Gutachterkommission kommt zu dem Ergebnis, daß eine größere Verbandsorganisation für Bern nicht erforderlich sei, sondern daß man mit Korrekturen in den bestehenden Strukturen der Kooperation auskäme.
Roger B. Parks, Ronald J. Oakerson, St. Louis: The ACIR study, in: Intergovernmental Perspective 15(1989), S. 9-11, Dies., Metropolitan organization and governance, in: Urban Affairs Quarterly 25(1989), S. 18-29.
Parks/Oakerson arbeiteten im Auftrag der Advisory Commission on Intergovernmental Relations (ACIR), die dezentralistisch orientiert ist, eine Analyse für die St.Louis Metropolitan Area aus, die zum Ergebnis kam, daß übergemeindliche Organisationsformen keinen Effizienzgewinn brächten.
M. Baldassare, J. Hassol, W. Hoffman, A. Kanarek, Possible planning roles for regional government: A survey of city planning directors in California, in: Journal of the American Planning Association 62 (1996), S. 17-28. Baldassare et al. befragten Stadtplaner, ob und in welchen Funktionen sie sich regionale Planungsorganisationen als hilfreich vorstellen könnten und bekamen vergleichsweise abwehrende Antworten (Verlust der Bürgernähe, Problemferne).
[4] *Commission de réforme régionale:* Avenir régional. Résumé du rapport final de la Commission, Stockholm 1995.
[5] vgl. dazu *D. Fürst, B. Müller, D. Schefold,* Gemeinsame Landesplanung Bremen/Niedersachsen, Baden-Baden: Nomos 1994.

und stellen schließlich eine Kompromißformel vor, die vielleicht die Chance hat sich durchzusetzen. Die Argumentation bleibt damit tendenziell auf der Ebene „technischer Organisation" und geht nicht weiter zur Ebene der „politischen Resonanz für solche Organisationen". Sie streift allerdings die Frage, wie politisch-administrative Kontextbedingungen die Notwendigkeit zur härteren Institutionalisierung wahrnehmen und umsetzen können, um deutlich zu machen, daß Organisationsfragen nicht beim Organisationsdesign stehen bleiben können, sondern die Kontextbedingungen der Umsetzungsresonanz berücksichtigen müssen.

II. Wirkungen der Institutionalisierung: Harte vs. weiche Institutionalisierung

Institutionalisierung bedeutet: Einsatz von organisatorischen, rechtlichen und sozial-normativen Regelungen zur Ordnung und Lenkung von Interaktionen, arbeitsteiligen Produktionsprozessen sowie kollektiven Entscheidungen[6]. Formale Organisation (Aufbau- und Ablauforganisation) ist neben rechtlichen und sozial-normativen Regelungen Teil der Institutionalisierung.

Die Bedeutung der Institutionalisierung für gesellschaftliche Steuerungsprozesse wurde in letzter Zeit sowohl in den Politik- wie in den Wirtschaftswissenschaften wiederentdeckt[7]. Institutionen organisieren Interaktionsprozesse und beeinflussen darüber auch wechselseitige Erwartungsmuster, institutionenbezogene Deutungsregeln sowie institutionenabhängige Präferenzen. Formale Institutionen erhöhen die Rationalität arbeitsteiliger Pro-

---

[6] Diese Definition lehnt sich an *R. Mayntz, F.W. Scharpf,* Der Ansatz des akteurzentrierten Institutionalismus, in: Dies., Hg., Gesellschaftliche Selbststeuerung und Politische Steuerung, Frankfurt: Campus 1995, S. 40 und 47 f. an, die Institutionen weitgehend mit Regeln gleichsetzen.

[7] *Gerhard Göhler,* Institutionenlehre und Institutionentheorie in der deutschen Politikwissenschaft nach 1945, in: G.Göhler, Hg., Grundfragen der Theorie politischer Institutionen, Forschungsstand – Probleme – Perspektiven, Opladen: Westdeutscher Verlag 1987, S. 15-47; *James G. March, Johan P. Olsen,* Rediscovering institutions. The organizational basis of politics, New York: Free Press 1989; *Douglass C. North,* Institutions, in: Journal of Economic Perspectives 5 (1991), S. 97-112; *Rudolf Richter,* Sichtweise und Fragestellung der Neuen Institutionenökonomie, in: Zeitschrift f. Wirtschafts- und Sozialwissenschaften 110 (1990), S. 571-591.

blembearbeitung, können die „Transaktionskosten" solcher Prozesse senken (höhere Berechenbarkeit, Routinetätigkeit) und machen Prozesse transparenter sowie nachprüfbarer. Institutionalisierung verändert zudem Verhaltensmuster, Erwartungen und Präferenzen der in ihnen Arbeitenden. Sie hat aber über die mit Institutionen verbundenen Restriktionen und Optionen auch Verteilungswirkungen. Denn mit Institutionen verbinden sich neue Zuordnungen von Kosten und Nutzen der Verhaltensweisen einzelner Akteure, so daß jede Institutionalisierung oder deren Änderung Gewinner und Verlierer produziert, etwa dadurch, daß sie

• den Ausschluß von Akteuren, Themen und Verhaltensweisen bewirkt und im Umkehrschluß folglich: bestimmte Akteure, Themen und Verhaltensweisen privilegiert. Das heißt: Institutionen sind selektiv, priorisieren die thematische Aufmerksamkeit, schließen ungewünschte Verhaltenweisen aus etc.

• Macht- und Einflußbeziehungen verändert, weil sie Zuständigkeiten, Ressourcen und Einflußinstrumente verteilt, womit Status und Autorität verbunden sein können. Zumindest verändern Institutionen die Potentiale der Macht- und Handlungsausübung.

• Anreize für Verhalten setzt, weil sie „Preise" und „Sanktionen" definiert

Jede aufbauorganisatorische Institutionalisierung erzeugt zudem auch eigendynamische Kräfte. Denn Organisationen stellen Macht- und Einflußpotentiale dar, die für die Zwecke der Institution (primäre Motivation), aber auch für persönliche Belange (sekundäre Motivation) genutzt werden können. Hierin liegen für den einzelnen Potentiale des „rent-seeking"[8], d.h. es ist möglich, die Vorteile von Quasi-Monopolen in Institutionen für eigene Zwecke zu maximieren[9]. Eigendynamik kann sich entfalten,

[8] *Anne O. Krueger,* The political economy of the rent-seeking society, in: The American Economic Review 64 (1974), S. 291-303; *Erich Weede,* Wirtschaft, Staat und Gesellschaft. Zur Soziologie einer kapitalistischen Marktwirtschaft und der Demokratie, Tübingen: Mohr 1990.
[9] So läßt sich auch das Parkinsonsche Prinzip unter „rent-seeking" deuten, wonach diejenigen, die in Funktionen sind, bestrebt sind, diese auszubauen und mit eigenen Vorteilen zu verbinden (*C.N. Parkinson,* Parkinsons' Law or the pursuit of progress, London: Murray 1957).

wenn gegensteuernde Kräfte fehlen (z.B. Koordinations- oder Kontrollstrukturen) oder wenn sich die Akteure in den Institutionen diesen Kräften entziehen können.

Einmal geschaffene Institutionen lassen sich folglich nur schwer ändern, weil sie sich mit institutionellen Eigeninteressen, Positionsinteressen, politischen Interessen und politischer Macht verbinden. Die damit einhergehenden Inflexibilitäten und Anpassungsfriktionen führen zu wachsenden Transaktionskosten in dynamisch sich ändernden Situationen[10].

Tendenziell sind solche Effekte aber um so geringer, je „weicher" die Institutionalisierung ist. Das müßte nochmals differenziert werden, weil sich bei den „weichen Formen" formalisierte und informale Institutionen unterscheiden lassen. Formalisierte „weiche" Institutionen sind beispielsweise ablauforganisatorische Regeln (Verfahrensregeln, neue controlling-Techniken u.ä.). Informale Institutionen sind förmlich nicht geregelt, sondern entwickeln sich spontan aus dem Interaktionsbedürfnis der Akteure heraus. Informale Institutionen unterhalb formaler Institutionen führen tendenziell dazu, daß „harte" Institutionen „aufgeweicht" werden:

• formale Verwaltungsstrukturen werden durch informales Verwaltungshandeln „geschmeidiger" gemacht; starre Pläne werden durch prozeßbezogene Beratungs- und Kooperationsmuster „anpassungsfreundlicher"

• hierarchische und sektoralisierte Strukturen werden durch Netzwerke „querkoordiniert"

• Zentralisierungsprozesse werden durch zunehmendes Gewährenlassen der Experten „down the hierarchy" faktisch dezentralisiert.

Auf diese zusätzliche Komplikation der Argumentation soll hier jedoch nicht weiter eingegangen werden.

---

[10] *Oliver E. Williamson,* The economic institution of capitalism, New York: Free Press 1985.

Unter den „weichen Formen" der regionalen Kooperation gewinnt das Netzwerkdenken wachsende Aufmerksamkeit[11]. Damit können kollektive Probleme ergebnisorientiert angegangen werden, ohne daß die aufbauorganisatorischen Strukturen verändert werden müssen und damit verbundene Autonomiekonflikte aufgerufen werden. Interinstitutionelle Netzwerke sind gleichsam zum Schlüssel moderner Reformen geworden. Sie können problem- und zeitbezogen begrenzt werden, haben insofern den Charakter eines „Projektmanagements"[12], lassen aber neue Aufgaben innovativer bearbeiten und mobilisieren die Ressource „Selbsthilfe" über aufgabenbezogene Kooperationsbereitschaft.

Aber sind sie auf regionaler Ebene ein ausreichendes Äquivalent für „harte" Formen der Kooperation? Dazu soll im folgenden geklärt werden, wo die Stärken der „weichen" Formen der Institutionalisierung liegen.

III. Welche komparativen Vorteile haben „weiche" und „harte" Formen in der regionalen Zusammenarbeit?

„Weiche" Formen der Institutionalisierung, welche die Kompetenz- und Ressourcenstrukturen der Akteure im Umfeld weitgehend unangetastet lassen und lediglich die Modalitäten der Interaktion verändern, haben geringe eigene Steuerungswirkung und sind abhängig von Selbstbindungen der Akteure: Die Akteure können ausscheiden, und die Institution erhält keine Regelungskompetenz gegenüber den Mitgliedern. „Weiche" Formen der Steuerung sind folglich personenabhängig, während harte Formen personenunabhängiger sind – unterschiedliche Persönlichkeiten müssen sich ihnen anpassen[13].

---

[11] *Amin Ash., N. Thrift,* Institutional issues for the European regions: from markets and plans to socioeconomics and powers of association, in: Economy and Society 24 (1995), S. 41-66; *Dietrich Fürst,* Regionalentwicklung: Von staatlicher Intervention zu regionaler Selbststeuerung, in: K.Selle, Hg., Planung und Kommunikation, Wiesbaden und Berlin; Bauverlag 1996, S. 91-100.

[12] *H.-D. Litke,* Projektmanagement – Methoden, Techniken, Verhaltensweisen, München: Hanser 2.Aufl. 1995, S. 16 f.

[13] Die idealtypische Deutung der extrinsischen Steuerung „harter" Institutionen findet sich im Bürokratie-Konzept von Max Weber. Danach sind die Amtsinhaber regelgebundene Akteure ohne Eigeninteressen, die ihr Amt übertragen bekommen, ohne sich die Vorteile des Amtes aneignen zu dürfen *(Max Weber,* Wirtschaft und Gesellschaft, Tübingen 1922, S. 125 f.).

Damit verbinden sich weitere wesentliche Unterschiede:

• harte Formen der Institutionalisierung können Kontinuität über die persönlichen Mitgliedschaften hinaus sichern, während weiche Formen ihren Charakter wesentlich stärker mit den Persönlichkeiten der Mitglieder verändern;

• weiche Formen sind stärker als harte Formen davon abhängig, wer in der Kooperation zusammenarbeitet – wenn Organisationen (Behörden, Unternehmen) kooperieren, so geht es darum, ob die sog. „Arbeitsebene" (Spezialisten) oder die Leitungsebene (Generalisten) kooperiert mit großer Handlungsautonomie und Verpflichtungsfähigkeit gegenüber der Herkunftsorganisation[14],

• harte Formen gestatten, einen Teil der Konflikte über Regelungen abzuarbeiten, während weiche Formen Konflikte faktisch nur über Verhandlungen lösen lassen,

• harte Formen lassen Probleme grundsätzlich und dauerhaft regeln, weiche Formen sind problembezogen: Die Motivation zur Kooperation muß problemspezifisch mobilisiert werden; Regelungen werden nur für das spezifische Problem gesucht und konsensfähig gemacht; jeder Beteiligte behält sich vor, aus der Selbstbindung auszuscheiden, wenn sich für ihn die Vorteile als wesentlich schwächer als die Kosten darstellen,

• weiche Formen sind wesentlich anfälliger gegenüber Wechseln in der Führungsebene, gegenüber Themenkonjunkturen und Ressourcenengpässen der Mitglieder.

Ein wesentlicher Unterschied liegt im Umgang mit Verteilungsfragen, vor allem dann, wenn diese von den Teilnehmern weitgehend als Nullsummensituationen aufgefaßt werden, was regelmäßig bei der Verknappung von Ressourcen (Finanzen, Fläche) der Fall ist. Während harte Formen der Kooperation unterstützende Regelsysteme nutzen können[15]; müssen weiche Formen Verteilungsfragen vor allem lösen durch

---

[14] *Mayntz/Scharpf* (Fn. 6), Der Ansatz des akteurzentrierten Institutionalismus, S. 51.

[15] z.B. Mehrheitsentscheidungen in politisch legitimierten Gremien, Varianten der hierarchischen Steuerung vom Schiedsverfahren bis zum „Staatskommissar". Regelsysteme wirken zudem in den Vollzug hinein.

• Selbststeuerung „im Schatten der Hierarchie[16]": Konsensuale Lösungen kommen vor allem auch dadurch zustande, daß die Beteiligten der härteren hierarchischen Steuerung entgehen wollen,

• Kompensationslösungen: den tendenziell Benachteiligten werden zum Ausgleich ausreichende Vorteile zugeführt, was nicht selten zu Lasten der Effektivität der Lösung gehen kann („faule Kompromisse").

Damit könnte die Entscheidung, ob weiche oder harte Formen der Institutionalisierung vorzuziehen sind, auf ein schlichtes Kosten-Nutzen-Kalkül reduziert werden: Jede Form hat Vorteile für bestimmte Aufgaben und spezifische Kosten für die Beteiligten; es kommt folglich darauf an zu prüfen, welche Aufgaben mit welcher Form der Institutionalisierung am besten zu lösen sind. Aber diese Fragestellung verkennt, daß gleiche formale Strukturen in unterschiedlichen Kontexten unterschiedlich wirkungsvoll sind. „Weiche" Formen der Kooperation sind stärker kontextabhängig und nur unter bestimmten Bedingungen leistungsstark, etwa

• wenn die Akteure arbeitsteilig miteinander verbunden sind, durch Kooperation gemeinsame Ziele erreichen wollen und es keine nennenswerten Interessensunterschiede gibt, die eine oder andere Lösung zu präferieren; oder

• wenn der Koordinationsbedarf hoch ist, als solcher von den Akteuren empfunden wird und die Bereitschaft besteht, die Synergieeffekte der Koordination zu nutzen, oder

• wenn die Beteiligten ein gemeinsames Interesse an der Regelung von Problemen haben, auch dann, wenn einzelne Mitglieder aus der Bindung aussteigen sollten.

---

[16] *R. Mayntz, F.W. Scharpf,* Steuerung und Selbstorganisation in staatsnahen Sektoren, in: Dies., Hg., Gesellschaftliche Selbststeuerung und politische Steuerung, Frankfurt: Campus 1995, S. 22 f.

IV. Welcher Institutionalisierungsbedarf formiert sich in Verdichtungsräumen?

In Verdichtungsräumen führt die zunehmende räumliche Arbeitsteilung zwischen den Kommunen zu wachsenden Koordinationskosten einerseits und zunehmenden Verteilungsfragen andererseits, weil die Kontrolle der knappen Ressourcen sich auf immer mehr Kommunen verteilt:

• zwischen den Gemeinden treten immer intensivere arbeitsteilige Verflechtungen auf, weil durch die verbesserten Verkehrs- und Kommunikationstechniken die regionalen Aktionsräume von Unternehmen, Haushalten und öffentlichen Einrichtungen größer werden, was ihre Standortentscheidungen von spezifischen Input- und Outputbeziehungen einer Gemeinde immer unabhängiger macht (Prozesse der Suburbanisierung)[17].

• die Belastungen der Ressourcen (natürliche Ressourcen, Finanzen) werden dabei immer ungleicher, weil zum einen finanzwirtschaftlich die sog. „fiskalische Äquivalenz" (Ausgaben- und Einnahmenströme werden allein aus der Gebietskörperschaft verursacht) immer weniger stimmt und über Finanzausgleichsregelungen immer weniger gut korrigiert wird und weil zum anderen die Siedlungsexpansionsmöglichkeiten zwischen den Gebietskörperschaften sich ungleich schnell erschöpfen (historisch ältere Zentren kommen schneller an ihre Grenzen der Flächenverfügbarkeit als neuere Siedlungszentren im Umland), aber diese „Ungleichzeitigkeit" der Entwicklung über keine Ausgleichsmechanismen kompensiert wird[18],

• die faktische Autonomie der Entscheidungen der einzelnen Kommune sinkt, weil die Kommune immer stärker von den „externen Effekten" der Entscheidungen der Nachbarkommunen beeinflußt wird oder einzelne Aufgaben gar nicht mehr allein, son-

---

[17] *B. Adam, A. Blach,* Räumliche Arbeitsteilung in Großstadtregionen. – interkommunale und raumordnerische Kategorien, in: Informationen zur Raumentwicklung 4/5.1996, S. 187-209.

[18] *Jens Pohlan,* Processes of suburbanisation and its effects on the finances of cities in West Germany: the example of Bremen and the surrounding communities, in: Environment and Planning C: Government and Policy 14 (1996), S. 25-37.

dern nur noch im regionalen Kollektiv erledigen kann (wachsende Zahl der „interkommunalen Gemeinschaftsaufgaben")[19],

• wir beobachten in neuerer Zeit zudem eine Maßstabsvergrößerung bei Infrastrukturvorhaben (z.B. Nahverkehrssysteme, Abfallwirtschaftskonzepte, regionale Energiekonzepte) sowie bei privaten Investitionen (Großinvestitionen, „developer"-Konzepte u.ä.). Zwar mögen Infrastrukturmaßnahmen über Zweckverbände überkommunal gestaltet werden können, aber bei privaten Großinvestoren kommen die einzelnen Gemeinden schnell an den Rand ihrer Handlungsfähigkeit – sie haben kaum Verhandlungsmacht und werden im „Bürgermeisterwettbewerb" ausgespielt.

• Auch die (wohl als dauerhaft einzustufende) Verwaltungsreform fordert die übergemeindliche Zusammenarbeit heraus. Denn sie verändert gleitend die Rolle des Staates und der föderalen Ebenen [20]. Je mehr sich der Staat zum verhandelnden Staat oder zum kooperativen Staat wandelt, um so mehr reduziert er sich auf strategische Steuerung. Um so mehr ist er auf komplementäre Leistungen der anderen föderalen und regionalen Ebenen angewiesen. In der Tendenz führt das neben der Aufwertung der Gemeinden zu einem Bedeutungsgewinn der Regionalorganisation.

• Untersuchungen aus den USA zeigen, daß diejenigen Verdichtungsräume wirtschaftlich am erfolgreichsten waren, die ihre zwischengemeindliche Arbeitsteilung auch institutionell absicherten und damit Synergieeffekte bewußt ausschöpften, weil „the sum of efforts within a metropolitan region yields a unique synergy, which its local parts cannot achieve seperately"[21]

Die Folge der zunehmenden arbeitsteiligen Verflechtung und der Abhängigkeit von einem gemeinsamen Ressourcenpool sind wachsende „interkommunale Gemeinschaftsaufgaben" der oben bereits skizzierten Art

---

[19] *Folkert Kiepe,* Die Stadt und ihr Umland. Zur Notwendigkeit der Bildung von Stadtregionen, in: Informationen zur Raumentwicklung 4/5.1996, S. 307-316.

[20] *Gunnar F. Schuppert,* Sparstrategien auf der Suche nach ihrem Gegenstand, in: Archiv f. Kommunalwissenschaften 35 (1996), S. 226-259.

[21] *H.V. Savitsch, D. Collins, D. Sanders, J.P. Markham,* Ties that bind: Central cities, suburbs, and the new metropolitan region, in: Economic Development Quarterly 7 (1993), S. 341-357, hier: S. 342.

- gemeinsame Raumnutzungsplanung und Umweltschutzregelungen,

- gemeinsame Außenvertretung gegenüber multiregionalen Unternehmen und Staat,

- gemeinsame strategische Entwicklungskonzepte,

- gemeinsame „software" für Verkehrs-, Ver- und Entsorgungsinfrastruktur (d.h. regionale Infrastrukturkonzepte),

- interkommunale Finanzausgleichsregelungen für positive externe Effekte zwischen Gemeinden (z.B. Kompensationen für zentralörtliche Funktionen der Kernstadt).

Dieser Bedarf wird eher zunehmen, zumal auch der Staat Aufgaben regionalisiert und die „eigenständigen Regionalentwicklung" anmahnt.[22] Aber hier schlägt in Verdichtungsräumen durch, daß das politisch-administrative Institutionensystem lokalistisches Denken stärker begünstigt als regionales Denken. Diejenigen, die am ehesten die regionalen Handlungsbedarfe artikulieren könnten, weil sie am stärksten unter den Defiziten leiden, sind die Kernstädte und neuerdings zunehmend das Land (der Staat):

- Kernstädte geraten an die Grenzen ihrer Entwicklungsfähigkeit, weil sie immer weniger freie Siedlungsflächen ausweisen können, zudem im Zuge der Suburbanisierungsprozesse überproportional wachsenden Anteilen an Sozialausgaben gegenüberstehen und weil sie oberzentrale Funktionen für das Umland mitvorhalten, das dieses nicht entschädigt.

- Der Staat ist an einem im internationalen Regionenwettbewerb „starken" Verdichtungsraum interessiert, weil im Zuge des wirtschaftlichen Strukturwandels die Verdichtungsräume die Leistungszentren werden, die den Prozeß zur Dienstleistungs- und Informationsgesellschaft beschleunigt betreiben müssen.

---

[22] Wir finden diese Umorientierung nicht nur in den Regionalkonferenzen in NRW und Hessen, sondern auch in der Regelung der Gemeinschaftsaufgabe „Verbesserung der regionalen Wirtschaftsstruktur" (24. Rahmenplan, BT-DrS 13/1376 vom 16.05.1995, S.14) sowie in Zielvorgaben der Landesraumordnung.

Aber weder Kernstädte gewinnen mit ihren Forderungen nach engerer Kooperation mit dem Umland Unterstützung, weil das Umland die Dominanz der Kernstadt fürchtet, noch kann der Staat solche Initiativen starten, weil sie zu schnell mit unliebsamen Erfahrungen früherer Gebietsreformen verbunden werden.

Wenn trotzdem „Kirchturmdenken" schwächer wird, so wird dieser paradigmatische Wandel primär von der Privatwirtschaft induziert. Denn je mehr Gemeinden mit Standortentscheidungen großer Unternehmen konfrontiert werden, um so mehr wird ihnen bewußt, wie intensiv letztere bereits regional denken: Unternehmen sind über out-sourcing, strategische Allianzen und zahlreiche Kooperationsbeziehungen auf dem Arbeitsmarkt oder in der Gestaltung der regionalen Standortqualität von Gemeindegrenzen unabhängig – diese werden vielmehr zunehmend als störend empfunden.

V. „Weiche" und harte Formen der Institutionalisierung: Ihre Realisierung im jeweiligen politisch-administrativen Kontext

Die Kontextbedingungen, welche die Funktionsfähigkeit weicher Institutionalisierungen begünstigen, sind bisher wenig diskutiert worden. Ein politisch-administratives Umfeld begünstigt das Denken in Freund-Feind-Kategorien sowie in Macht- und Verteilungsfragen – und erschwert damit netzwerkartige Formen der Kooperation. Markant ist, daß im politisch-administrativen Umfeld Probleme tendenziell zuerst als Verteilungs- und seltener als konstruktives Kooperationsthema wahrgenommen werden.

Diese Vermutung läßt sich damit begründen, daß Politik und Verwaltung

• zu allererst inputorientiert operieren, d.h. in Kompetenz- und Ressourcenbelastungen denken, wobei Kooperation mit Autonomieverlusten (Erhöhung der Fremdbestimmtheit) und mit Zusatzaufwand assoziiert wird. Damit verbindet sich auch schwächeres Effizienzdenken: Beziehungen zwischen Output und Input oder

Produkt und Input werden nur selten in die Überlegungen der Entscheidungsträger übernommen,

- sektoral ausgerichtet sind, so daß intersektorale Kooperation Kollektivguteffekte hat: Ihr Nutzen ist diffus, während die Zusatzkosten die einzelne Sektorverwaltung (Sektorpolitiker) sehr ungleich treffen,

- institutionelle Eigeninteressen in besonderer Intensität vertreten, was vor allem bei Gebietskörperschaften markant ist, weil Politiker territorial gebunden, und zwar ihrem Wahlvolk verantwortlich, sind, wobei die Grenzen der Gebietskörperschaft auch typische Freund-Feind-Konstellationen bestimmen,

- insbesondere Politiker ihre Zeithorizonte auf Legislaturperioden beziehen: Kooperationsaufgaben mit langen Ausreifungszeiten und sehr spät anfallenden Nutzen werden folglich unterbewertet.

An diesem politisch-administrativen Verhaltensmuster wird auch der Wandel der kommunalen Steuerungsstrukturen im Zuge der Verwaltungsreform wenig ändern. Zwar werden die politisch-administrativen Akteure stärker betriebswirtschaftlicher und marktlicher Steuerung unterworfen und es werden mehr Anreize für Leistung, „Marktverhalten" sowie Effizienzsteigerung geschaffen bei gleichzeitigem Zurückdrängen des Ratseinflusses auf den Verwaltungsvollzug („new public management"[23]). Aber die für kooperationsfeindliches Verhalten relevanten politischen Anreizstrukturen werden nicht nennenswert verändert: Weiterhin sind Politiker lokalistisch ausgerichtet (Wahlmodus), sind Politiker und Administratoren an Macht durch Ressourcen- und Kompetenzkontrolle interessiert und werden folglich Probleme eher unter Freund-Feind-Aspekten sowie Verteilungsfragen wahrgenommen und definiert.

Obwohl diese Aussagen der Tendenz nach wohl die Realität einigermaßen verläßlich abbilden, so lassen sich dennoch drei zusätz-

[23] *Christoph Reichard*, Umdenken im Rathaus. Neue Steuerungsmodelle in der deutschen Kommunalverwaltung, Berlin: edition sigma 1994, S. 33 f. (Modernisierung des öffentlichen Sektors Bd. 3).

liche Einflußfaktoren identifizieren, welche diese allgemeinen Kontextbedingungen modifizieren können. Das sind

1. die regionalen Interaktionsstrukturen: ob sie polyzentrisch oder polarisierend organisiert sind[24],

2. die Art der Akteure: ob es primär politische Akteure sind, die politischen Institutionen unterworfen sind, oder privatwirtschaftliche Akteure,

3. die Eigendynamik übergemeindlicher Institutionen gegenüber kommunaler Autonomie.

Ad (1): Polyzentrisch organisierte Interaktionsstrukturen operieren eher vernetzt als polarisierte. Sie begünstigen eher gleichartigen Informationszugang aller Mitglieder, lassen leichter Allianzen und Verhandlungsprozesse organisieren, bilden im Konfliktfalle leichter vermittelnde Strukturen aus (z.b. spontane Konfliktvermittler). Demgegenüber fördern polarisierte Strukturen Konflikte, weil sie Probleme primär unter Verteilungsaspekten wahrnehmen lassen. Konfliktregelungen führen eher zur Konfrontation denn zu Kompromissen, zumal es auch schwieriger ist, Konfliktvermittler tätig werden zu lassen. Polyzentrische Interaktionstrukturen können die Konfliktregelung der „weichen" Institutionen entlasten und diese auch dort noch leistungsfähig erscheinen lassen, wo unter anderen Kontextbedingungen weiche Formen versagen würden.

Ad (2): Politische Akteure tendieren stärker als privatwirtschaftliche dazu, Probleme unter Verteilungsaspekten wahrzunehmen und zu behandeln. Zudem spielen formale Institutionen für politische Akteure eine größere Rolle als für private, weil sie mit Macht- und Status-Ressourcen verbunden sind, die für politische Akteure besondere Bedeutung haben. In der Privatwirtschaft beobachten wir dagegen, daß starre organisatorische Strukturen immer mehr durch projektbezogene Organisationsmuster überla-

---

[24] *Richard M. Locke,* The composite economy: local politics and industrial change in contemporary Italy, in: Economy and Change 25 (1996), S. 483-510 (S. 490 f.); *Dietrich Fürst,* Humanvermögen und regionale Steuerungsstile – Relevanz für Regionalmanagement? (im Erscheinen).

gert werden und generell personenbezogene Formen der Selbststeuerung größere Bedeutung bekommen.

In erster Linie sind es folglich andere Verhaltensanreize, die politisch-administrative Akteure steuern und weiche Formen der Steuerung wirkungsärmer machen. Privatwirtschaftliches Verhalten orientiert sich an Produkten, d.h. Gütern und Dienstleistungen, die über monetäre Rechengrößen und die Maxime der Gewinnerzielung gesteuert werden. Politisch-administratives Verhalten wird von politischen Entscheidungen geprägt, und die Produkte sind in erster Linie Entscheidungen mit Bindungswirkung für Dritte, die von politischen Macht- und Interesseneinflüssen und der Maxime der Konsensbildung gesteuert werden. Vereinfacht lassen sich die Unterschiede auf das Legitimationsproblem und die Inputorientierung des politisch-administrativen Handelns zurückführen:

• Dem rechtsstaatlichen Denken widersprechen informale Strukturen: sie sind intransparent, in ihrer rechtlichen Qualität amorph (weil ohne Rechtsgrundlagen), führen aber gleichwohl zu Entscheidungen mit rechtlichen Konsequenzen.

• Politisch-administratives Handeln wird primär von Inputs geleitet, weil mit diesen Macht und Einfluß verbunden sind, während die Outputs relativ schwache Rückwirkungen auf politisch-administratives Handeln haben: Wähler können aufgrund der langen Wahlintervalle nicht auf spezifische Outputs reagieren, sondern nur auf den durchschnittlichen Gesamteindruck der politischen „performance"; Verwaltungsleute werden für gelungene Aktivitäten selten belohnt (häufiger für mißlungene getadelt), und generell dominiert ein institutionelles Eigeninteresse, das an Kompetenzen und Ressourcen gebunden ist.

Die unter (1) und (2) behandelten Kategorien von Kontextbedingungen können sich wechselseitig beeinflussen. Polyzentrische Interaktionsstrukturen, obwohl weiche Verbandsformen begünstigend, können zu „harten" Formen gezwungen werden, weil die politischen Anreizstrukturen das Verteilungsdenken stärker begünstigen. Politisch-administrative Problembearbeitung läßt sich über Netzwerke zwar vorbereiten („Vorentscheiderstrukturen"). Aber solche Vorentscheiderstrukturen können legitimierende Strukturen nicht ersetzen. Je größer die Zahl der Akteure ist, um so größer auch die Gefahr, daß die Selbstbindung in weichen Verbandsformen unzuverlässig ist. Um die höhere Planungs- und Entscheidungssicherheit zu erreichen, sind härtere Verbandsformen notwendig.

Ad (3): Bei regionalen Kooperationsformen kommt hinzu, daß gemeindeübergreifende Institutionen häufig Eigenleben entwickeln: Sie bemühen sich um mehr Einfluß, können diesen aber nur zu Lasten der Gemeinden gewinnen. Die einfachste Form der Einflußnahme verläuft über Politikverflechtung: Die gemeindeübergreifende Ebene beteiligt sich an Aufgaben der Gemeinden, sei es im Beratungswege, sei es über finanzielle Beiträge. Intensiver wird die Einflußnahme, wenn die übergeordnete Ebene Kontrollrechte gegenüber den Gemeinden erhält, z.b. im Rahmen der Regionalplanung (Anwendung des Raumordnungsverfahrens) oder der Bauleitplanung (als Träger öffentlicher Belange). Alles das intensiviert das Denken in Freund-Feind-Kategorien zwischen Kommunen und Regionalorganisation – ein „Paradigma", das Mißtrauen fördert und kooperativen Interaktionsbeziehungen entgegensteht.

Treffen die zu (2) und (3) vorgetragenen Beobachtungen zu, so wäre zu erwarten, daß schwach institutionalisierte Formen interkommunaler Kooperation in einem politisch-administrativen Umfeld eine eher schwächere „performance" haben. Diese Vermutung wird teilweise empirisch unterstützt[25]. Aber daraus läßt sich nicht ableiten, daß im politisch-administrativen Umfeld von weichen Formen der Institutionalisierung nur unter bestimmten Bedingungen Gebrauch gemacht werden kann. Denn die Erfahrungen mit „harten" Institutionalisierungen zeigen, daß diese ihre Potentiale im politisch-administrativen Umfeld ebenfalls nicht

---

[25] *Dietrich Fürst u.a.,* Regionalverbände im Vergleich, Baden-Baden: Nomos 1990; *Dietrich Fürst,* Regionalkonferenzen zwischen offenen Netzwerken und fester Institutionalisierung, in: Raumforschung und Raumordnung 52 (1994), S. 184-192; *Dietrich Fürst, Heiderose Kilper,* The innovative power of regional networks: A comparison of two approaches to political modernization in North Rhine-Westphalia, in: European Planning Studies 3 (1995), S. 287-304.

voll nutzen lassen. Markantestes Beispiel war lange Zeit der Umlandverband Frankfurt, für deutsche Verhältnisse eine der „härtesten" Formen von Regionalverbänden[26]; denn der Umlandverband Frankfurt verfügt über einen direkt gewählten Verbandstag und über eine Kompetenzfülle, die weit über die üblichen Kompetenzen von Regionalverbänden hinausgeht. Gleichwohl gelang es ihm nur schwer, gegen die ihre Autonomie verteidigenden Kommunen die ihm übertragenen Kompetenzen wirksam zu machen.

Ziehen wir eine Zwischenbilanz, so ist die Frage des notwendigen „Härtegrades" der Institutionalisierung offenbar nur über mehrere Diskussionsebenen hinweg zu beantworten:

1. Zunächst hängt die zu wählende Form der Organisation von den Zwecken der Organisation ab, also von den Aufgaben und den Charakteristika der Aufgabenbearbeitung.

2. Aber da gleiche Organisationsformen in unterschiedlichen Kontexten unterschiedlich wirken, ist weiter zu prüfen, welche Modifikationen infolge der Umfeldeinflüsse notwendig werden.

3. Selbst dann ist eine eindeutige Aussage über die „optimale" Organisation noch nicht möglich, weil im Organisationsbereich äquifunktionale Substitute möglich sind: So kann die Steuerungskraft „harter" Institutionen substituiert werden durch Selbststeuerung des Personals in „weicher" Institutionalisierung. Oder härtere aufbauorganisatorische Regelungen werden zugunsten flexiblerer ablauforganisatorischer Regelungen zurückgenommmen. Oder Trägerschaftsfunktionen werden auf betriebswirtschaftlich geführte Einrichtungen ausgelagert, so daß die betreffende Institution auf strategische Aufgaben reduziert wird, für die „weichere" Formen der Institutionalisierung ausreichend sein können.

Dabei ist die erste Diskussionsebene zweifellos die wichtigste, weil die zu lösenden Aufgaben die wesentliche Weichenstellung für die Art der Organisationsform erzwingen.

[26] *D. Fürst, B. Müller, D. Schefold,* (Fn. 5), S. 71 ff.

VI. Folgerungen für die Entscheidung über „harte" oder „weiche" Formen der Institutionalisierung

Vergleichen wir die Aufgaben „interkommunaler Gemeinschaftsarbeit" in Verdichtungsräumen mit der in der Literatur vielfach geäußerten Vorliebe für flexible, projektbezogene Formen der Kooperation. Diese „weichen" Formen haben grundsätzlich die Vorteile, die heute den sog. politisch-administrativen Netzwerken zugeschrieben werden[27]. Wie oben bereits angesprochen, sind solche Netzwerkfiguren dort effektiv, wo

• neue Problemlösungen in komplexen Problemfeldern erarbeitet werden müssen,

• die Kooperationsformen eine effizientere Ressourcenallokation bewirken sollen (als wenn jede Gemeinde eigenständig tätig wäre); das ist vor allem dort der Fall, wo die gemeinsame Bearbeitung die Vorteile der Kostendegression („large scale economies") wahrnehmen kann,

• Handeln der Beteiligten koordiniert werden soll.

Die Leistungsfähigkeit der weichen Formen bezieht sich also primär auf die Binnenperspektive, und zwar auf Allokationsfragen und unter der Voraussetzung, daß die Akteure

• kooperieren wollen,

• bereit sind, zugunsten des gemeinsamen Ergebnisses Egoismen zurückzustellen und

• im Wege des Aushandelns die anstehenden Verteilungsfragen lösen können.

Daß weiche Formen der Kooperation allokativ besser abschneiden können, legen auch Untersuchungen in den USA nahe, wo Formen der interkommunalen Kooperation unter Allokationseffizienz und Innovationsfähigkeit geprüft wurden. Wegen der großen Bedeutung, welche die politische Kultur und die Verfassung der USA den Kommunen (und der individuellen Freiheit)

---

[27] *D. Fürst,* (Fn. 25), Regionalkonferenzen; *D. Fürst, H. Kilper,* (Fn. 25).

einräumen[28], haben solche Untersuchungen tendenziell einen „bias" gegen übergemeindliche Kooperationsformen. Das gilt besonders dann, wenn sie die betriebswirtschaftliche Effizienz der Leistungserstellung prüfen. Denn dann ist zumindest plausibel, daß

• interkommunale Verbände nicht a priori kostengünstiger arbeiten, vor allem deshalb nicht, weil sie den Koordinationsaufwand zu den Gemeinden und zwischen den Gemeinden erhöhen[29],

• die Ausnutzung von large scale economies nicht eine Frage der übergemeindlichen Zusammenarbeit ist, sondern der Größe und kommunalen Fragmentierung des Versorgungsgebietes, so daß die Leistung auch privat oder über Zweckverbände organisiert werden kann[30],

• interkommunale Kooperationsmodelle wie Kartelle wirken können, die den kommunalen Innovationswettbewerb und die Mitwirkung der Bevölkerung reduzieren[31],

• weiche Formen der Kooperation (Vereinbarungen, Vereine, Zweckverbände) häufig ausreichen, um die Ressourcenallokation überlokal zu regeln[32].

Aber weiche Organisationsformen stoßen an Grenzen der Leistungsfähigkeit und der politischen Akzeptanz dann, wenn sie

---

[28] *R. Rohr-Zänker,* Neue Zentrenstrukturen in den USA. Eine Perspektive für Dezentrale Konzentration in Deutschland? in: Archiv f. Kommunalwissenschaften 35 (1996), S. 212.

[29] *Elinor Ostrom,* A public choice approach to metropolitan institutions: Structure, incentives and performance, in: Social Science Journal 20 (1983), S. 79-96, *S.L. Mehay,* The effect of governmental structure on special district expenditures, in: Public Choice 44 (1984), S. 338-348.

[30] Zur Kritik: *D.A. Dolan,* Local government fragmentation: Does it drive up the cost of government? in: Urban Affairs Quarterly 26 (1990), S. 28-45, *George Byone,* Population size and economies of scale in local government, in: Policy and Politics 24 (1995), S. 213-222. Dolan weist nach, daß´die Fragmentierung der Verdichtungsräume in viele kleine Gemeinden die Verwaltungskosten erhöhe, d.h. daß Doppelarbeit und ein Überbesatz mit Personal auftrete; Byone zeigt, daß bei der Berechnung von „large scale economies" die Bevölkerungsgröße allein nicht aussagekräftig genug sei, sondern die sich mit Flächenbezug ändernde Technologie mitberücksichtigt werden müsse, daß aber large scale economies allein keine Entscheidungsgrundlage für Gemeindegrößen sein können, weil andere Faktoren (Bürgernähe etc.) wichtiger sind.

[31] *ACIR (Advisory Commission on Intergovernmental Relations):* Metropolitan Governance. Forum on the St. Louis Area, in: Intergovernmental Perspective 15 (1989), H.1.

[32] *R.B. Parks, R.J. Oakerson,* (Fn. 3), S. 10.

- sich durch Ausgliederung von Funktionen auf private Einrichtungen (oder Sonderverbände) der demokratischen Kontrolle entziehen,

- mit der Umlagefinanzierung ein interkommunales Finanzausgleichsproblem ansprechen, das aber – wegen des projektbezogenen Ansatzes – üblicherweise nur sektoral bearbeitet wird und damit meist schlechter als intersektoral zu lösen ist. Denn die interkommunalen Kompensationsmöglichkeiten sind bei sektoraler Verengung zu gering. Es kommt dann kaum eine bessere Lösung als diejenige der Kostenverteilung nach Einwohnermaßstab heraus,

- mit der zunehmenden Zahl der Zweckverbände die regionalen Entscheidungsstrukturen zersplittern und unübersichtlich machen sowie aufwendige Koordinationsleistungen erfordern.

Zudem blendet die Frage der Trägerschaft für produktbezogene Leistungen die wesentlich gravierenderen Themen aus, die gerade für arbeitsteilig verflochtene Verdichtungsräume typisch sind, etwa

- die Planung der gemeinsamen Nutzung absolut knapper Naturraumressourcen: Siedlungsflächen und Freiflächen (common pool-Problem),

- der gemeinsamen Außenvertretung (common good-Problem)

- die Vermeidung ruinöser Konkurrenz in der Umweltschutzpolitik durch gemeinsam vereinbarte Umweltqualitätsziele und Umweltschutzstrategien (common rule-Problem).

Hier treten die für Kollektivgüter typischen Probleme auf: Das kommunale Eigeninteresse ist nicht identisch mit dem regionalen Gemeinwohl, und jede Gemeinde neigt dazu, eine Trittbrettfahrer-Haltung einzunehmen, die Kostentragung zu meiden, indem sie sich nicht beteiligt, aber von den Vorteilen zu profitieren, wenn die Region doch irgendwie das Kollektivgut erstellt. Solche Interessengegensätze auf der Basis „weicher" Institutionen zu bearbeiten, ist erfahrungsgemäß außerordentlich schwierig[33].

---

[33] *R. Mayntz, F.W. Scharpf,* (Fn. 16), Steuerung und Selbstorganisation, S. 22 f.

Hier könnte eine „härter" verfaßte Region, die „im Schatten des Staates" operiert und nicht nur „private interest government" ist, vorteilhaft sein. „Mit den Mitteln des „private interest government" können darum zumeist nur Regeln durchgesetzt werden, die im (günstigstenfalls „wohlverstandenen" und „längerfristigen") Eigeninteresse der Regulierten liegen, während der Staat jedenfalls im Prinzip die Möglichkeit hat, den Adressaten auch Regelungen ... aufzuerlegen, die deren eigenen Interessen zuwiderlaufen."[34]. Da zudem Themen mit Verteilungseffekten in erheblichem Maße auch wirtschaftlichen Interessen ausgesetzt sind, wäre sogar denkbar, daß auf der Regionalebene solche Interessen rationaler bearbeitet werden können als auf kommunaler Ebene, wo einzelne starke Wirtschaftsakteure die Gemeinde unter ökonomische Zwänge setzen können.[35]

Wenn in Deutschland[36], aber auch in anderen europäischen Staaten[37], immer häufiger „harte" Formen der Institutionalisierung diskutiert werden, so bestimmen gerade solche Überlegungen die Argumentation.

Darüber hinaus wird zunehmend bezweifelt, daß die neuen interkommunalen Gemeinschaftsaufgaben über weiche Formen der regionalen Organisation bearbeitet werden können:

• die wirksamere Außenvertretung gegenüber Staat und EU, aber auch zunehmend gegenüber multiregionalen Unternehmen verlangt institutionelle Kontinuität, klare Kompetenz- und Ansprechstrukturen, der Entscheidungsfähigkeit wegen auch eine eigene Legitimationsbasis, die losgelöst ist von komplizierten Entschei-

---

[34] R. Mayntz, F.W. Scharpf, (Fn. 16), Steuerung und Selbstorganisation, S. 28.
[35] Baldassare et al., (Fn. 3). Das konzedierten auch amerikanische Planer: In diesem Bereich sahen sie Vorteile einer regionalen Planungsebene gegenüber der lokalen Ebene.
[36] Herbert Droste, Jobst Fiedler, Valentin Schmidt, Region Hannover. Entwicklung neuer Organisationsstrukturen für die Wahrnehmung regionaler Verwaltungsaufgaben in der Region Hannover, Hannover 1996; Gemeinsame Erklärung der Vorsitzenden der SPD-Fraktionen in den Ruhrgebietsstädten und der SPD-Fraktion im Kommunalverband Ruhrgebiet: Politische Erklärung zur Reform des Kommunalverbandes Ruhrgebiet, 23.05.1995.
[37] George Byone et al., Local government reorganisation in Scotland and Wales, York: Rowntree Foundation 1995; A.M. Kreukels, H.J.T. Wilmer, Metropolitan government in the Netherlands, in: Tijdschrift voor Econ. en Soc. Geografie 81 (1990), S. 299-306.

dungsprozessen über Delegiertenbeziehungen und Rückkopplungen mit den Einzelgemeinden;

• gemeinsame Raumnutzungsplanung erfordert Regelbindungen der Mitgliedsgemeinden, die auf Basis der Selbstbindung sicherlich als zu schwach empfunden wird, zumal der Opportunismus kommunalpolitischer Entscheidungen eher zuzunehmen droht[38];

• der interkommunale Finanzausgleich ist staatlicherseits kaum adäquat zu regeln, sondern bedarf (ergänzender) interkommunaler Ausgleichsregelungen. Zwar ist zweifelhaft, ob regionale Organisationen hier größere Gestaltungspotentiale als Gemeinden im bilateralen Ausgleich haben; eher wird man für die Ausgestaltung der Finanzausgleichsregelung die hierarchische Steuerung des Staates benötigen. Aber regionale Organisationen können wahrscheinlich problemorientierte Ausgleichsregelungen besser gestalten.

Weiche Organisationsstrukturen reichen möglicherweise für Aufgaben aus, die sich auf gemeinsame regionale Entwicklungsstrategien (gesamträumlich oder infrastrukturell) beziehen. Aber solche Strategien bleiben leicht abstrakt und additiv (jede Kommune meldet ihre Projekte), wenn es nicht gelingt, sie aus regionaler Warte zu formulieren. Netzwerk-Organisationen betonen zu stark das lokalistische Denken; regionales Denken bedarf eines (oder mehrerer) regionaler Promotoren.

Aber wenn stabile regionale Strukturen notwendig zu sein scheinen: Muß es eine neue regionale Ebene sein? Zumindest gibt es ein breites Band von Möglichkeiten, wie Aufgaben der übergemeindlichen Zusammenarbeit organisiert werden können[39]. Andere Organisationsformen könnten gleichermaßen leistungsfähig sein.

---

[38] Mehrheiten werden knapper und wechselnde Mehrheiten im Rat üblicher; Bürgerproteste können Grundsatzentscheidungen situativ verändern lassen, kommunale Finanznot und sich häufiger ändernde Rechtsregelungen zwingen zu häufigeren Anpassungen u.ä.

[39] *Beate Zielke*, Zwischengemeindliche Zusammenarbeit. Rechtliche, organisatorische und finanzielle Gestaltungsmöglichkeiten, Berlin 1993.

VII. Weder „weiche" noch „harte" Lösungen – gibt es eine dritte Möglichkeit?

Im politisch-administrativen Umfeld der interkommunalen Zusammenarbeit in Verdichtungsräumen reichen Netzwerkformen sicherlich nicht aus, weil sie drei entscheidende Restriktionen haben:

• sie sind personenabhängig,

• sie sind sensibel gegen Umfeldeinflüsse und

• sie sind in der Bearbeitung von Verteilungsfragen schwach,

was ihre mittelfristige Verläßlichkeit stärkeren Schwankungen aussetzt. Das Politikverhalten von „weichen" Kooperationsformen wird zudem bei zunehmend knapperen politischen Mehrheiten und wachsenden fiskalischen Sparzwängen mit hoher Wahrscheinlichkeit immer opportunistischer. In Zeiten instabiler Umfeldstrukturen und schnellerer Themenwechsel benötigen weiche Kooperationsformen die Unterstützung durch verbindliche Regelungen – und müßten sich dann in Richtung „härterer" Kooperationsformen entwickeln.

Andererseits sind „härtere" Formen der Institutionalisierung kaum durchsetzbar, weil sie auf den Widerstand der Gemeinden stoßen. Weiche Formen der Kooperation reichen in einem politisch-administrativen Umfeld nicht aus. Andererseits ist aber auch die Hoffnung wenig begründet, daß es eine Eigendynamik von „weichen" zu „harten" Institutionsformen gäbe[40]. Die deutsche Empirie enthält jedenfalls keine Unterstützung für diese Vermutung. Von dem Sonderfall Stuttgart abgesehen gibt es bisher kein Beispiel für Prozesse zunehmend härterer Institutionalisierung. Diese bedürften ohnehin der Mitwirkung des Staates, da sie i.d.R. durch Landesgesetz etabliert werden, dann aber immer auch den Makel des staatlichen Oktroi tragen. Da Kommunen ohnehin gegen ein Übermaß an Ebenen oberhalb ihrer selbst klagen, dürften sie besonders zögerlich sein, von sich aus härtere Verbandsformen zu fordern. Gibt es einen „dritten Weg"?

---

[40] *Folkert Kiepe,* (Fn. 19), S. 312.

Ein dritter Weg wäre möglich, wenn

• interkommunale Verteilungsfragen in übergemeindliche Entwicklungsthemen integriert werden könnten, die Zusatzvorteile für die Region erzeugen, aus denen ungleiche Belastungen der Mitgliedsgemeinden kompensiert werden könnten;

• interkommunale Zusammenarbeit mit relativ weichen Kooperationsformen betrieben wird, diese aber „im Schatten der Hierarchie" stehen, d.h. unter dem Vorbehalt des Staates operieren, notfalls härtere Verbandsstrukturen einzuführen (dieses Modell wird in gewisser Analogie von der Wirtschaft im Wege der sog. „freiwilligen Vereinbarungen" zur Abwehr einer härter agierenden staatlichen Umweltpolitik angewendet).

• Oder die Lösungen müßten darauf hinauslaufen, „aufgabenbezogenes Handeln und die Regelung von Verteilungskonflikten strukturell oder wenigstens zeitlich zu entkoppeln"[41].

Zu letzterem hat L.Rautenstrauch (Umlandverband Frankfurt), unter dem Eindruck der Querelen um die Funktionsfähigkeit des Frankfurter Verbandes[42] und der zunehmenden Flexibilisierung der Organisationsstrukturen in der Privatwirtschaft die Konsequenz gezogen, daß Regionen gar nicht so „hart" institutionalisiert werden müßten, sondern daß es genüge, wenn auf regionaler Ebene ein „Spielmacher" etabliert werde, der die Kooperations- und Koordinationsbedarfe organisiere und moderiere[43].

Das von Rautenstrauch vorgeschlagene Modell könnte insofern ein dritter Weg sein, weil die regionale Kooperation auf Kernaufgaben reduziert würde, die in erster Linie

• in der gemeinsamen Raumnutzungsplanung

• in der Initiierung, Organisation und Moderation von übergemeindlichen Kooperationen sowie

• in der Außenvertretung der Region

---

[41] *R. Maynz, F.W. Scharpf,* (Fn. 16), Steuerung und Selbstorganisation, S. 32.
[42] D. Fürst u.a., (Fn. 25), Regionalverbände im Vergleich, S. 38 f. und 77.
[43] *Lorenz Rautenstrauch,* Entwicklung von Organisationsstrukturen im Stadt-Umland-Bereich: Das Beispiel Rhein-Main, in: ARL: Aktuelle Aspekte der Regionalplanung, Hannover 1990 (ARL – Arbeitsmaterialien H.167), S. 106-132.

liegen müßten. Dafür brauchte man keine neuen Institutionen, sondern könnte an den bestehenden Regionalplanungsorganisationen ansetzen, die aber in ihrem Charakter zu Entwicklungsagenturen mutieren müßten[44]. Analog zur Diskussion der „Modernisierung" des öffentlichen Sektors" ist nicht unbedingt erforderlich, daß die Regionalorganisation Trägerschaftsfunktionen übernimmt – große Teile der materiellen Aufgabenerledigung können auf Private oder andere Einrichtungen ausgelagert werden. Entscheidend ist, daß die Regionalorganisation politisch legitimiert ist (regionale Entscheidungsebene), aber im Vollzug genügend Spielraum besitzt. Das ist dadurch zu konstruieren, daß – analog zur Diskussion des „new public management" – die politischen Entscheidungen auf operationalisierte Zielvorgaben beschränkt werden, während die Exekutive des Verbandes über das „Wie" der Zielerreichung entscheiden kann. In der Umsetzungsebene bietet sich an, mit problembezogenen regionalen Netzwerken zu arbeiten[45]. In Ansätzen verfolgt Großbritannien dieses Konzept. Dort will der Staat die Gemeinden auf eine „enabling function" reduzieren, d.h. auf Moderations- und strategische Steuerungsfunktionen sowie auf „Hebammenfunktionen" gegenüber dem Privatsektor[46]. Die damit verbundenen offenen Strukturen, die stärker auf Netzwerke und Koordinationsgremien verweisen, könnten auf regionaler Ebene „weiche" Formen interkommunaler Kooperation animieren. Zudem wird von Amerikanern immer wieder darauf verwiesen, solche übergemeindlichen Probleme mit einem Minimum an neuen Institutionalisierungen aufzufangen[47], zumal harte Kooperationsformen einen ungleich höheren politischen Aufwand erfordern, um sie durchsetzbar zu machen.

---

[44] entsprechend den Empfehlungen in: *Akademie f. Raumforschung u. Landesplanung:* Zukunftsaufgabe Regionalplanung, Hannover 1995 (FuS Bd. 200), S. 167 ff.

[45] *Volker Eichner, Rolf G. Heinze, Helmut Voelzkow,* Kooperation und Regionalisierung als innovative Ansätze der Strukturpolitik, in: Rüdiger Voigt, Hg., Der kooperative Staat. Krisenbewältigung durch Verhandlung? Baden-Baden: Nomos 1995, S. 217-232.

[46] *Boyne, George,* Population size and economies of scale in local government, in: Policy and Politics 24 (1995), S. 213-22, hier: S. 214.

[47] *Parks, Roger B., Oakerson, Ronald J.,* Metropolitan organization and governance, in: Urban Affairs Quarterly 25 (1989), S. 18-29.

Der Vorschlag Rautenstrauchs läuft auf eine Kombination von regionaler Entwicklungsagentur mit politischer Legitimationsgrundlage (z.b. indirekt gewählte Repräsentanten der Kommunen) hinaus. Der Ansatz soll einerseits die Konfliktregelungsfähigkeit der Region erhöhen, indem die politische Legitimationsstruktur als Variante der „hierarchischen Konfliktregelung" agiert, sofern sie bindende Entscheidungen über Mehrheitsbeschlüsse treffen kann. Andererseits würde der Vorschlag flexible Formen der Problembearbeitung zulassen, um die „Spielmacherfunktion" im Vollzug und in der Politikvorbereitung wahrnehmen zu können. Eine solche Struktur hätte den Vorteil, intermediär zwischen Staat und Kommunen, zwischen Privatwirtschaft und regionaler Politik „vermitteln" zu können und damit in besonderer Weise befähigt zu sein, regionalen Strukturwandel und Identifikation geeigneter regionaler Entwicklungspfade aus der Region heraus zu entwickeln[48]:

• die Kooperation zwischen Wirtschaft und politisch-administrativem System, aber auch Wissenschaft enger zu gestalten,

• regionale Entwicklung als Verbesserung der Innovations- und Lernfähigkeit der Region zu begreifen,

• Probleme konstruktiv zu bearbeiten und nicht vorschnell zu Nullsummenspielen herunterzudefinieren.

Das Spielmacher-Modell hat große Ähnlichkeit mit der Verknüpfung von Konkordanzdemokratie und Korporatismus auf regionaler Ebene[49]: Demokratische Beschlüsse werden über Aushandlungen vorbereitet. Die Verbindung von Aushandlungsprozessen mit demokratischen Entscheidungsregeln wird zunehmend als Effizienzgewinn politischen Handelns empfunden[50].

---

[48] *Charles F. Sabel:* „Bootstrapping-Reform" oder: Revolutionärer Reformismus und die Erneuerung von Firmen, Gewerkschaften und Wohlfahrtsstaat im regionalen Kontext, in: Udo Bullmann, Rolf G.Heinze, Hg., Regionale Modernisierungspolitik. Nationale und internationale Perspektiven, Opladen: Leske + Budrich 1997, S. 15-52.

[49] *Hans Keman,* Konkordanzdemokratie und Korporatismus aus der Perspektive eines rationalen Institutionalismus, in: Politische Vierteljahresschrift 37 (1996), S. 494-516.

[50] *Keman* (Fn. 49), S. 513 f, *Fritz W. Scharpf,* Die Handlungsfähigkeit des Staates am Ende des Zwanzigsten Jahrhunderts, in: Beate Kohler-Koch, Hg., Staat und Demokratie in Europa, Opladen: Westdeutscher Verlag 1992, S. 93-115.

Das Modell scheint für die Probleme der regionalen Ebene interessant zu sein: Es entspricht dem zunehmend empfundenen Kooperationsbedarf auf regionaler Ebene, der wachsenden Herausforderung der Regionen, sich überregional zu artikulieren, und dem Bedürfnis, angesichts des Rückzugs des Staates die regionalen Selbsthilfekräfte stärker zu aktivieren. Solche Interaktionsformen kommen um ein Mindestmaß festerer Institutionalisierung nicht herum, um die notwendige Verbindlichkeit und Berechenbarkeit ihres Handelns abzusichern. Die Kombination aus weitgehend „weichen" Kooperationsformen mit „harten" Kooperationsformen, „soweit wie nötig", also das Modell des regionalen Spielmachers mit politischer Legitimation, könnte sich dabei durchsetzen. In Varianten formiert es sich offenbar auch in anderen europäischen Ländern, etwa in Dänemark[51]. Aber die Bereitschaft, eine „härtere" Institutionalisierung auf regionaler Ebene zu akzeptieren, dürfte in Bevölkerung und Politik zwar generell begrenzt sein; ein Regionalbewußtsein ist noch in weiter Ferne; es dominiert die lokale Orientierung. Aber die Einsicht in die Notwendigkeit wächst, daß bestimmte Probleme lokal nicht mehr zu bewältigen sind. Dazu gehören vor allem Umwelt- und Infrastrukturprobleme. Deshalb werden bei uns wahrscheinlich unter Politikern und in der Bevölkerung ähnliche Einstellungen dominieren, wie sie bei einer Umfrage unter Planern und Verwaltungsleuten auf kommunaler Ebene zur Institutionalisierung einer Regionalorganisation in Kalifornien herauskamen. Im Ergebnis zeigte sich dort, daß für eine stärkere regionale Institutionalisierung zwar das Verständnis wächst, vor allem angesichts der wachsenden Umweltprobleme, man diese Organisation aber eng begrenzt wissen will auf: Umweltfragen, Verkehrs- und Ver- sowie Entsorgungsfunktionen. Weitergehende Funktionen hält man für effizienter erledigt auf kommunaler Ebene, führten nur zu nichtgewünschten interkommunalen Umverteilungen und würden als Eingriff in kommunale Belange und in die Vielfalt der kommunalen Lebensstile empfunden[52].

---

[51] *Amin, Ash./Damion,* Thomas, The negotiated economy: state and civic instititutions in Denmark, in: Economy and Society, Bd.25 (1996), S. 255-81.
[52] *Baldassare et al.* (Fn. 3), S. 23 ff.

KARL-HEINRICH HANSMEYER

Der Streit um die Gewerbesteuer, eine unendliche Geschichte

I. Vorbemerkung

Mit diesem Zitat eines bekannten Films umschrieb der Gemeindefinanzbericht 1994[1] die jedes Jahr wiederholte Darstellung von Versuch und Scheitern der Reformbemühungen bei den kommunalen Steuern, genauer: einem politisch sinnvollen Ersatz der Gewerbesteuer. In der Tat ist in keinem anderen Bereich der kommunalen Finanzwirtschaft in den letzten Jahrzehnten die Diskussion derart grundsätzlich geführt worden, grundsätzlich und doch ohne greifbares Ergebnis. Die Steuerreformdiskussion des Jahres 1997 vermittelt sogar zunehmend den Eindruck, als gerate das Gebot der Umgestaltung des kommunalen Steuersystems aus dem Blickfeld der Politik. Wenn eigene Steuern mit eigenem Hebesatzrecht ein Kernstück der kommunalen Selbstverwaltung sind, dann ist auch diese bedroht.

Der Anfang der ‚unendlichen Geschichte' ist zeitlich recht genau auszumachen; es ist der fiskalische Erfolg der Gewerbesteuer. Seit Miquel (1893) Gemeindesteuer, seit 1936 durch reichseinheitliches Rahmengesetz geregelt, blieb sie neben der Grundsteuer als letzte Ertragsteuer in einem modernen Einkommensteuersystem ein Fremdkörper. Man hätte darüber hinwegsehen können, wäre die Gewerbesteuer eine vergleichsweise unbedeutende Steuer geblieben, die sie vor dem 2. Weltkrieg war. Der wirtschaftliche Wiederaufschwung der Bundesrepublik nach 1948 brachte aber zugleich ihren fiskalischen Erfolg und damit immer lauter werdende Hinweise auf die vielfältigen Mängel dieser steuersystematisch antiquierten Steuer.

---

[1] Siehe *H. Karrenberg, E. Münstermann,* Gemeindefinanzbericht 1994, in: der städtetag, N.F. Jg. 47 (1994); S. 206 ff.

Der Gesetzgeber beeinflußte diese Entwicklung in widersprüchlicher Weise. Einerseits verankerte er die sog. Realsteuergarantie in Art. 106 Abs. 6 GG – ein Schritt, der Reformen an eine 2/3-Mehrheit bindet. Andererseits demontiert er seit Jahrzehnten wesentliche Teile der Steuer, indem er die fakultativ erhobene Lohnsummensteuer abschaffte und die Bemessungsgrundlage durch immer neue Freibetragsanhebungen ausdünnte. Schließlich brachte die Finanzreform von 1969 eine verteilungspolitisch bedeutsame Weichenstellung, die Einbeziehung der Gewerbesteuer in den Steuerverbund zwischen den drei föderalen Ebenen. All dies geschah in der mittlerweile üblich gewordenen Form punktueller Eingriffe; eine systematische Lösung wurde vom Gesetzgeber offensichtlich niemals angestrebt oder auch nur versucht. Reformanstöße kamen hingegen immer nur ,von außen', so daß die Gemeinden automatisch in die Rolle der Verteidiger des Status quo gedrängt wurden. Ein Rollenwechsel dürfte dringend geboten sein.

II. Die Reformdiskussion

1. Die Diskussion um eine Reform des Gemeindesteuersystems wurde durch die Finanzreform von 1969 nicht beendet, nur etwas verzögert. Sie brachte – wie bemerkt – eine Einbeziehung der Gewerbesteuer in den großen Steuerverbund und eine Beteiligung der Gemeinden an der Einkommensteuer; beides nicht ungefährliche Schritte zu einer immer größer werdenden Vermischung der Finanzierungskompetenzen. Der anhaltende fiskalische Erfolg der Gewerbesteuer provozierte jedoch bald wieder die Frage nach den Mängeln der Steuer. In der Tat ist diese Steuer zwar fiskalisch ergiebig und infolge des mit ihr verknüpften Hebesatzrechts flexibel, gleichzeitig aber hinsichtlich der Erfassung gewerblicher Tätigkeiten höchst ungleichmäßig („Großbetriebsteuer"), regional äußerst ungleich verteilt,[2] mit konjunkturpolitischen Mängeln behaftet, da sie das prozyklische Verhalten der Gemeinden begün-

---

[2] Siehe *W. Albers,* Zur Reform der Gemeindesteuern – Finanzwissenschaftliche Grundlegung, in: Kommunalwirtschaft 1986, S. 224 ff., S. 228.

stigt und die Unternehmen wegen der ertragsunabhängigen Komponente (Gewerbekapitalsteuer) benachteiligt, nicht wettbewerbsneutral im nationalen wie im internationalen Bereich, steuertechnisch kompliziert, als letzte große Ertragsteuer steuersystematisch veraltet.[3]

Es gab mehrere Reaktionen auf diese Mängelliste. Auf die praktische Steuerpolitik mit einer schrittweisen Demontage[4] wurde bereits hingewiesen. Die Reaktion der kommunalen Spitzenverbände bestand vornehmlich in der Forderung nach ‚Revitalisierung' der Gewerbesteuer durch eine Verbreiterung der Bemessungsgrundlage, d. h. eine Steigerung der Ertragsfähigkeit, ohne daß die steuersystematischen Mängel abgestellt worden wären.

Die Wissenschaft nahm sich der Reform des gemeindlichen Steuersystems mit besonderer Intensität an; die damals entworfenen Reformmodelle prägen die unendliche Geschichte bis heute. Meinungsbildend wirkte insbesondere das Gutachten zur Reform der Gemeindesteuern des Wissenschaftlichen Beirats beim Bundesministerium der Finanzen,[5] auf das im folgenden wiederholt eingegangen wird.

In seinem Gutachten benannte der Beirat eine Reihe von Orientierungspunkten, die weiterhin Gültigkeit beanspruchen dürfen:

• Den Gemeinden sind eigene Steuern zuzuweisen, bei denen die Kommunen durch Variation der Hebesätze direkten Einfluß auf die Höhe des örtlichen Steueraufkommens nehmen können. Derartige Hebesatzrechte sollten aber nur dann verliehen werden,

---

[3] Zur Kritik an der Gewerbesteuer vgl. zusammenfassend etwa: *B. Beichelt,* Wie lange leisten wir uns noch die Gewerbesteuer? – Eine Anhörung zum Gemeindesteuersystem und ein Reformvorschlag der FDP-Kommission „Föderalismus und Finanzverfassung", in: Deutsche Steuer-Zeitung, Nr. 18 / 1983, S. 375 ff., oder *Bund der Steuerzahler,* Wie lange noch Gewerbesteuer? Plädoyer für die Beseitigung einer unzeitgemäßen Steuer, Wiesbaden 1983.

[4] Der Bonner Wirtschaftsgipfel von 1978 hatte der Bundesrepublik eine Lokomotiv-Funktion für die Weltwirtschaft zugeschoben. Die dafür erforderliche Erhöhung der Nachfrage sollte durch die Abschaffung der ungeliebten, weil arbeitsplatzfeindlichen Gewerbesteuer erfolgen. Ein gutes Bild der damaligen Situation vermittelt *F. Neumark,* Möglichkeiten und Problem einer angemessenen Steuer- und Finanzreform, Berlin 1979, S. 11 ff.

[5] *Wissenschaftlicher Beirat beim Bundesministerium der Finanzen,* Gutachten zur Reform der Gemeindesteuern in der Bundesrepublik Deutschland, erstattet beim Bundesministerium der Finanzen, Bonn 1982 (Schriftenreihe des Bundesministeriums der Finanzen H. 31).

wenn dies technisch leicht zu verwirklichen ist und wenn keine gesamtwirtschaftlich unerwünschten Folgen eintreten. Gerade das Hebesatzrecht ist geeignet, Unterschiede in der örtlichen Aufgabenerfüllung auszugleichen.

• Die kommunale Steuerstruktur sollte den unterschiedlichen kommunalen Bedarfen Rechnung tragen sowie den Grundsatz des Interessenausgleichs berücksichtigen. Dieser Grundsatz – eine Fortentwicklung äquivalenztheoretischer Gedanken und der sog. fiskalischen Äquivalenz verwandt – umschreibt einen internen und einen externen Ausgleich. Der interne Ausgleich beruht auf der Vorstellung, daß spezifische Bedarfe einer Gruppe von Gemeindebürgern aus solchen Abgaben finanziert werden, die von Mitgliedern dieser Gruppe aufgebracht werden. Auf diese Weise kann man verhindern, daß politische Mehrheiten kommunale Leistungen veranlassen, die den Mitgliedern der jeweiligen Mehrheit Vorteile verschaffen, und zugleich eine Finanzierung beschließen, die andere Gruppen zu tragen haben.[6] Konkret handelt es sich vornehmlich um einen Interessenausgleich zwischen Wohnbevölkerung und Unternehmen. Ein externer Interessenausgleich erstreckt sich auf das Verhältnis mehrerer Gemeinden, beispielsweise zwischen Stadt und Umland.

• Das Pro-Kopf-Aufkommen der einzelnen Gemeindesteuern sollte – gleiche Hebesätze unterstellt – unter den Gemeinden keine allzu starken Unterschiede aufweisen, um einer steuerlich induzierten räumlichen Fehlentwicklung entgegenzuwirken. Generell gilt hier die Forderung nach Wettbewerbsneutralität im weitesten Sinne.

• Da die Gemeinden keine antizyklische Haushaltspolitik betreiben sollen, ist eine Verstetigung ihrer Ausgaben anzustreben. Bei der bekannten Eigendynamik finanzpolitischer Willensbildung gelingt dies am besten bei relativ stetigen Einnahmen, d. h. bei Einnahmen mit einer Aufkommenselastizität nahe 1 (Wachstumsproportionalität).

---

[6] *Wissenschaftlicher Beirat beim Bundesministerium der Finanzen,* Reform der Gemeindesteuern (Fn. 5), S. 33 ff.

• Darüber hinaus gelten für die Gemeindesteuern die allgemeinen steuerpolitischen Grundsätze, wobei allerdings das für Staatssteuern wichtige Prinzip der Leistungsfähigkeit im Gemeindebereich wegen des Interessenausgleichsziels weniger Bedeutung besitzt. Wichtig ist hingegen das Prinzip der Fühlbarkeit oder Merklichkeit, weil als Folge der Besteuerung ein verstärktes Interesse der Bürger an kommunalpolitischen Entscheidungen erwartet wird. Eine ,unmerklich' von der Einkommensteuer abgezweigte Gemeindeeinnahme wird diesem Kriterium nicht gerecht.[7]

2. Da die Gewerbesteuer keinem dieser Kriterien genügt, konzentrierte sich die Diskussion in der ersten Hälfte der achtziger Jahre auf Alternativvorschläge. Diese lassen sich auf drei Grundtypen reduzieren, zwischen denen Mischformen möglich sind:

• Unechte Kompensationslösungen: Die Gewerbesteuer wird beibehalten, ihre Steuerschuld wird im Unternehmen allerdings gegen eine andere Steuerschuld verrechnet. Als ,andere Steuern' wurden die Mehrwertsteuer (DIHT-Modell)[8] oder die Einkommen- und Körperschaftsteuer (Kiel-Modell)[9] vorgeschlagen.

• Echte Kompensationslösungen: Abschaffung der Gewerbesteuer, dafür (1) Beteiligung der Gemeinden an einer anderen großen Steuer (Mehrwert- oder Einkommen- bzw. Körperschaftsteuer); dabei sind vielfältige Mischformen hinsichtlich der Beteiligungsverhältnisse und der Verteilungsmodalitäten denkbar.[10] (2) Die grundsätzliche Lösung ist die Ausstattung der

---

[7] Zur Zieldiskussion ausführlich: *H. Zimmermann, D. Postlep,* Beurteilungsmaßstäbe für Gemeindesteuern, in: Wirtschaftsdienst 60 Jg. (1980), S. S. 248 ff.

[8] *DIHT – Deutscher Industrie- und Handelstag,* Gewerbesteuer auf neuem Kurs – Mängel beseitigen, Vorteile erhalten, DIHT 201, Bonn 1982, und *DIHT – Deutscher Industrie- und Handelstag u. a.,* Kommunale Wertschöpfungsteuer – der falsche Weg: Gemeinsame Stellungnahme des Deutschen Industrie- und Handelstages – des Bundesverbandes der Deutschen Industrie, des Bundesverbandes des Deutschen Groß- und Einzelhandels, der Hauptgemeinschaft des Deutschen Einzelhandels, des Zentralverbandes des Deutschen Handwerks, der Arbeitsgemeinschaft Selbständiger Unternehmer, des Bundesverbandes Deutscher Banken und des Gesamtverbandes der Deutschen Versicherungswirtschaft, Bonn/Köln 1984.

[9] *F. W. Kiel,* Vorschlag zu einer weitgehenden Entlastung der Wirtschaft von der Gewerbesteuer, in: Kommunalwirtschaft 1986, S. 246 ff.

[10] Siehe *Institut 'Finanzen und Steuern',* Modell für die Ablösung der Gewerbesteuer durch einen Gemeindeanteil an der Umsatzsteuer, Brief 211, Bonn 1982.

Gemeinden mit einer neuen Steuer, beispielsweise der Wertschöpfungsteuer.

• Kompromißlösungen: Partielle Beibehaltung der Gewerbesteuer, zur Deckung des durch die Senkung der Gewerbesteuer entstandenen Finanzbedarfs werden echte Kompensationslösungen vorgeschlagen (Ritter-Modell).[11]

Zu den unechten Kompensationslösungen ist zu bemerken:

• in beiden Modellen gilt die Gewerbesteuer fort; ihre Nachteile bestehen weiter, da die Verrechnung mit anderen Steuern ja nur für die gewerbesteuerzahlenden Unternehmen gilt,

• in beiden Modellen werden die Kompensationssteuern Einkommensteuer und Umsatzsteuer nach dem höchst ungleichen Aufkommen der Gewerbesteuer örtlich verteilt,

• In beiden Modellen muß wegen der Gefahr der Aushöhlung von Umsatzsteuer und Einkommensteuer das Hebesatzrecht der Gemeinden begrenzt werden.

Daher sind die Ziele der fiskalischen Äquivalenz, der Merklichkeit, der Wettbewerbsneutralität und der Erhebungsbilligkeit nicht erfüllt; Aufkommensneutralität und Verfassungskonformität (einschließlich EU) sind jedoch gewährleistet. Immerhin wurden gerade die unechten Kompensationslösungen von vielen Politikern zunächst begrüßt, weil die Steuerstruktur erhalten blieb und die steuersystematischen Probleme durch Umverteilung gelöst werden sollten. Allerdings wurde bald klar, daß sie nahezu keinem Kriterium genügen. Vor allem wird die Forderung nach Abschaffung der Gewerbesteuer durch eine solche Scheinlösung nicht erfüllt. Das Argument der Verfassungskonformität wiegt demgegenüber gering, da eine wirkliche Reform ohne Verfassungsänderung ohnehin kaum durchführbar sein dürfte.

---

[11] W. Ritter, Abbau der Gewerbesteuer. Ein Beitrag zur überfälligen Reform der Gemeindefinanzen und Unternehmensbesteuerung, in: Betriebsberater, H. 7/1983, S. 389 ff.; W. Ritter, Umsatzsteuerbeteiligung plus Gewerbesteuer, in: Demokratische Gemeinde, Sonderheft „Kommunale Finanzen in der Krise", 2. Aufl., Bonn 1986, S. 31 ff.

3. Die echten Kompensationslösungen sind ausführlicher zu würdigen:

Eine Beteiligung am Aufkommen der Umsatzsteuer, sei es zur Kompensation des gesamten Gewerbesteueraufkommens oder (nur) der Gewerbekapitalsteuer, wird derzeit besonders häufig – insbesondere von den kommunalen Spitzenverbänden – gefordert. Diese Lösung bietet unstreitig den Vorteil, den Gemeinden einen Zugriff zu einer der aufkommenstärksten und wenig konjunkturreagiblen Steuern zu eröffnen. Das fiskalische Ziel wäre damit erreichbar, brächte die Anwendung des Beteiligungssatzes ein Aufkommen, das der abzulösenden Steuer entspräche. Ein Hebesatzrecht allerdings ließe sich nicht verwirklichen, die Erfordernisse eines einheitlichen Wirtschaftsgebiets stünden dem entgegen. Das würde einen Verlust an kommunaler Finanzhoheit bedeuten, der auch nicht durch eine Absicherung im Grundgesetz wettgemacht werden kann.

Bei einer derartigen Forderung nach Umgestaltung von Art. 106 GG im Sinne einer Festschreibung des Gemeindeanteils an der Umsatzsteuer entstünden zudem verfassungsrechtliche und -politische Probleme, die bisher kaum diskutiert worden sind. Die Umsatzsteuer ist bekanntlich das bewegliche „Scharnier" bei der Verteilung der Gemeinschaftssteuern zwischen Bund und Ländern. Die Ermittlung des Beteiligungsverhältnisses ist im Grundgesetz unklar genug geregelt (Art. 106 Abs. 3 GG). Auf jeden Fall wäre aber die Festschreibung eines Gemeindeanteils systemwidrig. Andererseits wäre eine lediglich qualitative Lösung für die Gemeinden wohl allzu risikoreich, zumal sich der Bund auf Art 106 Abs. 7 GG zurückziehen könnte, nach dem den Gemeinden ohnehin ein Anteil an den Gemeinschaftsteuern der Länder zusteht. Hier liegt auch das verfassungspolitische Problem: Der Anteilssatz von Bund und Ländern an der Umsatzsteuer war insbesondere seit der Vereinigung allzu oft das Instrument der Kompromißfindung im Finanzausgleich zwischen Bund und Ländern, so daß die Rolle eines Dritten schwer abzuschätzen ist, zumal dieser Dritte verfassungsrechtlich zu den Ländern gehört.

Sicherlich ließe sich ein technisches Verteilungsverfahren finden, das einem Interessenausgleich dienen könnte, beispielsweise durch örtliche Kennziffern auf der Grundlage von Lohnsumme und Gewerbekapital. Ein solches Verfahren wäre freilich eine modifizierte Schlüsselzuweisung und damit für den Bürger undurchschaubar. Ob alle diese Nachteile und Risiken die Vorteile der fiskalischen Ergiebigkeit wettmachen, mag bezweifelt werden.

Eine Beteiligung der Gemeinden am Aufkommen der Einkommensteuer gibt es seit der großen Finanzreform von 1969. Nach Artikel 106 Abs. 5 GG erhalten die Gemeinden einen Anteil an dem Aufkommen der Einkommensteuer, „ (…) der von den Ländern an ihre Gemeinden auf der Grundlage der Einkommensteuerleistungen ihrer Einwohner weiterzuleiten ist." Durch das Ausführungsgesetz kann bestimmt werden, „ (…) daß Gemeinden Hebesätze für den Gemeindeanteil festsetzen." Diese Möglichkeit des Grundgesetzes sind bislang nicht genutzt worden; sie wurden vielmehr gerade von den kommunalen Spitzenverbänden abgelehnt. Eine derartige Haltung steht ganz im Gegensatz zur internationalen Diskussion,[12] aber auch zu den großen Gutachten zur Gemeindesteuerreform, die immer wieder eine ‚Bürgersteuer' gefordert haben.[13] Die gegenwärtige Beteiligung an der Einkommensteuer entspricht diesen Forderungen nur unvollkommen, wie ein Blick auf den Berechnungsmodus zeigt.[14] Derzeit erhalten die Gemeinden einen Anteil von 15% am Einkommensteueraufkommen. Maßgeblich für die Berechnung derjenigen Summe, die für alle Gemeinden in einem Bundesland zur Verfügung steht, ist das Einkommensteueraufkommen des betreffenden Bundeslandes. Diese Gesamtsumme wird mit Hilfe von Schlüsselzahlen auf die einzelnen Gemeinden aufgeteilt. Die Schlüsselzahlen beruhen

---

[12] Zum folgenden ausführlich: *K.-H. Hansmeyer, H. Zimmermann,* Bewegliche Einkommenbesteuerung durch die Gemeinden, in: Wirtschaftsdienst, Jg. 71 (1991), S. 639-644.

[13] So etwa *Steuerreformkommission 1971 (Eberhard-Kommission),* Gutachten der Steuerreformkommission 1971, Bonn 1971 (Schriftenreihe des Bundesministeriums der Finanzen, H. 17), Tz. 157-178; vgl. auch *Wissenschaftlicher Beirat beim Bundesministerium der Finanzen,* Gutachten zum Gemeindesteuersystem und zur Gemeindesteuerreform in der Bundesrepublik Deutschland, in: ders: Entschließungen, Stellungnahmen und Gutachten 1949-1973, Tübingen 1974, S. 400-435, insbesondere S. 421 ff.

[14] Hierzu und zu den technischen Möglichkeiten einer Hebesatzlösung siehe *K.-H. Hansmeyer, H. Zimmermann,* Einführung eines Hebesatzrechts beim gemeindlichen Einkommensteueranteil, in: Wirtschaftsdienst, Jg. 72 (1992), S. 490-496.

jedoch nicht auf den tatsächlich geleisteten Steuerzahlungen der Einwohner. Es werden vielmehr lediglich die Steuerzahlungen bis zu einer Einkommensgrenze (zu versteuernde Einkommen) von 40.000 DM bei Ledigen und 80.000 DM bei Verheirateten berücksichtigt (die sogenannte Sockelgrenze). Bei Steuerpflichtigen mit einem höheren Einkommen wird hierdurch ein fiktives Einkommen in Höhe der Sockelgrenze unterstellt. Die Schlüsselzahlen der Gemeinden eines Landes ergeben in ihrer Summe den Wert 1, so daß die Gesamtsumme des Gemeindeanteils an der Einkommensteuer des betreffenden Bundeslandes automatisch vollständig auf die Gemeinden aufgeteilt wird. Gewollte Konsequenz dieser Berechnung der Schlüsselzahlen ist, daß Gemeinden mit einem überproportional hohen Anteil an Einkommen, die oberhalb der Sockelgrenze liegen, mit einem geringeren Anteil am gemeindlichen Einkommensteueraufkommen beteiligt werden, als ihre Bürger zum gesamten Steueraufkommen beigetragen haben. Damit findet bereits hier eine Art partieller horizontaler Finanzausgleich zwischen den Gemeinden eines Bundeslandes statt, dessen Umfang und regionale Wirkungen wesentlich von der Höhe der Sockelgrenzen abhängen.

Eine Besonderheit dieses Verfahrens liegt ferner in dem Umstand begründet, daß die Schlüsselzahlen nicht jedes Jahr ermittelt werden; die entsprechenden Berechnungen werden vielmehr von den Statistischen Landesämtern nur in einem dreijährigen Rhythmus durchgeführt. Da zusätzlich die Statistischen Landesämter ihren Berechnungen Zahlen zugrunde legen müssen, die aufgrund des recht langen Einkommensteuerveranlagungszeitraums und des schleppenden Rücklaufs der Lohnsteuerkarten mehrere Jahre alt sind, beschreiben diese Schlüsselzahlen die Einkommenstruktur eines Bundeslandes nur mit erheblicher Zeitverzögerung. Diese schematische Beteiligung an der Einkommensteuer hat sich zur zweiten Säule der Gemeindesteuern entwickelt; in kleinen Gemeinden mit geringem Gewerbebesatz übertrifft ihr Aufkommen das der Gewerbesteuer deutlich. Finanzpolitisch bedenklich bleibt freilich das fast völlige Fehlen der Merklichkeit, die man mit einem Hebesatzrecht herstellen könnte: Der Steuersatz soll in einer für die Bürger sichtbaren Weise politisch entschieden und so begründet werden, daß eine Verbindung mit Ausgabebeschlüssen deutlich erkennbar ist. Auf diese Weise gelänge auch – zumindest teilweise – eine Sicherung der fiskalischen Äquivalenz.[15]

Eine derartige Kompensationslösung, die nicht zuletzt mit Hilfe moderner Datenverarbeitung möglich ist,[16] wird bisher kaum diskutiert oder aber rundweg abgelehnt. Vor dem Hintergrund der vielen Pläne zu mehr Bürgerbeteiligung verwundert es besonders, daß der finanzpolitische Bereich sorgfältig ausgespart wird. Als Begründung einer solchen Ablehnung dient meist das bekannte Stadt-Umland-Argument: Die Stadt weist wahrscheinlich die höchsten Hebesätze auf, weil hier teure zentrale Dienste produziert und angeboten werden. Das Umland profitiert von diesen positiven externen Effekten und kann sich deshalb mit niedrigeren Hebesätzen begnügen. Dadurch werden wiederum Wanderungsbewegungen gerade der ‚Reichen‘ induziert, die in der Zentralstadt Steuererhöhungen zur Folge haben müssen.

Ein derart einfacher Zusammenhang dürfte freilich nicht gegeben sein. Wanderungen sind nämlich mit Kosten verbunden. Da ein Hebesatzrecht immer begrenzt bleiben wird, um eine Steueraushöhlung zu Lasten des Staates zu vermeiden, sind auch die Anreize zur Wohnortverlagerung begrenzt. Im übrigen kann es für die Kernstadt durchaus heilsam sein, sich um finanzstarke Einwohner durch Ausweisung attraktiver Wohngebiete bemühen zu müssen. Die derzeitige Regelung begünstigt nur das Denken in Einwohnerzahlen. Im übrigen ist der Begriff ‚Umland‘ durch die kommunale Neugliederung allenthalben relativiert, und wenn nun auch noch die steuerliche Begünstigung für Pendler stark reduziert wird, dann wird das Stadt-Umland-Argument immer weniger einsichtig.

Auch eine andere Entwicklung sollte dazu führen, das Hebesatzrecht bei der Einkommensteuer zu überdenken bzw. neu in die

---

[15] Siehe *M. Olson*, The Principle of „Fiscal Equivalence": The Division of Responsibilities among Different Levels of Government, in: American Economic Review, Vol. 59 (1969), S. 479-487.
[16] Siehe hierzu ausführlich *K.-H. Hansmeyer, H. Zimmermann*, Einführung eines Hebesatzrechts … (Fn. 14).

Diskussion zu bringen. Gleichgültig wie die Steuerreform 1999 schließlich ausfallen wird, mit Sicherheit kommt es zu einer Netto-Entlastung bei den direkten Steuern. Im Rahmen ihres Anteils sind davon auch die Gemeinden betroffen. Werden nun Kompensationsmaßnahmen einer Erhöhung der indirekten Steuern ergriffen, so dürften die Gemeinden kaum zu den Nutznießern gehören, sehen wir von dem wenig wahrscheinlichen Fall einer Weitergabe von Umsatzsteuer-Anteilen durch die Länder ab. Gäbe es hingegen ein Einkommensteuer-Hebesatzrecht, so könnten die Freiräume hierfür bei der Planung des künftigen Tarifs berücksichtigt werden. Ist der Tarif erst einmal beschlossen, so wäre dies ungleich schwieriger.

Das Prinzip des Interessenausgleichs verlangt – wie bemerkt – ein Gemeindesteuersystem, das die politischen Verhältnisse innerhalb der einzelnen Gemeinde oder zwischen den Gemeinden austariert. Für die Frage nach einer Substitution der Gewerbesteuer bedeutet die Forderung nach einem Interessenausgleich, daß neben der Einkommensteuer eine Steuer mit Hebesatzrecht gefunden werden muß, die an gewerbliche Tatbestände auf der Gemeindeebene anknüpfen kann. Als Lösung hatte der Wissenschaftliche Beirat beim Bundesfinanzminister in seinem Gutachten eine auf Vorarbeiten von A. Oberhauser[17] fußende Wertschöpfungsteuer vorgeschlagen. Bemessungsgrundlage einer solchen Steuer sollten alle Beiträge von Wirtschaftseinheiten sein, die in das Nettosozialprodukt eingehen. Diese Beiträge können subtraktiv ermittelt werden, indem der Umsatz eines Unternehmens um die Vorleistungen, Lagerbestandsveränderungen, Kapitalverzehr und selbsterstellten Anlagen bereinigt wird. Nach der sog. additiven Methode, die der Beirat in seinem Gutachten bevorzugte, wird die Wertschöpfung einer wirtschaftlichen Einheit aus Löhnen, Mieten, Zinsen und Gewinn summiert. Eine solche Steuer, die an der gesamten Wertschöpfung in einer Gemeinde ansetzt, würde dem Interessenausgleich wegen ihrer breiten Basis weitgehend gerecht werden und darüber hinaus eine Reihe von Vorteilen aufweisen. Sie gewährleistet

---

[17] Siehe *A. Oberhauser*, Die Eignung der Wertschöpfungsteuer als Gemeindesteuer, in: *H. Timm, H. Jecht (Hrsg.)*, Kommunale Finanzen und Finanzausgleich, Berlin 1964, S. 241-252.

- fiskalische Äquivalenz,

- Einnahmehoheit für die Gemeinden, da kommunales Hebesatzrecht möglich,

- (teilweise) Merklichkeit, da Unternehmensteuer, allerdings breiter als bei der Gewerbesteuer,

- Ergiebigkeit der Besteuerung (ähnlich der Gewerbesteuer),

- Verfassungskonformität,

- Konformität mit EU-Bestimmungen.

Allerdings besitzt sie keine Wettbewerbsneutralität, insbesondere gegenüber dem Ausland; im Inland hingegen kommt es zu einer gleichmäßigeren Verteilung als bei der Gewerbesteuer. Auch entspricht sie sicherlich nicht dem Grundsatz der Erhebungs- und Entrichtungsbilligkeit, wie sie auch keinen Schutz vor Substanzbesteuerung bietet, da sie viele ertragsunabhängige Elemente enthält.

Der Vorschlag einer Wertschöpfungsteuer hat zweifelsohne die Reformdiskussion (bis heute) stimuliert.[18] Er war aber auch geeignet, die Standpunkte zu polarisieren.

Befürworter fanden sich in den Reihen der Wissenschaft;[19] auch die kommunalen Spitzenverbände schlossen sich dem zunächst

[18] Neben den inhaltlich zitierten Arbeiten seien, ohne näher auf sie einzugehen, die Diskussionsbeiträge von *H. Rehm,* Änderungsmöglichkeiten bei der Struktur und Bemessung der Gemeindesteuern, in: ifo-Studien (Zeitschrift für empirische Wirtschaftsforschung), Heft 1-2/1982, S. 95-142; *Kronberger Kreis,* Vorschläge zu einer „Kleinen Steuerreform", Hektographiertes Typoskript, Bad Homburg 1983; *R. Alter, H. Stegmann,* Die Praktikabilität einer kommunalen Wertschöpfungsteuer, in: Wirtschaftsdienst, Jg. 64 (1984), S. 90-94; *G. Schwarting,* Wertschöpfungsteuer – Neue Belastungen für die Wirtschaft?, in: Wirtschaftsdienst, Jg. 64 (1984), S. 87-90; *H. Karrenberg,* Die Bedeutung der Gewerbesteuer für die Städte, Stuttgart u. a. O. 1985; *K. Littmann,* Das Elend der Gewerbesteuerreform, in: H. Hanusch u. a. (Hrsg.): Staat und Politische Ökonomie heute, Stuttgart/New York 1985, S. 223 ff.; *A. Zeidler,* Möglichkeiten zur Fortsetzung der Gemeindefinanzreform – Eine theoretische und empirische Analyse, Frankfurt a. M./ New York 1985; *W. Albers,* (Fn. 2); *R. Clemens u. a.,* Gewerbesteuerreform im Spannungsfeld von Unternehmensteuerbelastung und kommunaler Finanzautonomie, Göttingen 1986 (Schriften zur Mittelstandsforschung N.F. Nr. 13) und *B. Risch,* Siechtum der Gewerbesteuer – und kein Ende, in: Wirtschaftsdienst, Jg. 67 (1987), S. 306 ff. erwähnt.

[19] Insbesondere der Sachverständigenrat zur Begutachtung der gesamtwirtschaftlichen Entwicklung hat sich schon in seinem Gutachten 1982/83 für die Wertschöpfungsteuer ausgesprochen: „Ein guter Ersatz für die Gewerbesteuer könnte dagegen eine Steuer auf die Wertschöpfung sein, die breit angelegt sein müßte." *Sachverständigenrat zur Begutachtung der gesamtwirtschaftlichen Entwicklung,* Jahresgutachten 1982/1983, Stuttgart 1982, S. 229.

an: Sie präferierten zwar die Beibehaltung oder vorzugsweise sogar den Ausbau der Gewerbesteuer, falls diese Steuer jedoch nicht zu halten wäre, versprachen sich die Gemeinden von der Wertschöpfungsteuer mit ihrer breiten Bemessungsgrundlage einen akzeptablen Ersatz.[20] Ansonsten traf der Vorschlag des Wissenschaftlichen Beirats jedoch überwiegend auf Widerstand, sei es von Gruppen, die durch eine Wertschöpfungsteuer belastet würden (wie Freie Berufe oder Mieter bzw. Haus- und Grundbesitzer), sei es von Unternehmen, deren Verbände die Wiedereinführung der Lohnsummensteuer auf kaltem Wege beklagten und insgesamt auf den hohen Anteil ertragsunabhängiger Elemente in der Bemessungsgrundlage der Wertschöpfungsteuer hinwiesen.[21]

Bedauerlicherweise ist die Kritik an der Wertschöpfungsteuer über Ablehnung kaum hinausgekommen. Auch der Beirat hat seinen Vorschlag vor dem Hintergrund der kritischen Äußerungen nicht überprüft. Um so verdienstvoller ist daher ein jüngst vorgenommener Vorstoß[22], der geeignet sein könnte, der Diskussion um eine geeignete kommunale Unternehmensteuer neue Impulse zu verleihen. Wertvoll ist zunächst auch der früher schon gemachte Hinweis, daß alle Steuern, die am Umsatz ansetzen, ähnliche Elemente enthalten. Geht man vom Bruttoumsatz aus, der bis 1967 die Grundlage der Brutto-Allphasen-Umsatzsteuer war, so gelangt man durch den Abzug der Vorleistungen zur Brutto-Wertschöpfung mit der Wertschöpfungsteuer und durch den Abzug von Kapitalgüterkäufen und -verkäufen zur Netto-Wertschöpfung. Stefan Homburg schlägt diese Bemessungsgrundlage als Basis für

---

[20] Siehe *Deutscher Städtetag,* Vorschlag des Deutschen Städtetages zur Umgestaltung der Gewerbesteuer. Zum Beschluß des Hauptausschusses des Deutschen Städtetages vom 17.9.1986, in: der städtetag, N.F. Jg. 39 (1986), S. 776-784; *H. Karrenberg, E. Münstermann,* Gemeindefinanzbericht 1986, in: der städtetag, N.F. Jg. 39 (1986), S. 75 ff., S. 113 ff.; *H. Karrenberg, E. Münstermann,* Gemeindefinanzbericht 1987, in: der städtetag, N.F. Jg. 40 (1987), S. 48 ff., S. 73 ff.; *H. Karrenberg,* Der Vorschlag des Deutschen Städtetages zur Umgestaltung der Gewerbesteuer, in: Der Gemeindehaushalt, Jg. 88 (1987), S. 1 ff.

[21] *DIHT – Deutscher Industrie- und Handelstag,* Gewerbesteuer auf neuem Kurs … (Fn. 8), *DIHT – Deutscher Industrie- und Handelstag u. a.,* Kommunale Wertschöpfungsteuer – der falsche Weg ... (Fn. 8), *BDI – Bundesverband der deutschen Industrie,* Zukunftsorientierte Steuerpolitik, Köln 1985.

[22] *S. Homburg,* Eine kommunale Unternehmensteuer, in: Wirtschaftsdienst, 76. Jg. (1996), S. 491 ff.

eine kommunale Unternehmensteuer vor mit der ausdrücklichen Begründung, auf diese Weise die standortgefährdende Besteuerung des Kapitals zu vermeiden. Sicherlich gibt es auch hier Diskussionsbedarf; der Vorschlag sollte aber sorgfältig geprüft werden.

III. Diskussionsritual vor dem Hintergrund von Massenarbeitslosigkeit und deutscher Wiedervereinigung – Schlußfolgerungen

1. In seinem Jahresgutachten 1983/84 zieht der Sachverständigenrat zur Begutachtung der gesamtwirtschaftlichen Entwicklung (SVR) ein kurzes Fazit der bisherigen Gewerbesteuerdiskussion: „Die Gewerbesteuer ist eine schlechte Gemeindesteuer."[23] Dieser Tenor durchzieht die meisten Stellungnahmen der kommenden Jahre. So geht der Bund der Steuerzahler unter der Überschrift „Wie lange noch Gewerbesteuer?" seit dem Jahre 1965 immer wieder auf die Abschaffung ein;[24] Karl Bräuer hatte bereits 1954 diese Forderung erhoben. Auch der Sachverständigenrat knüpft immer wieder an seine oben genannte Feststellung an, beläßt es aber nicht dabei, sondern weist im Jahresgutachten 1993/94 ausdrücklich darauf hin, „daß eine Reform der Unternehmensbesteuerung nicht von der Reform der Gemeindefinanzen zu trennen sein wird. Das letzte Thema muß wegen der finanziellen Situation der Gemeinden in den neuen Bundesländern in Kürze ohnehin angegangen werden. Man sollte dies zum Anlaß nehmen, noch einmal die Reform oder besser: die Abschaffung der Gewerbesteuer und deren Ersatz durch eine kommunale Wertschöpfungsteuer zu prüfen."[25]

---

[23] *Sachverständigenrat zur Begutachtung der gesamtwirtschaftlichen Entwicklung,* Ein Schritt voran – Jahresgutachten 1983/1984, Stuttgart 1983, Tz. 399.

[24] *Bund der Steuerzahler,* Wie lange noch Gewerbesteuer?, Wiesbaden 1965; *Bund der Steuerzahler,* Wie lange noch Gewerbesteuer?, Wiesbaden 1971; *Bund der Steuerzahler,* Wie lange noch Gewerbesteuer? ...(Fn. 3); *Bund der Steuerzahler,* Wie lange noch Gewerbesteuer?, Wiesbaden 1994.

[25] *Sachverständigenrat zur Begutachtung der gesamtwirtschaftlichen Entwicklung,* Zeit zum Handeln, Antriebskräfte stärken – Jahresgutachten 1993/1994, Stuttgart 1993, Tz. 306.

Das gleiche Thema wird im folgenden Jahr unter dem Stichwort ‚Standortwettbewerb' noch einmal aufgegriffen. Dabei stehen die Anforderungen an eine Ersatzlösung im Vordergrund. Abgelehnt wird eine Beteiligung an der Umsatzsteuer; zur flexiblen Einkommenbesteuerung mit Hebesatzrecht findet sich eine indifferente Haltung. Der Schluß ist freilich wiederum eindeutig: „ (…) diese Überlegungen bestärken uns in der Auffassung, daß als Ersatz für die Gewerbesteuer in erster Linie eine kommunale Wertschöpfungsteuer in Frage kommen kann."[26] Ähnliche Forderungen finden sich mittlerweile häufig; Differenzen ergeben sich bei den Ersatzvorschlägen. So greift der Kronberger Kreis auf die Betriebsteuer zurück, Richter und Wiegard plädieren für die Abschaffung der allokativ verzerrenden Gewerbesteuer durch eine cash-flow-Steuer, ein Gedanke, den auch Cansier ausgesprochen hat.[27]

2. Diesen offensiv vorgetragenen Forderungen begegnen die Gemeinden vornehmlich defensiv, wie sich an den informativen Gemeindefinanzberichten von Karrenberg und Münstermann ablesen läßt. Gewiß, auch der Städtetag entdeckte seine späte Liebe zu einer Wertschöpfungsteuer. Da aber weder Bund noch Länder zur Hilfe eilen und auch im Lager der kommunalen Spitzenverbände keine einheitliche Linie erkennbar wird, entsteht der Eindruck, daß sich die Gemeinden zunehmend auf eine Verteidigungsposition zurückziehen, die schlicht ‚Ausgleich der Einnahmeausfälle' bedeutet. Eine solche Haltung ist gewiß politisch verständlich, umschreibt sie doch die Verteilungsprobleme von Gemeinden und Gemeindeverbänden unterschiedlicher Größe und Struktur, die von jeder Reform ihrer steuerlichen Einnahmen unterschiedlich getroffen werden. Dabei ist es sicherlich am einfachsten, wenn sich alle Betroffenen auf die Wahrung des Status quo zurückziehen. Gleichwohl ist eine solche Haltung nicht unge-

---

[26] *Sachverständigenrat zur Begutachtung der gesamtwirtschaftlichen Entwicklung,* Im Standortwettbewerb – Jahresgutachten 1995/1996, Stuttgart 1995, Tz. 350.
[27] *W. F. Richter, W. Wiegard,* Cash-flow-Steuern: Ersatz für die Gewerbesteuer? in: Steuer und Wirtschaft, Jg. 67 (1990), S. 40-45; *D. Cansier,* Eine steuersystematische Beurteilung der cash-flow-Steuern: Antwort auf eine Replik, in: Wirtschaftsdienst, Jg. 69 (1989), S. 252-256.

fährlich; dies gilt insbesondere dann, wenn sich wichtige Rahmenbedingungen ändern. Dies ist seit Anfang der 90er Jahre der Fall, seit der Zunahme der Massenarbeitslosigkeit und seit der deutschen Wiedervereinigung.

3. Das SVR-Jahresgutachten 1993/1994 nannte das Stichwort ‚Unternehmensbesteuerung‘, das mit der Zunahme der Arbeitslosenquote hinsichtlich der Gewerbesteuer einen Bedeutungswandel durchgemacht hat. Auch in den 70er Jahren waren steuersystematische Einwände die Regel. Sie bezogen sich jedoch auf allokative Fehllenkungen struktureller Art (Großbetriebsteuer, ertragsunabhängige Komponente etc.). Nun aber wird daraus ein Niveauproblem: Die Belastung der deutschen Unternehmen ist im internationalen Vergleich zu hoch. Was läge näher, als die nur noch in Deutschland (und Luxemburg) erhobene Gewerbesteuer zumindest teilweise abzuschaffen, zumal Österreich vor wenigen Jahren bereits vorangegangen ist und die bisher unterbliebene Einführung der Gewerbekapitalsteuer in den neuen Ländern zur Entscheidung ansteht.

Deuten wir diese Entwicklungslinien richtig, so steht eine weiterer Schritt bei der Abschaffung der Gewerbesteuer mit der Nichterhebung der Gewerbekapitalsteuer bevor. Es mag dahingestellt sein, wie lange sich die Gewerbeertragsteuer dann noch halten kann. Die Ersatzlösung scheint allgemein akzeptiert zu sein: Beteiligung der Gemeinden an der Umsatzsteuer ohne Hebesatzrecht aber mit einem ‚gewerbefreundlichen‘ Verteilungsschlüssel. Die Höhe der Beteiligungsquote deckt den Gewerbesteuerausfall. Demgegenüber hatte ein kürzlich vom Bundesministerium der Finanzen gemachter Deckungsvorschlag über verbilligte Kredite wohl nur tagespolitischen Wert.

4. Nehmen wir an, daß das Umsatzsteuer-Verteilungsmodell rechnerisch funktioniert, wobei auf Rückwirkungen für die Beteiligungsverhältnisse an der Umsatzsteuer bereits hingewiesen wurde. Fragen wir vielmehr allgemeiner, wie dann die kommunale Einnahmenstruktur aussehen dürfte. Horst Zimmermann hat eine Skala des Autonomiegehalts der kommunalen Einnahmearten entwickelt, die zur Erläuterung dieser Entwicklung hilfreich

ist.[28] Gliedern wir die kommunalen Einnahmen nach diesem Kriterium, so weisen (1) Kostenerstattungen und Zweckzuweisungen den geringsten Autonomiegrad auf; (2) die sog. Schlüsselzuweisungen geben hinsichtlich der Verwendung größere Autonomie, den Verteilungsmodus bestimmt freilich die übergeordnete Gebietskörperschaft. Die (3) kommunale Beteiligung an einer Steuer mit Hilfe eines Schlüssels, der von der einzelnen Gemeinde nicht beeinflußbar ist, kommt den Schlüsselzuweisungen nahe. (4) Erst die Ertragshoheit bei solchen Steuern, deren Verteilung nach einer Bemessungsgrundlage erfolgt, die von den Gemeinden beeinflußbar ist, läßt eine deutliche Zunahme der finanziellen Bewegungsfreiheit erkennen. Dem entspricht derzeit die kommunale Beteiligung an der Einkommensteuer. (5) Die logische Steigerung ist dann eine Steuer mit eigenem Hebesatzrecht. (6) Krönend wäre dann sicherlich das Einräumen einer Wahlmöglichkeit bei der Erhebung oder sogar ein eigenes Steuerfindungsrecht. Beides gehört bei der dominierenden Gesetzgebungshoheit des Bundes aber allenfalls in den Bereich der Bagatellsteuern (z. B. Steuer auf Einweggeschirr).

Berücksichtigen wir zusätzlich, daß auch die kommunale Gebührenpolitik mittlerweile überwiegend dazu dient, im Ver- und Entsorgungsbereich Ausgaben zu finanzieren, die durch staatliche Normen gesetzt sind, und unterstellen wir, daß bei ganzer oder partieller Abschaffung der Gewerbesteuer ein Ersatz durch eine Beteiligung an der Mehrwertsteuer ohne Hebesatzrecht erfolgen wird, so konzentriert sich in der Folgezeit die Mehrzahl der kommunalen Einnahmen in einem Mittelfeld, das sicherlich eine gewisse Gestaltungsmöglichkeit bei den kommunalen Ausgaben erlaubt, die allerdings bei den Einnahmen weitgehend fehlt.

Eine solche Entwicklung ist früher vehement beklagt und auch bekämpft worden.[29] Es hat den Anschein, als lasse dieser Wider-

---

[28] *H. Zimmermann,* Stärkung der kommunalen Finanzautonomie, in: Staatswissenschaften und Staatspraxis, Jg. 6 (1995), S. 663 ff.
[29] Siehe hierzu insbesondere: *Wissenschaftlicher Beirat beim Bundesministerium der Finanzen,* Reform der Gemeindesteuern (Fn. 5).

stand nach bzw. als gäbe es ihn nicht mehr. Symptom dafür ist der nahezu fatalistische Verlauf der derzeitigen Kompensationsdebatte, aber auch der häufige Hinweis auf die Länder, die ein solches Hebesatzrecht ja auch nicht besäßen. Letzteres ist als Faktum prinzipiell richtig, obwohl dabei die Rolle des Bundesrates übersehen wird und auch die normative Frage unterbleibt, ob nicht den Ländern ein derartiges Hebesatzrecht ebenfalls gut anstünde. Schließlich erlebt man bei den Gesprächen mit leitenden Gemeindebeamten immer wieder eine grundsätzlich ablehnende Haltung, wenn die Sprache auf ein wirksames Hebesatzrecht (nicht nur bei der Grundsteuer) kommt.

Hier könnte man die unendliche Geschichte enden lassen. Offensichtlich entspricht es dem Zeitgeist, daß immer mehr (und demnächst alle) Steuern in einen großen Steuerverbund fließen. Die Verteilung auf die einzelnen Ebenen erfolgt dann nach Schlüsseln und Verfahren, die so undurchschaubar sind wie der Wohlfahrtsstaat. Auch der Finanzausgleich hätte dann endgültig dessen Züge angenommen.

5. Die wirtschaftliche Landschaft der meisten vergleichbaren Industriestaaten der Welt ist derzeit durch Massenarbeitslosigkeit gekennzeichnet. Fragt man nach den Ursachen, so fällt rasch auch das Stichwort ‚Verteilung'. Die personelle Umverteilung, das weite Feld des modernen Wohlfahrtsstaates, wird dafür verantwortlich gemacht, daß der Faktor Arbeit immer teurer geworden ist, so daß Substitutionsprozesse mit der Folge der Arbeitslosigkeit einsetzen. Diese Überlegungen gehören nicht zum Thema, wohl aber muß hier die Frage gestellt werden, ob nicht die zunehmende Umverteilung innerhalb des öffentlichen Sektors auch ein gerüttelt Maß zur derzeitigen Misere dadurch beigetragen hat, daß die Verteilungspolitik die Wachstumspolitik in den Hintergrund drängt. Die Frage nach dem ‚Warum?' ist dabei noch relativ leicht zu beantworten:[30]

---

[30] *H. Zimmermann,* Wohlfahrtsstaat zwischen Wachstum und Verteilung, München 1996., S. 12 f.

• Verteilungspolitische Ziele werden hinsichtlich ihrer Zielerreichung relativ rasch sichtbar. Das gilt für den Einkommensteu-
ertarif und das Kindergeld. Das gilt aber auch für den Nivellie-
rungsgrad bei der Finanzkraft im Länderfinanzausgleich und im
kommunalen Finanzausgleich.

• Wachstumspolitische Ziele werden hingegen erst in einem
komplexen Prozeß erreicht, wobei der Beitrag der einzelnen
Akteure oft nur schwer radizierbar ist. Das gilt für Steuersen-
kungsmaßnahmen genauso wie für die Einführung von Steuern,
die Gestaltungsspielräume um den Preis der Ungleichheit eröffnen. Der politische ,appeal' von Wachstum dürfte daher in (noch)
reichen Volkswirtschaften relativ gering sein.

Schwierigkeiten entstehen freilich bei der Begründung eines
Sachzusammenhangs derart, daß zunehmende Verteilungseffizienz innerhalb des öffentlichen Sektors mit geringerer Wachstums-
effizienz einhergeht. Das beginnt bereits mit einem Meßproblem:
Hat die Verteilungseffizienz wirklich zugenommen? Dabei wird
in der Regel unterstellt, daß die Verteilungseffizienz zunimmt,
wenn der Anteil der Netto-Ausgaben an den Gesamtausgaben der
Gebietskörperschaften sich zu den oberen Ebene der Gebietskörperschaften verschiebt. Das ist in Deutschland in der Tat seit 1950
der Fall.[31] Allerdings diskutiert die Finanzwissenschaft unter dem
Stichwort ,Popitz'sches Gesetz' schon seit langem die Frage, ob
sich hier nur statistische Massen oder auch finanzpolitische Ent-
scheidungsspielräume nach oben verschoben haben.[32] Gerade die
letztere Frage ist schwer in abschließender Form zu beantworten,
weil sich hier mehrere Entwicklungslinien überlagern. Beispielhaft seien genannt:

(1) Die Gesetzgebungskompetenz liegt – im Gegensatz zu
ursprünglichen Absichten des Grundgesetzgebers – nahezu voll-

[31] H. Zimmermann, Wohlfahrtsstaat … (Fn. 30), S. 143 ff. Auf die dort gemachten ausführli-
chen, weiterführenden Überlegungen sei verwiesen.
[32] K.-H. Hansmeyer, Das Popitz'sche Gesetz von der Anziehungskraft des zentralen Etats, in:
H. Timm, H. Haller (Hrsg.), Beiträge zur Theorie der öffentlichen Ausgaben, Berlin 1967,
S. 197-229 (Schriften des Vereins für Socialpolitik, N.F. Bd. 47).

ständig beim Bund. (2) Im innerstaatlichen Finanzausgleich fällt immer öfter das Wort von der Übernivellierung. (3) Gleichzeitig ist die Frage nach dem wirklichen Entscheidungsträger unter dem Eindruck der ausufernden Mischfinanzierung kaum mehr zu beantworten. Gleichwohl dürfte per Saldo ein abnehmender Gestaltungsspielraum und damit eine Zunahme das Verteilungsziels gerade auf der Gemeindeebene unbestreitbar sein.

Die Antwort auf die weiterführende Frage nach den Wirkungsmechanismen, die zu Wachstumseinbußen führen, dürfte dann grundsätzlich naheliegen.[33] Wenn öffentliche Körperschaften öffentliche Leistungen anbieten, die zugleich Standortfaktoren sind – und dies gilt insbesondere für Gemeinden – dann konkurrieren diese damit um Unternehmen, allgemeiner um wirtschaftliche Aktivitäten. Die Notwendigkeit der Konkurrenz nimmt aber spürbar ab, wenn bei den öffentlichen Einnahmen Verteilungsmechanismen greifen, die eine Belohnung in diesem Konkurrenzkampf ganz oder teilweise ausschließen. Selbständig gestaltbare Steuereinnahmen sind aber nun einmal das bewährteste Belohnungsinstrument. Fehlt ein solches Instrument oder ist es (s. o.) in wesentlichen Teilen lahmgelegt, kommt es zu Entwicklungen, die mit einer Dauersubventionierung vergleichbar sind. In der Tat: Was ist ein egalisierender Finanzausgleich auf Gemeinde- oder Landesebene anderes? Die kürzlich wieder angeprangerten Subventionen im Kulturbereich[34] belegen dies eindrucksvoll. Insofern gehören radikale Rückführung der Mischfinanzierung auf allen Ebenen – nicht nur der Gemeinschaftsaufgaben – und Stärkung der kommunalen Finanzautonomie zusammen. Unter diesem Aspekt wird aus einem unendlichen Verteilungsstreit um die Beibehaltung einer Steuer ein staatspolitisches Thema erster Ordnung: Die dauerhafte Sicherung kommunaler Finanzgestaltung selbst um den Preis der Verteilungsungleichheit ist Aufgabe des Gesetzgebers, nicht des Verbändestreits.

---

[33] *H. Zimmermann,* Wohlfahrtsstaat ... (Fn. 30), S. 137 f.
[34] *D. Schümer,* Rausch der Gründerzeit, in: Frankfurter Allgemeine Zeitung, Nr. 44 v. 21.2.1997, S. 35.

HEINRICH MÄDING

Sieben Überlegungen zur kommunalen Haushaltskonsolidierung

Manfred Rommel hat die kommunale Finanzkrise der letzten Jahre nicht nur erlitten, sondern ist vielfältig gegen sie angegangen:

• Als Präsident und Vizepräsident des Deutschen Städtetages engagierte er sich immer wieder für eine Neuordnung der Finanzverteilung zwischen Bund, Ländern und Kommunen, so 1993 auf der außerordentlichen Hauptversammlung „Städte in Not", der ersten seit 25 Jahren.

• Als Oberbürgermeister von Stuttgart suchte er für seine Stadt sachlich tragfähige Wege verantwortlicher Haushaltskonsolidierung und die politischen Mehrheiten für ihre Umsetzung.

• Als hintersinniger Formulierer, von dem stets die „Gefahr unkonventionellen Nachdenkens"[1] ausging, konterte er das gängige Ansinnen, die Kommunen sollten mehr sparen, mit dem Hinweis, sparen könne man nur Geld, das man habe, den Städten aber fehle das Geld....

Die folgenden Überlegungen sollen einige zeitlose und viele zeittypische Rahmenbedingungen und Handlungsformen kommunaler Haushaltskonsolidierung teils systematisch beleuchten, teils mit einigen empirischen Informationen skizzieren.

---

[1] *Manfred Rommel,* Standortpolitik in großen Städten – am Beispiel Stuttgart, in: Georg Kronawitter (Hrsg.), Rettet unsere Städte jetzt!, Düsseldorf 1994, S. 189-206, hier: S. 189.

I. Haushaltskonsolidierung ist auf allen Ebenen erforderlich.

Wohl kein Thema findet zur Zeit in der politischen und öffentlichen Debatte so viel Aufmerksamkeit wie die Haushaltskonsolidierung.[2] Zwei Gründe sind dafür maßgeblich: die Relevanz des Geldmangels für die Erfüllung aller öffentlichen Aufgaben und die besondere Dramatik der Situation. Diese Dramatik läßt sich z. B. mit folgenden Zahlen verdeutlichen:[3]

• Das Defizit des öffentlichen Gesamthaushalts betrug 1996 ca. 130 Mrd. DM.

• Allein der Bund mußte für 1996 seine Defiziterwartung von 60 auf 76 Mrd. DM korrigieren.

• Die Kommunen in Ost und West hatten 1992 bis 1995 jeweils mehr als 10 Mrd. DM Defizit.

• Die öffentlichen Schuldenstände haben Mitte 1996 die astronomische Zahl von 2 Bio. DM überstiegen und sich damit seit der Vereinigung 1990 verdoppelt.

Die Erforderlichkeit der Haushaltskonsolidierung speist sich aus drei Argumentationsketten:

Ökonomisch steht heute die Reduzierung der Zinslast im Mittelpunkt. Bekanntlich gibt es zwei ökonomisch rationale Gründe für öffentliche Verschuldung[4]:

• die – keynesianisch begründete – Wirtschaftsankurbelung: nach den Erfahrungen vor allem der 70er Jahre ist ihre Gefolgschaft in Wissenschaft und Politik auf kleine Gruppen geschmolzen, die das Argument heute zudem überwiegend zur Drosselung des Tempos der Haushaltskonsolidierung einsetzen,

---

[2] Dies bestätigt auch die alljährliche Umfrage des Deutschen Instituts für Urbanistik über Probleme der Stadtentwicklung, vgl. *Michael Bretschneider,* Aktuelle Probleme der Stadtentwicklung und der Kommunalpolitik, Umfrageergebnisse 1996, Berlin 1996 (Difu-Materialien, Bd. 6/96).

[3] Öffentliche Haushalte 1996/97: Finanzpolitik weiterhin auf schmalem Grat. DIW-Wochenbericht 63. Jg. (1996), Nr. 35, S. 577-590.

[4] *Otto Gandenberger,* Thesen zur Staatsverschuldung, in: Karl-Heinrich Hansmeyer (Hrsg.), Staatsfinanzierung im Wandel, Berlin 1983, S. 843-865.

• die intergenerationelle Lastenverteilung: in Anbetracht der zukünftigen Lasten aus unserem nicht-nachhaltigen Wirtschaften und aus den demographischen Prozessen (Überalterung, Rentenproblem) findet dieses Argument z. Zt. keine expliziten Befürworter.

Damit tritt das Problem der Zinslasten in den öffentlichen Haushalten in den Vordergrund. Ihr absolutes und relatives Wachstum reduziert Schritt für Schritt die Fähigkeit, Fachaufgaben zu erfüllen, und nimmt der Haushaltspolitik die Möglichkeit, flexibel neue Aufgaben zu dotieren. Die Zins-Steuer-Quote hat inzwischen fast den Wert 16 Prozent erreicht und wird allgemein als bedrohlich angesehen.

Politisch hat der am 7. Februar 1992 unterzeichnete Vertrag von Maastricht dem Konsolidierungsthema neues Gewicht gegeben. Als Aufnahmekriterien in die Europäische Währungsunion wurden u. a. zwei defizitbezogene Grenzwerte formuliert. Danach darf das öffentliche Defizit eines Mitgliedstaates nicht mehr als 3 Prozent des Bruttoinlandsproduktes betragen und der Schuldenstand nicht mehr als 60 Prozent. 1996 hat die Bundesrepublik den ersten Wert deutlich überschritten, den zweiten schon fast erreicht. Bei der Priorität der europäischen Integrationspolitik für die regierende Koalition unter Kanzler Kohl ist dies ein dramatisches Warnsignal. Für die Kommunen ist sicher, daß Maastricht auch ihre Verschuldungspolitik – mindestens langfristig – tangiert. Sie werden wahrscheinlich zu einer quantitativ heute noch unbestimmten Defizitbegrenzung verpflichtet werden, sei es rechtlich via Gesetz, sei es politisch via Absprachen in Verhandlungsprozessen, z. B. im Finanzplanungsrat.[5]

Verglichen mit diesen beiden Begründungen tritt die rechtliche heute eher zurück. Auf der staatlichen Ebene hat sich die Defizitbegrenzung auf das Volumen der Investitionen (vgl. Art. 115 GG) als eher stumpfes Schwert erwiesen. Auf der kommunalen Ebene dagegen definiert die Nachrangigkeit der Schuldenaufnahme zur

[5] *Ariane Hildebrandt,* Maastricht und die Verschuldung von Bund, Ländern und Gemeinden, in: Eva Lang u. a. (Hrsg.), Kommunen vor neuen Herausforderungen, Berlin 1996, S. 253-272.

Ausgabenfinanzierung im Zusammenspiel mit der Pflicht, den Haushalt (außer in Nordrhein-Westfalen) von der Kommunalaufsicht genehmigen zu lassen, weiterhin eine erhebliche rechtliche Hürde.

II. Haushaltskonsolidierung ist auf allen Ebenen schwierig.

Bei den materiellen Optionen der Haushaltskonsolidierung[6] kann („logisch") zwischen zwei großen Klassen von Maßnahmen unterschieden werden: Einnahmensteigerung und Ausgabensenkung, mit vielen Varianten im einzelnen

• nach Einnahmearten: Steuern, Gebühren, Zuweisungen, Vermögensveräußerung etc.

• nach Ausgabearten: Personalausgaben, laufender Sachaufwand, Investitionen etc.

• nach Aufgabenbereichen: Soziales, Verkehr, Sicherheit und Ordnung etc.

• nach Vorgehensweise: Aufgabenabbau, Privatisierung, Leistungsreduktion oder Effizienzsteigerung.

Dieselben drei disziplinären Perspektiven, die für die Erforderlichkeit stehen, können – wenn auch mit Überlappungen – zugleich zur Beschreibung der Schwierigkeit verwendet werden, wobei von nun an die kommunale Ebene ganz im Mittelpunkt stehen soll.

Haushaltskonsolidierung ist politisch schwierig. Bei den Einnahmesteigerungen im Verwaltungshaushalt läßt sich zunächst festhalten, daß der Spielraum äußerst gering ist. Viele Einnahmen lassen sich – zumindest kurzfristig – kaum absichtsvoll steigern. Hier fehlt ein politischer Handlungsspielraum. Sie scheiden als Option einer Haushaltskonsolidierung durch die Kommune also praktisch aus (z.B. Zuweisungen, Einkommensteueranteil). Andere

---

[6] *Heinrich Mäding*, Optionen kommunaler Haushaltskonsolidierung, in: Birgit Frischmuth (Hrsg.), Haushaltskonsolidierung, Berlin 1994, S. 37-64 (Difu-Materialien, Bd. 4/94).

Einnahmen lassen sich zwar in Grenzen steigern (Realsteuern über Hebesatzvariantionen, einige Gebühren), aber wirtschaftspolitische (Hebesätze), sozialpolitische (Gebühren im Sozial- und Kulturbereich) oder andere fachpolitische Ziele (ÖPNV-Tarife) stehen dem regelmäßig entgegen. Der Widerstand der betroffenen Bürger und Unternehmen mobilisiert rasch eine Verhinderungskoalition Wiederwahl-orientierter Gemeinderäte. Ganz ähnlich sieht es auf der Ausgabenseite aus, wo das „iron triangle" von Fachpolitikern, Fachverwaltungen und Bürgern/Nutzern der Sparpolitik harte politische Grenzen setzt und der Parteienwettbewerb mit seiner inhärenten Versprechungskonkurrenz in der Tendenz eher zu weiter wachsenden Leistungsansprüchen der Bürger beiträgt.[7]

Haushaltskonsolidierung ist ökonomisch schwierig, weil zweischneidig. Unterlassene Reinvestitionen ziehen oft höhere Aufwendungen in der Zukunft nach sich („sparsam" ist nicht automatisch „wirtschaftlich"!). Unterlassene Investitionen beeinträchtigen die lokale unternehmensbezogene Infrastruktur, die – zusammen mit den Tarifen (Energie, Wasser/Abwasser) – ein wichtiger Standortfaktor für das ansässige oder evtl. ansiedlungswillige Gewerbe darstellen. Aber auch andere kommunale Ausgaben haben im Wettbewerb der Städte und Regionen als Determinanten für „weiche Standortfaktoren"[8] wichtige Prägewirkung für die wirtschaftliche Zukunft einer Stadt: vom Wohnungsbau über die Kultureinrichtungen bis zum Umweltschutz, und zwar gerade dann, wenn das Profil der harten Standortfaktoren an konkurrierenden Standorten als relativ gleichwertig eingeschätzt wird.

Haushaltskonsolidierung ist auch rechtlich schwierig, besonders auf kommunaler Ebene. Die maßgeblichen Gründe sind teils die gleichen wie auf der staatlichen Ebene: Beamte und Angestellte

---

[7] *Heinrich Mäding,* Sparpolitik: theoretische Forderungen und politische Praxis, in Heinrich Mäding (Hrsg.), Sparpolitik. Ökonomische Zwänge und politische Spielräume, Opladen 1983, S. 11-35, hier: S. 27.

[8] *Busso Grabow u. a.,* Weiche Standortfaktoren, Stuttgart 1995 (Schriften des Deutschen Instituts für Urbanistik, Bd. 89).

genießen einen weitgehenden Kündigungsschutz, der rasche Anpassungen des Personalkörpers unmöglich macht. Teils spielen auf der kommunalen Ebene Sonderfaktoren eine Rolle: Bundesgesetzliche Pflichten von der Sozialhilfe bis zum ausreichenden Angebot an Kindergartenplätzen, die die kommunalen Haushalte belasten, sind nicht durch kommunales Handeln veränderbar. Hinzu kommen die vielen Standards, die von den Ländern gesetzt werden, teils gesetzlich, teils durch untergesetzliche Normen, z. T. im Kontext von Zweckzuweisungsprogrammen, denen sich die Kommune kaum, eben nur bei Verzicht auf die Zuweisung, entziehen kann[9].

III. Haushaltskonsolidierung ist kein neues Phänomen, aber sie wandelt ihren Charakter.

Ein Blick in die Geschichte belegt dies: Schon 1975 druckte „Die Zeit" eine 10teilige Serie „Wo kann und muß der Staat sparen". 1981 war der zweite Höhepunkt in der Presseberichterstattung: „Der Wohlfahrtsstaat in der Klemme" (Die Zeit, 4.12.1981), „Der Steuerstaat am Wendepunkt" (Frankfurter Allgemeine Zeitung, 3.10.1981) waren charakteristische Überschriften. Dies ist kein Zufall: In beiden Jahren erreichte der negative Finanzierungssaldo des öffentlichen Gesamthaushalts jeweils einen Höhepunkt, übrigens weit jenseits der Maastricht-Grenze von drei Prozent:

1975 mit 63,8 Mrd. DM (d.h. 6,2 Prozent des Bruttosozialprodukts),

1981 mit 69,5 Mrd. DM (d.h. 4,5 Prozent des Bruttosozialprodukts)[10].

---

[9] *Michael Reidenbach*, Kommunale Standards in der Diskussion: Setzung und Abbau von Standards am Beispiel der Kindergärten, Berlin 1996 (Difu-Beiträge zur Stadtforschung, Bd. 22).
[10] *Mäding* (Fn. 7), S. 14.

Die Wissenschaft griff die Thematik erst in den Folgejahren auf[11]. Der Erfolg der damaligen Konsolidierungspolitik gerade auch auf der kommunalen Ebene war beachtlich. Der Finanzierungssaldo der Kommunen konnte binnen zwei Jahren von (1981) –9,6 Mrd. DM auf (1983) –1,3 Mrd. DM abgebaut und in einen Überschuß von 1,1 Mrd. DM (1984) verwandelt werden. Dies hat dazu beigetragen, daß die politische und die wissenschaftliche Beschäftigung mit dem Thema rasch im Sande verlief. Bis heute fehlen vertiefte Analysen aus finanzwirtschaftlicher oder aus politik- und verwaltungswissenschaftlicher Perspektive über die Möglichkeiten, die Praxis, die Erklärung und die Beurteilung sparpolitischer Aktivitäten. Staat und Kommunen gingen daher „instrumentell" relativ unvorbereitet in die dramatischere Konsolidierungsphase der Jahre ab 1992.

Von dieser neuen Phase wurde schon 1993 auf dem Symposium „20 Jahre Deutsches Institut für Urbanistik" realistisch prognostiziert: „Die gegenwärtige Krise der kommunalen Haushalte ist nicht vergleichbar mit den üblichen Haushaltskrisen der Vergangenheit, die in der Regel mit einem über ein bis zwei Jahre dauernden gebremsten Ausgabenanstieg zu bewältigen waren."[12] Die Finanzkrise ist diesmal nicht konjktureller, sondern struktureller Natur.

Dies kann optisch verdeutlicht werden, indem man die Finanzkrisen- bzw. Konsolidierungsverläufe der 80er und 90er Jahre dadurch vergleichbar macht, daß die beiden Perioden „übereinandergelegt" werden. Als zeitliches Kriterium wird der (erste) Tiefpunkt der Finanzierungssalden gewählt, der in der Finanzkri-

---

[11] Vgl. u. a. *Mäding* (Fn. 7), *Hans Herbert von Arnim/ Konrad Littmann (Hrsg.),*: Finanzpolitik im Umbruch: zur Konsolidierung öffentlicher Haushalte, Berlin/München 1984, *Albert von Mutius/ Gunnar-F. Schuppert,* Die Steuerung des Verwaltungshandelns durch Haushaltsrecht und Haushaltskontrolle, in: Veröffentlichungen der Vereinigung der Deutschen Staatsrechtslehrer, Berlin/New York 1984, Bd. 42, S. 147 ff., *Rolf Hoberg,* Ansätze für planvolles Sparen auf der kommunalen Ebene, in: Archiv für Kommunalwissenschaften (AfK), Jg. 21 (1982), S. 97 ff., *Werner Thieme,* Der Sparhaushalt, DÖV Jg. 37(1984), S. 129 ff., *Horst Zimmermann,* Kürzungs-Management: eine neue kommunalpolitische Aufgabe, Wirtschaftsdienst (1982), S. 296 ff.

[12] *Jobst Fiedler,* Die aktuelle Finanzkrise der Großstädte: Neue Finanzierungsquellen oder Leistungsabbau?, in: Heinrich Mäding (Hrsg.), Stadtperspektiven: Difu-Symposium 1993, Berlin 1994, S. 131-154, hier: S. 131 (Difu-Beiträge zur Stadtforschung, Bd. 10).

se der 80er 1981 und der 90er 1992 war. Auch die 90er Daten beziehen sich zur besseren Vergleichbarkeit nur auf die alten Bundesländer (vgl. Abb. 1). Deutlich wird

• eine große Ähnlichkeit im Vorfeld der Tiefpunkte mit Finanzierungssalden zwischen etwa –4 und –6 Mrd. DM,

• ein großer Unterschied in den Konsolidierungsabläufen, die in den 90er Jahren weit weniger erfolgreich erscheinen. Während in den 80er Jahren das Defizit binnen drei Jahren in einen Überschuß verwandelt wurde, ist dies in den 90er Jahren bis heute nicht gelungen und besteht nach realistischen Prognosen dazu auch mittelfristig wenig Wahrscheinlichkeit.

Die wichtigsten Ursachen für die schleppende Konsolidierung auf der kommunalen Ebene liegen in der wirtschaftlichen Entwicklung, den finanziellen Folgen der deutschen Einigung, zusätzlichen Ausgabelasten durch neue staatliche Normen und der Steuerpolitik des Bundes. Kommunale Konsolidierungspolitik ist daher weitgehend symptom- und nicht ursachenorientierte Politik. Gerade für große Städte kann eindrucksvoll nachgewiesen werden, wie die rasche Abfolge neuer Belastungen von außen die lokale Sparpolitik nicht nur laufend zu atemlosen Reaktionen zwingt, sondern geradezu in eine mentale „Vergeblichkeitsfalle" führt, weil das, was die Gemeinderäte da aus eigener Kraft einsparen (können) in einem eklatanten quantitativen Mißverhältnis zu dem steht, was ihnen der Kämmerer anderntags als neuen, extern-bedingten Konsolidierungsbedarf präsentiert[13].

Die unterschiedliche wirtschaftliche Entwicklung und die Finanzpolitik des Bundes spiegeln sich deutlich im Verlauf der Gewerbesteuereinnahmen (netto) wider (Abb. 2). Die Finanzkrise der 80er begann mit einem Einbruch der Veränderungsrate auf –8,3 Prozent (1981), dem ein zügiger Neuanstieg auf 9,4 Prozent (1983) und 11,3 Prozent (1984) folgte. Die 90er-Krise zeigt in den alten Ländern auch unter dem Einfluß der Finanzierung der deutschen Einigung (Gewerbesteuerumlage!) geradezu einen spiegel-

---

[13] *Fiedler* (Fn. 12).

Abbildung 1

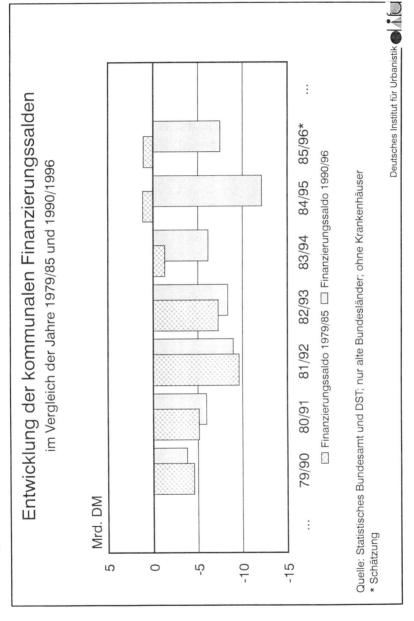

Entwicklung der kommunalen Finanzierungssalden
im Vergleich der Jahre 1979/85 und 1990/1996

Mrd. DM

5

0

-5

-10

-15

79/90   80/91   81/92   82/93   83/94   84/95   85/96*

Finanzierungssaldo 1979/85   Finanzierungssaldo 1990/96

Quelle: Statistisches Bundesamt und DST; nur alte Bundesländer; ohne Krankenhäuser
* Schätzung

Deutsches Institut für Urbanistik

Abbildung 2

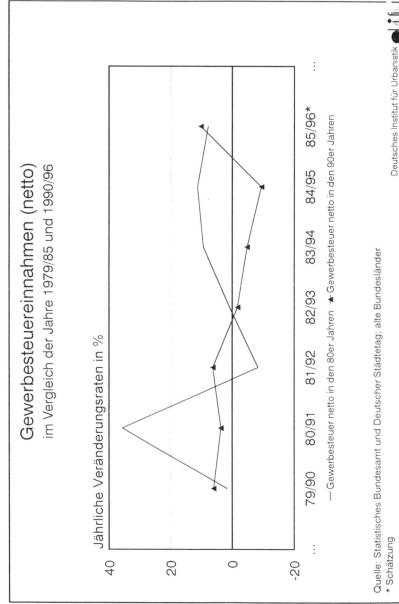

Gewerbesteuereinnahmen (netto)
im Vergleich der Jahre 1979/85 und 1990/96

Jährliche Veränderungsraten in %

40

20

0

-20

79/90   80/91   81/92   82/93   83/94   84/95   85/96*

— Gewerbesteuer netto in den 80er Jahren   ★ Gewerbesteuer netto in den 90er Jahren

Quelle: Statistisches Bundesamt und Deutscher Städtetag; alte Bundesländer
* Schätzung

Deutsches Institut für Urbanistik

bildlichen Verlauf: noch Einnahmewachstum im Tiefpunkt 1992 (als Folge des Vereinigungsbooms) und dann eine sukzessive Verschlechterung auf –9,4 Prozent im Jahr 1995. Im Jahr 1995 klaffen die Veränderungsraten über 20 Prozentpunkte auseinander. Zusammenfassend kann man feststellen, daß die Haushaltskonsolidierung der 90er Jahre im Unterschied zu den 80er Jahren bei den Steuereinnahmen bis 1995 keine Entlastung, sondern eine permanente Verschärfung erfuhr und daß insofern die Sparnotwendigkeiten auf der Ausgabenseite größer ausfielen als früher. Das Gewerbesteuerwachstum 1996 wird im übrigen durch einen etwa gleichgroßen Rückgang beim Einkommensteueranteil kompensiert.

Beim Vergleich der Ausgabenveränderungen zwischen den Konsolidierungsphasen zeigt sich folgendes Bild:

Die Sachinvestitionen, die sich weiterhin stark „im Schlepptau" staatlicher Zuweisungen für investive Zwecke bewegen, zeigen etwas unterschiedliche Startniveaus und Verlaufsbilder (vgl. Abb. 3). Daß der Einbruch in den 80er Jahren tiefer ist als in den 90er Jahren, hängt einerseits von den hohen Ausgangsniveaus als Folge des Zukunftsinvestitionsprogramms (1979–1981) ab, andererseits von den heute inzwischen geringen realen Volumina, die weitere Einsparungen immer schwerer machen.

Die Personalausgaben zeigen vergleichbare hohe Startniveaus und parallele Verlaufsbilder (vgl. Abb. 4), wobei allerdings der Spareffekt in den 90er Jahren etwas ausgeprägter ist (vgl. unten Abschnitt IV.).

Abb. 5 belegt deutlich den konsolidierungshemmenden Effekt der Sozialausgaben in den 90er Jahren durch die zunächst noch steigenden Wachstumsraten und ihren Verlauf bis 1995 oberhalb der 80er-Linie, ein Zeichen dafür, daß die Haushaltskonsolidierung heute durch die Folgen des „jobless growth" auf die Kommunalfinanzen deutlich erschwert wird.[14]

---

[14] 1996 wird der Entlastungseffekt der Pflegeversicherung durch eine negative Veränderungsrate sichtbar.

Abbildung 3

190

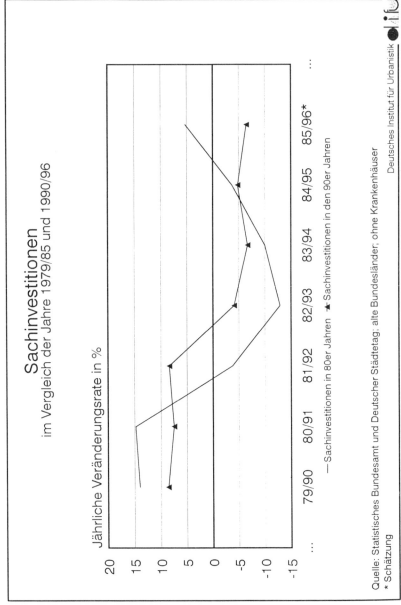

Sachinvestitionen
im Vergleich der Jahre 1979/85 und 1990/96

Jährliche Veränderungsrate in %

— Sachinvestitionen in 80er Jahren ★ Sachinvestitionen in den 90er Jahren

Quelle: Statistisches Bundesamt und Deutscher Städtetag; alte Bundesländer; ohne Krankenhäuser
* Schätzung

Deutsches Institut für Urbanistik

Abbildung 4

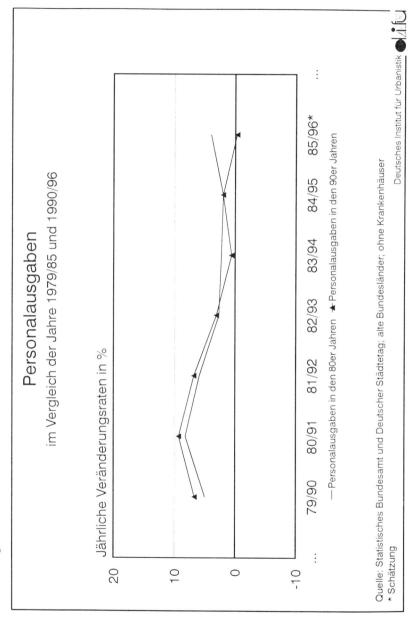

Personalausgaben

im Vergleich der Jahre 1979/85 und 1990/96

Jährliche Veränderungsraten in %

| | 79/90 | 80/91 | 81/92 | 82/93 | 83/94 | 84/95 | 85/96* |

— Personalausgaben in den 80er Jahren ★ Personalausgaben in den 90er Jahren

Quelle: Statistisches Bundesamt und Deutscher Städtetag; alte Bundesländer, ohne Krankenhäuser
* Schätzung

Deutsches Institut für Urbanistik

Abbildung 5

192

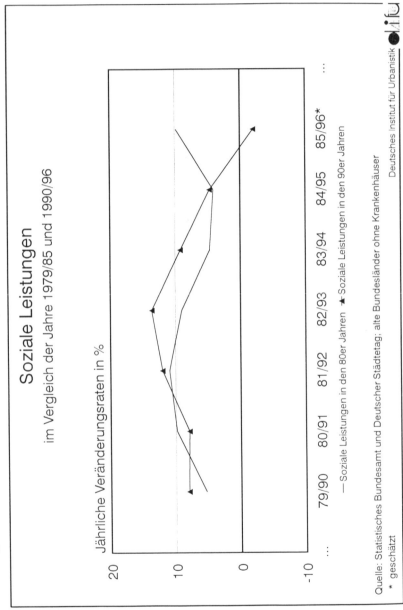

Soziale Leistungen

im Vergleich der Jahre 1979/85 und 1990/96

Jährliche Veränderungsraten in %

20

10

0

-10

79/90 80/91 81/92 82/93 83/94 84/95 85/96*

— Soziale Leistungen in den 80er Jahren ★ Soziale Leistungen in den 90er Jahren

Quelle: Statistisches Bundesamt und Deutscher Städtetag; alte Bundesländer ohne Krankenhäuser
* geschätzt

Deutsches Institut für Urbanistik

IV. Haushaltskonsolidierung über die Ausgabenseite hat die Personalausgaben erreicht.

Einige Besonderheiten der kommunalen Haushaltskonsolidierung der 90er Jahre sollen im folgenden herausgearbeitet werden. Dabei wird wiederholt beispielhaft auf Bemühungen in zwei deutschen Großstädten verwiesen, Stuttgart und Hannover. Diese Verweise belegen wiederholt eine Parallelität der Aktivitäten. Sie können selbstverständlich vertiefende Fallstudien, die dringlich erforderlich wären, nicht ersetzen. Doch stützen sie die Hypothese, daß es ein hohes Maß an Vergleichbarkeit von Problemlagen und Problemlösungen – zumindest bei den Großstädten über 500.000 Einwohner[15] – gab und gibt.

Gewichtiger Ausgabenblock im kommunalen Haushalt sind die Personalausgaben mit gesamtwirtschaftlich etwa einem Drittel der Ausgaben des Verwaltungshaushalts. Das in Abb. 4 nachgewiesene geringfügige Wachstum der Personalausgaben im 90er-Zyklus gibt die Entwicklung der Personalausgaben in den Beispielstädten Stuttgart und Hannover unzutreffend wieder (vgl. Tabelle 1). Deutlich sichtbar werden

Tabelle 1

Personalausgaben (in Mio. DM)

	Stuttgart		Hannover	
	absolut	Differenz zum Vorjahr	absolut	Differenz zum Vorjahr
1990	673,6	60,1	637,4	39,2
1991	736,3	62,7	723,2	85,8
1992	785,1	48,8	763,8	40,6
1993	806,2	21,1	756,8	– 7,0
1994	798,5	– 7,7	691,1	– 65,7
1995	807,9	+ 9,4	659,8	– 31,3

Quelle: Statistisches Jahrbuch deutscher Gemeinden, lfd. Jg.

---

[15] 1995 hatte Stuttgart ca. 580.000, Hannover ca. 526.000 Einwohner.

- die hohen Personalausgabenzuwächse zu Beginn des Jahrzehnts auch in Folge des „Vereinigungsbooms" (jeweils etwa 170 Mio. DM in 3 Jahren oder fast 60 Mio. DM p.a.),
- die seit 1991 abwärts zeigende Entwicklung der Differenzen,
- die in Hannover ab 1993 und in Stuttgart ab 1994 absolute Einschränkungen der Personalausgaben ausweist.

Diese Reduktionen sind zwar auch durch die finanzstatistischen Folgen der Ausgliederungen beeinflußt, sie waren aber nur durch drastische, mehrjährige Stellenabbauprogramme zu realisieren.

- Der Rat der Stadt Hannover beschloß schon im Jahre 1992 ein Haushaltskonsolidierungsprogramm in einer Größenordnung von 220 Mio DM. Darin war bis 1994 ein 1000-Stellen-Abbau-Programm vorgesehen, d. h. mindestens 10 Prozent aller Stellen sollten ohne betriebsbedingte Kündigung abgebaut werden.[16] Solche Einschnitte gehen weit über die Maßnahmen der 80er Jahre mit ihrem „flexibilitätsorientierten Sparen"[17] hinaus. In einer späteren Bilanz verweist die Stadt Hannover darauf, daß im Zeitraum 1992–1995 sogar 1264.5 Arbeitsplätze abgebaut wurden. „(Dies geschah) vor allem durch Ausschöpfen von Rationalisierungspotentialen ohne wesentliche Wirkungen nach außen."[18] Beim nun anstehenden Konsolidierungsprogramm II 1997–1999, das eine strukturelle Verbesserung von weiteren 125 Mio. DM anvisiert, sind stärkere Einschnitte in das Leistungsspektrum der Stadt erforderlich und damit auch politische Prioritätsentscheidungen des Rates.[19]

- Auch in Stuttgart setzte die Haushaltskonsolidierung 1992 ein. Ein „rasch geschnürtes Sofortpaket (‚HHK 1992')"[20] brachte ab 1993 Verbesserung um 43,8 Mio. DM. Danach gingen Rat und Verwaltung systematisch an eine dauerhafte Entlastung des Stadthaushalts. Für 1993 wurde zunächst ein explizites Konsolidie-

[16] *Fiedler* (Fn. 12), S. 133 f.
[17] *Mäding* (Fn. 7), S. 24 f.
[18] Rats-Drs. Hannover 780/95, S. 6.
[19] ebd.
[20] *Hans-Joachim Hilbertz,* Die Landeshauptstadt Stuttgart im Veränderungsprozeß, in: Kommunalpraxis Baden-Württemberg (1995), S. 179-186, hier: S. 179.

rungsziel von 180 Mio. DM vom Rat beschlossen. Dabei sollte zu etwa je einem Drittel Personalausgaben und sonstige Ausgaben gekürzt und Einnahmen gesteigert werden. Bei den Personalausgaben sollten nach einem Ratsbeschluß vom 2.9.1993 im Zeitraum von 1994 bis 1996 rund 950 Stellen wegfallen. Das entsprach einer durchschnittlichen Kürzung um 9 Prozent aller Stellen. Auch hier bestand der Kern des Programms in einem „pauschalen Stellenabbau aufgrund von allgemeinen und für alle Ämter gleichermaßen geltenden Vorgaben"[21]. Schon dieses Programm mußte um weitere 80 Mio. auf 260 Mio. DM („HHK 1993") erhöht und später um ein Programm „HHK 1994" von weiteren 80 Mio. DM ergänzt werden, so daß aufsummiert über die drei Programme ca. 387 Mio. DM Haushaltsverbesserung im Jahre 1997 angestrebt sind, von denen etwa ein Viertel, 96 Mio. DM, auf Reduzierung der Personalausgaben entfällt. Mehr als 90 % der Ausgabenreduktion geht dabei auf Stellenstreichungen durch Aufgabenübertragung (auf Private, auf die Region), durch Aufgabenabbau oder Effizienzsteigerung zurück. Der entsprechende Stellenabbau von 1536.5 Stellen betrifft ca. 15 Prozent aller Stellen der Stadtverwaltung (ohne Krankenhäuser und Eigenbetriebe!). In einer neueren Stuttgarter Ratsvorlage (623/1996 vom 18.11.1996) ist der Vollzug des Stellenabbaus – auch nach Gründen – nachvollziehbar: Mit den 1360 bisher geräumten Stellen, die ein Ausgabevolumen von 76 Mio. DM repräsentieren, sind 90 Prozent des Abbauzieles erreicht.

Erfolgsmeldungen der Haushaltskonsolidierung im Personalsektor haben selbstverständlich ihre Kehrseite, die nicht nur den Personalräten, sondern allen kommunalen Akteuren voll bewußt ist: „Die Erfüllung des 1000-Stellen-Abbauprogramms bedeutet, daß 1000 Menschen, die arbeitslos sind oder in das Berufsleben eintreten wollen, künftig nicht im städtischen Dienst unterkommen werden."[22] Das Spannungsverhältnis zur sozialen Verantwortung für die Ausbildung der Jugend ist unübersehbar.

---

[21] Vgl. *Willi Weiblen,* Stellung und Funktion der Querschnittsämter bei der Haushaltskonsolidierung, in: Birgit Frischmuth (Hrsg.), Haushaltskonsolidierung, S. 109-139, hier: S. 122 (Difu-Materialien 4/94).
[22] Rats-Drs. Hannover 245/95 S. 7.

V. Haushaltskonsolidierung und Verwaltungs-
modernisierung sind eng verzahnt.

Das beherrschende Kennzeichen und der bedeutendste Unterschied zu den 80er Jahren liegt in der Verzahnung der (Debatte
der) Haushaltskonsolidierung mit der (Debatte der) Verwaltungsmodernisierung. Denn quasi zeitgleich zur Finanzkrise haben sich
die deutschen Kommunen erstmals seit dem zweiten Weltkrieg
unter dem Motto „Von der Behörde zum Dienstleistungsunternehmen"[23] auf den Weg weitreichender Reformen ihrer Aufbau-
und Ablauforganisation begeben.[24] Die Promotorenrolle der
Kommunalen Gemeinschaftsstelle für Verwaltungsvereinfachung in Köln (KGSt) und ihres Vorstandes (bis 1995) Gerhard
Banner kann kein Beobachter in Zweifel ziehen. Ihr Bericht
12/1991 „Dezentrale Ressourcenverantwortung: Überlegungen
zu einem neuen Steuerungsmodell" kann als Startzeichen, ihr
Bericht 5/1993 „Das Neue Steuerungsmodell. Begründung-Kon-
turen-Umsetzung" als weithin akzeptierter Orientierungspunkt
gewertet werden.

Bei allen Nuancen im Detail und ersten erfahrungsbedingten Posi-
tionsverschiebungen kann die kommunale Verwaltungsmodernisierung mit dem Ziel eines „Neuen Steuerungsmodells" (NSM)
als der Versuch verstanden werden, auch in Deutschland Anschluß
an die Prinzipien der New Public Management-Bewegung zu finden, die in vielen westlichen Staaten seit den 80er Jahren zu interessanten, oft weitreichenden Verwaltungsreformen geführt hat.
Alle zentralen Elemente dieses NSM stehen in engem Zusammenhang mit der Budgetsteuerung:

1. Outputorientierung

Im Mittelpunkt aller Bemühungen sollen die „(End-)Produkte"
stehen, die das „Dienstleistungsunternehmen Stadt" seinen „Kun-

---

[23] *Gerhard Banner,* Von der Behörde zum Dienstleistungsunternehmen – Die Behörden brauchen ein neues Steuerungsmodell, in: Verwaltung-Organisation-Personal (1991), S. 6-11.
[24] *Christoph Reichard,* Umdenken im Rathaus. Neue Steuerungsmodelle in der deutschen Kommunalverwaltung, Berlin 1994.

den", den Bürgern und der Wirtschaft, zur Verfügung stellt. Davon sind die intern erstellten Vor- und Zwischenprodukte zu unterscheiden. Der neuen Produktsystematik (Produkte – Produktgruppen – Produktbereiche) soll einerseits die Organisation der Verwaltung und des Rates (Ausschußgliederung), andererseits die Gliederung des Haushalts entsprechen.[25]

2. Kosten- und Leistungsrechnung

Diese Produkte sind die Kostenträger einer umfassenden Kosten- und Leistungsrechnung, die laufend – anders als im heutigen kameralistischen Rechnungswesen – die vollen Kosten, einschließlich der Kosten der verwaltungsinternen Vorleistungen (über interne Verrechnungen) und der Kapitalnutzung (Mieten, Pachten, kalkulatorische Zinsen und Abschreibungen) ermittelt und den Leistungen zugeordnet und so erst ökonomisch rationale politische Prioritätssetzung ermöglicht („vom Blindflug zum Instrumentenflug", Banner)

3. Rollentrennung

Gegen den faktischen Trend einer wachsenden wechselseitigen Abhängigkeit und Verzahnung von Politik und Verwaltung, bei der Politiker die Verwaltung, Verwaltungsmitarbeiter die Politik für ihre je eigenen Interessen einzuspannen versuchen, soll eine klarere Verantwortungsabgrenzung zwischen Rat und Verwaltung erfolgen. Das Verhältnis zwischen Rat und Verwaltung hat der Stuttgarter Bürgermeister G. Lang sogar als den „wichtigsten Baustein des Verwaltungsumbaus" bezeichnet[26], während viele Beratungsunternehmen den Rat aus ihren Konzepten weitgehend ausklammern.[27]

---

[25] Ein erster Schritt ist die Zuordnung von Outputinformationen, vgl. den inzwischen im dritten Jahr vorliegenden Bericht der *Landeshauptstadt Stuttgart,* Produkte, Leistungen und Kennzahlen zum Haushaltsplan 1997, Stuttgart 1996.

[26] Vgl. *Gerhard Lang,* Der Rat: Ratifikationsorgan für Verwaltungsvorlagen oder Aufsichtsrat des „Unternehmens Stadt" oder Bürgerrepräsentanz, Vortrag auf dem Difu-Seminar „Verwaltungsführung – Wirksamer steuern durch weniger Eingriffe?", Berlin, 27. 8. 1996, S. 1 (Ms.).

[27] In der Selbstdarstellung von *Price-Waterhouse* „Unser Selbstverständnis: Was verstehen wir unter modernem Verwaltungsmanagement?" wird in 9 Thesen der Rat nicht einmal erwähnt.

4. Kontrakte/Budgetierung

In Fortführung älterer Konzepte des „Management by Objectives" sollen wenigstens für die Endprodukte sowohl zwischen Rat und Verwaltungsspitze als auch vertikal absteigend innerhalb der Verwaltung Leistungsverträge geschlossen werden, die neben der outputbezogenen Sachkomponente eine ressourcenbezogene Finanzkomponente haben, also ein bestimmtes Budget für bestimmte Leistungen gewähren. Offen ist aber bis heute die Frage nach dem Detaillierungsgrad zwischen Dezernatsbudget und Produktbudget.[28]

5. Dezentrale Ressourcenverantwortung

Innerhalb dieses zugewiesenen Budgets erhalten die fachlich Verantwortlichen (Dezernenten, Amtsleiter) nun auch die Ressourcenverantwortung. Ohne langwierige Instanzenzüge und ohne Zustimmung der Kämmerei sollen sie effizienzorientierte Prozeßoptimierung betreiben, also beispielsweise selbst entscheiden, ob Vorprodukte selbst erstellt werden, aus der Verwaltung oder auf dem Markt erworben werden.

Diese Zuständigkeitsverlagerung innerhalb der Verwaltung tangiert auch den Rat, der nun nicht mehr durch die detailorientierten Festlegungen bei der Haushaltsaufstellung oder durch Ad-hoc-Eingriffe den Vollzug im einzelnen steuern kann.

6. Controlling

Um die politische Führung durch den Rat und die Verwaltungsführung durch die Verwaltungsspitze zu sichern, soll ein mehrstufiges Controlling beide über den Stand der Aufgabenerfüllung in den Fachdiensten auf dem laufenden halten und eventuelle „Rückholentscheidungen" oder Einzelweisungen vorbereiten.

---

[28] *Birgit Frischmuth,* Budgetierung in deutschen Städten. Stand der Einführung: Ergebnisse einer repräsentativen Umfrage, Berlin, Januar 1996 (Aktuelle Information des Difu), *Birgit Frischmuth (Hrsg.),* Budgetierung konkret – Umsetzung und Konsequenzen des neuen Verfahrens, Berlin 1996 (Difu-Materialien 2/96).

In dieses Controlling sind auch die Beteiligungen einzubeziehen, da Fragen der Rechtsform der Aufgabenerfüllung (Regiebetrieb, Eigenbetrieb, „optimierter Regiebetrieb", Eigengesellschaft) immer weniger als (ideologische) Grundsatzfragen angesehen werden, sondern als solche der höheren Flexibilität der Betriebsführung, der leichteren Rekrutierung von Führungspersönlichkeiten oder der geringeren steuerlichen Belastung.

Der Beitrag der Verwaltungsmodernisierung zur Haushaltskonsolidierung besteht langfristig, also unter Einschluß der erforderlichen Änderungen des Haushalts- und Dienstrechts, darin, daß die Akteure

• über bessere Informationsgrundlagen verfügen (output-Budget, Kosten-Leistungs-Rechnung, Controlling),

• über ein konsistenteres Anreizsystem („Kunden"-Orientierung, dezentrale Ressourcenverantwortung, Globalbudgets, Verfügung über managementbedingte Erträge) und

• den Wettbewerb, interne Märkte und Verträge als flexible Koordinationsmechanismen nutzen.

Was auch die beste Verwaltungsmodernisierung allerdings nicht leisten kann, ist die Beseitigung

• der Unvollkommenheit der Information, nicht nur über die Zukunft, sondern auch über Handlungswirkungen,

• des Eigennutzes der Akteure und damit verbunden der finanziellen Rivalität zwischen den Aufgabenfeldern, schließlich

• der Unvollkommenheit des Wettbewerbs auf allen Märkten.

In beiden Städten wird die Verzahnung zwischen Haushaltskonsolidierung und Verwaltungsmodernisierung in stadtspezifische Lösungen umgesetzt.[29] Jeweils spielten Gutachten externer Bera-

---

[29] Vgl. für Hannover *Jobst Fiedler*, Verwaltungsreformprozeß in einer deutschen Großstadt. Versuch einer kritischen Evaluation des Reformprozesses in Hannover, in: Christoph Reichard u. Hellmut Wollmann (Hrsg.), Kommunalverwaltung im Modernisierungsschub? Basel 1996, S. 113-134, hier: S. 114 f. und *Landeshauptstadt Hannover*, Auf dem Weg zu einem Hannover-Modell, Eine Dokumentation des Reformprozesses in der Stadtverwaltung Hannover 1992 bis 1995, Hannover 1996.

ter eine wichtige Katalysatorenrolle in der Startphase, wobei das Wibera-Gutachten von 1993 für Stuttgart[30] – im Unterschied zum Mummert + Partner-Gutachten von 1991 für Hannover – die Aufmerksamkeit nicht nur auf binnenadministrative Fragen, sondern auch auf das Verhältnis von Rat und Verwaltung lenkte. Damit wurde hier diese stadtpolitisch brisante Zentralfrage der Verwaltungsmodernisierung frühzeitig thematisiert, aber zugleich wurden – wegen der Schwierigkeiten der Umsetzung – retardierende Effekte wirksam, da der Rat die geplante Änderung der Hauptsatzung an den vorherigen Aufbau eines strategischen Controlling band.[31]

VI. Haushaltskonsolidierung über die Einnahmenseite: vom Beteiligungsmanagement zur Vermögensaktivierung.

Im Rahmen der materiellen Konsolidierungspolitik ist die interessanteste Neubewertung der letzten Jahre hinsichtlich der wirtschaftlichen Nutzung des kommunalen Vermögens eingetreten.[32] Dabei darf der Begriff des kommunalen Vermögens nicht zu eng gefaßt werden. Heute ist davon auszugehen, daß in den Großstädten „etwa 50 Prozent des kommunalen Finanzvolumens (im investiven Bereich z. T. bereits wesentlich mehr) außerhalb des regulären Haushalts in kommunalen Gesellschaften abgewickelt" werden.[33] Diese Bereiche, die im Westen in den letzten 50 Jahren erhebliche Vermögenswerte akkumuliert haben, müssen im „Konzern Stadt" wie der sog. Kernhaushalt effektiv und effizient gesteuert werden und in Konsolidierungszeiten in die Stadtpolitik auf Einnahmen- und Ausgabenseite integriert werden.

[30] *WIBERA (Wirtschaftsberatungs AG)*, Landeshauptstadt Stuttgart: Effektivierung der Arbeit von Gemeinderat und Verwaltung, Düsseldorf 1993. Siehe auch in dieser Festschrift den Beitrag von *E. Laux*, Kap. V.

[31] *Lang* (Fn. 26).

[32] *Walter Richter*, Vermögensaktivierung als Instrument zur Haushaltskonsolidierung, in: Michael Reidenbach (Hrsg.), Kommunale Finanzen, Berlin 1996, S. 159-166 (Difu-Materialien 4/96).

[33] Vgl. *Walter Richter*, Effiziente Nutzung von kommunalem Vermögen als Haushaltskonsolidierungsansatz, in: Birgit Frischmuth (Hrsg.), Sparstrategien, Berlin 1995, S. 72-78 (Difu-Materialien 14/95).

Die Beteiligungsberichte, die inzwischen allenthalben oft schon turnusmäßig erstellt werden[34],

• betreffen nur Ausschnitte des kommunalen Gesamtvermögens, das Liegenschaften, privatisierungsfähige Betriebe und Anlagen, kommunale Gesellschaften und Beteiligungen an Wirtschaftsunternehmen umfaßt,

• liefern i.d.R. noch nicht alle relevanten Informationen, die für eine effektive Steuerung benötigt würden und

• finden zudem im allgemeinen zu wenig Aufmerksamkeit bei ihrer Beratung im Rat.

In beiden Städten ist in den letzten Jahren ein qualifiziertes Beteiligungsmanagement[35] aufgebaut worden, das Einfluß auf die Geschäftspolitik der Betriebe nehmen soll: in Hannover in einem eigenen Amt für Koordinierung und Controlling beim Oberstadtdirektor, in Stuttgart im Rahmen der Kämmerei. Das Spektrum der Aktivitäten wird beispielhaft in Abb. 6 deutlich.

Doch wird man festhalten müssen, daß mit Ausnahme weniger Städte (z.B. Leipzig)[36], die personelle Ausstattung des Beteiligungsmanagements unzureichend ist. Einer Steuerung stehen zudem beachtliche „vested interests" der Beteiligungen und Eigenbetriebe entgegen. „Nachteilig wirkt sich auch das Zusammenwirken der ‚Fachseilschaften' von Fachverwaltung, Fachpolitikern und Geschäftsführung zu Lasten dieser aus gesamtstädtischer Sicht optimierten Steuerung aus".[37]

---

[34] *Landeshauptstadt Hannover,* (1.) Beteiligungsbericht 1996, Hannover 1996; *Landeshauptstadt Stuttgart,* Erster Beteiligungsbericht Stuttgart 1995, Zweiter Beteiligungsbericht, Stuttgart 1996.

[35] Vgl. *Willi Weiblen,* Bessere Steuerung von Eigenbetrieben, Eigengesellschaften und Beteiligungen durch ein künftiges Beteiligungsmanagement? in: Birgit Frischmuth (Hrsg.), Sparstrategien, Berlin 1995, S. 79-94 (Difu-Materialien 14/95).

[36] Hier wurde zudem mit der Beratungsgesellschaft für Beteiligungsverwaltung Leipzig-BBVL eine ungewöhnliche privatrechtliche Organisationsform der Beteiligungsverwaltung gewählt, vgl. *Michael Weber,* Finanzierung von städtischen Investitionen in einer ostdeutschen Großstadt, in: Michael Reidenbach (Hrsg.), Kommunale Finanzen Berlin 1996, S. 167-199 (Difu-Materialien 4/96) und *Stadt Leipzig,* Erster Beteiligungsbericht, Leipzig 1994.

[37] Vgl. *Richter* (Fn. 33), S. 76 f.

Abbildung 6

Aufgaben der Stuttgarter Beteiligungsverwaltung

1. Zentrale Zuständigkeit der Stadtkämmerei
2. Wahrnehmung aller gesellschaftsrechtlichen Aufgaben
   – Rolle des Gesellschafters –
3. Mitwirkung bei der Gestaltung von Wirtschaftsplänen
4. Mitwirkung bei der Gestaltung von Jahresabschlüssen
5. Vorbesprechungen innerhalb der Beteiligungsverwaltung
6. Erarbeitung der Gemeinderatsvorlagen
7. Stellungnahmen zu den Aufsichtsratsvorlagen an OBM/Dezernent
8. Überwachung nach § 53 Haushaltsgrundsätzegesetz mit WP
9. Beteiligung der Rechtsaufsicht
10. Zentrale Bearbeitung von Gesellschaftsverträgen
11. Steuerfragen zwischen Gesellschaften und Stadt:
    verdeckte Gewinnausschüttungen/verbindliche Anfragen/
    steuerliche Außenprüfungen/Finanzierungen/Vertrags-
    gestaltungen
12. Vertragsgestaltungen zwischen Unternehmen/Stadt:
    Mietverträge/Konzessionsverträge/Unterbeteiligungen
    Geschäftsbesorgungsverträge
13. Entsendungen in die Aufsichtsräte
14. Zentrale Bearbeitung der Anstellungsverträge
15. Erteilung von Gutachtenaufträgen
16. Aus-/Umgründungen sowie Umwandlungen
17. Privatisierung
18. Vertretung der Stadt in Gesellschafter-/Hauptversammlungen
19. Erstellung von Beteiligungsberichten

Quelle: Willi Weiblen, 1995, S. 92

Ziel eines wirtschaftlichen Umgangs mit diesem Vermögen ist auch in Zeiten der Haushaltskonsolidierung nicht primär seine Veräußerung[38] („Privatisierung"), um einen einmaligen Beitrag zur Defizitabdeckung im Verwaltungshaushalt zu erwirtschaften. Die Stadt Hannover hat im Rahmen ihrer Konsolidierungsprogramme der effizienten Nutzung von kommunalem Vermögen eine besondere Bedeutung eingeräumt. Sie schätzt, daß insgesamt ein Potential von 25 Prozent bis 30 Prozent des Konsolidierungsbedarfs beigesteuert werden kann.[39] Im Kern verfolgt sie drei Wege:

• Grundstücksveräußerung: Bisher ungenutzte oder unwirtschaftlich genutzte Grundstücke in einem Gesamtvolumen von 257 Mio. DM sollen nach Schaffung von Baurecht für Wohnen und Gewerbe umgenutzt werden. Damit werden gleichzeitig stadtentwicklungspolitische oder fachpolitische Ziele verfolgt. Der dauerhafte Konsolidierungsbeitrag nach Abzug aller Folgekosten (Flächenerwerb, Umzug, Altlastenbeseitigung), der auf dem Zinsgewinn eines niedrigeren Schuldenstandes basiert, wird mit ca. 15,5 Mio. DM p. a. angegeben.

• Anteilsveräußerung: Von der Stadtwerke Hannover AG, die zu 80 Prozent im Eigentum der Stadt stand, wurden zweimal 12 Prozent u. a. an die Ruhrgas AG veräußert. Auch hier werden nicht nur fiskalische, sondern unternehmensstrategische Erwartungen mit dem Verkauf verknüpft. Konsolidierungsbeitrag: ca. 19,5 Mio. DM p.a. Langfristig werden über Ertragssteigerung und Steigerung der Gewinnabführung weitere nennenswerte Konsolidierungsbeiträge erwartet.

• Beteiligungsmanagement: Ertragssteigerung und -abführung bzw. Zuschußreduzierung sollen auch bei anderen Tochtergesellschaften bzw. Eigenbetrieben (Wohnungsunternehmen, Hafen etc.) zu Konsolidierungsbeiträgen von 11 Mio. DM p. a. führen.

---

[38] Nach einer aktuellen Untersuchung *(C & L Deutsche Revision),* Auf dem Weg zum schlanken Staat. Wie die Kommunen ihre finanziellen Gestaltungsspielräume sichern wollen, Frankfurt a. M. 1997, S. 18) wird Vermögensveräußerung von den deutschen Städten inzwischen annähernd so oft zur Einnahmeerhöhung umgesetzt (53,6 %) wie Hebesatzerhöhung (56,3 %) und Gebührenanhebung (57,1 %).

[39] Zum folgenden vgl. Richter (Fn. 33), S. 78.

- Durch Verlagerung defizitärer Einrichtungen (z.B. Zoo) auf den Kommunalverband Hannover[40] werden weitere Effekte wirksam, doch schon die drei oben genannten summieren sich auf – langfristig, nicht kurzfristig! –46 Mio. DM, bzw. ca. 20 Prozent des Konsolidierungsprogramms für die Jahre 1994–96.

In Stuttgart scheint das Gewicht auf der Einnahmenseite stärker bei der (nachholenden) Anhebung von Hebesätzen, Gebühren und Beiträgen gesehen zu werden.[41] Doch spielen auch hier traditionell Veräußerungserlöse eine nicht unbeachtliche Rolle (vgl. Tabelle 2). Wie in Hannover[42] sind auch in Stuttgart die Veräußerungserlöse Voraussetzung eines stadtstrategischen „Zukunftsinvestitionsprogramms" von hier 300 Mio. DM.[43]

Tabelle 2

Veräußerungserlöse (in Mio. DM)

	Stuttgart	Hannover
1990	118,1	86,9
1991	198,5	46,1
1992	105,1	51,7
1993	126,0	64,5
1994	174,9	345,4
1995	106,9	113,0
Quelle: Statistisches Jahrbuch deutscher Gemeinden, lfd. Jg.		

[40] Es ist kein Zufall, daß die kommunale Finanzkrise, die die Zentralstädte härter trifft als das Umland, Reorganisationsbemühungen auf der Regionsebene befördert: in Stuttgart 1994 durch die Einrichtung der Region Stuttgart, in Hannover durch einen gemeinsamen Vorstoß der Verwaltungschefs von Stadt, Landkreis und Kommunalverband 1996, vgl. *Herbert Droste/Jobst Fiedler/Valentin Schmidt,* Region Hannover. Entwicklung neuer Organisationsstrukturen für die Wahrnehmung regionaler Verwaltungsaufgaben in der Region Hannover, Hannover 1996.

[41] *Hilbertz* (Fn. 20), S. 180.

[42] Vgl. *Fiedler* (Fn. 12).

[43] Vgl. *Hilbertz* (Fn. 20), S. 179.

VII. Haushaltskonsolidierung und die Meinung der Bürger

Alle zentralen Elemente des NSM betreffen nicht nur die verwaltungsinterne Kommunikations- und Machtverhältnisse im Dreieck Verwaltungsführung – Querschnittsverwaltung – Fachverwaltung, sondern auch die Außenbeziehungen der Verwaltung im Dreieck Bürger – Rat – Verwaltung.[44] Zu den wichtigsten Intentionen der laufenden kommunalen Verwaltungsmodernisierung gehört die stärkere Ausrichtung aller Aktivitäten an den Präferenzen der Bürger, oft unter der Überschrift „Kundenorientierung".[45]

Neben einer Selbstprüfung der Verwaltung, was wohl dem Bürger nutzt und gefällt – mehr oder weniger kräftig forciert vom Wiederwahlstreben der Ratsmitglieder – spielt zunehmend die explizite Bürgerbefragung nach den Regeln der empirischen Sozialforschung in vielfältigen Schattierungen eine Rolle.[46] In ihr wird auch eine Chance gesehen, die direkte Beteiligung des Bürgers am kommunalpolitischen Geschehen im Zeitintervall zwischen den Wahlen zu stärken und damit die verschiedenen Partizipationsfunktionen von der Informationsbeschaffung für die Verwaltung bis zur Legitimation politischer Entscheidungen und dem Abbau der „Politikverdrossenheit" zu stärken.

In diesem weitgespannten Rahmen stellt sich die Frage, welche Erfahrungen die beiden Beispielstädte mit Bürgerbefragungen

---

[44] *Heinrich Mäding*, Bedingungen einer erfolgreichen Konsolidierungspolitik der Kommunen, in: Archiv für Kommunalwissenschaften (AfK), Jg. 35 (1996), S. 81-97.

[45] Dabei soll hier die Frage nicht weiter vertieft werden, ob es sich bei der vordringenden betriebswirtschaftlichen Terminologie (Unternehmen Stadt, Produkt, Kunde) um eine weitgehend irrelevante Oberflächenerscheinung handelt oder um eine wichtige Voraussetzung für eine tatsächliche Umorientierung des Verwaltungshandelns oder der Verwaltungswissenschaft, die dann ihrerseits sachlich streitig werden kann, also teils begrüßt, teils abgelehnt wird.

[46] Bürgerbefragungen oder Nutzerbefragungen sind neben Unternehmensbefragungen und Mitarbeiterbefragungen der Kern der Umfragendatenbank DEMOS des Deutschen Instituts für Urbanistik, die z. Zt. für ca. 1100 Umfragen die wichtigsten Merkmale (Fragestellungen, Erhebungseinheiten, Erhebungstechnik u.a.) nachweist und in den meisten Fällen Fragebogen und Ergebnisse über die Senatsbibliothek Berlin für kommunale und wissenschaftliche Nutzer zugänglich macht, vgl. *Michael Bretschneider u. Jörg Schumacher,* DEMOS – Eine Datenbank zum Nachweis kommunaler Umfragen auf dem Weg zum Analyseinstrument, in: ZA-Information 38 (1996), S. 59-75.

zum Thema Haushaltskonsolidierung gemacht haben.[47] Beide Städte haben im Rahmen von wiederkehrenden, thematisch breit gefächerten Repräsentativerhebungen zuletzt (Hannover: 1994, Stuttgart: 1995) auch nach der Betroffenheit von Sparmaßnahmen (und nach Mehrausgaben) gefragt.[48] Mit einem faktischen Erhebungsumfang von über 2000 ausgefüllten Fragebogen und Rücklaufquoten von 33,2 Prozent (Hannover) und 45,7 Prozent (Stuttgart) wurden Datenbasen gewonnen, die Repräsentativitätsprüfungen standhielten.

Über die persönliche Betroffenheit der Bürger von städtischen Sparmaßnahmen weist die Hannoveraner Befragung folgendes Ergebnis aus (vgl. Tabelle 3): Einerseits kann beruhigend resümiert werden, „daß sich die große Mehrheit der Bürgerinnen und Bürger gar nicht oder nur unwesentlich von städtischen Sparmaßnahmen betroffen sieht" (S. 64), andererseits sind die 30 Prozent der spürbar Betroffenen keine (politisch) marginale Größe.

Tabelle 3
Angaben zur Betroffenheit von Sparmaßnahmen in Hannover (1994)

Betroffen fühlen sich	in %
gar nicht	64
nicht wesentlich	6
spürbar	22
sehr spürbar	8
Quelle: Landeshauptstadt Hannover 1995, S. 65	

[47] Erste Überlegungen bei *Wolfgang Bick*, Haushaltskonsolidierung und Bürgermeinung – Beitrag der kommunalen Umfrageforschung zur Bewertung der Prioritäten kommunaler Aufgaben, in: Birgit Frischmuth (Hrsg.), Haushaltskonsolidierung, Berlin 1994, S. 89-107 (Difu-Materialien 4/94).
[48] *Landeshauptstadt Hannover*, Repräsentativerhebung 1994 zu kommunalen und sozialen Fragen, Hannover 1995 (Schriften zur Stadtentwicklung, Bd. 71).
Landeshauptstadt Stuttgart, Statistisches Amt (Hrsg.), Lebensbedingungen in Stuttgart – weitere Ergebnisse der Bürgerumfrage, in: Beiträge aus Statistik und Stadtforschung, H. 9, Stuttgart 1995.

Zur Betroffenheit im einzelnen ist darüber hinaus berichtenswert,

• daß die Schließung von öffentlichen Einrichtungen an der Spitze der Nennungen steht (Schwimmbad: 9 Prozent, Bücherei: 6 Prozent, Nebenstelle des Ordnungsamtes: 5 Prozent),

• daß die Befragten aus den äußeren Bezirken, aus den jüngeren Jahrgängen und mit der höheren Schulbildung eine höhere Betroffenheit melden und

• daß z. B. 10 Prozent der Befragten mit Hochschulabschluß sich durch die Schließung einer Bücherei betroffen fühlen, aber nur 2 Prozent der Befragten mit Hauptschulabschluß.

Gerade der letzte Befund gibt Anlaß zu spekulativen Erwägungen: Inwieweit spiegeln die Zahlen tatsächliche Differenzen in der Betroffenheit wider oder eher im Informationsstand darüber, was in der Stadt so läuft, oder gar im Partizipationswillen („Denen muß man mal Bescheid sagen!")?

In beiden Befragungen ist zudem – in leicht unterschiedlicher Form – gefragt worden, in welchen kommunalen Aufgabenbereichen eingespart werden könnte, welche unverändert bleiben sollten oder für welche mehr ausgegeben werden sollte. Hierbei zeigt sich insgesamt bei allen Unterschieden im Detail, die u. a. durch die Vorgabe von nicht-identischen Antwortmöglichkeiten und durch die Differenzen in der faktischen Ausstattung der Städte erzeugt werden, doch eine gewisse Parallelität in den Ergebnissen (vgl. Abb. 7): für Einsparungen beim Straßenbau, in der Innenstadtgestaltung, bei der kulturellen Infrastruktur; für Mehrausgaben im sozialen Bereich.

Von solchen Ergebnissen kann sicher keine unvermittelte Konsequenz für die praktische Konsolidierungspolitik einer Stadt abgeleitet werden, vor allem auch deshalb, weil der Kenntnisstand der Bürger über die städtischen Ausgaben und die Leistungsangebote in ihrem Verhältnis zum Bedarf nur rudimentär ist. (Wer kennt sich schon aus mit der „Betreuung ausländischer Mitbürger" oder der „Förderung des sozialen Wohnungsbaus"?) Doch genauso, wie der interkommunale Kennziffer-Vergleich, der im Kontext der kommunalen Verwaltungsreform einen solchen Aufschwung

Abbildung 7

Rangfolge der Vorschläge der Befragten insgesamt zu Einsparungen und Mehraufwendungen bei einzelnen Aufgabenbereichen

Hannover	Stuttgart
Für Einsparungen	
1. Erweiterung der Fußgängerzonen in der Innenstadt	1. Ausbau des Straßennetzes
2. Ausbau des Straßennetzes	2. Betreuung ausländischer Mitbürger
3. Verbesserung der Innenstadtgestaltung	3. Modernisierung in den Stadtkernen
4. Beihilfen für Vereine und Verbände	4. Theater, Museen, kulturelle Veranstaltungen
5. Zuschüsse für Theater und Museen	5. Begegnungsstätten in den Stadtbezirken
Für Mehraufwendungen	
1. Instandhaltung und Ausstattung von Schulen	1. Schutz vor Kriminalität
2. Förderung des sozialen Wohnungsbaus	2. Kindergärten und Kindertagesheime
3. Wohnungen und Heime für ältere Menschen	3. Drogenbekämpfung
4. Bau weiterer Kindertagesstätten	4. ambulante Pflege- und Sozialdienste
5. Arbeitsbeschaffungsmaßnahmen	5. Umweltschutz

Quelle: eigener Entwurf nach Landeshauptstadt Hannover 1995, S. 77, Landeshauptstadt Stuttgart 1995, S. 13

erlebt, kann der Vergleich von Bürgerwünschen mit bisherigem Verwaltungshandeln (oder mit Behauptungen von Interessenvertretern) Anhaltspunkte für tiefergehende Analysen bieten, deren Ergebnisse dann Basis neuer Handlungskonzepte der Konsolidierungspolitik werden.

Nicht aufgehoben werden damit die widersprüchlichen Interessen in der Bevölkerung. Schließlich bleibt es eine Daueraufgabe kommunaler Politik, vor allem der Ratsmitglieder und des direkt gewählten Bürgermeisters, aufklärend zu wirken:

• daß sich möglichst viele Bürger neben ihrer individuellen Zufriedenheit für die Gesamtheit städtischer Leistungen interessieren,

• daß dabei soziale Ausgewogenheit, stadtregionale Fairneß und umweltbezogene Nachhaltigkeit in den Blick kommen und

• daß trotz aller Verantwortlichkeit des Staates eigenständige kommunale Haushaltskonsolidierung als ein Beitrag zur langfristigen Sicherung des kommunalen Leistungsangebots und damit der kommunalen Selbstverwaltung für den Bürger akzeptierbar wird.

KLAUS STERN

Die kommunalen Sparkassen im Visier der Europäischen Kommission

Manfred Rommel, dem langjährigen Stuttgarter Oberbürgermeister, einen Festschriftenbeitrag zu widmen, ist ehrenvoll, sind doch große Oberbürgermeister im Deutschland der Gegenwart nicht eben zahlreich. Darum hat der Verfasser dieser Zeilen dem Herausgeber gern und sofort zugesagt, für diese Festschrift zu schreiben, auch wenn der im Nord-Westen der Republik lebende Autor nicht allzu enge persönliche Kontakte zum Jubilar hatte. Aber das Archiv für Kommunalwissenschaften hat beide in der Herausgeberschaft ebenso verbunden wie Gemeinsamkeiten in der Einstellung zur kommunalen Selbstverwaltung. Wenn die Wahl auf ein Thema fiel, das nicht unmittelbar im Zentrum der kommunalen Selbstverwaltung steht, so läßt sich das auch damit rechtfertigen, daß sich Manfred Rommel wirtschaftlichen Aspekten und europäischen Perspektiven stets aufgeschlossen zeigte.[1]

I.

Im Dezember 1995 legte die Europäische Kommission ein sogenanntes Non-paper zur Behandlung von Anstaltslast und Gewährträgerhaftung der öffentlich-rechtlichen Kreditinstitute in Deutschland im Lichte des Art. 92 des EG-Vertrages (EGV) auf den Tisch der deutschen Politik. Die Kommission untersucht darin diese Rechtsinstitute und bewertet sie als unzulässige Beihilfen im Sinne des Art. 92 Abs. 1 EGV. Im wesentlichen begründet sie dies wie folgt: Die Anstaltslast schließe technisch den Kon-

---

[1] *Klaus Dieterle* (Hrsg.), Manfred Rommel, Abschied vom Schlaraffenland – Gedanken über Politik und Kultur, Stuttgart 1987.

kurs öffentlich-rechtlicher Banken aus; bei der Gewährträgerhaftung übernehme der öffentliche Garantiegeber gegenüber den Gläubigern der öffentlich-rechtlichen Banken die Rolle des Schuldners. Die günstigeren Refinanzierungsbedingungen, die diesen Kreditinstituten zur Verfügung stünden, resultierten aus den guten Risikobeurteilungen, mit denen sie von privaten „Rating-Agenturen" eingestuft würden. „Kredit-Ratings" seien eine der Hauptinformationsquellen, aus denen die Marktteilnehmer die wirtschaftliche Lage der Kreditnehmer und somit das Investitionsrisiko entnehmen könnten. Öffentlich-rechtliche Kreditinstitute würden regelmäßig in den Rating-Listen relativ hoch eingeschätzt, eine Bewertung, die auf die Stützung durch die Haushalte der öffentlichen Hand zurückzuführen sei.

Das Beihilfeelement der öffentlich-rechtlichen Garantien definiere sich demnach als Unterschied zwischen dem Zinssatz für die Refinanzierung, den der Kreditnehmer auf dem freien Markt bezahlen würde und dem aktuell erreichten Zinssatz unter Einschluß des Nutzens der öffentlich-rechtlichen Garantien.

Den sich durch die günstigeren Refinanzierungsbedingungen ergebenden Vorteilen stehen nach Auffassung der Kommission keine wirtschaftlichen Nachteile der öffentlich-rechtlichen Kreditinstitute gegenüber, die diese Besserstellung rechtfertigten. Außerdem seien die öffentlich-rechtlichen Kreditinstitute nicht mit Dienstleistungen von allgemeinem wirtschaftlichen Interesse betraut, so daß der angebliche Wettbewerbsvorteil auch nicht von der Ausnahmevorschrift des Art. 90 Abs. 2 EGV gedeckt sei.

Die Kommission geht namentlich davon aus, daß sich die Geschäftspraxis der öffentlich-rechtlichen Kreditinstitute von denen der privaten Banken nicht mehr unterscheide, so daß daraus keine die Freistellung von den Wettbewerbsregeln rechtfertigende Mehrbelastung gefolgert werden könne. Auch eine erhöhte Belastung durch die Beschränkung der Dienstleistungen der Sparkassen bestehe heute nicht mehr.

Unter Bezugnahme auf das für die öffentlich-rechtlichen Kreditinstitute maßgebliche deutsche Landesrecht gelangt die Kommission zu dem Ergebnis, daß es in Deutschland keinen rechtlichen Grundsatz gebe, der die Einführung einer beschränkten Haftung bei öffentlichen Unternehmen untersage. Auch das öffentliche Körperschaftsrecht erlaube eine satzungsmäßige Haftungsbeschränkung.

Gegenüber dieser Haltung der EG-Kommission haben die Ministerpräsidenten der Länder ihren entschiedenen Widerstand angekündigt. Im März 1996 verabschiedeten sie eine Entschließung, nach der die öffentlichen Kreditunternehmen nicht durch EU-Recht angetastet werden dürften. Anstaltslast und Gewährträgerhaftung seien unverzichtbare Grundlagen der öffentlich-rechtlichen Kreditinstitute, die als Teil des bewährten dreigliedrigen deutschen Kreditwesens eine wichtige Funktion im Bankenbinnenmarkt ausübten. Ein von der Kommission erzwungener Wegfall von Anstaltslast und Gewährträgerhaftung würde der öffentlichen Hand eine Form der Strukturpolitik verwehren, die im Hinblick auf die anstehende Realisierung der Wirtschafts- und Währungsunion unverzichtbar sei.

Die Bundesregierung hat im wesentlichen diesen Standpunkt bestätigt und in einer Mitteilung an die Kommission zusätzlich hervorgehoben, daß die Bundesrepublik Deutschland bei der Unterzeichnung der Römischen Verträge im Jahre 1957 davon ausgegangen sei, daß der Bestand der öffentlichen Unternehmen durch die europäischen Organe nicht in Frage gestellt werden könne. Rechtlich weist die Bundesregierung darauf hin, daß die Umorganisation mit Art. 222 EGV nicht vereinbar sei.

Auch der deutsche Sparkassenverband wehrt sich vehement gegen den Standpunkt der EG-Kommission[2].

Der Standpunkt der Kommission ist aus mehreren Gründen verfehlt. Bereits im Ansatz wird erkennbar, daß die Argumentation der Kommission auf einer überwiegend wirtschaftlichen Betrachtungsweise beruht, die die Rechtsstrukturen und die besondere Funktion der öffentlich-rechtlichen Kreditinstitute weitgehend unberücksichtigt läßt. Die Auffassung der Kommission läßt dar-

---

[2] Vgl. *Horst Köhler,* FAZ vom 05.06.1996, S.18; siehe auch ders. über die Bedeutung der Sparkassen als Gegenpol zur Globalisierung, in: Sparkassenzeitung Nr. 12/96, S. 542 ff.

über hinaus in mehreren Punkten ein rechtliches Defizit erkennen, sowohl was das nationale Recht als auch das europäische Recht betrifft. Im folgenden soll der Schwerpunkt nicht auf die Einordnung von Anstaltslast und Gewährträgerhaftung in das nationale Recht gelegt werden, weil in dieser Hinsicht bereits ein umfangreiches Schrifttum und eine ausführliche Rechtsprechung vorliegt, in der die Probleme klar ausdiskutiert sind[3], sondern auf die europarechtliche Einordnung von Anstaltslast und Gewährträgerhaftung als Teil der Eigentumsordnung der Mitgliedstaaten im Sinne des Art. 222 EGV.

II.

Unter dem Begriff der staatlichen Beihilfe im Sinne des Art. 92 Abs. 1 EGV sind nicht nur positive Transfers in Form von Geld- oder Sachleistungen, sondern auch der Verzicht auf von Unternehmen zu erbringende Leistungen zu verstehen (z.b. Steuern). Es kommt nicht auf den Zweck der Begünstigung, sondern auf deren Wirkung an. Beihilfen sind insgesamt dadurch gekennzeichnet, daß sie dem Begünstigten einen unentgeltlichen wirtschaftlichen Vorteil verschaffen. Für den Beihilfebegriff ist mithin die Begünstigung das zentrale Merkmal[4].

In einer unbeschränkten Haftungszusage der öffentlichen Hand könnte grundsätzlich ein solcher Vorteil gesehen werden, wenn die Zusage nur bestimmten Unternehmen zuteil wird. In einer

---

[3] Vgl. BVerfGE 75, 192, 197; BVerfG, WM 1994, 1971; Bericht der Bundesregierung über die Untersuchung der Wettbewerbsverschiebungen im Kreditgewerbe und über eine Einlagensicherung, BTDrs. V/3500, 1968, S. 47 ff.; grundlegend: *Otto Mayer,* Deutsches Verwaltungsrecht Bd. II, 3. Aufl. 1924, S. 331; *Helmut Schlierbach,* Das Sparkassenrecht in der Bundesrepublik Deutschland und in Berlin-West, 1981, S. 96 f.; *Fritz Ossenbühl,* Grundfragen zum Rechtsstatus der freien Sparkassen, 1979, S. 73 f.; *Klaus Stern/Michael Nierhaus,* Rechtsfragen der Neuordnung des Sparkassenwesens als Folge kommunaler Neugliederung, 1976, S. 90; *Rüdiger Breuer,* Die öffentliche Anstalt, VVDStRL 44 (1986), S. 211, 229.

[4] Vgl. EuGH Slg. 1961, 7, 42; Slg. 1974, 709, 718 f.; Slg. 1980, S. 1205, 1227 f.; Slg. 1987, S. 901, 923 f.; Slg. 1988, 2855, 2871; Slg. I 1994, S. 902, 907; *Carl Otto Lenz,* in: ders. (Hrsg.), EG-Vertrag Kommentar, 1994, Art. 92 Rn. 2 f. Siehe zum Begünstigungsbegriff im Sinne von Art. 92 Abs. 1 EGV *Peter Christian Müller-Graff,* Eigenkapitalerhöhung öffentlicher Banken durch Fusion in den beihilferechtlichen Wettbewerbsregeln des EG-Vertrages, in: Jürgen F. Baur/Rainer Jacobs/Manfred Lieb/Peter-Christian Müller-Graff (Hrsg.), Festschrift für Ralf Vieregge, 1995, S. 661, 666.

Mitteilung der Kommission an die Mitgliedstaaten betreffend die Anwendung der Art. 92 und 93 EGV und des Art. 5 der Richtlinie 80/723 EWG über öffentliche Unternehmen in der verarbeitenden Industrie hat die Kommission sich zur Frage der unbeschränkten Haftung der öffentlichen Hand für ihre Unternehmen geäußert. Hierbei macht sie deutlich, daß sie eine unbegrenzte Haftung der öffentlichen Hand für ein öffentliches Unternehmen als unbegrenzte Bürgschaft ansehen und den beihilferechtlichen Regelungen unterstellen wird[5].

Der Beihilfecharakter ist nach Auffassung der Kommission auch dann anzunehmen, wenn der Haftungsfall nicht eintritt. Dazu führt sie aus: „Die Gewährung staatlicher Garantien – welcher Art auch immer – stellt als solche eine Beihilfe dar, unabhängig von der Tatsache, ob der betreffende Staat später tatsächlich für den Schadensfall aufkommen muß"[6].

Betrachtet man mit der EG-Kommission die Anstaltslast und die Gewährträgerhaftung unter dem Gesichtspunkt eines möglichen Refinanzierungsvorteils für die öffentlich-rechtlichen Kreditinstitute, so erscheint bereits die Qualifizierung dieser Haftungsinstrumente als Beihilfe zweifelhaft. Denn nach Auffassung der Kommission liegt der den Tatbestand der „Beihilfe" erfüllende Vorteil der staatlich getragenen Kreditanstalten in der durch Anstaltslast und Gewährträgerhaftung gegenüber privaten Banken höheren Bonitätseinschätzung, die ihrerseits zu günstigeren Refinanzierungsbedingungen an den internationalen Kapitalmärkten führt. Die Sparkassen haben jedoch keinen Zugang zu den internationalen Finanzmärkten und refinanzieren sich im wesentlichen über Einlagen von Nichtbanken, so daß bei den Sparkassen selbst nach der von der Kommission zugrunde gelegten Betrachtungsweise ein Begünstigungseffekt völlig fehlt.

Bei den Landesbanken stellt sich die Situation nur geringfügig anders dar. Sie refinanzieren sich zu ca. 77 % aus gedeckten Schuldverschreibungen, so daß ein Refinanzierungsvorteil bei

[5] Entscheidung der Kommission v. 13.11.1993, ABl EG C 307, S. 3.
[6] Entscheidung der Kommission v. 18.5.1979, ABl EG L 138/79, S. 30.

den Landesbanken auch nur für den verbleibenden Teil der ungedeckten Schuldverschreibungen in Betracht kommt. Doch auch für diesen verbleibenden Teil der Refinanzierung kann eine direkte staatliche Begünstigung im Sinne des Art. 92 Abs. 1 EGV nicht angenommen werden, da die Kommission selbst davon ausgeht, daß die günstigeren Refinanzierungskonditionen der Landesbanken letztlich auf der Bonitätseinschätzung der potentiellen Kapitalgeber und damit in erster Linie auf einer Marktreaktion beruhen. Zudem läßt sich nicht ausschließen, daß die Bonitätseinschätzungen der Landesbanken selbst wiederum durch die veröffentlichten „Rating"-Ergebnisse beeinflußt werden.

Ungeachtet dessen lassen sich Anstaltslast und Gewährträgerhaftung ohnehin nicht als einer Bürgschaft oder Garantie vergleichbare Beihilfe bewerten, sondern als eine Eigenhaftung kraft Unternehmensorganisation der öffentlich-rechtlichen Kreditinstitute, die für sich genommen keine wettbewerbsrelevanten Auswirkungen hat. Dies folgt aus der strukturnotwendigen Haftungsverbindung zwischen den öffentlich-rechtlichen Kreditinstituten und ihren Errichtungskörperschaften. Beide Institute haben lediglich eigenkapitalersetzende Funktion.

Die Anstrengungen der Kommission, Anstaltslast und Gewährträgerhaftung unter Art. 92 EGV zu subsumieren, müssen im Zusammenhang mit der Privatisierungspolitik der Europäischen Union gesehen werden[7]. Die Europäische Union will mit Hilfe des Beihilferegimes ihre Privatisierungspolitik normativ steuern und vorantreiben.

Im Hinblick auf das im europäischen Recht geltende Prinzip der begrenzten Einzelermächtigung (Art. 3 b Abs. 1 EGV) besteht aber die große Gefahr, daß die europäischen Organe durch diese indirekte Beeinflussung ihre Kompetenzen gegenüber den Mitgliedstaaten überschreiten. Diese Kompetenzen sind nämlich nicht grenzenlos. Sie werden durch den sachlichen Anwendungsbereich des Vertrages selbst, wie etwa Art. 222, oder die Ausnahmeregelungen beschränkt, die der EG-Vertrag zu den Beihilfe-

---

[7] Vgl. *Reiner Schmidt,* Privatisierung und Gemeinschaftsrecht, DV 28 (1995), S. 281, 307 ff.

regelungen vorsieht. So könnte Art. 90 Abs. 2 EGV ein Ausnahmetatbestand sein, der die Anwendung des Art. 92 EGV begrenzt (III.). Weiterhin könnte Art. 222 EGV eine Schranke ziehen (IV.).

III.

Zu Art. 90 EGV hat der Europäische Gerichtshof betont, daß er zusammen mit anderen Bestimmungen des Vertrages das Ziel verfolgt, auf den jeweiligen Märkten einen wirksamen und unverfälschten Wettbewerb herzustellen. Die Mitgliedstaaten sollen sich nicht durch die Zwischenschaltung von Unternehmen, zu denen sie in besonderen Beziehungen stehen, den vertraglichen Verpflichtungen entziehen können. Die grundsätzliche Existenz und Daseinsberechtigung öffentlicher Unternehmen im europäischen Binnenmarkt stellt der Europäische Gerichtshof damit freilich nicht in Frage[8].

Häufig versuchen die Mitgliedstaaten ihre eigene wirtschaftliche Betätigung mit besonderen politischen Zwecken und der Wahrnehmung von Aufgaben, die im öffentlichen Interesse liegen, zu legitimieren. In Antizipation dieser Motivation wurde mit Art. 90 Abs. 2 EGV eine Formel gefunden, die einen Ausgleich zwischen den mitgliedstaatlichen und gemeinschaftsrechtlichen Interessen sucht. Danach sind Unternehmen, die mit Dienstleistungen von allgemeinem wirtschaftlichen Interesse betraut sind, von der Anwendung der Wettbewerbsvorschriften ausgenommen, soweit deren Anwendung die Erfüllung der diesen Unternehmen übertragenen Aufgabe rechtlich oder tatsächlich verhindert. Der EG-Vertrag geht demnach prinzipiell von der mitgliedstaatlichen Befugnis aus, im öffentlichen Interesse liegende Aufgaben von allgemeinem wirtschaftlichem Interesse der vertraglichen Wirtschaftsordnung zu entziehen[9].

---

[8] Vgl. EuGH Slg. 1976, 461, Rn. 132; EuGH Slg. 1982, S. 2545, Rn. 26.
[9] Vgl. *Kay Hailbronner,* Öffentliche Unternehmen im Binnenmarkt – Dienstleistungsmonopole und Gemeinschaftsrecht, NJW 1991, S. 593, 599; *Georg Ress,* Kultursubventionen und Rundfunkfreiheit in der EU, 1996, S. 123, 129; *Peter Selmer,* Die Finanzierung des Rundfunks in der Bundesrepublik Deutschland auf dem Prüfstand des EG-Beihilferegimes, 1994, S. 38 ff.

In diesem Lichte könnte Art. 90 Abs. 2 EGV für die Sparkassen und Landesbanken aufgrund folgender Überlegungen Bedeutung gewinnen:

Die öffentlich-rechtlichen Kreditinstitute sind öffentliche Unternehmen im Sinne von Art. 90 Abs. 1 EGV. Nach der Rechtsprechung des Europäischen Gerichtshofes umfaßt der Begriff des Unternehmens „jede eine wirtschaftliche Tätigkeit ausübende Einheit, unabhängig von ihrer Rechtsform und der Art ihrer Finanzierung"[10]. Der öffentliche Charakter des Unternehmens folgt aus dem beherrschenden Einfluß, den die öffentliche Hand im Unternehmen ausübt. Dieser Einfluß ist bei den Sparkassen und Landesbanken durch die Gesetzgebungsbefugnisse der Länder hinsichtlich Organisationsstruktur und sparkassenspezifischen Geschäftsrechts sowie der Entscheidungsbefugnis der Gewährträger über Errichtung und Fortbestand ihrer Kreditanstalten nicht zweifelhaft.

Unstreitig ist auch, daß die von den öffentlichen Kreditinstituten erbrachten Finanzdienstleistungen von allgemeinem wirtschaftlichen Interesse sind. Dies gilt auch vor dem Hintergrund, daß an Art. 90 Abs. 2 EGV als Ausnahmebestimmung ein strenger Maßstab anzulegen ist, und unter diese Norm im wesentlichen nur solche Dienstleistungen fallen, die wirtschaftliche Aktivitäten zur Sicherung von Infrastruktur und Daseinsvorsorge betreffen. Das ist angesichts der dargelegten gesetzlichen Aufgaben der Sparkassen und Landesbanken nicht zweifelhaft. Die öffentlich-rechtlichen Kreditinstitute sind durch Hoheitsakt als Anstalten des öffentlichen Rechts mit der Erbringung derartiger Dienstleistungen betraut worden.

Die Freistellung von der Einhaltung der Wettbewerbsregeln der Art. 85 bis 94 EGV setzt ferner voraus, daß das öffentliche Unternehmen an der Erfüllung der ihm übertragenen Aufgaben gehindert wird, wenn die vertraglichen Wettbewerbsbestimmungen

---

[10] EuGH, Slg. I 1991, S. 1979, Rn. 21; vgl. auch *Volker Emmerich,* in: Manfred Dauses, (Hrsg.), Handbuch des EG-Wirtschaftsrechts, 1995, H II, Rn. 41 ff.; ders., Kartellrecht, 1994, S. 578; vgl. auch die Definition in Art. 2 Transparenz-Richtlinie 80/723 EWG v. 25.6.1980, ABl EG L 195 v. 29.7.1980, S. 35 und der Änderung in ABl EG L 254 v. 12.10 1993, S. 16.

angewandt würden. Eine bloße Erschwerung der Aufgabenerfüllung reicht für die Anwendung des Art. 90 Abs. 2 Satz 1 EGV jedoch nicht aus. Die Anwendung der Wettbewerbsvorschriften muß mit diesen Aufgaben „nachweislich unvereinbar" sein. In diesem Sinne wird verlangt, daß es keinen anderen technisch möglichen und wirtschaftlich wie rechtlich zumutbaren Weg gibt, um die übertragenen Aufgaben ohne Vertragsverletzung zu erfüllen.[11] Um eine exzessive Ausdehnung der Ausnahmevorschrift des Art. 90 Abs. 2 EGV zu vermeiden und einer Aushöhlung der wettbewerbsrechtlichen Vorschriften des Vertrages durch die Mitgliedstaaten vorzubeugen, hat der Europäische Gerichtshof festgelegt, daß die in Art. 90 Abs. 2 EGV genannten Voraussetzungen für jeden Betriebsteil oder jede Leistungsart des Unternehmens gesondert nachgewiesen werden müssen[12].

Für die von den öffentlich-rechtlichen Kreditanstalten erbrachten Finanzdienstleistungen stellt sich damit das Problem, ob sie sich in solche, die ausschließlich in Erfüllung des öffentlichen Auftrags erbracht werden und solche von lediglich allgemeiner wirtschaftlicher Bedeutung aufspalten lassen. Das erscheint unmöglich. Vielmehr muß die gesamte finanzwirtschaftliche Betätigung der Kreditinstitute unter dem Gesichtspunkt der gesetzlich festgelegten Gemeinwohlbindung betrachtet werden. Insoweit ist der öffentliche Auftrag als gemeinnützig orientierte geld- und kreditwirtschaftliche Aufgabe der öffentlich-rechtlichen Kreditanstalten unteilbar. Er kann nicht in eine privatwirtschaftliche Kreditversorgung einerseits und die öffentlich-rechtlich determinierten Aufgaben andererseits geteilt werden. Die prägende Wirkung des die gesamte Geschäftstätigkeit der Sparkassen und Landesbanken umspannenden gesetzlichen Auftrags findet dabei ihren signifikanten Ausdruck in der Nachordnung des Gewinnstrebens gegenüber der Erfüllung des öffentlichen Auftrags.

---

[11] EuGH Slg. I 1991, 5941 ff. Rn. 22; EuGH Slg. I 1991, 2925 ff., Rn. 33; vgl. auch *Thomas Trautwein*, Kommunale Wirtschaftsförderung und gemeinschaftsrechtliches Beihilfenrecht, BayVBl. 1996, S. 230, 233.
[12] EuGH Slg. I 1993, S. 2533, Rn. 19.

Erweist sich schon die Differenzierung in privatwirtschaftlich und öffentlich-rechtlich determinierte Dienstleistungen der öffentlich-rechtlichen Kreditinstitute als undurchführbar, so ist eine Zuordnung der Haftungsinstrumente Anstaltslast und Gewährträgerhaftung zu einzelnen Finanzdienstleistungen gänzlich ausgeschlossen. Die von Art. 90 Abs. 2 EGV geforderte Eingrenzung der Anstaltslast und Gewährträgerhaftung auf solche Dienstleistungen, die lediglich der Erfüllung der den Kreditanstalten gesetzlich übertragenen öffentlichen Aufgaben dienen, ist nicht möglich[13]. Anstaltslast und Gewährträgerhaftung wirken vielmehr generell und kommen allen Geschäftsbereichen zugute. Der Umstand, daß eine bereichsspezifische Ausnahme von Anstaltslast und Gewährträgerhaftung für bestimmte Geschäftsbereiche von Sparkassen und Landesbanken kaum möglich erscheint, zeigt zugleich, daß es sich bei diesen Instituten um essentielle Elemente des Rechtsstatus der öffentlich-rechtlichen Kreditinstitute handelt. Zu fragen ist aber, ob diese grundlegenden Strukturmerkmale nicht von Art. 222 EGV erfaßt werden.

IV.

Bislang ist die Bedeutung von Art. 222 EGV im Europäischen Gemeinschaftsrecht höchst stiefmütterlich behandelt und schon gar nicht gründlich ausgelotet worden, obwohl sie als Kompetenzschranke volle Aufmerksamkeit verdienen sollte.

1. Die europarechtliche Fachliteratur versteht unter „Eigentumsordnung" im Sinne des Art. 222 EGV „die Gesamtheit der Vorschriften [...], die in jedem Mitgliedstaat die mit dem Eigentum verbundenen Rechte und Pflichten, die Möglichkeit zur Be-

---

[13] Vgl. *Christian Koenig*, Zur Anwendbarkeit der Ultra-vires-Lehre im Falle des Überschreitens der gesetzlich begrenzten Aufgaben öffentlicher Kreditanstalten am Beispiel einer Landesbank, WM 1995, S. 317, 322; ders., Öffentlich-rechtliche Anstaltslast und Gewährträgerhaftung als staatliche Beihilfen gem. Art. 92 EGV?, EuZW 1995, S. 595, 597; *Hannes Schneider/Torsten Busch*, Anstaltslast und Gewährträgerhaftung als Beihilfen im Sinne von Art. 92 EGV?, EuZW 1995, S. 602 ff.; *Thomas Klanten*, Die Bedeutung der europäischen Rechts- und Wirtschaftsordnung für die öffentlichen Kreditinstitute, in: Helmut Cox (Hrsg.), Perspektiven öffentlicher Unternehmen in der Wirtschafts- und Rechtsordnung der Europäischen Union, 1995, S. 115, 117.

schränkung oder Einziehung (gemeint ist Entziehung) von Eigentumsrechten sowie insbesondere auch die Rechte und Pflichten bei der Überführung von privatem Eigentum in Gemeineigentum oder andere Formen der Gemeinwirtschaft regeln"[14].

Das europäische Vertragsrecht verweist damit hinsichtlich der Bedeutung und der inhaltlichen Ausgestaltung des Begriffs „Eigentumsordnung" auf die jeweiligen nationalen Eigentumsordnungen.

In der Bundesrepublik Deutschland wird der Begriff Eigentumsordnung in der rechtswissenschaftlichen Terminologie selten gebraucht. Wenn er insbesondere im Wirtschaftsverfassungsrecht Verwendung findet, dann versteht man darunter die Gesamtheit der Vorschriften, die die mit dem Eigentum verbundenen Rechte und Pflichten regeln. Eigentumsordnung ist danach die Grundentscheidung der Verfassung über die Gestaltung der Eigentumsverhältnisse, der Bindungen des Eigentums und der Aufteilung von Privat- und Gemeineigentum[15].

In der Entstehungsgeschichte des Art. 222 EGV, der schon Vorläufer im Montanunion-Vertrag (Art. 83) und im EAG-Vertrag (Art. 91) hatte, wurde um die Formulierung lange gerungen[16].

---

[14] *Ingfried Hochbaum,* in: Hans von der Groeben/Jochen Thiesing/Claus-Dieter Ehlermann, Kommentar zum EWG-Vertrag, 4. Aufl. 1991, Art. 222 Rn. 3; ähnlich *Moritz Röttinger,* in: Carl Otto Lenz (Hrsg.), EG-Vertrag, Kommentar, Art. 222, Rn. 2; *Eckart Klein,* in: Kay Hailbronner/Eckart Klein/Siegfried Magiera/Peter-Christian Müller-Graff (Hrsg.), Handkommentar zum Vertrag über die Europäische Union, Art. 222 Rn. 2; siehe auch die Interpretation des Begriffs in den Schlußanträgen der Generalanwälte Roemer, EuGH Slg. 1966, S. 401, 423 und Ronner, EuGH Slg. 1968, S. 85, 120.

[15] Vgl. *Theodor Maunz/Reinhold Zippelius,* Deutsches Staatsrecht, 29. Aufl. 1995, S. 233 ff.; *Josef Scherer,* Die Wirtschaftsverfassung der EWG, 1970, S. 51; *Volker Emmerich,* Das Wirtschaftsrecht der öffentlichen Unternehmen, 1969, S. 101 f.; *Klaus Stern/Günter Püttner,* Die Gemeindewirtschaft – Recht und Realität, 1965, S. 2 f.; *Günter Burghardt,* Die Eigentumsordnungen in den Mitgliedstaaten und der EWG-Vertrag, 1969, S. 17 f.; *Hartwig Bülck,* Wirtschaftsverfassungsrecht in nationaler und übernationaler Sicht, 1964, S. 15, 42.

[16] Vgl. insbesondere den „Bericht der Delegationsleiter an die Außenminister" (sog. Spaak-Bericht) vom 21. April 1956, Dokument MAE 120, hrsg. in deutscher und französischer Sprache vom Sekretariat des Regierungsausschusses in Brüssel, Bd. I, (S. I – VI 1-109) und Bd. II, (S. I – II 110 – 151); s. auch *Günter Burghardt,* Die Eigentumsordnung in den Mitgliedstaaten und der EWG-Vertrag, 1969, S. 28; *Thomas Klanten,* Die Bedeutung der europäischen Rechts- und Wirtschaftsordnung für die öffentlichen Kreditinstitute, in: Helmut Cox (Hrsg.), Perspektiven öffentlicher Unternehmen in der Wirtschafts- und Rechtsordnung der Europäischen Union, 1995, S. 115, 116.

Unstreitig ergibt sich aus der Vor- und Entstehungsgeschichte, daß Art. 222 EGV aus der Sicht der Mitgliedstaaten der damaligen Europäischen Wirtschaftsgemeinschaft bedeuten sollte, daß ihnen die Eigentumsordnung als Instrument der Wirtschaftspolitik unabhängig von der beabsichtigten europäischen Integration und dem damit verbundenen Ausbau der Gemeinschaftszuständigkeiten in vollem Umfang erhalten bleiben sollte.

Von dieser Position sind die Mitgliedstaaten bis heute nicht abgerückt. Denn auch im Hinblick auf die in den Art. 102 a bis 109 m EGV geregelte Errichtung einer Wirtschafts- und Währungsunion wurde die Gestaltung der Wirtschaftspolitik im Gegensatz zur Währungspolitik gerade nicht in die vorrangige Zuständigkeit der Gemeinschaft gelegt. Auch in Maastricht waren die Mitgliedstaaten nur dazu bereit, sich zu verpflichten, ihre nationalen Wirtschaftspolitiken künftig nach dem Grundsatz der marktwirtschaftlichen Ausrichtung (Art. 102 a EGV) zu gestalten und zu koordinieren.

Art. 222 EGV muß demnach vor allem als eine Schutznorm der wirtschaftspolitisch relevanten Eigentumsregelungen der Mitgliedstaaten betrachtet werden. Die Verhandlungspartner des EWG-Vertrages wollten mit Art. 222 EGV über die Eigentumsordnung der wirtschaftlichen Unternehmen hinaus auch die nationalen Wirtschaftsordnungen insgesamt erfassen und vor einem Zugriff der Gemeinschaftsorgane schützen.

Charakteristisch für die Möglichkeit des wirtschaftspolitischen Einsatzes des öffentlichen Sektors ist das Konzept der französischen „Planification". In diesem System indirekter Lenkung, in dem die Wirtschaft überwiegend durch Förderung und Vergünstigung auf die Ziele des Plans ausgerichtet wird, nimmt die öffentliche Wirtschaft durch Investitionstätigkeiten und Einwirkungen auf die Wettbewerbslage eine Leitfunktion wahr. Auch in Italien werden öffentliche Unternehmen in besonderem Maße zur wirtschaftlichen Steuerung benutzt, da sie häufig Weisungen der zuständigen Ministerien unterworfen sind. Etwaige Belastungen werden durch direkte Beihilfen und günstige Kredite ausgeglichen. In Großbritannien genießen die öffentlichen Unternehmen

durch den Zugang zu staatlichen Fonds und aufgrund von Staats-
bürgschaften für Anleihen eine privilegierte finanzielle Position[17].

2. Die Europäische Kommission hat bereits zu Beginn der sech-
ziger Jahre zur Bedeutung und Reichweite des Art. 222 EGV ausdrücklich festgestellt, daß jeder Mitgliedstaat das Recht besitzt,
die Eigentumsordnung in einem Sektor seiner Wirtschaft zu
ändern. Die Schutzwirkung des Art. 222 EGV erstreckt sich also
über die konkrete Ausgestaltung der Eigentumsordnung im Zeitpunkt der Gemeinschaftsgründung hinaus auch auf später vorgenommene Veränderungen. Die Vorschrift erfaßt damit auch nach
Ansicht der Kommission die Eigentums- und Wirtschaftsordnung
der Mitgliedstaaten in ihrem jeweiligen Bestand[18].

Dies betrifft vor allem Verstaatlichungen eines Wirtschaftsbe-
reichs durch einen Mitgliedstaat, die auch in Form der Enteignung
vorgenommen werden können[19]. Auch die nationalen rechtlichen
Folgen einer Verstaatlichung (z.B. die Entschädigung der Eigentümer und Aktionäre verstaatlichter Unternehmen) fallen in die
ausschließliche Zuständigkeit der Mitgliedstaaten[20].

Verstaatlichungsmaßnahmen verändern immer Umfang und
Zusammensetzung des öffentlichen Sektors. Solche Veränderungen werfen im Hinblick auf die schrittweise Annäherung der Wirtschaftspolitiken der Mitgliedstaaten nach Ansicht der Kommis-

---

[17] Vgl. *Gert Nicolaysen,* Subventionen für öffentliche Unternehmen und Wettbewerb im
Gemeinsamen Markt, 1984, S. 111 ff.; *Rudolf Benesch,* Die Kompetenzen der EG-Kommission
aus Art. 90 Abs. 3 EWGV, 1993, S. 119; *Josef Scherer,* Die Wirtschaftsverfassung der EWG,
1970, S. 53 ff.; CEEP, Europa, Wettbewerb und öffentliche Dienstleistungen, in: Beiträge zur
öffentlichen Wirtschaft, Heft 15, S. 19 ff.; *Jürgen Michael Thiel,* Europa 1992: Grundrechtlicher Eigentumsschutz in EG-Recht, JuS 1991, S. 274, 275 f.
[18] Vgl. Schriftliche Anfrage Nr. 100 von Herrn Philipp an die Kommission v. 9.10.1962 und
Antwort der Kommission v. 12.11.1962, ABl EG C 1962, S. 2715, 2716.
[19] Vgl. Schriftliche Anfrage Nr. 703 von Lord O`Hagan an die Kommission v. 19.2.1974 und
Antwort der Kommission v. 3.4.1974, ABl EG C 53, S. 27, 28; Schriftliche Anfrage Nr. 82/88
von Herrn Luis Guillermo Perinat Elio an die Kommission v. 10.5.1988 und Antwort der Kommission v. 20.10.1988, ABl EG C 157, S. 3.
[20] Vgl. Schriftliche Anfrage Nr. 1091/81 von Frau Charzat an die Kommission v. 12.10.1981
und Antwort der Kommission v. 8.1.1982, ABl EG C 38, S. 9; Schriftliche Anfrage Nr. 1161/81
von Herrn Damseaux an die Kommission v. 22.10.1981 und Antwort der Kommission v.
8.1.1982, ABl EG C 38, S. 10.

sion keine Probleme auf[21]. Die Kommission erkennt an, daß die Verstaatlichung privater Unternehmen oder der Einsatz öffentlicher Unternehmen zwangsläufig Auswirkungen im Bereich des Wettbewerbs mit sich bringt. Jede Organisation, auch eine staatliche, ist von vornherein auf einen bestimmten Handlungszweck und Handlungserfolg ausgerichtet. Art und Umfang der organisierten Produktionsgüter haben ein bestimmtes wirtschaftliches Verhalten des Unternehmens selbst oder Konsequenzen für das Verhalten der Mitbewerber zur Folge. Insofern darf aus der Wahl der Rechtsform als solcher kein Rückschluß auf die wettbewerbsverzerrende Qualität der Organisationsform gezogen werden.

3. Aus alledem läßt sich ableiten: Der Begriff Eigentumsordnung umfaßt die Gesamtheit der Vorschriften, die in jedem Mitgliedstaat das Eigentum, die mit dem Eigentum verbundenen Rechte und Pflichten, die Möglichkeit zur Beschränkung oder Entziehung von Eigentumsrechten sowie insbesondere auch die etwaige Überführung von privatem Eigentum in Gemeineigentum regeln. Es handelt sich bei Art. 222 EGV mithin nicht um eine unmittelbare Eigentumsgarantie für die Marktbürger, sondern um eine Bestimmung, die an die Mitgliedstaaten gerichtet ist[22].

Zugleich wollte man durch die Normierung des Vorbehalts zugunsten der Mitgliedstaaten in Art. 222 EGV der Tendenz entgegenwirken, daß die Gemeinschaft ihre Kompetenzen in diesem Bereich über die Generalermächtigungen der Art. 100 ff. und 235 EGV erweitern könnte. Die Gestaltung der Eigentumsordnung sollte auch weiterhin in der nationalen Kompetenz verbleiben.[23]

Art. 222 EGV erfaßt demnach primär den Teilbereich der Eigentumsordnungen, der es den Mitgliedstaaten erlaubt, auf die Gestaltung der Eigentumsverhältnisse ihrer Unternehmen Einfluß

---

[21] Vgl. Schriftliche Anfrage Nr. 1219/81 von Herrn Galland an die Kommission v. 3.11.1981 und Antwort der Kommission v. 20.1.1982, ABl EG C 47, S. 12.

[22] Vgl. *Reinhard Riegel,* Das Eigentum im europäischen Recht, 1975, S. 61 f. m.w.N.

[23] Vgl. *Gert Nicolaysen,* Subventionen für öffentliche Unternehmen und Wettbewerb im Gemeinsamen Markt, 1984, S. 111, 113 f.

zu nehmen und ihre aus der Eigentümerstellung fließenden Rechte in bezug auf die Organisation und Leitung der Unternehmen wahrzunehmen[24].

Die Vorschrift enthält somit eine absolute Sperre zugunsten der nationalen Eigentumsordnungen, die sich auf drei Ebenen auswirkt: Zum ersten stellt die Bestimmung klar, daß der Vertrag die geltenden Eigentumsordnungen zum Zeitpunkt des Vertragsabschlusses nicht ändert. Zum zweiten gewährt Art. 222 EGV einen Schutz vor zukünftigen Maßnahmen der Gemeinschaftsorgane mit eigentumsrelevanten Auswirkungen. Zum dritten läßt die Bestimmung den Mitgliedstaaten weiterhin die Befugnis, ihre Eigentumsordnungen nach ihren eigenen politischen Vorstellungen zu ändern und auszugestalten. Der Vertrag ist folglich eigentumspolitisch neutral. Die Mitgliedstaaten sind in der Ausgestaltung ihrer Eigentumsordnung geschützt[25].

Art. 222 EGV hat daher zentrale Bedeutung für die europäische Wirtschaftsverfassung. Aus ihm ergibt sich, daß die wirtschaftspolitischen Zuständigkeiten zwischen Gemeinschaft und Mitgliedstaaten aufgeteilt sein sollten. Dabei sollten die Kernbereiche der Wirtschaftspolitik in der Verantwortung der Mitgliedstaaten belassen werden.

Diese Kompetenzverteilung steht im Einklang mit dem Prinzip der begrenzten Einzelermächtigung (Art. 3b Abs. 1 EGV). Danach darf die Gemeinschaft nur in den ihr im EG-Vertrag ausdrücklich zugewiesenen Politikbereichen in dem jeweils vorgesehenen Umfang tätig werden. Dadurch unterscheiden sich die Gemeinschaftskompetenzen von denen der nationalen Legislativorgane, die grundsätzlich jede Materie gesetzlich regeln können[26].

---

[24] Vgl. *Günter Burghardt,* Die Eigentumsordnungen in den Mitgliedstaaten und der EWG-Vertrag, 1969, S. 42.

[25] Vgl. *Ulrich Everling,* Eigentumsordnung und Wirtschaftsordnung in der Europäischen Gemeinschaft, in: Jürgen F. Baur u.a. (Hrsg.), Funktionswandel der Privatrechtsinstitutionen, Festschrift für Ludwig Raiser, 1974, S. 379, 382; vgl. auch EuGH, Liselotte Hauer/Rheinland-Pfalz, Slg. 1979, S. 3727 ff., 3745; Generalanwalt Slg. 1979, S. 3752, 3760; *Theodor Schilling,* Der EuGH, das Eigentum und das deutsche Recht, EuZW 1991, S. 310.

[26] Vgl. statt vieler *Michael Schweitzer/Waldemar Hummer,* Europarecht, 4. Aufl. 1993, S. 75 ff.; Thomas Oppermann, Europarecht, 1991, S. 207 f.

4. Mit der Verantwortlichkeit für die einzelnen Bereiche der Wirtschaftspolitik wurde den Mitgliedstaaten auch das notwendige Instrumentarium zu ihrer Gestaltung belassen, um diesen Freiraum ausfüllen zu können. Der EG-Vertrag selbst läßt offen, welche Instrumente die Mitgliedstaaten im einzelnen einsetzen dürfen. Unangefochten gilt, daß der öffentliche Sektor mit seinen öffentlichen Unternehmen ein wichtiges Mittel zur Erreichung staatlich gesteckter Wirtschaftsziele ist[27].

Auch die öffentlich-rechtlichen Kreditinstitute sind ein wichtiges Mittel staatlicher Wirtschaftsbeeinflussung. In ihrer Stellung im dreigliedrigen deutschen Bankensystem kommt ihnen eine wettbewerbskorrigierende Funktion zu. Durch die flächendeckende Versorgung der kleinen und mittelständischen Unternehmen mit Finanzdienstleistungen leisten die Sparkassen einen wesentlichen Beitrag zur Strukturförderung, der seinerseits der gesamtwirtschaftlichen Entwicklung zum Vorteil gereicht. Im Vergleich zu den privaten Wirtschaftssubjekten sind öffentliche Kreditunternehmen in der europäischen Wirtschafts- und Rechtsordnung nicht subsidiär tätig, sondern gleichberechtigte Teilnehmer am Wirtschaftsverkehr[28].

Bei der Verfolgung ihrer Wirtschaftsziele ist den Mitgliedstaaten lediglich der Rückgriff auf diejenigen Mittel verwehrt, die der EG-Vertrag ausdrücklich nennt. Solche Einschränkungen sind in den sog. Verpflichtungs- oder Integrationsnormen der Art. 30 ff., 48 ff., 52 ff. und 59 ff. EGV enthalten. Diese Bestimmungen sind darauf gerichtet, die wirtschaftliche Integration der Mitgliedstaaten zu fördern, indem sie die Aufrechterhaltung unterschiedlicher Bedingungen auf den nationalen Märkten untersagen, die sich als

---

[27] Vgl. allgemein zu Zielsystemen öffentlich- und privatwirtschaftlicher Unternehmen *Hans Frotz,* Bestimmung der Möglichkeiten und Grenzen der Privatisierung öffentlicher Unternehmungen, Der Betrieb 1977, S. 1661 ff.; *Hans Peter Ipsen/Gert Nicolaysen,* Öffentliche Unternehmen im Gemeinsamen Markt und Bericht über die aktuelle Entwicklung des Gemeinschaftsrechts, NJW 1964, 2336, 2338; *Günter Püttner,* Öffentliche Unternehmen als Instrument staatlicher Politik, DÖV 1983, S. 697, 698 f.

[28] Vgl. *Thomas Klanten,* Die Bedeutung der europäischen Rechts- und Wirtschaftsordnung für die öffentlichen Kreditinstitute, in: Helmut Cox (Hrsg.), Perspektiven öffentlicher Unternehmen in der Wirtschafts- und Rechtsordnung der Europäischen Union, 1995, S. 115, 116; *Hans Peter Ipsen/Gert Nikolaysen,* Öffentliche Unternehmen im Gemeinsamen Markt, NJW 1964, S. 2336.

Hindernisse gegenüber Marktteilnehmern anderer Mitgliedstaaten auswirken können. Systematisch stellen sich diese Einzelverpflichtungen als Konkretisierung des den Mitgliedstaaten gemäß Art. 5 EGV obliegenden Pflicht zu gemeinschaftsfreundlichem Verhalten dar. Art. 5 EGV ist die zentrale Bestimmung des Vertrages, die das Verhältnis der Gemeinschaftsrechtsordnung zu den Rechtsordnungen der Mitgliedstaaten regelt. Seine Bedeutung liegt in der funktionsgerechten Konkretisierung dieses Verhältnisses[29].

Immer aber muß beachtet werden, daß Art. 222 EGV den Freiraum der Mitgliedstaaten vor gemeinschaftsrechtlichen Eingriffen schützt.

Auch die Kommission selbst hat bestätigt, daß Art. 222 EGV ein gemischtes System aus öffentlichem und privatem Unternehmenseigentum garantiert. Jedem Mitgliedstaat wird eingeräumt, Beteiligungen an einem Unternehmen zu erwerben[30]. Gleichwohl betont die Kommission unter Hinweis auf Art. 90 Abs. 1 und 2 EGV, daß Art. 222 EGV öffentliche Unternehmen von der Anwendung der gemeinschaftsrechtlichen Wettbewerbsregeln wie des Beihilfeverbotes nicht ausnehme. Vielmehr unterlägen alle Maßnahmen der Mitgliedstaaten in bezug auf verstaatlichte Unternehmen uneingeschränkt den Vertragsvorschriften[31].

In diesem Lichte betrachtet steht die Regelung des Art. 222 EGV in einem Spannungsverhältnis zwischen den Anforderungen des Gemeinsamen Marktes einerseits und der den Mitgliedstaaten

---

[29] Vgl. EuGH Slg. 1991, I-1979, Rn. 26; *Rudolf Geiger,* EG-Vertrag, 2. Auflage 1995 Art. 222 Rn. 3; *Reinhard Riegel,* Die Einwirkungen des europäischen Gemeinschaftsrechts auf die Eigentumsordnung der Mitgliedstaaten. Zugleich ein Beitrag zur Auslegung von Art. 222 EWGV, RIW 1979, S. 744 ff.

[30] Kommission, ABl EG C 307 v. 13.11.1993, S. 3, 4; Schriftliche Anfrage Nr. 1156/81 von Herrn Damseaux an die Kommission v. 22.10.1981 und Antwort der Kommission v. 13.1.1982, ABl EG C 38, S. 10.

[31] Kommission, ABl EG C 307 v. 13.11.1993, S. 3 Rn. 4; Schriftliche Anfrage Nr. 703 von Lord O`Hagan an die Kommission v. 19.2. 1974 und Antwort der Kommission v. 3.4.1974, ABl EG C 53, S. 27, 28; Schriftliche Anfrage Nr. 835/77 von Herrn Inchauspé an die Kommission v. 2.12.1977 und Antwort der Kommission v. 2.3.1978, ABl EG C 74, S. 10; siehe auch *Fausto Capelli,* Nationalisierungen im Gemeinsamen Markt, RIW 1983, S. 313, 318; Schriftliche Anfrage Nr. 1229/81 und 1233/81 von Herr Galland an die Kommission v. 3.11.1981 und Antwort der Kommission v. 10.5.1982, ABl EG C 150, S. 2.

vorbehaltenen Ausgestaltung der nationalen Eigentumsordnungen andererseits. Eine sinnvolle Auflösung dieses Spannungsverhältnisses ist nur möglich, wenn auf der einen Seite die Freiheit aus Art. 222 EGV von den Mitgliedstaaten nicht dazu benutzt wird, die übrigen vertraglichen Verpflichtungen auszuhöhlen. Auf der anderen Seite dürfen die Vertragspflichten aber auch nicht so weit ausgelegt werden, daß der Anwendungsbereich des Art. 222 EGV entgegen dem ausdrücklichen Willen der Vertragsparteien so stark eingeschränkt wird, daß er die ihm zugedachte Funktion des Schutzes eines wesentlichen Instruments der nationalen Wirtschaftspolitik nicht mehr zu erfüllen vermag[32]. Eine Beschränkung der Eigentumsordnung zur Verwirklichung des Gemeinsamen Marktes findet demnach dort ihre Grenze, wo in den sachlichen Schutzbereich des Art. 222 EGV eingegriffen wird[33].

(1) Dies verlangt zuvörderst eine klare Kompetenzabgrenzung zwischen den Gemeinschaftsbefugnissen und den den Mitgliedstaaten verbliebenen wirtschaftspolitischen Kompetenzen. Art. 222 EGV kommt in diesem Zusammenhang die Bedeutung einer äußeren Schranke der die Mitgliedstaaten in ihrer Struktur berührenden Kompetenzen zu. Den Gemeinschaftsorganen wurde lediglich die Befugnis zur Kontrolle der Handhabung der wirtschaftspolitischen Instrumentarien der Mitgliedstaaten eingeräumt. Ihnen ist es jedoch verwehrt, in den Bestand der Eigentumsposition einzugreifen. Der Europäische Gerichtshof weist in diesem Zusammenhang in der Entscheidung „Nold" zwar darauf hin, daß es möglich ist, in der Gemeinschaftsrechtsordnung für die Eigentumsrechte bestimmte Begrenzungen einzuführen, die durch die dem allgemeinen Wohl dienenden Ziele der Gemeinschaft gerechtfertigt sind. Diese Rechte dürfen aber nicht in ihrem Wesen angetastet werden[34].

---

[32] So auch der EuGH, Slg. 1984, S. 3677, 3685 in der Sache Fearon/Irish Land Commission.

[33] Vgl. *Helmut Weis*, Verstaatlichungen aus gemeinschaftsrechtlicher Sicht, NJW 1982, S. 1910, 1913; *Josef Scherer*, Die Wirtschaftsverfassung der EWG, 1970, S. 179; *Gabriel Obermann/ Karl Soukup*, Öffentlich Unternehmen und die europäische Integration, 1992, S. 31; *Volker Emmerich*, Das Wirtschaftsrecht der öffentlichen Unternehmen, 1969, S. 176.

[34] Nold/Kommission und Rat, EuGH Slg. 1974, S. 491 ff.

Diese Linie der Trennung von Eigentumsbestand auf der einen und Ausübung der Eigentumspositionen auf der anderen Seite bekräftigte der Europäische Gerichtshof in seiner Entscheidung Italienische Republik gegen Kommission, in der er zwischen den verschiedenen Auswirkungen einer Eigentumsbeeinträchtigung differenzierte: Die Beseitigung der Eigentumsposition und die Änderungen der Bedingungen, unter denen das Eigentum genutzt wird. Das Eigentum müsse im Hinblick auf seine gesellschaftliche Funktion gesehen und Beschränkungen unterworfen werden, die den Gemeinschaftszielen entsprechen und keinen unverhältnismäßigen, den Wesensgehalt antastenden Eingriff darstellten. Art. 222 EGV entfaltet auf diese Weise Vorbehaltswirkung, gegenüber gemeinschaftsrechtlichen Maßnahmen, die einen Eingriff in die Substanz der Eigentumsordnung darstellen[35].

Daraus ergeben sich wichtige Folgerungen für den organisatorischen Bestand der öffentlich-rechtlichen Kreditinstitute, insonderheit hinsichtlich ihrer zentralen Strukturmerkmale Anstaltslast und Gewährträgerhaftung.

(2) Die im Eigentum der öffentlichen Hand stehenden Kreditunternehmen werden zur Erfüllung öffentlicher Aufgaben eingesetzt. Mit der Anstalt des öffentlichen Rechts wählte man eine Organisationsform, die mit dem Muttergemeinwesen im organisatorischen und personellen Bereich, vor allem aber durch die Haftungs- und Finanzierungsstrukturen eng verbunden ist. Diese enge Verflechtung ist notwendige Voraussetzung, um die öffentlichen Aufgaben erfüllen zu können. Die öffentliche Hand nimmt damit die aus ihrem Eigentumsrecht fließenden Gestaltungsspielräume wahr, die ihr der EG-Vertrag überlassen hat.

Anstaltslast und Gewährträgerhaftung müssen aus dem Spannungsverhältnis der eigentumspolitischen Neutralität des EG-Vertrages nach Art. 222 einerseits und den Anforderungen des Beihilferegimes andererseits beurteilt werden. Eine Kontrolle von Anstaltslast und Gewährträgerhaftung durch die Kommission

---

[35] EuGH Slg. 1985, S. 873, 886; siehe auch Italienische Republik/Kommission, EuGH Slg. I 1991, S. 1603 ff.; EuGH Slg. 1989, S. 2263, 2268.

gemäß Art. 93 EGV wäre nur dann denkbar, wenn diese Instrumente von den öffentlich-rechtlichen Kreditinstituten oder ihren Gewährträgern überhaupt in einer wettbewerbsverzerrenden Weise eingesetzt werden könnten. Anstaltslast und Gewährträgerhaftung sind aber wesensnotwendige Voraussetzungen der Organisationsstruktur der öffentlich-rechtlichen Kreditinstitute, die einem gezielten Einsatz nicht zugänglich sind. Sofern sich aus Anstaltslast und Gewährträgerhaftung ein wirtschaftlicher Vorteil für einige öffentlich-rechtliche Kreditinstitute lediglich als eine Reflexwirkung des Marktes darstellt, folgt daraus jedenfalls noch keine Befugnis der Kommission zur Durchführung eines beihilferechtlichen Kontrollverfahrens. Bei einer schlichten Reflexwirkung handelt es sich gerade nicht um eine gemeinschaftsrechtswidrige Betätigung eines öffentlichen Unternehmens oder Mitgliedstaates im Sinne von Art. 92 Abs. 1 EGV, so daß im Hinblick auf die dargelegte Kompetenzverteilung der den Mitgliedstaaten vorbehaltene wirtschaftspolitische Gestaltungsspielraum nicht rechtsmißbräuchlich ausgenutzt wird.

Die Bonitätsbewertung der öffentlich-rechtlichen Kreditinstitute durch die Kommission muß auch die Risikobeschränkungen und die Kontroll- und Einflußmöglichkeiten der Gewährträger berücksichtigen und kann nicht allein auf die Haftungsstruktur zurückgeführt werden.

Bei einer vorwiegend wirtschaftlichen Betrachtungsweise, die die rechtlichen Voraussetzungen weithin außer acht läßt, müssen ferner die sich aus den Beschränkungen des Regionalprinzips für die kommunalen Sparkassen ergebenden wirtschaftlichen Vorteile der privaten und genossenschaftlichen Kreditinstitute gegenüber den öffentlichen Kreditinstituten in die Bewertung einbezogen werden.

Als Instrumente staatlicher Wirtschaftspolitik fällt auch die nähere rechtliche Ausgestaltung der öffentlich-rechtlichen Kreditinstitute in den Kompetenzbereich der Mitgliedstaaten. Wie die Kommission zutreffend feststellt, erfaßt der Schutzbereich des Art. 222 EGV die öffentlich-rechtliche Organisationsform der Unternehmen in ihrer konkreten Ausgestaltung. Die Gemeinschaft ist gegenüber diesen spezifischen Organisationsformen neutral[36].

Konsequenterweise müßte die Kommission dann auch im Rahmen ihrer beihilferechtlichen Überprüfung von Anstaltslast und Gewährträgerhaftung zu einem anderen Ergebnis kommen: Als von der Schutzwirkung des Art. 222 EGV mit umfaßte Bestandteile der Eigentumsordnung des Mitgliedstaates Deutschland und seiner wirtschaftlichen Gestaltungsfreiheit sind Anstaltslast und Gewährträgerhaftung dem Zugriff der Gemeinschaftsorgane und damit auch der Europäischen Kommission entzogen. Ihre Überprüfung ist nicht mehr Bestandteil der in den Beihilferegeln der Art. 85 bis 94 EGV enthaltenen Gemeinschaftskompetenzen. Die Schutzwirkung des Art. 222 EGV ermöglicht es den Mitgliedstaaten, das notwendige Instrumentarium zur Gestaltung ihrer wirtschaftspolitischen Ziele nach ihren eigenen Vorstellungen einzusetzen.

Anstaltslast und Gewährträgerhaftung werden somit vom Schutzbereich des Art. 222 EGV in doppelter Hinsicht erfaßt: Zum einen als Resultat der mitgliedstaatlichen Gestaltungsfreiheit im öffentlichen Sektor; zum anderen als unmittelbar mit dem öffentlichen Eigentum verbundene Pflichten, auf die sich der Schutz der Regelung des Art. 222 EGV ebenfalls erstreckt.

---

[36] Europäische Kommission, ABl EG 1996 C 281/03 vom 26.9.1996, S. 5; siehe auch Hans-Christoph Pape, Staatliche Kapitalbeteiligungen an Unternehmen und das Beihilfenverbot gem. Art. 92 EG-Vertrag, 1996, S. 39.

GÜNTER PÜTTNER

Stadtwerke und der Versorgungsauftrag der Städte

„Die kommunalen Unternehmen haben, wie auch die Kommunen, denen Sie gehören, enge Bodenhaftung, aber unmittelbaren Kontakt zur Realität" – so formulierte der Jubilar in seiner letzten Rede als Präsident des Verbandes kommunaler Unternehmen (VKU) am 27. September 1995 in Stuttgart[1]. Es war die Tagung, die unter dem Motto stand: Mit Energie in die Zukunft! Sie strahlte einen gewissen Optimismus aus, der inzwischen weithin der Sorge um die Zukunft gewichen ist. Schwierige Zeiten stehen der kommunalen Wirtschaft bevor.

Aber zunächst einmal empfiehlt sich, um die heutigen Probleme richtig verstehen zu können, ein Rückblick auf Entstehung und Grundlagen der kommunalen Wirtschaft. Ein dezidierter Versorgungsauftrag ist auch im 19. Jahrhundert den Städten vom Staat nie erteilt worden; aus eigenem Antrieb in Betätigung der Selbstverwaltung haben sie sich der Versorgung zugewandt, zuerst mit Wasser, dann mit Gas und schließlich mit Strom und Nahverkehr. Die Bedürfnisse der Bürger waren es, die in den Städten Anlaß zur Intervention gaben. Und so stammt der Versorgungsauftrag nicht vom Staat, sondern von der örtlichen Bürgerschaft[2].

---

[1] Vgl. das Redemanuskript, S. 2 unter 3.
[2] Selbstverwaltungsfremden Etatisten fällt es deshalb schwer, die „Zuständigkeit" der Kommunen für die Versorgung anzuerkennen; vgl. *Wolfgang Löwer*, Energieversorgung und gemeindliche Selbstverwaltung, in: Jörn Ipsen/Peter Tettinger (Hrsg.), Zukunftsperspektiven der kommunalen Energieversorgung, Köln u.a. 1992, S. 29 ff. (bes. S. 39).

Wie die Geschichte belegt[3], kam nämlich die Gründung der städtischen Werke nicht von ungefähr. Die Technik der Stadtgasversorgung stammte aus England, und so beauftragten die deutschen Städte um die Jahrhundertmitte durchweg englische Gesellschaften mit dem Aufbau und Betrieb der Gasversorgung. Aber die Städte machten damals mit dieser Form der Konzessionierung (Modernisten würden von „public-private-partnership" sprechen) schlechte Erfahrungen in der Gestalt von Qualitätsmängeln und überzogenen Preisen und übernahmen deshalb sukzessive die Gasversorgung selbst. Die Stadt Düsseldorf beispielsweise konnte bei der Übernahme der Gasversorgung 1863 den Gaspreis von 55 Pfennig / cbm auf 19 Pfennig / cbm senken und trotzdem noch Gewinne erwirtschaften. Die Stadt Berlin übrigens hatte versäumt, im Konzessionsvertrag eine Endschafts- oder Kündigungsklausel zu vereinbaren und konnte deshalb die Gasversorgung erst bei Ausbruch des ersten Weltkrieges im Wege der Beschlagnahme von Feindvermögen in ihre Regie bringen. Zu diesem Zeitpunkt befanden sich 3/4 der vorhandenen rund 1.400 Gaswerke in städtischer Hand.

Auch in der seit 1880 aufgebauten Stromversorgung der Städte entwickelte sich ein Nebeneinander von städtischen (etwa 55 %) und privaten Unternehmen, wobei es aber besonders bei den größeren Versorgern („Überlandzentralen") zur Bildung gemischtwirtschaftlicher Gesellschaften kam, die teilweise bis heute fortbestehen wie das RWE. Die Kooperation der Städte mit Privaten verlief hier offensichtlich erfolgreicher als beim Gas; jedenfalls berichtet die veröffentlichte Literatur nur von wenigen Querelen.

Ob Eigenregie oder Konzessionierung, die Städte bemühten sich in beiden Fällen, die örtliche Versorgung wegen Ihres monopolistischen Charakters zum Wohl der Bürger zu überwachen und zu beeinflussen. Dabei blieb es in der Weimarer Zeit, in der es – zählebigen Legenden zum Trotz – keine nennenswerte Erweite-

---

[3] Die nachfolgende Darstellung stützt sich vornehmlich auf *Klaus Stern/Günter Püttner,* Die Gemeindewirtschaft, Stuttgart u.a. 1965, S. 19 ff. sowie auf *Heinrich Silbergleit,* Preußens Städte, Berlin 1908 (bes. S. 237-240) und die mit „Gemeindebetriebe" überschriebenen Schriften Bände 128, 129 und 132, Leipzig 1908-1910, des Vereins für Sozialpolitik.

rung der kommunalen Wirtschaft gegeben hat, allerdings auch keine ins Gewicht fallende Verringerung. Die 1919 ins Auge gefaßte Verstaatlichung und damit Zentralisierung der Versorgung unterblieb vor 1933, und ungeachtet eines harten Ringens, auch danach[4]. Erst der DDR blieb es vorbehalten, 1949/1950 die kommunale Versorgungswirtschaft in ihrem Territorium zu beseitigen und in überregionalen Energie- „Kombinaten" zu zentralisieren.

Im westlichen Teil Deutschlands konnte sich bekanntlich die kommunale Energieversorgung nach dem Zweiten Weltkrieg gut, ja hervorragend entwickeln. Es blieb bei dem System des Nebeneinanders von Stadtwerken einerseits und konzessionierten Regional- oder Verbundunternehmen andererseits, die wiederum über Demarkationsverträge im Bestand ihres Versorgungsgebietes abgesichert waren. Diese „pluralistische Versorgungsstruktur" hat sich die ganzen Jahre über bewährt und konnte 1990 das Modell für den Wiederaufbau der städtischen Versorgung in den neuen Ländern bilden[5].

Die Rückgewinnung der östlichen Stadtwerke ging allerdings nicht ohne Schmerzen vonstatten und ist bis heute nicht abgeschlossen. Bekanntlich wollten die großen westdeutschen Energieversorger über Stromverträge mit der noch agierenden DDR-Regierung die dortigen, in Aktiengesellschaften umgewandelten Energie-Kombinate vollständig unter Verhinderung des Wiedererstehens von Stadtwerken übernehmen. Nur mit großer Mühe konnten die Städte in den neuen Ländern diesem Angriff auf ihre gerade erst wieder erlangte Selbstverwaltung begegnen. Leider hat sich gegenüber den von der Bundesregierung gestützten großen Versorgungsunternehmen der reine Verhandlungsweg nicht als ausreichend erwiesen, um wirklich voranzukommen. Es

---

[4] Die Auseinandersetzung um das 1935 ergangene Energiewirtschaftsgesetz usw. ist nachgezeichnet bei *Horst Matzerath,* Nationalsozialismus und kommunale Selbstverwaltung, Stuttgart 1970, S. 392 ff.

[5] So mit Recht *Manfred Rommel,* Energiepolitik aus kommunaler Sicht, in: Energiewirtschaftliche Tagesfragen, 41. Jg. 1991, S. 808.

mußte mit dem Gang nach Karlsruhe zum Bundesverfassungsgericht nachgeholfen werden[6].

Das Gericht hat in bemerkenswerter Weise geholfen. Aus dem Gespür heraus, daß ein auf die Aufhebung bestimmter Vorschriften begrenztes Urteil – nur ein solches hätte ergehen können – kaum den erforderlichen faktischen Durchbruch würde bewirken können, hat es auf eine „Verständigung" gedrungen (Vergleiche, wie man sonst sagt, sieht das Gesetz über das Bundesverfassungsgericht nicht vor). Den Rahmen dazu bot die am 27.10.1992 in Stendal veranstaltete mündliche Verhandlung, in der die Standpunkte zunächst hart aufeinander prallten, in der aber schließlich, und zwar nicht zuletzt aufgrund der Verantwortung für das Wohl der Bürger, die Verständigung sich durchsetzte. Es dauerte zwar noch einige Zeit, bis die Abmachung unter Dach und Fach gebracht werden konnte, aber dann war der Weg frei für die Wiedererrichtung der Stadtwerke in den neuen Ländern auch für die Sparte Strom. Die Verwirklichung dieses Vorhabens stieß allerdings je nach Struktur des Versorgungsgebietes und nach Stadtgröße auf viele Schwierigkeiten, und so ist bis heute im Osten nicht die Stadtwerksdichte erreicht, die man sich eigentlich wünschen würde.

Wichtig ist, daß mit diesem Verfahren das höchste Gericht den Versorgungsauftrag der Städte endgültig anerkannt hat. Um diesen war nach dem Krieg unter Juristen immer wieder gestritten worden. Der kommunalen Seite und ihrer Position[7] stand eigentlich immer eine wirtschafts-liberale Seite gegenüber[8]. Die Schwierigkeit der Argumentation beruht darauf, daß die von Stadt und Gemeinden zu erfüllenden öffentlichen Aufgaben in den Grundgesetzen und in den einfachen Gesetzen nicht umfassend

---

[6] Vgl. zum Streitstand am Beginn des Verfahrens *Edzard Schmidt-Jortzig,* Die Neuordnung der Energieversorgung in den neuen Bundesländern, in: Ipsen/Tettinger (Fn. 2), S. 85 ff.

[7] Verdeutlicht z.B. durch *Klaus Stern,* Die verfassungsrechtliche Position der kommunalen Gebietskörperschaften in der Elektrizitätsversorgung, Berlin und Frankfurt a.M. 1966; ihm folgt z.B. *Rupert Scholz,* Gemeindliche Gebietsreform und regionale Energieversorgung, Berlin 1977.

[8] Diese heute von *Löwer* (Fn. 2) vertretene Auffassung propagierte früher namentlich Hans Fischerhof, „Daseinsvorsorge" und wirtschaftliche Betätigung der Gemeinden, in: Die öffentliche Verwaltung (DÖV), Jg. 13, 1960, S. 41 ff.

festgeschrieben sind und bzgl. der Gemeinden auch nicht festgeschrieben sein sollen, weil es ja gerade das Wesen der Selbstverwaltung ausmacht, daß die Gemeinden selbst über ihren Aufga-
benkreis befinden.

Immerhin hatte nach dem Krieg die Bayerische Verfassung in Art.
83 Abs. 1 als Angelegenheit des eigenen Wirkungskreises der
Gemeinden u.a. genannt „Die Versorgung der Bevölkerung mit
Wasser, Licht, Gas und elektrischer Kraft". Auf Grundlage dieser
Vorschrift entschied der Bayerische Verfassungsgerichtshof im
Jahre 1958[9], daß die Energieversorgung als „Daseinsvorsorge"
gemeine Aufgabe der Gemeinden sei mit der Folge, daß die ein-
schränkenden Vorschriften der Gemeindeordnung hinsichtlich
der wirtschaftlichen Betätigung auf die Versorgungswirtschaft
nicht anwendbar seien.

Die Wirkung dieses Spruchs blieb lange Zeit auf Bayern begrenzt;
das Bundesverfassungsgericht fand bis 1989 keine Gelegenheit,
sich zu der Frage zu äußern. In diesem Jahr dann aber führte der
Kammer-Beschluß vom 16. Mai[10] bzgl. der Hamburger Elektri-
zitätswerke HEW wörtlich aus: Es „gehört die Durchführung der
Wasser- und Energieversorgung zu den typischen, die Daseinsvorsorge betreffenden Aufgaben der kommunalen Gebietskörperschaften. Stellt somit die Versorgung mit Strom eine öffentliche Aufgabe dar, dann ..." Im konkreten Fall war das nicht
respektvoll anerkennend gemeint, sondern diente als Begründung
dafür, der HEW den Grundrechtsschutz zu versagen, aber für den
Stadtwerke-Prozeß war das doch ein gutes Omen. Angesichts der
erwähnten Verständigung konnte das Gericht seine 1989 entwickelte Auffassung zwar nicht schriftlich bestätigen, aber das
gesamte Vorgehen des Gerichtes belegt, daß es von der Versorgung als kommunale Aufgabe ausgeht.

In den Jahren davor hatte es nicht an literarischen Versuchen[11]
gefehlt, die Energieversorgung darüber hinaus zum „Wesensge-

---

9   BayVerfG in DOV Jg. 11, 1958, S. 216 ff.
10 Abgedruckt in: Neue Juristische Wochenschrift (NJW), Jg. 43, 1990, S. 1783.
11 Vgl. statt vieler Stern (Fn. 7).

halt" der Selbstverwaltung zu rechnen. Das Bundesverfassungsgericht hat dazu nie Stellung genommen und wird es wohl auch
nie tun; denn seit es im berühmten Rastede-Beschluß[12] für den
Schutz der Selbstverwaltung andere Prüfkriterien entwickelt hat,
ist die Lehre vom Wesensgehalt der Selbstverwaltung in den Hintergrund getreten.

Wie sich das Gericht im einzelnen zum Versorgungsauftrag der
Städte stellen wird, wenn es die Beurteilung der heute aufgewor-
fenen Fragen (auf die noch einzugehen sein wird) gefordert ist,
läßt sich unter diesen Umständen trotz der erwähnten Aussagen
nur schwer oder gar nicht vorhersehen. Möglicherweise wird
dabei das Schicksal der augenblicklichen Modewelle Privatisierung („mehr Markt, weniger Staat") eine entscheidende Rolle
spielen. Setzt sich der Trend der letzten Jahre fort, kann es zu einer
Privatisierungstendenz auch bei den Stadtwerken kommen. Vor
allem wenn sich kommunale Akteure selbst dieser Tendenz anschließen, wird sich das Gericht nicht so ohne weiteres bereit finden, sich ihr entgegenzustellen. Dreht sich aber, zum Beispiel im
Zusammenhang mit der Arbeitslosenfrage in nächster Zeit der
Wind und werden staatliche und städtische Aktivitäten wieder
populär und gefordert, dann kann ein Klima entstehen, das eine
erfolgreiche Verteidigung des Versorgungsauftrages der Städte
und der Stadtwerke auch vor Gericht begünstigt.

Neue Entwicklungen stehen insbesondere in Form der geplanten
Reform des Energiewirtschaftsrechts einschließlich des Energie-
kartellrechts ins Haus. Die Bundesregierung hat im Herbst 1996
einen Entwurf vorgelegt[13], dem der Bundesrat insbesondere in
dem die Städte betreffenden Punkt der Minderung des Aufkom-
mens aus der Konzessionsabgabe entgegengetreten ist[14].

Der Bundesrat hat sich in seiner Stellungnahme auch sonst den
von kommunaler Seite aufgebrachten Bedenken weitgehend an-

---

[12] BVerfGE 79, S. 127 ff.
[13] Vgl. den Text in Bundesrats-Drucksache Nr. 806/96. Aus der vorangegangenen Debatte vgl.
statt vieler *Jürgen F. Baur* (Hrsg.), Reform des Energiewirtschaftsgesetzes, Baden-Baden 1991.
[14] Vgl. Bundesrats-Drucksache Nr. 806/96 – Beschluß –.

geschlossen. Er unterstützt das Anliegen, mehr Wettbewerb in der Energiewirtschaft einzuführen, widerspricht aber der Auflösung der geschlossenen örtlichen Versorgungsnetze. Insbesondere beklagt er die durch den geplanten Wegfall des Ausschließlichkeitsrechts drohende Halbierung des Konzessionsabgabeaufkommens und die damit einhergehende sinkende Ertragskraft der Stadtwerke. Ferner gefährde das Konzept der Bundesregierung die in Gang gekommene umweltverträgliche Energieversorgung und lasse eine Aushöhlung des Stromeinspeisungsgesetzes befürchten.

Der Regierungsentwurf sieht nämlich vor, § 103 GWB für Strom und Gas (vorerst noch nicht für Wasser) ersatzlos zu streichen, so daß die bisher zugelassenen Demarkations- und Konzessionsverträge in Zukunft gegen §§ 1, 15 GWB verstoßen und nicht mehr vereinbart werden können. Die Bundesregierung hat sich damit innerhalb der von der EU zugelassenen Modelle für das Wettbewerbssystem und gegen das z.b. vom VKU favorisierte Alleinabnehmersystem[15] entschieden. Auch im übrigen trägt der Entwurf den Forderungen und Anregungen des VKU[16] nicht Rechnung.

Wer freilich Gewinner und Verlierer der „Liberalisierung" sein wird, steht noch keineswegs fest. Normalerweise bringt die Verschärfung des Wettbewerbs Konzentrationsbewegungen in der Wirtschaft hervor; das hat man in den vergangenen Jahrzehnten sattsam beobachten können. Eine solche Tendenz würde zu Lasten der Stadtwerke gehen und „die Zukunft des dezentralen Elements"[17] gefährden. Die Gefährdung würde noch dadurch gesteigert, daß große bis hin zu ausländischen Versorgungsunternehmen interessante Sonderabnehmer über Stichleitungen direkt bedienen und den Stadtwerken wegnehmen könnten, das berühmte „Rosinenpicken". Aber auf der anderen Seite könnten auch die

---

[15] Vgl. die Anlage zum VKU-Nachrichtendienst vom Januar 1997 „Das Alleinabnehmersystem in der Stromversorgung".

[16] Vgl. die Anlage zum VKU-Nachrichtendienst vom November 1996 „Die Reform des Energiewirtschaftsrechts".

[17] Vgl. den gleichnamigen Beitrag von Manfred Rommel in: „der städtetag, Jg. 42 (1989), S. 627 f.

Stadtwerke die Gunst der Stunde nutzen und mehrere mögliche Vorlieferanten gegeneinander auszuspielen suchen. Da den Stadtwerken die – langfristig nicht unbedingt unattraktiven – Tarifkunden aller Voraussicht nach verbleiben, verfügen sie über einen soliden Sockel und könnten möglicherweise mit preisgünstigen Anbietern gut ins Geschäft kommen. Also könnten im Gefolge eines Arrangements von Stadtwerken mit großen Versorgern eher die kleineren Regionalunternehmen auf der Strecke bleiben. Aber dies alles sind Spekulationen, denen die künftige Wirklichkeit nicht ohne weiteres entsprechen muß.

Ziemlich sicher läßt sich dagegen voraussagen, daß die kleinen Verbraucher (wie stets) die Zeche werden zahlen müssen[18]. Wenn die Großkunden ihren Vorteil nutzen und aus der kommunalen Versorgung ausscheiden, verschlechtert sich notwendigerweise die Einnahmen- und Kostenstruktur der Stadtwerke, so daß die Tarifpreise angehoben werden müssen. Wurde dies früher manchmal in Abrede gestellt, so wird inzwischen die Entlastung der industriellen Abnehmer auf Kosten der Tarifabnehmer unter dem Stichwort „Standort Deutschland" offen propagiert. Ob aber über einen gewissen Mitnahmeeffekt hinaus diese Regelung wirklich den Industriestandort Deutschland stärken wird, ist keineswegs sicher. Dies auch deshalb, weil in jüngster Zeit die Eigenversorgung großer Unternehmen wieder attraktiver geworden ist und möglicherweise allen Fremdversorgern zu schaffen machen wird. Dann zahlen die Tarifabnehmer umsonst die Rechnung, aber zahlen müssen Sie in jedem Falle.

Eigentlich soll ja der Wettbewerb dem Verbraucher dienen und ihm zu preisgünstigen Angeboten verhelfen. Aber nicht immer ergibt sich dieses Resultat. Mit Recht wendet sich der Jubilar gegen Politiker, denen beim Hören des Wortes „Wettbewerb" schon das Wasser im Munde zusammenläuft. Der Wettbewerb, so Rommel, ist aber „eine Methode und kein Zielfindungsautomat und auch kein Selbstzweck[19]". Das Netzmonopol bleibt zumin-

---

[18] Vgl. die in Fn. 16 zitierte Stellungnahme des VKU, S. 2.
[19] Vgl. *Rommel* (Fn. 1), S. 3 unter 6.

dest für die kleinen und mittleren Tarifabnehmer auch künftig eine Besonderheit, über die man nicht mit dem Zauberwort „Wettbewerb" einfach hinweggehen kann.

Verstehen kann man natürlich, daß die Kommission der EU im Interesse der Weiterentwicklung des europäischen Binnenmarktes gegen nationale Abschottung zu Felde zieht und Wettbewerb sowie Marktöffnung propagiert. Die entsprechende EU-Richtlinie ist jahrelang vorbereitet worden und im Februar 1997 in Kraft getreten[20]. Unabhängig von der Umsetzung dieser Richtlinie in nationales Recht wird danach die EU den dem Wettbewerb zu überantwortenden Marktanteil der Großabnehmer errechnen und die Mitgliedsstaaten verpflichten, für diesen Bereich die Marktöffnung durchzusetzen. Das neue deutsche Energiewirtschaftsrecht soll bereits dazu dienen, den Vollzug der Richtlinie vorzubereiten. Die Großabnehmer werden damit schon bald die Gewinner der Neuordnung sein.

Die Stadtwerke als Weiterverteiler gehören zu diesen Gewinnern nicht und damit auch nicht die Tarifkunden. Vor Verabschiedung der Richtlinie hat sich deshalb der VKU, gestützt auf ein Rechtsgutachten[21], mit aller Deutlichkeit gegen diese Diskriminierung der Stadtwerke verwahrt[22]. Man wird abwarten müssen, ob sich die geltend gemachten rechtlichen Bedenken vor Gericht werden durchsetzen lassen; beim EuGH fällt das bekanntlich nicht immer leicht. Die Bundesrepublik selbst wird erstens kaum geneigt sein, die Richtlinie anzugreifen, und sie hätte zweitens schon deshalb schlechte Karten, weil Sie (wie oben angemerkt) noch nicht einmal die Möglichkeit der Einführung des zugelassenen Alleinabnehmersystems genutzt, sondern sich für das Stadtwerk-ungünstige Wettbewerbssystem der Durchleitung entschieden hat. Dieses Verhalten des Bundes kann sich auch bei Gegenwehrmaßnahmen von Städten oder Stadtwerken zu Lasten der Petenten auswirken.

---

[20] ABl der EU L 27 vom 19.2.1997, vgl. VKU-Nachrichten vom Februar 1997, S. 2.
[21] Stammend von *Peter Tettinger;* in die gleiche Richtung geht die Schrift von *Bettina Bergmann,* Ein Netzzugang Dritter in die Elektrizität und Grundrechte der Versorgungsunternehmen, Berliner jur. Diss. 1995.
[22] Vgl. die Stellungnahme des VKU (Fn. 16) unter II.

So besteht die akute Gefahr, daß die Städte und ihre Stadtwerke, die sich über hundert Jahre lang als Wahrer der Belange der Verbraucher erfolgreich behauptet haben, nicht mehr ihrem Versorgungsauftrag gerecht werden können, sondern ihn den Interessen der Großabnehmer opfern müssen. Die Städte werden möglicherweise überprüfen, ob der Betrieb von Stadtwerken dann noch Sinn macht, insbesondere dann, wenn auch noch die Vorteile des Querverbundes entfallen sollten. Die Stadtwerke selbst werden natürlich nicht einfach von der Bildfläche verschwinden wollen, zumal es noch manche Aufgaben gibt, die sie auch künftig zum Wohle der Städte und ihrer Verbraucher erfüllen können. Zu denken ist an Aufgaben des Umweltschutzes, auf die sogleich näher einzugehen ist, aber auch an erweiterte Aufgaben stadtwirtschaftlicher Art, die sich in der Entwicklung befinden. Damit ist nicht nur der Bereich der Entsorgung[23] angesprochen, sondern z.b. auch das Feld der Telekommunikation, dem sich bereits verschiedene Stadtwerke zu widmen beginnen.

Neue Maßstäbe für den Versorgungsauftrag der Städte und ihrer Stadtwerke setzt der Umweltschutz, auf den namentlich der Jubilar mit Nachdruck hingewiesen hat[24]. Die Städte haben sich diesem Gedanken seit jeher geöffnet; heute bindet Art. 20a GG sie rechtlich und fordert auch von ihnen, die natürlichen Lebensgrundlagen zu schützen und zu schonen. Seit längerem geht es um den adäquaten Einsatz der Primärenergien, aber solange dies ganz überwiegend nicht erneuerbare Energiequellen sind (insbesondere fossile Brennstoffe), bildet die Förderung des Energiesparens ein wichtiges kommunales Gebot. Im Zielkonflikt zwischen Resultatsverbesserung durch mehr Energieabsatz und dem Umwelterfordernis Energiesparen konnten die Stadtwerke lange Zeit der Priorität des erstgenannten Zieles kaum ausweichen, insbesondere auch wegen der rechtlichen und wirtschaftlichen Rahmenbedingungen. Diese haben sich im Laufe der Zeit doch zugunsten des Umweltschutzes verändert, und so genießt der Vorrang

---

[23] Im VKU gibt es bereits eine „Arge Entsorgung", die viele Aktivitäten entfaltet, vgl. VKU-Nachrichten vom Januar 1997, S. 10 f.
[24] Vgl. *Rommel* (Fn. 5), S. 809 und (Fn. 1), S. 3 ff.

der Förderung des Energiesparens inzwischen breite Anerkennung in den Städten und Stadtwerken.

Aber bloßes Energiesparen kann bekanntlich die Probleme der Zukunft nicht lösen. Es müssen erneuerbare Energien gefunden, entwickelt und wirtschaftlich gemacht werden[25]. Bisher befinden sich vor allem Energie aus Biomasse, Windenergie und Solarenergie in der Erprobung. Möglich gemacht wird diese durch das 1990 ergangene Stromeinspeisungsgesetz[26], das die gebietszuständigen Versorgungsunternehmen zur Übernahme des aus erneuerbarer Energie erzeugten Stroms verpflichtet und dessen Vergütung vorschreibt.

Die Vergütung ist allerdings in § 3 dieses Gesetzes nur in Form einer Mindestvergütung festgelegt, die sich an den Durchschnittserlösen orientiert und bei Wind- und Sonnenenergie 90 % davon ausmacht (Abs. 2). Diese Mindestvergütung und auch die nach den ersparten Aufwendungen des EVU errechnete Vergütung, wie sie sich durchgesetzt hat[27], reichen allerdings nicht aus, um die Kosten der Einspeiser zu decken. Wenn es also nicht gelingt, die EVU zur freiwilligen Zahlung einer kostendeckenden Vergütung zu bewegen (die z.b. bei Solarenergie noch sehr hoch bei 1,87 DM je kWh liegt), werden sich nur Idealisten oder besonders Interessierte an den Versuchen zur Weiterentwicklung der erneuerbaren Energien beteiligen. Die erstrebte Serienreife und die so erhoffte erhebliche Verbilligung dieser Energien werden damit unangemessen lange aufgeschoben. Die im Grünbuch der EU-Kommission vom November 1996[28] ins Auge gefaßte Steigerung des derzeitigen Anteils der erneuerbaren Energien am Gesamtprimärenergieeinsatz von 6 % auf eine Höhe von 12 % bis zum Jahr 2010 wird unter diesen Umständen jedenfalls in Deutschland kaum zu erreichen sein.

---

[25] Vgl. *Rommel* (Fn. 1), S. 5 (unter 10).
[26] Gesetz vom 7.12.1990, BGBl I S. 2633.
[27] Vgl. BGH NJW Jg. 49, 1996, S. 3005; *Ulrich Immenga*, Preisaufsicht bei der Einspeisung regenerativer Energien, BB 1994, S. 295 f.
[28] Vgl. VKU-Nachrichten vom Februar 1997, S. 6.

Hinter dem Umweltschutz sollte der klassische Verbraucher-schutz, dem die Stadtwerke ihre Entstehung verdanken, nicht zurücktreten. Wie allerdings Städte und Stadtwerke unter den geänderten Bedingungen ihrer Verbraucherschutz-Aufgabe und vor allem der Aufgabe, vor überhöhten Preisen zu schützen, noch gerecht werden können, ist durchaus zweifelhaft. Die oben beschriebene Bevorzugung der Großabnehmer und die Diskriminierung der Weiterverteiler engen den Spielraum der Stadtwerke zur verbraucherfreundlichen Tarifgestaltung erheblich ein.

Staatlicherseits und aus dem wirtschaftspolitischen Raum wird gerne darauf verwiesen, daß es ja die Preisaufsicht und vor allem die Kartellaufsicht gebe, deren Aufgabe u.a. in der Kontrolle der Verbraucherpreise einschließlich der Vorlieferantenpreise liege, und die geeignet seien, Mißbräuche zu verhindern. Eine nähere Betrachtung dieser Kontrollinstanzen und ihres Wirkens[29] zeigt, daß die Kontrolle eher den gewerblichen Abnehmern als den kleinen Verbrauchern zugute kommt. Aber selbst wenn sich das ändern sollte, kann doch die Kontrolle an den gesetzlich vor-gegebenen Eckdaten und den daraus resultierenden (höheren Kosten) nichts ändern. Wenn die Großabnehmer künftig ihre Chance nutzen und weniger als bisher zur Deckung der Gesamtaufwendungen der Versorger beitragen, können die Preis- und Kartellaufsicht den daraus sich ergebenden Preisanstieg für die Tarifkunden nicht beanstanden und nicht verhindern.

Wenn aber den Tarifkunden wirklich geholfen werden soll, muß der Kostenanstieg für ihren Versorgungsanteil verhindert werden. Die Auseinandersetzungen um das neue Energiewirtschaftsrecht haben ja erst begonnen; noch besteht die Chance, daß sich die kommunale Seite behaupten kann. Der Bundesrat hat im ersten Durchgang Schützenhilfe geleistet, aber das hat er zunächst auch in der Frage des kostenlosen Wegebenutzungsrechtes für die Telekom getan, um dann im Vermittlungsausschuß hinter verschlossenen Türen umzufallen. Hoffentlich bleibt er diesmal standhaft.

---

[29] Vgl. z.B. *Ulrich Büdenbender,* Die Kartellaufsicht über die Energiewirtschaft, Baden-Baden 1995; *Ulrich Immenga,* Strompreise zwischen Kartell- und Preisaufsicht, Baden-Baden 1982.

Über den Fragen der städtischen Energieversorgung sollte nicht vergessen werden, daß der Versorgungsauftrag der Städte umfassender zu verstehen ist und mehr als den kommunalwirtschaftlichen Bereich umfaßt. Die Gemeinden schaffen nach einer bekannten Klausel in den Gemeindeordnungen die für die wirtschaftliche, kulturelle und soziale Betreuung ihrer Einwohner erforderlichen öffentlichen Einrichtungen. Diesem Versorgungsauftrag waren die Städte seit je her verpflichtet, lange bevor das „Dienstleistungsunternehmen" erfunden wurde. Es ist heute angesichts geschrumpfter öffentlicher Mittel äußerst schwierig geworden, diesem Auftrag noch angemessen nachzukommen. In dieser Lage erweisen sich die Stadtwerke, die auf eigenen Füßen stehen und den Gemeindehaushalt nicht belasten, als eine äußerst willkommene, manchmal rettende Stütze des Versorgungsauftrags im ganzen.

Zwar können die Stadtwerke nicht anstelle der Städte kulturelle und soziale Einrichtungen mit hohem Zuschußbedarf führen, aber sie können doch in einigen Fällen als Sponsor auftreten oder mit ihrem Potential und Know-how zum rationelleren Betrieb vieler Einrichtungen beitragen. Besonders in stadtwerksverwandten Einrichtungen wie der Entsorgung und der Stadtreinigung bieten sich in Richtung auf Kostensenkung wirksame Chancen für die Kooperation von Stadtwerken und Städten. Vor einem freilich muß gewarnt werden, vor der Überlastung der Stadtwerke mit der Folge von Substanzverzehr oder unangemessener Verschuldung. Wie bisher muß die Politik der Stadtwerke und der Städte auf Substanzerhaltung gerichtet bleiben. Dafür erweist es sich als hilfreich, daß die großen Stadtwerke vor Jahren in Kapitalgesellschaften (Eigengesellschaften) umgewandelt wurden, so daß sie schon nach den gesellschaftsrechtlichen Vorschriften gehalten sind, ihr Vermögen zu erhalten, um nicht den Gang zum Konkursrichter antreten zu müssen. Eben aus diesem Grunde, daran sei erinnert, wurde 1931 durch Notverordnung die rechtliche Verselbständigung der Sparkassen angeordnet. Das Trauerspiel mit der früheren Deutschen Bundesbahn, die als unselbständiges Unternehmen jahrelang zum Substanzverzehr gezwungen und als Sonderschuldenberg mißbraucht wurde, sollte abschreckend wirken. Auch in schweren Zeiten muß die Kommunalwirtschaft solide und zukunftsbezogen geführt werden.

In diesem Sinne hat der Jubilar bei seinem Abschied vom VKU die „Energie, Weitsicht und Zähigkeit" der Verantwortlichen in den kommunalen Unternehmen lobend hervorgehoben[30]. Möge es dabei bleiben und mögen die Akteure in Städten und Stadtwerken diesem Vermächtnis treu bleiben! Dem Jubilar ist zu wünschen, daß er noch viele Jahre mit gewohntem scharfem Blick darüber wachen kann, daß es so geschieht. Es geht um die Zukunft der Stadtwerke und auch der Städte selbst.

---

[30] Vgl. *Rommel* (Fn. 1), S. 12.

FRITZ OSSENBÜHL

Bürgerbegehren und Bürgerentscheid

I. Entwicklungen

Fragen der unmittelbaren Bürgerbeteiligung an der Gestaltung staatlicher und kommunaler Politik sind seit der Wiedervereinigung Deutschlands wieder zu einem Modethema geworden.[1] Die neu aufgeflammte Diskussion hat für den staatlichen Raum das Ergebnis gebracht, daß sich die auf der Bundesebene ablaufenden Entscheidungsprozesse aus vielerlei Gründen für eine unmittelbare Bürgerbeteiligung in Gestalt von Volksbegehren und Volksentscheid nicht eignen. Auf Landesebene hingegen sind – bis auf Berlin und Hamburg – in allen Landesverfassungen Elemente der unmittelbaren Demokratie enthalten und auch gelegentlich mit Erfolg praktiziert worden.[2] Demgegenüber erscheint es bemerkenswert, daß Bürgerbegehren und Bürgerentscheid in den Kommunalverfassungen der Bundesrepublik bis in die 90er Jahre nur vereinzelt zu verzeichnen waren, mögen sich in den Gemeindeverfassungen auch „Züge unmittelbarer Demokratie"[3] in anderer Form aufweisen lassen. Seit 1993 ist eine Flut von Novellen zu den Kommunalverfassungen zu verzeichnen, die Bürgerbegehren und Bürgerentscheid inzwischen zu einer etablierten Institution des kommunalen Verfassungsrechts gemacht haben. Was uns

---

Meinem Mitarbeiter Dr. Klaus Ritgen danke ich für wertvolle Hilfe.

[1] Vgl. dazu etwa den jüngst erschienenen Sammelband von *Günther Rüther* (Hrsg.), Repräsentative oder plebiszitäre Demokratie – eine Alternative?, 1996; außerdem nur die Arbeiten von *Karsten Bugiel*, Volkswille und repräsentative Entscheidung, 1991; *Hermann K. Heussner*, Volksgesetzgebung in den USA und in Deutschland, 1994; *Stefan Przygode*, Die deutsche Rechtsprechung zur unmittelbaren Demokratie, 1995.

[2] Vgl. dazu *Christoph Degenhart*, Direkte Demokratie in den Ländern – Impulse für das Grundgesetz?, in: Der Staat 31 (1992), S. 77 ff; *ders.*, Staatsrecht I, 12. Auflage 1996, Rdnr. 29 ff.; *Günter Jürgens*, Direkte Demokratie in den Ländern, 1993.

[3] Vgl. *Jörg-Detlef Kühne und Friedrich Meißner* (Hrsg.), Züge unmittelbarer Demokratie in der Gemeindeverfassung, 1977.

noch fehlt, sind hinreichende Erfahrungen, wie mit diesem neuen Handlungsinstrument sinnvoll umgegangen werden kann und wie es in das repräsentativ gestaltete Bild der Kommunalverfassungen harmonisch eingefügt werden kann.

Als Vorbild für die Einführung von Bürgerbegehren und Bürgerentscheid hat die Kommunalverfassung von Baden-Württemberg gedient. Denn Baden-Württemberg verfügt im Gegensatz zu allen anderen Bundesländern seit 1956 über beide Instrumente unmittelbarer Demokratie. In den ersten zwanzig Jahren (1956 bis 1976) gab es insgesamt 52 Bürgerbegehren, von denen 24 zu einer Abstimmung führten.[4] Von 1977 bis 1991 gab es hingegen insgesamt 127 Bürgerbegehren, die zu 82 Bürgerentscheiden führten, von denen 31 erfolgreich waren.[5] Diese Zahlen dürften für eine Zukunftsprognose signifikant sein. Dies wird durch die Entwicklung in Nordrhein-Westfalen bestätigt. Hier haben seit Inkrafttreten der Neufassung der Gemeindeordnung am 17. Oktober 1994 bis heute (Februar 1997) etwa 20 Bürgerentscheide stattgefunden.[6] Die Themen sind vielfältig, betreffen aber vornehmlich kommunale Einrichtungen: Bau einer Stadthalle, Standortbestimmung einer Schule, Erhalt einer Schule, Errichtung einer Gesamtschule, Einrichtung einer Fußgängerzone, Parkraumbewirtschaftungskonzept usw. Die Oppositionsparteien in den Gemeinderäten haben schnell erkannt, daß sich Bürgerbegehren und Bürgerentscheid auch als Instrument oppositioneller Kommunalpolitik eignen können und, wenn sie gelingen, eine durchschlagende Wirkung haben. Thematisch in die Landespolitik übergreifende Projekte können den Bürgerbegehren eine überregionale und womöglich landesweite Bedeutung verleihen, weil sie sich aus Landessicht als Testfall für andere Gemeinden dar-

---

[4] Vgl. die Angaben bei *Richard Seeger,* Bürgerbegehren und Bürgerentscheid in Baden-Württemberg, in: ZParl 1988, S. 516 ff. (524); umfassend zu den baden-württembergischen Erfahrungen vor allem *Günter Beilharz,* Politische Partizipation im Rahmen des § 21 der Gemeindeordnung von Baden-Württemberg, 1981.

[5] Dazu *Gerd Hager,* Rechtspraktische und rechtspolitische Notizen zu Bürgerbegehren und Bürgerentscheid, in: VerwArch. 1993, S. 97 ff. (100).

[6] *Klaus Ritgen,* Bürgerbegehren und Bürgerentscheid, 1997, führt im Anhang 14 solcher Abstimmungen auf. Eine offizielle Statistik fehlt dagegen – soweit ersichtlich – bislang. Hier sollten die kommunalen Spitzenverbände aktiv werden.

stellen können. Beispielhaft hierfür sind etwa die Bürgerbegehren in Münster und Bonn, in denen es um die Errichtung von Gesamtschulen bei gleichzeitiger Schließung überkommener Schul(typ)en ging. In diesen Fällen zeigte sich zugleich, daß jene politischen Kräfte, die Bürgerbegehren und Bürgerentscheid als großen Fortschritt preisen, einzelne Aktionen mit fadenscheinigen Argumenten bekämpfen, wenn sie ihren eigenen politischen Absichten und Zielen zuwiderlaufen.

Diese Entwicklungen, die erst am Anfang stehen, können unter Umständen eine völlig neue Phase in der Kommunalpolitik einleiten. Bürgerbegehren und Bürgerentscheid sind damit ein wichtiger Forschungsgegenstand sowohl der Rechtswissenschaft wie auch der empirisch ausgerichteten Disziplinen, insbesondere der Politikwissenschaft. Obwohl erst wenige Jahre vergangen sind, dürfte schon die Zeit gekommen sein, um die ersten praktischen Erfahrungen mit den neuen Instrumenten unmittelbarer Demokratie im kommunalen Raum zu erkunden und wissenschaftlich aufzubereiten. Die Rechtswissenschaft muß darum bemüht sein, die neuen Elemente unmittelbarer Demokratie, die der Gesetzgeber in die Kommunalverfassung eingefügt hat, mit der Grundstruktur einer repräsentativ ausgebildeten Kommunalverfassung zu einem widerspruchslosen Ganzen zu verbinden.[7] Auf dem Wege dahin ist, wie zu zeigen sein wird, noch manche Schwierigkeit zu überwinden. Bevor auf einige von ihnen eingegangen wird, sei zunächst in gebotener Kürze ein Überblick über die einschlägigen Länderregelungen[8] vorangestellt.

---

[7] Dazu *Ritgen,* wie vorige Fußnote.
[8] § 16g der Gemeindeordnung für Schleswig-Holstein (SchlH GO) i.d.F. der Bekanntmachung vom 1.4.1996 (GVOBl. S. 321 ff.); § 8b der Hessischen Gemeindeordnung (HGO) i.d.F. der Bekanntmachung vom 1.4.1993 (GVBl. 1992 I, S. 534); § 17a der Gemeindeordnung Rheinland Pfalz (GemO RhPf) i.d.F. der Bekanntmachung vom 31.1.94 (GVBl. S. 153); §§ 24 f. der Gemeindeordnung für den Freistaat Sachsen (Sachs GO) i.d.F. vom 21.4.1993 (GVBl. S. 301); §§ 25 f. der Gemeindeordnung für das Land Sachsen-Anhalt (GO LSA) i.d.F. vom 5.10.1993 (GVBl. S. 568); § 17 der Thüringer Gemeinde- und Landkreisordnung (ThürKO) vom 16.8.1993 (GVBl. S. 501); § 20 der Kommunalverfassung für das Land Mecklenburg-Vorpommern (Kommunalverf MeVo) vom 18.2.1994 (GVOBl. S. 249); § 26 der Gemeindeordnung für das Land Nordrhein-Westfalen (NW GO) i.d.F. der Bekanntmachung vom 14.7.1994 (GV. NW. S. 666); Artikel 18a der Gemeindeordnung für den Freistaat Bayern (Bay GO) i.d.F. der Bekanntmachung vom 6.1.1993 (GVBl. S. 65). In Bayern erfolgte die Einführung aufgrund eines Volksentscheids vom 1.10.1995.

II. Übereinstimmungen und Unterschiede – die Länderregelungen im Überblick

Das Verfahren von Bürgerbegehren und Bürgerentscheid ist in allen Bundesländern zweistufig aufgebaut.[9] Auf der ersten Stufe – dem Bürgerbegehren – geht es für die Initiatoren darum, eine hinreichend große Zahl von Bürgern zu gewinnen, die ihre Unterstützung für die Initiative durch Unterschrift auf vorgefertigten Listen dokumentieren. Die Quoren, die dabei erreicht werden müssen, stimmen nicht in allen Ländern überein[10]; häufig sind sie für größere Ortschaften nochmals reduziert.[11] Dem Bürgerbegehren muß eine schriftliche Begründung und insbesondere ein Kostendeckungsvorschlag[12] beigefügt sein. Des weiteren ist auf den Unterschriftslisten zu vermerken, wer berechtigt sein soll, die Interessen der Initiative zu vertreten. Wendet sich das Bürgerbegehren gegen einen bestimmten Ratsbeschluß, ist es regelmäßig[13] nur binnen einer bestimmten Frist zulässig. Nicht alle kommunalen Angelegenheiten können zum Gegenstand eines Bürgerbegehrens gemacht werden. Einige Kommunalverfassungen beschränken es von vornherein auf die „wichtigen" Angelegenheiten und präzisieren dabei gelegentlich in sog. Positivkatalogen, welche Angelegenheiten zu den wichtigen zählen. Alle Gemeindeordnungen enthalten darüber hinaus einen – allerdings unterschiedlich umfangreichen – Negativkatalog jener Angelegenheiten, in denen Bürgerbegehren auf keinen Fall zulässig sind. Dabei handelt es sich regelmäßig um Initiativen, die die innere

---

[9] In den meisten Ländern tritt neben das Bürger- noch das Ratsbegehren. Die Initiative zum Bürgerentscheid geht dann nicht von den Bürgern aus, vielmehr wird ihnen eine Frage zur Entscheidung durch den Rat vorgelegt. So in Baden-Württemberg, Bayern, Mecklenburg-Vorpommern, Sachsen, Sachsen-Anhalt und Thüringen.

[10] Ein 10 %-Quorum gibt es in Bayern, Brandenburg, Hessen, Mecklenburg-Vorpommern, Nordrhein-Westfalen und Schleswig-Holstein; in Thüringen liegt es bei 20 % und in Baden-Württemberg sowie in Sachsen bei 15 %, kann hier aber durch Satzung auf bis zu 5 % reduziert werden.

[11] Besonders augenfällig ist dies in Bayern (Art. 18a Abs. 8 Bay GO) geschehen.

[12] Mit Ausnahme Bayerns.

[13] In Bayern existiert eine solche Frist nicht. Im übrigen schwankt sie zwischen 4 Wochen (Baden-Württemberg) und bis zu 3 Monaten (Nordrhein-Westfalen), wobei es häufig noch darauf ankommt, ob es sich um einen Ratsbeschluß handelt, der bekanntzumachen ist. So § 26 Abs. 3 NW GO.

Organisation der Gemeindeverwaltung und die Haushaltssatzung betreffen. Auch Begehren, die sich auf ein gesetzwidriges Ziel richten, sind stets ausgenommen.[14] Handelt es sich insoweit noch um Ausnahmen, die den ‚klassischen' Volksbegehrensverboten auf staatlicher Ebene[15] entsprechen, so liegen die Dinge anders bei den Klauseln einiger Länder, die solche Angelegenheiten betreffen, über die im Rahmen eines förmlichen Verfahrens mit Öffentlichkeitsbeteiligung – z.b. eines Planfeststellungsverfahrens – zu entscheiden ist. Darauf ist sogleich noch im einzelnen einzugehen. Schließlich ist regelmäßig auch dafür Sorge getragen, daß Bürgerentscheide nicht jederzeit wieder umgestoßen werden können. Die meisten Gemeindeordnungen sehen Wiederholungssperren vor. Unzulässig sind danach Bürgerbegehren in solchen Angelegenheiten, über die innerhalb der letzten zwei oder drei Jahre bereits einmal ein Bürgerentscheid durchgeführt wurde.

Über die Zulässigkeit des Bürgerbegehrens entscheidet nach den Länderregelungen regelmäßig der Rat der Gemeinde.[16] Die Entscheidung über die Zulässigkeit eines Bürgerbegehrens ist eine Rechtsentscheidung, die als solche auch verwaltungsgerichtlich voll überprüfbar ist. Aus dieser Sicht erscheint es zumindest von der Sache her verfehlt, wenn nicht schon verfassungsrechtlich problematisch[17], von Gesetzes wegen den Gemeinderat als Entscheidungsorgan einzusetzen. Dies wird durch erste Erfahrungen, die mit der Praktizierung dieser Entscheidung gemacht worden sind, bestätigt. Der Gemeinderat ist ein politisches Willensbildungsorgan. Er verfügt nicht über einen hinreichenden juristischen Sachverstand, um die ihm zugewiesene Entscheidung kompetent, d.h. sachverständig, treffen zu können. Auch die Möglichkeit, den fehlenden Sachverstand durch entsprechende

---

[14] Erneut anders die Regelung in Bayern. Indessen dürfte es sich ohnehin nur um Klauseln mit ausschließlich deklaratorischer Bedeutung handeln.

[15] Vgl. etwa Art. 73 Abs. 4 der Weimarer Reichsverfassung oder Art. 68 Abs. 1 der nordrhein-westfälischen Landesverfassung.

[16] Vgl. nur § 26 Abs. 6 NW GO; § 21 Abs. 4 BaWü GO.

[17] Kritisch zu dieser Aufgabenzuweisung an den Rat insbesondere *Thomas von Danwitz*, Der Grundsatz funktionsgerechter Organstruktur, in: Der Staat 35 (1996), S. 329 ff. (348 f.); *Ritgen* (Fn. 6), S. 40 ff.

Vorlagen der Gemeindeverwaltung oder durch Beratung von Sachverständigen zu ersetzen, ist angesichts der zu treffenden Entscheidung meist aussichtslos. Denn der Gemeinderat befindet sich bei Bürgerbegehren durchweg in einer brisanten kommunalpolitischen Situation, in der es um seine eigene Rolle geht und in der er für juristische Argumente nicht nur keinen Sinn, sondern vielfach nicht einmal ein Ohr hat; es dominiert das kommunalpolitische Kalkül. Aus diesem Grunde erscheint es sachgerechter, wenn der schleswig-holsteinische Gesetzgeber die Prüfung der Zulässigkeit des Bürgerbegehrens der kommunalen Aufsichtsbehörde zugewiesen hat.[18] Ob die Entscheidung damit nicht nur in sachkundigen, sondern auch in objektiven Händen liegt, ist damit freilich keineswegs immer gewährleistet, wie die Erfahrungen in Nordrhein-Westfalen betreffend die Errichtung von Gesamtschulen in Bonn und Münster zeigen. Tröstlich bleibt, daß, gleichgültig, wer über die Zulässigkeit entscheidet, die verwaltungsgerichtliche Kontrolle eröffnet ist.

In jedem Fall hat der Rat die Möglichkeit, sich der Initiative anzuschließen, also dem Bürgerbegehren stattzugeben. Anderenfalls muß auf das zulässige Bürgerbegehren – zumeist binnen einer gesetzlich vorgegebenen Frist – der Bürgerentscheid folgen. Dieser ist im Sinne seiner Initiatoren erfolgreich, wenn sich die Abstimmenden in ihrer Mehrzahl dem Anliegen des Bürgerbegehrens anschließen und wenn dabei ein bestimmtes, von Bundesland zu Bundesland variierendes Quorum überschritten wird.[19] Einzig in Bayern reicht die einfache Mehrheit der abgegebenen Stimmen aus.[20] Hatte ein Bürgerentscheid Erfolg, kann er innerhalb einer bestimmten Frist – regelmäßig handelt es sich um zwei oder drei Jahre – nur durch eine erneute Abstimmung der Bürger abgeändert werden. In einigen Bundesländern liegt das

---

[18] § 16g Abs. 5 SchlH GO.

[19] Erforderlich ist eine Zustimmung von 25 (so in Brandenburg, Hessen, Mecklenburg-Vorpommern, Nordrhein-Westfalen, Sachsen, Schleswig-Holstein und Thüringen) oder 30 Prozent (Baden-Württemberg, Rheinland-Pfalz und Sachsen-Anhalt).

[20] Zu verfassungsrechtlichen Zweifel an der Zulässigkeit des sog. „Nullquorums" vgl. nur *Franz-Ludwig Knemeyer*, Bürgerbegehren und Bürgerentscheid, in: BayVBl. 1996, S. 545 ff. (546).

Initiativrecht zu dieser neuen Abstimmung ausschließlich beim Rat. Im übrigen hat der Bürgerentscheid die Wirkung eines Ratsbeschlusses.

III. Ausgewählte Probleme

Die bisherigen Erfahrungen mit der praktischen Umsetzung der Bestimmungen über Bürgerbegehren und Bürgerentscheid lassen bereits einige der Problemfelder erkennen, auf denen auch in Zukunft die rechtliche Auseinandersetzung mit den neuen Entscheidungsinstrumenten stattfinden wird. Im Brennpunkt steht dabei stets die Frage, wie sich die plebiszitären Verfahren in das überkommene kommunalverfassungsrechtliche System integrieren lassen. Dabei spielt vor allem eine Rolle, daß mit dem Bürgerbegehren die Entscheidungsbefugnis stets nur punktuell auf die Bürgerschaft verlagert wird. Ein Bürgerbegehren hat regelmäßig nur eine spezifische Einzelfrage im Auge: Die Errichtung einer Müllverbrennungsanlage, der Bau einer Stadthalle, ein Parkraumbewirtschaftungskonzept, eine Straßenführung, die Schließung einer Schule. Solche Einzelentscheidungen und Einzelprobleme werden nicht in ein kommunales Gesamtkonzept gestellt oder mit anderen Interessen, die möglicherweise tangiert sind, abgestimmt. Die konzeptionelle Gesamtverantwortung und die Wahrung der Kontinuität kommunaler Politik liegt nach wie vor beim Rat. Um so wichtiger ist es, daß die Grenzen, die die Gesetzgeber der unmittelbaren Willensbildung gezogen haben, berücksichtigt werden. Dies gilt sowohl hinsichtlich ihrer formellen Voraussetzungen als auch in bezug auf die strikte Beachtung der jeweiligen Negativkataloge. Die entsprechenden Vorschriften dienen dazu, das Verhältnis zwischen plebiszitärer und repräsentativer Willensbildung zum Ausgleich zu bringen. Dies zeigt sich besonders deutlich an der Notwendigkeit, grundsätzlich jedem Bürgerbegehren einen Kostendeckungsvorschlag beizufügen [dazu unten 1.]. Des weiteren daran, daß Initiativen, die sich gegen Beschlüsse des Rates wenden, nur befristet zulässig sind [2.], sowie schließlich an einigen Bestimmungen der Negativkataloge, die für bestimmte Angelegenheiten einen absoluten Vorrang des Rates normieren [3.]. Dagegen fehlt es in den meisten Gemeindeordnungen an klaren Regelungen darüber, ob ein Bürgerbegehren, das sich gegen einen Ratsbeschluß richtet, dessen Umsetzung entgegensteht, also aufschiebende Wirkung hat [4.].

1. Zur Bedeutung des Kostendeckungsvorschlags

Der Kostendeckungsvorschlag dient dazu, den Unterzeichnern die finanziellen Auswirkungen eines möglicherweise erfolgreichen Bürgerentscheids vor Augen zu führen. Damit soll zugleich an die Verantwortung der Bürger appelliert werden, die sie mit ihrer Entscheidung für die Gemeinde übernehmen.[21]

In nahezu gleichlautenden Formulierungen verlangen die einzelnen Gemeindeordnungen zwar, daß der Kostendeckungsvorschlag nach den gesetzlichen Bestimmungen durchführbar sein muß.[22] Im übrigen fehlt es aber an Vorgaben für seine Gestaltung. Sieht man genauer zu, zerfällt der Kostendeckungsvorschlag in zwei Bestandteile. Erforderlich sind zum einen Angaben zur Höhe der zu erwartenden Kosten, zum anderen ist schlüssig darzulegen, auf welche Weise diese zu finanzieren sind.[23] Dabei dürfte das zweite Element, der eigentliche Finanzierungsvorschlag, in der Praxis kaum zu Schwierigkeiten führen. Hier haben die Initiatoren alle Möglichkeiten, die grundsätzlich auch dem Rat zu Gebote stehen. Sie können also eine Umschichtung des Haushalts, den Verkauf von Gemeindevermögen oder auch Steuer- und Abgabenerhöhungen vorschlagen.[24] Voraussetzung ist nur, daß dieser Vorschlag mit den gesetzlichen Vorgaben in Einklang steht. Ausgeschlossen wäre demnach etwa die Einführung einer Abgabe, für die die Kommunen das Steuerfindungsrecht nicht haben. Darüber

---

[21] Zum Sinn und Zweck des Kostendeckungsvorschlags besonders eindringlich etwa der *VGH Mannheim*, Urteil vom 6.6.82, in: ESVGH 33, S. 42 (44).

[22] So bspw. in § 21 Abs. 3 Satz 4 BaWü GO; § 26 Abs. 2 Satz 1 NW GO; § 16g Abs. 3 Satz 4 SchlH GO.

[23] *VGH Mannheim* (Fn. 21), in: ESVGH 33, S. 42 (44); *VGH Kassel*, Beschluß vom 23.11.95, in: NvwZ-RR 1996, S. 409 (410); vgl. zum Kostendeckungsvorschlag im übrigen auch *Hager* (Fn. 5), S.108; *Thomas von Danwitz*, Bürgerbegehren in der kommunalen Willensbildung, in: DVBl. 1996, S. 134 ff. (138).

[24] Dazu *Hager* (Fn. 5), S. 108.

hinaus minimiert sich die Bedeutung des eigentlichen Finanzierungsvorschlags auch dadurch, daß er die Gemeinde nicht bindet. Auch nach einem erfolgreichen Bürgerentscheid ist es Sache der anderen Organe und Verantwortungsträger (Gemeinderat, Kämmerer), wie sie die möglicherweise notwendig werdende Aufwendung finanzieren.

Anders verhält es sich dagegen mit den Angaben zur Höhe der Kosten. Hier ist zwar allgemein anerkannt, daß man die Initiatoren hinsichtlich der Genauigkeit der Angaben nicht überfordern darf. Vielmehr reicht eine überschlägige Kostenschätzung aus, soweit sie nachvollziehbar und schlüssig ist.[25] Noch nicht abschließend geklärt ist hingegen, welche Kosten insgesamt zu berücksichtigen sind.[26] Dabei handelt es sich im Falle der Errichtung einer öffentlichen Einrichtung jedenfalls nicht nur um die Gestehungs-, sondern auch um Folgekosten wie den Aufwand für Unterhalt und Betrieb.[27] Schwierig wird es aber beispielsweise dann, wenn der Rat zur Entlastung des kommunalen Haushalts den Verzicht auf eine solche Einrichtung beschließt und dabei auf Widerstand in der Bevölkerung stößt. Da die mit dem Bürgerbegehren verlangte Maßnahme der Erhalt der Einrichtung ist, wird der Kostendeckungsvorschlag in einem solchen Fall deutlich machen müssen, wie teuer deren Fortbestand in Zukunft für die Gemeinde wird. Allein der Hinweis darauf, daß die entsprechenden Aufwendungen in der Vergangenheit schon in den Haushalt eingestellt waren, dürfte jedenfalls nicht ausreichen. Auf diese Weise wird man der oben geschilderten Funktion des Kostendeckungsvorschlags nicht gerecht. Unter diesem Gesichtspunkt erscheint auch zweifelhaft, ob bei den sogenannten „kassierenden" Begehren[28] generell auf einen Kostendeckungsvorschlag verzichtet werden kann.[29]

---

[25] *VGH Mannheim* (Fn. 21), in: ESVGH 33, S. 42 (44); *Richard Seeger*, Gemeindeordnung für Baden-Württemberg, Stand der 4. Lieferung März 1994, Erl. 6 zu § 21 GO.

[26] Ausführlich dazu *Ritgen* (Fn. 6), S. 122 ff.

[27] *VGH Kassel* (Fn. 23), NVwZ-RR 1996, S. 409 (410); *von Danwitz* (Fn. 23), S. 138.

[28] Zu diesen sogleich im Text.

[29] So aber die bisherige Rechtsprechung; etwa *VGH Mannheim*, Urteil vom 25.10.76, in: ESVGH 27, S. 73 ff. (75); Urteil vom 23.9.80, in: VBlBW 1981, S. 157 ff. (158); Urteil vom 14.11.83, in: NVwZ 1985, S. 288 ff. (289).

2. Kassierende Begehren

Nur gleichsam versteckt, nämlich in einer Fristenregelung, bringen die einzelnen Kommunalverfassungen zum Ausdruck, daß es verschiedene Arten von Bürgerbegehren gibt: Zum einen gibt es Begehren, bei denen die Initiative zur Regelung einer kommunalen Angelegenheit von den Bürgern ausgeht, etwa weil der Rat untätig bleibt. Praktisch häufiger aber dürfte der Fall sein, daß die Bürger mit einem Begehren einen mißbilligten Ratsbeschluß bekämpfen und aus der Welt schaffen wollen (sog. kassierende Begehren). Diese bisher vorgenommene Zweiteilung erfaßt jedoch nicht alle Typen von Begehren. Zwischen Initiativbegehren und Kassationsbegehren hat sich in der Praxis eine dritte Variante gezeigt, die man als Präventivbegehren bezeichnen könnte. Beispielhaft ist dafür das Begehren betreffend die Errichtung einer Gesamtschule in Bonn. Hier ging es nicht darum, eine neue Initiative zu ergreifen; auch ging es nicht darum, einen bereits getroffenen Ratsbeschluß aus der Welt zu schaffen, sondern vielmehr darum, einen drohenden Ratsbeschluß, der sich aufgrund von Beratungen im Rat und Empfehlungen in Ratsausschüssen abzeichnete, zu verhindern.

Die besondere kommunalverfassungsrechtliche Brisanz zeigt sich bei den kassierenden und präventiven Begehren, weil sich in ihnen eine Konfrontation zwischen dem Rat als repräsentativem (Dauer-)Organ der Gemeinde einerseits und der Bürgerschaft andererseits anbahnt. Hätten die Bürger die Möglichkeit, jedweden Ratsbeschluß nachträglich außer Kraft zu setzen, wäre die Funktionsfähigkeit des kommunalen Systems ernsthaft gefährdet. Andererseits würde ein Verzicht auf kassierende Initiativen dem Bürgerbegehren seinen Sinn nehmen. Den Gesetzgebern ging es bei der Einführung des Bürgerbegehrens um eine Stärkung des kommunalpolitischen Interesses und der Akzeptanz kommunalpolitischer Entscheidungen.[30] Diesem Ziel ist naturgemäß beson-

---

[30] So die Begründung der nordrhein-westfälischen Landesregierung für die Einführung von Bürgerbegehren und Bürgerentscheid, LT-Drs. 11/4983, Begründung, S. 1.

ders nachdrücklich gedient, wenn auch bereits gefaßte Beschlüsse des Rates dem korrigierenden Zugriff der Bürger offenstehen. Es mußte also ein Ausgleich zwischen diesen beiden Polen gefunden werden. Er wird nicht zuletzt dadurch erreicht, daß Ratsbeschlüsse nur innerhalb einer bestimmten Frist zum Gegenstand eines Bürgerbegehrens gemacht werden können. Bürgerbegehren, die sich gegen den Beschluß eines Rates wenden, sind nach Ablauf einiger Wochen oder Monate – die Zeiträume schwanken in den einzelnen Ländern nicht unerheblich – unzulässig. Dabei handelt es sich nach dem Wortlaut der Kommunalverfassungen jeweils um endgültige Ausschlußfristen. Ein Wiederzulässigwerden ist an keiner Stelle vorgesehen.[31] Indessen wird die im Gesetz angelegte strikte Handhabung der Fristen von der Rechtsprechung in zwei Fällen modifiziert.

Danach führt ein bereits in der Vergangenheit zustande gekommener Ratsbeschluß dann nicht zur Verfristung eines kassierenden Bürgerbegehrens, wenn sich der Rat nochmals ausführlich mit der Angelegenheit beschäftigt hat und bei seiner ursprünglich Entscheidung geblieben ist, also einen sog. ‚wiederholenden Grundsatzbeschluß‘ gefaßt hat.[32] Die Frist wird dann erneut in Gang gesetzt. Ob damit dem Sinn der Fristenbestimmung, den Bestand einer einmal getroffenen Entscheidung zu erhalten, noch hinreichend Rechnung getragen wird, erscheint mir zweifelhaft.[33]

Noch größere Probleme, vor allem in der praktischen Anwendung, wirft die zweite Fallgruppe auf. Es geht um die sog. gestuften oder gestreckten Entscheidungsverfahren, in denen ein kom-

---

[31] Das hat in der nordrhein-westfälischen Literatur zu Überlegungen Anlaß geboten, die Frist des § 26 Abs. 8 Satz 2 GO, die die ‚Bestandskraft‘ eines erfolgreichen Bürgerentscheids betrifft, analog heranzuziehen, verfristete Begehren also nach zwei Jahren wieder für zulässig zu erachten. So *Rudolf Wansleben,* in: Held u.a. (Hrsg.), Kommunalverfassungsrecht Nordrhein-Westfalen, Stand der 5. Lieferung (Januar 1997), Erl. 3.2 zu § 26 GO. Dagegen zu Recht *von Danwitz,* (Fn. 23), S. 139 f.

[32] *VGH Mannheim,* Urteil vom 14.4.1993, in: NVwZ-RR 1994, S. 110 f.; ebenso der *VGH Kassel,* Beschluß vom 2.6.95, S. 722 (724), in: NVwZ 1996, S. 722 ff. (724).

[33] Ablehnend auch *Erich Rehn/Ulrich Cronauge/Hans Gerd von Lennep,* Gemeindeordnung für das Land Nordrhein-Westfalen, Kommentar, 2. Auflage der Loseblatt-Ausgabe (Stand der 18. Lieferung Januar 1996), Erl. IV. zu § 26 GO.

munales Projekt in einem über längere Zeit, meist mehrere Jahre, sich hinziehenden Planungsverfahren immer wieder Gegenstand von Beratungen und (Teil-)Entscheidungen im Rat wird und irgendwann zum konzeptionellen Abschluß führt (sog. Projektbeschluß), dem sich dann die Ausführungsphase anschließt, die wiederum von Ratsbeschlüssen begleitet ist, wobei womöglich noch in der Ausführung Konzeptänderungen stattfinden können. Bei solchen gestreckten Entscheidungsverfahren stellt sich die Frage, welcher von der Reihe der innerlich und thematisch zusammengehörigen Ratsbeschlüsse durch Bürgerentscheid kassiert werden kann. Wäre es jeder Ratsbeschluß, so stünde das Gesamtprojekt über Jahre hin, womöglich schon nach erheblichen Investitionen, unter dem Damoklesschwert des kassierenden Bürgerentscheides. Denn die Kassation eines einzigen Ratsbeschlusses kann das ganze Projekt zunichte machen. Dies widerspräche dem Sinn der Bestandserhaltung von Ratsbeschlüssen, der durch die Fristenregelung bei Bürgerbegehren zum Tragen gebracht werden soll. Wollte man andererseits nur und ausschließlich den allerersten Beschluß in der langen Reihe, sozusagen den Eröffnungsbeschluß, für bürgerentscheidsfähig erachten, wäre ein Bürgerbegehren schon verfristet, noch bevor die Größe und Dimension eines kommunalpolitischen Vorhabens den Bürgern überhaupt bewußt geworden ist. Auch dies erscheint nicht als angemessene Lösung. Deshalb steuert der VGH Mannheim einen Mittelweg an. Nach Auffassung des VGH besteht im Rahmen eines gestuften Planungsverfahren mehrfach die Möglichkeit, das Vorhaben zum Gegenstand eines Bürgerbegehrens zu machen. Dies soll immer dann (wieder) zulässig sein, wenn der Rat in der Angelegenheit seinerseits einen Beschluß gefaßt hat, der über bloße Detailfragen hinausreicht. Absolute Grenze ist dabei der sog. ‚Projektbeschluß'. Das ist die Entscheidung, die das Ende der Planungsphase darstellt und gleichsam ‚grünes Licht' für die Realisierung gibt.[34] Wichtig ist für die Beurteilung des Ratsbeschlusses, daß jeweils das Vorhaben als Ganzes zur Disposition steht[35], also nicht

---

[34] Vgl. – auch noch Hager (Fn. 5), S. 109 f. sowie *Ritgen* (Fn.6), S. 142 ff.
[35] *VGH Mannheim*, Urteil vom 18.6.1990, in: VBlBW 1990, S. 460 (463).

nur der Regelungsgehalt des jeweils letzten Ratsbeschlusses geändert werden kann.[36] Diese Rechtsprechung läßt sich vor allem damit rechtfertigen, daß der kommunale Planungsprozeß bis zur Entscheidung über den Projektbeschluß noch nicht beendet ist. Darüber hinaus werden regelmäßig erst auf der Grundlage dieses Beschlusses Investitionen, deren Schutz die Fristen auch dienen[37], getätigt.

Insgesamt steht somit außer Zweifel, daß es sich bei der Fristgebundenheit kassierender Begehren um eine besonders bedeutsame Zulässigkeitsvoraussetzung handelt; sie bildet denn auch einen deutlich erkennbaren Schwerpunkt in der bisherigen Judikatur. Um so dringender stellt sich die Aufgabe, im Einzelfall zu ermitteln, ob ein Bürgerbegehren kassierenden Charakter hat. Abstrakt betrachtet ist dies dann der Fall, wenn der angegriffene Ratsbeschluß nach einem Erfolg des Begehrens im Bürgerentscheid nicht mehr umgesetzt werden könnte. Dabei ist – wie auch sonst – nicht an seinem Wortlaut zu kleben. Vielmehr muß durch Auslegung die wahre Zielrichtung ermittelt werden. Es kommt entscheidend darauf an, wie die eigentlichen Adressaten des Begehrens, die Bürger, die Initiative verstehen mußten. Zur Auslegung herangezogen werden kann dabei in erster Linie der häufig recht umfangreiche Text, der den Unterschriftslisten beigegeben ist. Da es den Initiatoren um öffentliche Unterstützung geht, sind aber auch sonstige, das Begehren begleitende Veröffentlichungen bei der Auslegung zu berücksichtigen. Zu Recht hat daher das Verwaltungsgericht in Köln ein Bürgerbegehren als verfristet und deshalb für unzulässig erklärt, weil es im Ergebnis eindeutig dem vom Rat beschlossenen Bau einer Müllverbrennungsanlage entgegengestanden hätte, dies aber nicht mit aller Deutlichkeit in der eigentlichen Abstimmungsfrage zum Ausdruck brachte.[38]

---

[36] Dafür aber *Rehn/Cronauge/von Lennep* (Fn. 33), Erl. IV. zu § 26 GO.
[37] *VGH Mannheim* (Fn. 29), in: NVwZ 1985, S. 288 ff. (289).
[38] Dazu *VG Köln*, Urteil vom 22.11.96, nicht veröffentlicht.

3. Sachliche Grenzen der plebiszitären Demokratie auf kommunaler Ebene

Alle Kommunalverfassungen, in denen Bürgerbegehren und Bürgerentscheid vorgesehen sind, verfügen über Bestimmungen, die einzelne kommunale Agenden von der unmittelbaren Teilhabe der Bürger generell ausschließen. Einige von diesen Regelungen verstehen sich gleichsam von selbst. So liegt es auf der Hand, daß die Grenzen der Verbandskompetenz auch durch Bürgerbegehren nicht überwunden werden können. Nur deklaratorische Bedeutung haben auch jene Klauseln, die gesetzwidrigen Initiativen verhindern sollen. Es gibt aber auch Bestimmungen, deren Reichweite noch nicht abschließend geklärt ist.

Dies gilt etwa für diejenigen, die in ähnlichen Formulierungen wie § 26 Abs. 5 Nr. 3 NW GO „die Haushaltssatzung einschließlich der Wirtschaftspläne der Eigenbetriebe sowie die kommunalen Abgaben und die privatrechtlichen Entgelte" betreffen. Vergleichbares gehört seit jeher zum klassischen Repertoire der Regelungen über die direkte Demokratie in Deutschland[39] und seit jeher wird auch über Auslegung und Reichweite solcher Klauseln gestritten[40]. Dabei dürfte sich zwischenzeitlich die Einsicht durchgesetzt haben, daß jedenfalls nicht nur die im einzelnen aufgezählten Angelegenheiten ausgeschlossen sein sollen; vielmehr handelt es sich auf staatlicher Ebene um ein (allgemeines) Verbot sogenannter ‚haushaltsrelevanter' Initiativen.[41] Allerdings sind die Einzelheiten nach wie vor unklar. Während etwa der Bayrische Verwaltungsgerichtshof zu Recht vor allem auf das Maß der Auswirkungen auf den Haushalt abstellt, unterscheidet der nordrhein-westfälische Verfassungsgerichtshof danach, ob der Schwerpunkt des angestrebten Gesetzes in der Anordnung von Einnahmen und Ausgaben liegt.[42]

---

[39] Vgl. die Nachweise oben in Fn. 15.
[40] Zur Reichweite von Art. 73 Abs. 4 WRV auf der einen Seite etwa *Heinrich Triepel*, Das Abdrosselungsgesetz, in: DJZ 1926, Spalte 845 ff. (847 f.) einerseits, und *Carl Schmitt*, Volksbegehren und Volksentscheid, 1927, S. 22 ff., andererseits.
[41] Dazu die Darstellung von *Heussner* (Fn. 1), S. 176 ff. mit umfangreichen Nachweisen.
[42] *BayVerfGH*, Entscheidung vom 17.11.94, in: BayVBl. 1995, S. 173 ff., 205 ff. (206 f.); *VerfGH NW*, Beschluß vom 26.6.81, in: NVwZ 1982, S. 188 ff. (189).

Hinsichtlich der entsprechenden Bestimmungen in den Kommunen ist ebenso wie im staatlichen Bereich klar, daß sie nicht von vornherein jede Initiative für unzulässig erklären wollen, die sich im Falle ihres Erfolges auch auf den Haushalt der Gemeinde auswirkt. Dies folgt schon aus den Bestimmungen über die Notwendigkeit eines Kostendeckungsvorschlags, die anderenfalls überflüssig wären. Andererseits wird man dem Rat auch die Möglichkeit einräumen müssen, Bürgerbegehren, mit denen übermäßig aufwendige Projekte verfolgt werden, im Einzelfall aus gewichtigen Gründen die Zulassung zu versagen. Insoweit kann auch auf kommunaler Ebene von einem Verbot ‚haushaltsrelevanter' Begehren in dem Sinne ausgegangen werden, wie es sich traditionell nicht ohne triftigen Grund im staatsrechtlichen Verfassungsrecht gebildet hat. Begründen läßt sich dies einmal mit der Überlegung, daß die Gesetzgeber der Kommunalverfassungen die entsprechenden Klauseln in ihrer überkommenen Bedeutung verwenden wollten. Zum anderen ist in Rechnung zu stellen, daß eine übermäßige Belastung des kommunalen Haushalts durch ein oder mehrere bürgerinitiierte Projekte den nach wie vor bestehenden Vorrang des Rates unterlaufen würde. Der kommunalen Vertretungskörperschaft wäre es dann unmöglich gemacht, ihrer Gesamtverantwortung für das Gemeinwesen gerecht zu werden.[43]

Im Mittelpunkt des Interesses stehen des weiteren jene Klauseln, die Bürgerbegehren in Angelegenheiten für unzulässig erklären, „die im Rahmen eines Planfeststellungsverfahrens oder eines förmlichen Verwaltungsverfahrens mit Öffentlichkeitsbeteiligung oder eines abfallrechtlichen, immissionsschutzrechtlichen, wasserrechtlichen oder vergleichbaren Zulassungsverfahren zu entscheiden sind."[44] Ein solcher Ausnahmetatbestand gehört durchaus nicht zum Gemeingut der bundesweiten Regelungen über die Zulässigkeit von Bürgerbegehren. Außer Nordrhein-Westfalen haben sich noch Rheinland-Pfalz (§ 17a Abs. 2 Nr. 7 GO), Brandenburg (§ 20 Abs. 3 lit j)) und Mecklenburg-Vorpom-

---

[43] Vgl. insoweit namentlich *Ritgen* (Fn. 6), S. 140 ff.
[44] So – beispielhaft – § 26 Abs. 5 Nr. 5 NW GO.

mern (§ 20 Abs. 3 Nr. 3 KVerf) für seine Einführung entschlossen. Die besondere Brisanz dieser Klausel leuchtet unmittelbar ein, wenn man sich ihre Wirkungen verdeutlicht. Sie führen dazu, daß eine ganze Reihe von Angelegenheiten von plebiszitären Abstimmungen ausgenommen sind, die auf einen ersten Blick für solche Verfahren besonders prädestiniert erscheinen mögen. Erfaßt werden nämlich nicht zuletzt umweltrelevante Vorhaben wie etwa Müllverbrennungsanlagen, die traditionell auf Widerstand in der Bevölkerung stoßen. Man wird daher annehmen können, daß es den Initiatoren eines entsprechenden Bürgerbegehrens nicht schwerfallen würde, die notwendige Unterstützung für ihre Bestrebungen bei den Bürgern zu finden. Indessen sprechen auch jenseits der Furcht vor mangelndem Gemeinsinn, die die Gesetzgeber möglicherweise zu ihren Entscheidungen bestimmt haben mag, gewichtige Sachgründe für die Einführung solcher Klauseln. Allerdings griffe man wohl zu kurz, wenn man insoweit alleine darauf abstellte, daß sich Planungsentscheidungen – um solche geht es hier häufig – von vornherein deshalb nicht für Bürgerbegehren und Bürgerentscheid eignen, weil sie sich nicht in ein Ja/Nein-Schema pressen lassen.[45] Denn es wäre immerhin möglich, die Bürger über das ‚Ob‘, also über die grundsätzliche Entscheidung für oder gegen ein entsprechendes Vorhaben abstimmen zu lassen.

Angelegenheiten, über die in den genannten Verfahren zu entscheiden ist, eignen sich vielmehr deshalb nicht uneingeschränkt für Bürgerbegehren und Bürgerentscheid, weil diese Verfahren ihrerseits bereits eine Beteiligung der Bürger vorsehen.[46] Zwar sind die Beteiligung an einem Verwaltungsverfahren und die unmittelbaren Teilhabe an der Willensbildung in der Gemeinde etwas grundsätzlich Verschiedenes: Auf der einen Seite handelt es sich um Betroffenen-, auf der anderen Seite um Öffentlich-

---

[45] So aber die Amtliche Begründung zu § 17a RhPf GO, LT-Drs. 12/2796, S. 71.
[46] Dazu die Amtliche Begründung zu § 26 Abs. 3 Nr. 5 NW GO, LT-Drs. 11/4983, Begründung, S. 8.

keitspartizipation.[47] Auch gewährt die Betroffenenpartizipation nur eine Mitwirkungs-, aber keine Mitentscheidungsbefugnis. Gleichwohl käme es zu mißlichen Verdopplungs- und Verzögerungseffekten. So wäre es etwa nicht auszuschließen, daß das Ergebnis eines mit erheblichen Aufwand durchgeführten Zulassungsverfahrens am Ende aufgrund eines entgegenstehenden Bürgerentscheids keinen Bestand haben könnte.[48] Auch wenn daher der Wortlaut insbesondere des § 26 Abs. 5 Nr. 5 NW GO in diesem Punkt nicht ganz deutlich ist: Es handelt sich um ein generelles Bürgerbegehrensverbot für die genannten Angelegenheiten. Auch der Anstoß zu einem Planfeststellungsverfahren kann nicht Gegenstand eines Bürgerentscheids sein.[49]

4. Aufschiebende Wirkung des Bürgerbegehrens?

Seit langem umstritten ist, ob ein kassierendes Bürgerbegehren aufschiebende Wirkung hat, ob es also – und ab welchem Verfahrensstadium? – der Umsetzung des angegriffenen Ratsbeschlusses entgegensteht. Zum Schwur kommt es in diesem Punkt immer dann, wenn die Initiatoren eines solchen Begehrens versuchen, die Durchführung des fraglichen Ratsbeschlusses vor Gericht zu stoppen. In Betracht kommt insoweit regelmäßig nur ein Eilverfahren. Begründet ist ein solcher Antrag nach § 123 VwGO indessen nur dann, wenn ein entsprechender Anordnungsanspruch besteht. Dieser wiederum kann nur dem materiellen Recht entnommen werden. Er läge vor, wenn das Bürgerbegehren aufschiebende Wirkung hätte. Während die baden-württembergischen Gerichte von jeher das Vorliegen eines solchen

---

[47] Zur grundsätzlichen Unterscheidung *Eberhard Schmidt-Aßmann*, Verwaltungsverfahren, in: Isensee, Josef/Kirchof, Paul, Handbuch des Staatsrechts, Band 3, 1988, § 70 Rdnr. 25; in diesem Zusammenhang auch *Hans-Georg Fischer*, Bürgerbegehren und Bürgerentscheid – ein neues Element unmittelbarer Demokratie in der Kommunalverfassung von Nordrhein-Westfalen, in: NWVBl. 1995, S. 366 ff. (367).

[48] Vgl. eingehender dazu *Ritgen* (Fn. 6), S. 146 ff.

[49] So aber *Rehn/Cronauge/von Lennep* (Fn. 33), Erl. VI. 5. zu § 26 GO; wie hier dagegen *Wansleben* (Fn. 31), Erl. 3.1.5 zu § 26 GO.

Anordnungsanspruches verneinen[50], gewährt die hessische Rechtsprechung – bei im übrigen vergleichbarer Gesetzeslage – einstweiligen Rechtsschutz[51]. Dabei beruft sich insbesondere der VGH Mannheim darauf, daß es Aufgabe des Gesetzgebers gewesen wäre, die aufschiebende Wirkung anzuordnen: Ein Suspensiveffekt sei aber nicht vorgesehen und ergebe sich auch nicht aus dem Regelungszusammenhang.[52] Auch der VGH Kassel spricht nicht ausdrücklich von einem Suspensiveffekt des Bürgerbegehrens. Er leitet aber einen sicherungsfähigen Unterlassungsanspruch aus dem Gesamtzusammenhang der Regelungen über das Bürgerbegehren ab. Danach habe der Gesetzgeber die Absicht verfolgt, den Bürgern innerhalb einer bestimmten Frist die Anfechtung eines Ratsbeschlusses zu ermöglichen. Würde dieser zwischenzeitlich vollzogen, griffe das Recht der Bürger ins Leere.[53]

Diese Auseinandersetzung betrifft das Verhältnis von plebiszitärer und repräsentativer Willensbildung in den Kommunen in seinem Kern; sie entzündet sich regelmäßig an solchen Ratsbeschlüssen, deren Umsetzung mit irreversiblen Folgen verbunden wird. Es ging bisher etwa um das Fällen eines alten Baumbestandes, den Abriß einer Festungsmauer oder den Abschluß eines langfristigen Stromlieferungsvertrages.[54] Unabhängig von rechtlichen Erwägungen empfiehlt sich in solchen Konstellationen schon aus Gründen politischer Klugheit, den Ausgang des Bürgerbegehrens und eines ggf. nachfolgenden Bürgerentscheids abzuwarten. Andererseits muß klar sein, daß der Rat aus Rechtsgründen regelmäßig nicht schon dann an der Vollziehung eines von ihm gefaßten Beschlusses gehindert sein kann, wenn dieser

[50] *VGH Mannheim,* Beschluß vom 22.4.83, in: Entscheidungssammlung zum Kommunalrecht Baden-Württemberg (EKBW), § 21 E 12; Beschluß vom 6.9.93, in: NVwZ 1994, S. 397. Ebenso *OVG Münster,* Beschluß vom 25.6.96 – 15 B 1730/96.

[51] *VGH Kassel,* Beschluß vom 26.10.93, in: ESVGH 44, S. 99 ff. (100 f.); Beschluß vom 17.5.95, in: NVwZ 1996, S. 721; *VG Wiesbaden,* Beschluß vom 22.9.93, HSGZ 1993, S. 453 f.

[52] *VGH Mannheim* (Fn. 50), in: EKBW § 21 E 12 (S. 2).

[53] Vgl. die Nachweise in Fn. 51.

[54] Vgl. *OVG Koblenz,* Beschluß vom 1.12.1994, in: NVwZ-RR 1995, S. 411 ff.; *VGH Kassel* (Fn. 51), in: NVwZ 1996, S. 721 und in: ESVGH 44, S. 99 ff.

zum Gegenstand eines Bürgerbegehrens gemacht wird.[55] Dabei handelt es sich um eine Entscheidung, die nur der Gesetzgeber treffen kann. Daß dieser – etwa in Nordrhein-Westfalen – der Beanstandung eines Ratsbeschlusses durch den Bürgermeister oder die Kommunalaufsichtsbehörden ausdrücklich aufschiebende Wirkung zumißt, eine entsprechende Regelung im Zusammenhang mit Bürgerbegehren aber unterläßt, spricht schon für sich betrachtet eine hinreichend deutliche Sprache. Dieses Argument gewinnt noch dadurch an Gewicht, daß den Gesetzgebern jedenfalls der neueren Kommunalverfassungen das Problem aufgrund der Rechtsprechung des VGH Mannheim bewußt sein mußte. Schließlich sprechen auch eine ganze Reihe von praktischen Erwägungen dafür, daß es ohne gesetzliche Regelung einen generellen Suspensiveffekt des Bürgerbegehrens nicht geben kann. So bliebe etwa völlig offen, ab welchem Zeitpunkt oder ab welchem Verfahrensstadium die Sperrwirkung eintreten soll. Wie regelungsbedürftig diese Fragen sind, zeigt sich im übrigen an den entsprechend detaillierten Bestimmungen der Bayerischen Kommunalverfassung, in deren Art. 18a Abs. 8 der Suspensiveffekt normativ verankert ist.[56]

Einen generellen Suspensiveffekt des Bürgerbegehrens gibt es also nicht. Gleichwohl bleibt ein gewisses Unbehagen. Aus diesem Grunde wird man – insbesondere in offensichtlichen Mißbrauchsfällen – darüber nachdenken müssen, ob sich ein Unterlassungsanspruch, der nach § 123 VwGO sicherungsfähig wäre, nicht auf anderer Grundlage finden lassen kann.[57] Ein solcher Unterlassungsanspruch kann sich nicht nur aus einem allge-

---

[55] Ebenso – und auch zum folgenden – *Gerd Hager,* Effektiver Rechtsschutz und richterliche Rechtssetzung? Zum Vollzugsverbot von Gemeinderatsbeschlüssen bei Bürgerbegehren, in: NVwZ 1994, S. 766 ff.; *von Danwitz* (Fn. 23), S. 141.

[56] Zur Verdeutlichung sei hier der Wortlaut wiedergegeben. In Art. 18a Abs. 8 Satz 1 BayGO heißt es: „Nach Abgabe von einem Drittel der in Absatz 6 geforderten Unterschriften beim Bürgermeister darf für einen Zeitraum von zwei Monaten eine dem Begehren entgegenstehende Entscheidung der Gemeindeorgane nicht mehr getroffen werden oder mit dem Vollzug einer derartigen Entscheidung begonnen werden, es sei denn, zum Zeitpunkt der Abgabe haben rechtliche Verpflichtungen der Gemeinde hierzu bestanden."

[57] Dazu *Ritgen* (Fn. 6), S. 146 ff.

meinen Mißbrauchsverbot ergeben, sondern näherliegend auch aus dem Prinzip der Organtreue.[58] Dieses Prinzip enthält vergleichbar dem Prinzip der Bundestreue[59] den „Grundsatz gegenseitiger Rücksichtnahme bei der Erfüllung von Verwaltungsaufgaben" und der Ausübung von Kompetenzen.

---

[58] Vgl. *Wolf Rüdiger Schenke,* Die Verfassungsorgantreue, 1977.

[59] Vgl. *Hartmut Bauer,* Die Bundestreue, 1992.

EBERHARD LAUX

Nachdenken über kommunale Organisationspolitik

I. Organisation, Organisieren und was daran Politik ist

Über Organisation und Organisieren zu reden und zu schreiben, ist zur Zeit eine viel geübte Tätigkeit. Die Ergebnisse sind häufig von dünner Abstraktion, wie überhaupt Organisation eine weitaus weniger farbige Materie ist wie die Finanzierungsfragen oder Praxis des Personalwesens, in deren Nachbarschaft Organisation erst an Lebendigkeit gewinnt.

Nicht so ist es in der Praxis des Organisierens. Nahezu jeder, der in der vielfältig durchgestalteten öffentlichen Verwaltung tätig ist, hat eine recht persönliche Vorstellung, dazu ein breites Erfahrungswissen von dem, was es um ihn herum an organisatorischen Vorkehrungen zu beachten gilt und was davon seinen eigenen Arbeitsbereich bestimmt. Es wird ihn freilich kaum veranlassen, täglich darüber nachzusinnen, was sich hinter den vielen Begriffen, mit denen ihm Organisation erklärt wird, verbirgt. Mitarbeiterinnen und Mitarbeiter wollen vorrangig Kenntnisse und Fähigkeiten ohne Störung aller Art, die auch in Einwirkung von Führungskräften liegen können, anwenden. Es ist etwas illusionär, zu meinen, daß sie ständig über Veränderungen oder Verbesserungen nachdenken und „innovativ" werden wollen, sofern alles läuft. Das müssen manche Reformer schmerzlich erfahren. Nicht das interessiert, was neu und zukunftsweisend ist, sondern die aktuelle nützliche Verbesserung. Würde es anders sein, hätten die Büros neurotische Züge.

Horst Bosetzky und Peter Heinrich haben im Vorwort ihres viel gelesenen Buches „Mensch und Organisation"[1] folgendes Bild

---

[1] *Horst Bosetzky und Peter Heinrich,* Mensch und Organisation, Aspekte bürokratischer Sozialisation, 5. Aufl., Köln 1995.

gebracht: „Jedes Büro ist gleichsam eine Bühne, und alle Beamten und Angestellten agieren Tag für Tag in Dramen, Komödien und Tragikomödien – Stücken, die sie selber schreiben und spielen, aber auch in solchen, die andere für sie schreiben und in denen andere Regie führen." Was immer wieder bei solchen Themen wie der Modernisierung der Verwaltung übersehen wird: Trotz aller persönlichen Dramaturgie, die interessierten Mitarbeiterinnen und Mitarbeiter möchten eine gesicherte Routine vorfinden, so qualifiziert sie auch sei, und benötigen orientierende klare Ordnungen, die ihnen die notwendigen Dispositionen der Alltagsarbeit erlauben. Nichts ist schlimmer, als eine Organisation in der ständigen Unruhe von Neuerungen halten zu wollen. Das fördert die Leistungen nicht. All das will bedacht sein.

Die Diskussionen um Veränderungen im organisatorischen Bereich haben vielfach das Signum mangelnder gedanklicher Reife und unnötiger Hast. Man verkennt, daß Organisieren nicht die Überschwemmung mit Ideen und noch weniger mit umfangreichen schriftlichen Produkten bedeutet. Gutes Organisieren braucht Zeit, Gelassenheit, Geduld und Distanz zu den Modejournalen des vielen Druckwerks. Manchmal ist bewußte Vorläufigkeit, bei der man Mängel und Unvollkommenes in Kauf nimmt, wesentlich wirksamer als die Vorgabe vorgestanzter perfekter Muster oder Modelle. Zudem ist nicht das „Entweder-Oder", sondern das „Sowohl-Als auch" das Hauptmerkmal positiver Veränderungen in komplexen Strukturen. Vieles ist eben Show, Überbetonung, Effekthascherei, was über die Mitarbeiterschaft hereinbricht. Das gilt auch für das Grundsätzliche. Ein Beispiel ist die Hierarchie als Gestaltungsmuster. Sie ist ein uraltes, eingeübtes Grundmodell zur organisatorischen Ordnung und gehört zum Kulturgut[2]. Für die Regelung elementarer Beziehungen zwischen Menschen, der Verteilung von Macht und der Zuordnung von Berechtigungen ist sie unabdingbar. Die Menschen in den großen Institutionen haben ein feines Gefühl dafür, was daran zuviel und was zu wenig sein kann. Gleichwohl wird heute (wieder) ver-

---

[2] Grundlegend schwor *Niklas Luhmann*, Lob der Routine in: Verwaltungsarchiv, Band 55, 1964, S. 1-33, weiter *Horst Dreier*, Hierarchische Verwaltung im demokratischen Staat, Genese, aktuelle Bedeutung und funktionelle Grenzen eines Bauprinzips der Executive, Tübingen 1991.

breitet darüber nachgesonnen, wie man denn ohne sie auskommen, sie unscheinbar machen könnte, obwohl es sich immer nur um das Mehr oder Weniger handelt. Da wird zur Zeit mit großem Aufwand verkündet, man müsse mehr mit Methoden der Projektorganisation arbeiten. Richtig, könnte man sagen. Aber das ist nun wirklich nichts Neues, weil die Projektorganisation ebenfalls wieder hierarchische Züge zeigen kann und längst zum gängigen Instrumentarium organisatorischer Gestaltung gehört.

Ein Weiteres: Phantasie ist sicher vonnöten beim Organisieren. Man sollte nur nicht verkennen, daß das Arsenal von Formen, in denen Arbeit formal organisiert werden kann, sehr begrenzt ist. Es gibt nicht die Alternativen in einer solchen Menge, wie sich reformfreudige Organisatoren es wünschen. Vieles muß man der Vernunft und dem Verständnis der Handelnden überlassen. Flexibilität, eine ebenso häufig wie unüberlegt gebrauchte Floskel für wirkungsvolle Organisation, kann man im Interesse der Bürgerinnen und Bürger wegen des rechtsstaatlichen Gleichmaßes nur durch ein intelligentes, anpassungsfähiges Personal erreichen. Es weiß im allgemeinen von selbst, wie man zusammenarbeitet, wenn es aufmerksam und orientierend angeleitet wird. Es zeugt von erstaunlicher Unkenntnis des laufenden Betriebes, wenn man die formalen Regelungen des Aufbaus überschätzt. Sie sind nur Möglichkeiten, problemreiche Aufgaben besser zu erfüllen.

Genug dieser Betrachtungen. Sie wollen nur andeuten, daß wir es bei Organisation und Organisieren mit einer Materie recht besonderer Art zu tun haben, die nur in der Verbindung mit den handelnden Menschen in ihrem Wert oder Unwert beurteilt werden kann.

II. Hilfe von der Wissenschaft?

Das ist in unserer verwissenschaftlichen Welt mit ihrem Überschuß an Theorievermittlung gewiß eine wichtige Frage. Was aber eben dargestellt wurde, verweist darauf, daß das Bilden von Institutionen und das Organisieren der handelnden Praxis eine alte „Kunst" ist, sich zu einem hohen Grad in der Praxis entwickelt hat und für die relativ junge Organisationstheorie nicht eben einfach zugänglich ist. Gewiß gibt es nicht erst in diesem Jahrhundert ein lebhaftes wissenschaftliches Interesse an öffentlicher Organisation, weit über den Bereich von institutionellen Fragen wie der Organbildung hinaus. Namen wie Robert von Mohl, Lorenz von Stein und Max Weber mögen für manche Analysen und Konzeptionen stehen, die dem 19. Jahrhundert zugerechnet werden müssen. Davor gibt es weniges. Am Ende des 20. Jahrhunderts erscheint aber eher Ernüchterung angezeigt. Immer mehr hat sich erwiesen, daß Theorie und Praxis auseinanderzudriften drohen, es sei denn, daß sich die Wissenschaft eng an die Praxis anschließt. Dementsprechend ist die allgemeine Organisationstheorie oft von ihrem Gegenstand weit entfernt. Alfred Kieser, der den führenden betriebswirtschaftlichen Organisationswissenschaftlern zugerechnet werden muß, hat kürzlich die Frage aufgeworfen: „Quo vadis Organisationstheorie – mit der Organisationspraxis, ihr voraus oder hinterher oder ganz woanders hin?[3]" Er hat in seinen gedankenreichen Ausführungen drei bemerkenswerte Thesen gebracht:

„Betriebswirtschaftliches Management; insbesondere auch Organisationstheorien, werden generell als wenig brauchbar eingestuft."

„Organisationstheorien können keine Rezepte für die Organisationsgestaltung liefern."

„Organisationstheoretiker können nur begrenzt an der Gewinnung praxisrelevanter Aussagen interessiert sein."

Das ist zunächst ein Problem der Organisationswissenschaft, deren Forschungsergebnisse (noch) nicht ausreichen. Darunter leidet die Lehre. Daher die Überfrachtung der Diskussion um die Verwaltungsmodernisierung durch eine Wissenschaftlichkeit, die oft aus unverifizierten und vielleicht unverifizierbaren Hypothesen besteht. Die große Zahl von Hochschulabsolventen aus Disziplinen, die noch vor wenigen Jahrzehnten der kommunalen Ver-

---

[3] *Alfred Kieser,* Quo vadis Organisationstheorie – mit der Organisationspraxis, ihr voraus oder hinterher oder ganz woanders hin, in: Zeitschrift für Organisation (zfo), 1995, S. 347-351.

waltung relativ abstinent gegenüberstanden und die sich jetzt auf den neuen Markt stürzen, belasten die Diskussionen über notwendige organisatorische Veränderungen in kommunalen Bereichen oft mehr, als sie nützen, und die Beherrschung der Sprache der Theorie ersetzt nicht die Kenntnis eines hochkomplizierten Gefüges wie z.b. das einer großstädtischen Verwaltung. Das ist eine Erfahrung, die in den 60er und 70er Jahren beim Vordringen der Sozialwissenschaften in den Bereich der Organisationspraxis schon einmal gemacht wurde und deshalb zu kritischer Distanz bei allem notwendigen intellektuellen Interesse auffordert. Hier freilich haben sich die Chancen zu einem Transfer zwischen Wissenschaft und Praxis deutlich verbessert. Zur Zeit kann man aber die Flut von Veröffentlichungen[4] über die Praxis der Verwaltungsmodernisierung nur dadurch bändigen, daß man von den meisten Publikationen lediglich die Überschriften zur Kenntnis nimmt. Erfreulich ist, daß ein großer Teil der engagierten Wissenschaftler sich in die Praxis der Reformarbeit begeben hat, und sei es nur temporär. Aber die Frage bleibt erlaubt: Wer lernt hier von wem?

Für unser Thema ist zur Zeit nicht viel Ergiebiges zu holen als ein befremdendes theoretisches Begriffsvokabular, dessen man sich lieber nicht befleißigen sollte.

III. Der schmale Raum für kommunale Organisationspolitik und die Rolle der politischen Vertretung

1. Es ist de iure unbestreitbar, daß Organisationshoheit, ebenso wie Finanz- und Personalhoheit verfassungsrelevante Grundelemente der Selbstverwaltungsautonomie sind[5]. Wir wissen, daß dies in der Praxis nur in Grenzen stimmt. Darüber wurde, was den

---

[4] Ich verzichte auf Zitate. Die Zahl der Publikationen ist unübersehbar geworden. Ganze Zeitschriften leben vom Thema „Verwaltungsmodernisierung". Auf 10 einschlägige Beiträge kommen 1-2, die es lohnt zu lesen.

[5] Die wichtigste Untersuchung ist immer noch die von *Edzard Schmidt-Jortzig*, Kommunale Organisationshoheit, Göttingen 1979 (Göttinger Rechtswissenschaftliche Studien, Band 102).

Bereich der Organisation betrifft, an anderer Stelle berichtet[6]. Die kommunale Organisation wird durch die verfassungsmäßige, gesetzliche und tatsächliche Inpflichtnahme der Kommunen als öffentliche Leistungsträger weithin bestimmt; eigene Politik ist stark eingeengt. Dies gilt zumindest für alle organisatorischen Grundlagen. Der Bund und die Länder haben trotz der verfassungsrechtlichen Sicherung der kommunalen Selbstverwaltung umfassend dafür gesorgt, die Einflüsse auf die Kommunen als die Umsetzungsebene zentraler Programme weithin offenzuhalten. Im System der Aufgabenverteilung gehören die meisten Aufgaben, die von den Kommunalverwaltungen umgesetzt, d.h. auch organisiert werden müssen, dem Bereich der gesetzlichen Aufgaben an, nicht dem der freiwilligen, eigenen, selbstgewählten. Damit wird die Notwendigkeit einer gleichartigen Organisation organisationspolitisch begründet. Das Selbstverständnis der Kommunen, überall müsste dann alles gleich organisiert werden, hat im übrigen entscheidend dazu beigetragen, daß man die eigenen Räume noch mehr verschließt. Man fragt sich nicht zunächst, was haben wir an eigenen Gestaltungsmöglichkeiten, sondern „was sagt die KGSt, der zuständige Fachverband"? So fesseln sich die Kommunen zum Teil selbst. Das ist vielleicht notwendig, muß aber gesehen werden.

Die Kommunalverfassung mit ihrer grundlegenden Bedeutung für die Gesamtorganisation einer Kommune ist weithin gesetzlich festgeschrieben, auch dort, wo Alternativen denkbar und u.U. auch nützlich wären, wie bei der Verfassung der Großstädte. Das öffentliche Dienstrecht erlaubt nur schmale eigene Gestaltungsmöglichkeiten in der Personalwirtschaft. Das kommunale Rechnungswesen ist, soweit es nicht die Unternehmen betrifft, zementiert, von den umstrittenen Öffnungsklauseln abgesehen[7]. Die Aufbauorganisation (Verwaltungsgliederung) folgt allgemeinen

---

[6] *Eberhard Laux.* Über kommunale Organisationspolitik, in: Archiv für Kommunalwissenschaften (AfK), Jg. 34 (1995), S. 229-249.

[7] Erst jetzt kommen praktisch brauchbare Konzeptionen, so von *Klaus Lüder,* Konzeptionelle Grundlagen des neuen kommunalen Rechnungswesens (Speyerer Verfahren), Stuttgart 1996, Schriftenreihe des Innenministeriums Baden-Württemberg zum kommunalen Haushalts- und Rechnungswesen, Heft 1.

Mustern. Es ist zu fragen, wo noch konstruktive Phantasie ansetz-
bar ist, die man als ein belebendes Element jeder Organisationspolitik ansehen müßte. Ist Organisationspolitik nur eine solche der
Anpassungen? Man kann einwenden, daß ja in der inneren Organisation große Bereiche der Eigenständigkeit vorhanden sind, die
auch genutzt werden können. Aber es sind in erster Linie die Dispositionen für die Routine, für ihr reibungsloses Funktionieren,
die Richtlinien, Vorgaben, Dienstanweisungen, Ablaufregelun-
gen, kurz das ganze Arsenal dessen, was zum Arbeitsfeld der zentralen Organisationsabteilungen gehört. Im wesentlichen sind da
keine politischen Entscheidungen zu treffen, sondern es sind Angelegenheiten des Verwaltungsmanagements. Darauf wird noch
zurückzukommen sein.

Inwieweit generelle Fragen der kommunalen Organisation die
politische Vertretung erreichen, ist wenig bekannt, vermeintlich
nicht genug, wenn man von Regelungen absieht, die in den Vor-
behaltskatalogen der Gemeindeordnungen, in der Hauptsatzung
oder den Geschäftsordnungen stehen. Gewiß können die politischen Vertretungen festlegen und überwachen, wie die Organisation im Interesse von Bürgerinnen und Bürgern zu gestalten ist
und wie sie praktiziert wird. Aber das geschieht mehr durch Leitlinien oder Führungsgrundsätze, deren Bedeutung nicht verklei-
nert werden soll, aber in denen die Luft dünn ist. Liest man in solchen Dokumenten, wird man entdecken, daß hier oft an Men-
schenbilder appelliert wird, die der Realität etwas fern stehen.
Kein beeindruckendes Bild also.

Wirksamer ist die Tätigkeit der kommunalen Spitzenverbände,
Organisationshoheit zu sichern. Die aufmerksame Beobachtung
der Praxis von Bund und Ländern, das Zurückdrängen von deren
Einflüssen auf die kommunale Organisation ist, wenn man die
Ergebnisse im Laufe der Jahrzehnte analysiert, durchaus erfolg-
reich gewesen. Aber es sind im wesentlichen Abwehrstrategien.

2. Organisationspolitik ist intern vorrangig Aufgabe der Verwaltungsleitung. Die Gemeindeordnungen weisen der Chefebene der
Verwaltung die Verantwortung für den Gang der Geschäfte zu und
sichern ihr zum Teil auch eine ausschließliche Kompetenz im

Bereich von Organisation und Organisieren. Ohne daß auf die juristische Auslegung solcher Vorschriften eingegangen werden soll, ist die tatsächliche Dominanz des Verwaltungsmanagements gegenüber der gewählten Vertretung in der Organisationspolitik offensichtlich weit größer als bei der finanziellen Steuerung. Verstärkt wird dies durch Konzepte, die die Steuerung nun radikal auf die Chefebene der Verwaltung konzentriert wissen wollen, wie das neue Steuerungsmodell der KGSt in seiner ursprünglichen Konzeption, nicht in der Abwandlung durch den Bericht 10/1996[8]. Allen Überlegungen zur Sicherung der Zusammenarbeit von politischer Ebene und Verwaltung gegenüber, wie sie dort dargestellt sind, muß darauf aufmerksam gemacht werden, daß die Vereinheitlichung der kommunalen Verfassung durch den Ausbau der Position des vom Volke gewählten Verwaltungschefs starke Macht- und Interessenverschiebungen auslösen wird. Die Vertretungen werden in der Organisationspolitik nur noch begrenzt mitwirken können, trotz aller rechtlichen Sicherungen. Im wesentlichen wird das nur dort der Fall sein, wo die Gemeindeordnungen dies verlangen, z.B. bei allen Beteiligungslösungen oder Privatisierungen. Dies kann man nicht kaschieren: Organisationspolitik bleibt auf zwei Organebenen verteilt, bei zunehmender Verlagerung auf die Chefebene. Nur dadurch, daß die politische Vertretung in der Finanzpolitik, besonders im Budgetrecht, und in der Beschlußfassung über den Stellenplan ihren Einfluß geltend machen kann, behält sie ihn mittelbar auch im Bereich der Organisationspolitik. Das ist wenig und verlangt vom Verwaltungsmanagement eine offene Informationspolitik[9], was vor allen Dingen in den Großstädten nicht dazu zu führen braucht, daß sich die Vertretung mit dem Gestrüpp der Detailregelungen befasst. Schon die Hinweise und Beschwerden aus der Bürgerschaft nötigen zu einem solchen Stil.

---

[8] *Kommunale Gemeinschaftsstelle* (KGSt), Das Verhältnis von Politik und Verwaltung im Neuen Steuerungsmodell, Bericht Nr. 10/1996, Köln.

[9] Aus der lebhaften Diskussion *Hellmut Wollmann*, Verwaltungsmodernisierung: Ausgangsbedingungen, Reformausläufer und aktuelle Modernisierungsdiskurse in: Christoph Reichard/ Hellmut Wollmann (Hrsg.), Kommunalverwaltung im Modernisierungsschub?, Basel-Boston-Berlin 1996, S. 1-49 (34), (Stadtforschung aktuell Band 58).
Jochen Dieckmann, Bürger. Rat und Verwaltung, in: Michael Schöneich (Hrsg.), Reformen im Rathaus, Köln 1996, S. 19-32.

IV. Zwei Beispiele für aktive Organisationspolitik: Die räumliche Organisation und die Verwaltungsmodernisierung

Was bisher erörtert worden ist, zeichnet ein im wesentlichen ernüchterndes Bild. Das liegt an der Materie Organisation selbst, aber auch an der durchgeregelten Einbindung der Kommunen in das gegenwärtige Verwaltungssystem des gesamten Staates. Um so wichtiger ist es, daß man diejenigen Felder aktiv angeht, in denen Organisationspolitik in den nächsten Jahrzehnten möglich ist. Da ist zum einen der riesige Bereich der technikunterstützten Informationsverarbeitung[10]. Er soll hier nur angemerkt werden, weil er im Rahmen eines kurzen Beitrages nicht angemessen dargestellt werden kann. Ausgewählt sind im folgenden zwei Felder, die man den beiden Richtungen Außen und Innen zuordnen kann.

1. Organisationspolitik für die räumliche (territoriale) Organisation

Darunter sollen, abweichend von dem Sprachgebrauch in der Raumplanung, alle Aktivitäten erfaßt werden, die den Raum der Kommunen über die Grenzen des Gebiets hinaus betreffen[11]. Sie weisen auf Aktionsfelder kommunaler Politik, die schon jetzt höchst bedeutungsvoll sind und sich durch die Veränderung der gesellschaftlichen und wirtschaftlichen Strukturen als immer bedeutsamer erweisen werden.

Für die Ausformung kommunaler Organisation ist kaum etwas anderes prägender, als daß sie in ihrer Wirkungsweise territorial begrenzt ist, soweit nicht gesetzlich erlaubte Ausnahmen bestehen. Das Gemeindegebiet bestimmt nicht nur den Raum für Beziehungen der Bürgerschaft zum politischen System (z.B. Wahlbezirke), sondern weitgehend das Geflecht organisatori-

---

[10] Eindrucksvoll die Berichte in: *Heinrich Reinermann (Hrsg.)*, Neubau der Verwaltung, Informationstechnische Realitäten sind Vision, Heidelberg 1995 (Schriftenreihe Verwaltungsinformatik Band 11).

[11] Immer noch exemplarisch der Band Verwaltungsgeographie – Grundlagen, Aufgaben und Wirkungen der Vewaltung im Raum., hrsg. von *Alfred Benzing, Günter Gaentzsch, Erhard Mäding und Jürgen Tesdorpf*, Köln v.a. 1978.

scher Regelungen für die Leistungserbringung. Es ist eine alte Erfahrung, daß Gemeindegebiet und Wirkungsbereich kommunaler Leistungen besonders im Umfeld der zentralen Städte nicht kongruent sind. Topographie, Lage in größerem Raum (Standort), natürliche Ressourcen sind zudem für die kommunale Politik und Verwaltung genauso maßgebend wie die absolute Größe einer Gebietskörperschaft. Die Gebietsbezogenheit kommunaler Organisationen ist eine Tatsache, die in ihrem Gewicht zwar der kommunalen Praxis geläufig ist, aber von den Verfechtern wirtschaftswissenschaftlicher Organisationsansätze schlicht ignoriert wird. Aber gerade darin liegt ein Großteil der Gegensätzlichkeiten zu der Organisation privater Wirtschaftsunternehmen, die eben nicht in ihrem räumlichen Aktionsfeld determiniert sind. Dort gelten selbstgewählte betriebliche Begrenzungen. Die Beachtung der Wechselwirkungen zwischen Gemeindegebiet, Bürgerschaft und Aufgaben- bzw. Organisationsstruktur ist eine unabdingbare Grundlage aller kommunalen Politik. Es kann hier nicht auf die Zusammenhänge zwischen Gebietsgröße und kommunaler Leistungsfähigkeit eingegangen werden, die in den 60er und 70er Jahren die Gebietsreformdiskussion beherrscht haben und die in den neuen Bundesländern erneut die Frage nach den Bestimmungsgrößen für kommunale Leistungsfähigkeit auslösen.

Von den räumlichen Gegebenheiten her gewinnen Aktivitäten wie Entwicklungsplanung, Wirtschaftsförderung, Marketingkonzepte, Vereinbarungen von Public Private Partnerships, die Zusammenarbeit mit der Vielfalt von anderen Trägern öffentlicher Leistungen in und außerhalb ihres Territoriums wachsende Bedeutung. Die Frage, wie solche Beziehungen organisiert werden, läßt viel Spielraum für kommunale Organisationspolitik neben den traditionellen Organisationsformen der nachbarschaftlichen kommunalen Gemeinschaftsarbeit, der räumlichen Abgrenzung der unternehmerischen kommunalen Bereiche in der Versorgungswirtschaft, den Sparkassen usw.[12]. Es ist längst evident, daß

---

[12] Zu dem umfassenden Komplex aus jüngster Zeit *Dietrich Budäus und Günther Engelhardt (Hrsg.)*, Großstädtische Aufgabenerfüllung im Wandel, Baden-Baden 1996. *Alexander Schink*, Die Stadt und ihr Umland, Interkommunale Zusammenarbeit oder neue Verwaltungsstrukturen? In: Nordrhein-Westfälische Verwaltungsblätter, 11. Jg. 1997, S. 81-91.

selbst mit optimal geschnittenen Gemeindegebieten allein im Raum der großen Städte nicht zugleich die Wirkungsfelder kommunaler Interessen festgelegt sind. Die organisierten kommunalen Interessen haben sich fächerförmig in die Nachbarbereiche ausgedehnt. Über der gesetzlich festgelegten gebietlichen Organisation lagert sich ein Netz dichter Beziehungen von Trägerschaften und Initiativen. Die vielfältig dadurch ausgelösten Organisationsprobleme sind nicht nur solche gemeinschaftlicher Interessen, sondern beeinflussen in gleicher Weise das innere Organisationsgefüge der Kommunen. Was sich derzeit im überörtlichen Raum abspielt, kann abgelesen werden an Gebilden wie der „Stadtregion München"[13], aber noch deutlicher am Beispiel Stuttgart mit der Bildung eines kommunalen Regionalverbandes im Jahre 1994. Zu verweisen ist in diesem Zusammenhang auch auf die Organisation regionaler Kooperation in Nordrhein-Westfalen und Niedersachsen in jüngster Zeit. Die – negativ verlaufenen – Erörterungen um die Bildung von Regionalkreisen, die immer noch nicht beendet ist, beweist, wie sehr kommunale Organisationspolitik gefordert ist.

Alle diese Überlegungen werden verstärkt durch den Ausbau der Vernetzungen im Bereich der Telekommunikation, in dem die kommunalen Gebietskörperschaften mit Recht ihre Position wahrnehmen wollen. Das kann im Rahmen von traditioneller Verwaltungsorganisation geschehen, evtl. mit Hilfe der Ausnutzung vorhandener Ressourcen in den kommunalen Unternehmen, muß aber wohl auch großräumiger konzipiert werden. Noch einen Schritt weiter wollen Gedanken gehen, die mit einer weitgehenden Lockerung des kommunalen Wirtschaftsrechts die Chancen der Kommune als Teilnehmer am Wirtschaftsleben drastisch erweitern wollen. Ob das sinnvoll ist oder ob es zu einer Auflösung des Typus der kommunalen Gebietskörperschaft führen könnte, sei dahingestellt.

Ein weiteres Beispiel für territoriale Organisationspolitik geht vom Konzept der Städtevernetzung aus, das zwar noch zu wenig

---

[13] *Sabine Weck,* Neue Kooperationsformen in Stadtregionen, in: Raumforschung und Raumordnung, 54. Jg. 1996, S. 248-256.

durchdacht ist, aber in seinen Auswirkungen auf die Organisation kommunaler Aktivitäten umwälzend sein könnte. Die meisten Fragen sind noch längst nicht „organisationsreif" beantwortet, insbesondere nicht diejenigen, die den Raum zwischen den großen Zentren betreffen, auf die sich das Konzept erstreckt. Ernst-Hasso Ritter spricht hier von „regionaler Politik der verschiedenen Ebenen"[14], die aber weitgehenden Einfluß auch auf die innere Organisation der Gebietskörperschaften selbst haben dürfte.

Diese Hinweise müssen genügen, um die Behauptung zu erhärten, daß in der territorialen Organisation in dem hier beschriebenen Sinne sich Zukunftsfelder für Organisationspolitik auftun, wenn die Kommunen sich eine aktive Mitwirkung sichern wollen. In Richtung der Entwicklung der Europäischen Union wird das ohnehin unentbehrlich werden.

2. Binnenmodernisierung, Verwaltungsmodernisierung

Es ist ganz offensichtlich, daß das Neue Steuerungsmodell der KGSt, das hier als bekannt vorausgesetzt sein soll, einen breiten Strom organisatorischer Aktivitäten ausgelöst hat. Dem soll in diesem Beitrag nicht nachgegangen werden, auch nicht der gewagten ideologischen Grundlegung für dieses Konstrukt, das die Positiva deutscher kommunaler Organisation wenig berücksichtigt[15]. Für eine sorgfältige Analyse, die den Anspruch des

---

[14] *Ernst-Hasso Ritter,* Raumpolitik mit „Städtenetzen" oder: Regionale Politik der verschiedenen Ebenen, in: Die Öffentliche Verwaltung (DÖV), 48. Jg. 1995, S. 393-403; *Gerhard Stiens,* Städtevernetzung, Anknüpfungspunkte – Konzepte – Erfordernisse, Bonn 1995 (Bundesforschungsanstalt für Landeskunde und Raumordnung, Materialien zur Raumentwicklung, Heft 72).

[15] Zur generellen Kritik *Klaus König,* 'Neue' Verwaltung oder Verwaltungsmodernisierung; Verwaltungspolitik in den 90er Jahren, in: DÖV, 48. Jg. 1995, S. 349-358; *Eberhard Laux,* „Neue Steuerungsmodelle", brauchbare Ansätze zur Verwaltungsmodernisierung? In: *Joachim Merchel und Christian Schrapper (Hrsg.),* Neue Steuerung, Tendenzen der Organisationsentwicklung in der Sozialverwaltung, Münster 1996, S. 129-144; *Maximilian Wallerath,* Verwaltungserneuerung, Auf dem Weg zu einer neuen Verwaltungskultur? in: Verwaltungsarchiv, 88. Band 1997, S. 1-22. Gute Übersicht bei *Ralf Kleinfeld/Ralf Heidemann/Frank Treutler,* Neue Steuerungsmodelle in der Kommunalverwaltung – Eine Zwischenbilanz, in: *Ralf Kleinfeld (Hrsg.),* Kommunalpolitik, eine problemorientierte Einführung, Opladen 1996, S. 157-244, (Grundwissen Politik 18); weiter bei *Wollmann* (Fn. 9).

Modells (von der Behörde zum Dienstleistungsunternehmen) entsprochen hätte, hat man sich nicht Zeit gelassen. Vor allen Dingen war aber die örtliche Organisationspolitik überfordert, um sich selber hinreichend praktikable Leitlinien für diesen Entwicklungsprozeß zu geben, zumal viele Thesen, die die Modellbeschreibung enthält, Hypothesen waren. Das wurde nicht ausreichend klargestellt. Die Determinierung des Politischen durch das Ökonomische geht offensichtlich weit an dem vorbei, was an Reformbedarf in den Kommunen vorhanden ist. Dieser liegt eindeutig in der mangelnden Steuerung der Kostenentwicklung und der finanziellen Kontrolle der Leistungsergebnisse der Verwaltung. Sie braucht die Kostenorientierung dringend. Hier wiederum sind die Kommunen zum Teil abhängig von Aktivitäten des Bundes und der Länder. Die angebliche Vorreiterrolle der Kommunen kann sich, von einem allgemeinen Aktionismus abgesehen, nur auf Teilbereiche erstrecken, die eher der Rationalisierung, als der konzeptionellen Grundlagenarbeit zugeordnet werden können. Was die Schwierigkeiten für die örtliche Organisationspolitik betrifft, so hat sie Klaus Lenk in dem Satz zusammengefaßt: „Kommunale Politik erschöpft sich nicht im Management kommunaler Eigenproduktion." Und zu recht weist Carl Böhret darauf hin, daß „gewollt noch nicht verwirklicht" ist[16]. Wenn man unter Verwirklichung eine Umsetzung in den Alltag der Verwaltungen versteht, so kann sich auf diesem langen Weg noch manches Überraschende ereignen. Wie soll sich kommunale Organisationspolitik örtlich formieren, wenn ihr ein angeblich schon einführungsreifes Produkt vorgesetzt wird, das immer schärfer unter die Lupe der Kritik gerät, und wo man beobachten muß, daß das Management des Produktvertreibers, die KGSt, sich keineswegs in voller Übereinstimmung mit dem Deutschen Städtetag befindet?

Längst wird aber offen bekundet, daß man sich zeitlich verschätzt hat, was den Prozeß der Umorganisation betrifft. Dies kann man sechs Jahre nach der Vorstellung des Modells fast als eine gesi-

---

[16] *Carl Böhret*, Gewollt ist noch nicht verwirklicht – Chancen und Hemmungen bei der Modernisierung von Landesverwaltungen, in: Verwaltungsrundschau, 42. Jg. 1996, S. 325-333.

cherte Erfahrung ansehen. Sie überrascht auch keineswegs. Ein Zeitraum von 10 bis 15 Jahren wäre das mindeste gewesen, was man hätte ansetzen müssen, um die Wirksamkeit einzelner Ansätze beurteilen zu können. Zeitlich dringend war die Konsolidierung der kommunalen Haushalte, ein Prozeß, der noch nicht beendet ist. Statt dessen war bei einigen Kommunen eine Verzettelung zwischen zwei anspruchsvollen Strategien festzustellen. Erst jetzt ist eine Diskussion mit international erfahrenen Verwaltungswissenschaftlern in Gang gekommen[17], die nachweisen können, wo die Schwachstellen eines generellen Konzepts wie dem New Public Management liegen, das man als eine unvermeidliche Strategie propagiert hat.

Nicht ausdiskutiert ist der gesamte Komplex der Privatisierung, wobei es mit der Minderbewertung der Organisationsprivatisierung (formale Privatisierung) kaum getan ist. Die Notverkäufe muß man ohnehin nicht als ein Zeichen positiver Organisationspolitik ansehen. Bei den allgemeinen politischen Diskussionen ist in dieser Frage viel Irrealität im Spiel. Ungeklärt sind die Auswirkungen der Neuen Steuerungsmodelle im Ressourcenbereich, besonders was das Personal betrifft. Unbeantwortet ist die Frage, wie das Finanzwesen wirkungsvoll mit den neuen organisatorischen Ansätzen wie der Bildung zentraler Steuerungseinheiten verknüpft werden soll. Man wird darauf verweisen, daß dies alles noch bewältigt werden muß und daß man sich eben in einem Zustand des Experimentierens befindet. Wer aber nicht nur konstruktive Verwirrung erzeugen will, muß wissen, daß man die Organisation von Verwaltungen nicht in toto zu einem Experimentierfeld verwandeln darf. Abgesehen davon hat man sich weithin bisher nicht überlegt, was geschieht, wenn all diese Konstrukte, auf die man eilig zugegangen ist, ganz oder teilweise versagen.

Angesichts dieser Sachlage war und ist es mancherorts nicht einfach geworden, Leitlinien einer lokalen Organisationspolitik zu formulieren und die Stufen einer langfristigen Organisationsent-

---

[17] S. z.B. oben Fn. 15.

wicklung zu planen. Das muß aber die Aufgabe sein. Dabei kann
es dann auch zur Entrümplung von allerlei überflüssigem Modi-
schem kommen.

Es ist bei dieser Situationsanalyse auch darauf aufmerksam zu
machen, daß die gegenwärtige Diskussion um neue Steuerungsmodelle weit an den praktischen Möglichkeiten der Kommunalverwaltung in den neuen Bundesländern vorbeigeht. Diese stehen
vor anderen Organisationsproblemen, die mit der immer noch
nicht bewältigten Anpassung der Verwaltung an das systembe-
dingte Organisationsgefüge der Bundesrepublik zusammenhängen. Man muß leider den Eindruck gewinnen, als ob diese Probleme in einem großen Teilbereich unseres Staates in den Augen
der Verwaltungsreformer eine sekundäre Angelegenheit sind.
Dabei dürfte es evident sein, daß gerade die Verwaltungen in den
neuen Bundesländern, die die hier geschilderten Diskussionen
distanziert verfolgen können, bessere Einsichten gewinnen könnten, was man benötigt, um zu einer wirkungsorientierten Verwaltungsführung zu gelangen.

Daß man auch bedachtsam handeln kann und so – auf Zeit gesehen – den Modernisierungsprozeß besser bewältigt, hat Manfred
Rommel in Stuttgart in den letzten Jahren seiner Amtszeit nachgewiesen. Dem soll der folgende Abschnitt gewidmet sein.

V. Organisationspolitik in Stuttgart

Die Stadt Stuttgart hat in den letzten Jahren den Prozeß einer
Modernisierung in ihrer Verwaltung sorgsam, aber nicht über-
stürzt in Gang gesetzt und ihn von vornherein tatsächlich und
nicht nur verbal als ein Bündel gemeinsamer Aktivitäten von Rat
und Verwaltung gestartet. Bemerkenswert war folgendes:

Die Haushaltskonsolidierung und die Verwaltungsmodernisierung wurden verfahrensmäßig strikt getrennt. Maßnahmen der
Haushaltskonsolidierung wurde Priorität eingeräumt. Das
ohnehin hoch belastete Finanzressort wurde nur im notwendigen
Umfang in die Diskussionen einbezogen. Der Gemeinderat wurde
unbeschadet der nach der GO BW dominierenden verwaltungs-

politischen Stellung des Oberbürgermeisters nicht nur in die Programmierung eingeschaltet, sondern an den konzeptionellen Überlegungen laufend beteiligt. Man hat sich nicht mit der Erörterung von administrativen Modernisierungsmaßnahmen, die 1992 zum Teil schon fortgeschritten waren, begnügt, sondern den Versuch unternommen, eine Gesamtstrategie für die Verwaltungsmodernisierung zu entwickeln, ohne sinnvolle einzelne reformartige Aktionen zu stoppen, diese vielmehr in die Überlegungen zur zukünftigen Gestaltung der Organisationspolitik einzupassen.

Die Erörterungen von Rat und Verwaltungsführung wurden durch ein extern erarbeitetes Gutachten als Substrat einer umfassenden Konzeption zur Verbesserung der Steuerung der Verwaltung unterstützt[18]. Das Gutachten berücksichtigte zwar die seit 1991 in Gang befindliche Diskussion um das Tilburger Modell und die auf ihm basierende neue Organisationsphilosophie der KGSt, sollte sich aber nicht nur auf die Frage beschränken, wie man solche Modelle in Stuttgart umsetzen könnte. So konnten sich die Gutachter davon leiten lassen, daß bei allen, auch weitreichenden Veränderungen nicht in erster Linie das Neuartige als solches von Bedeutung war, sondern daß angesichts der nachhaltig hohen qualitativen Leistung einer großen städtischen Verwaltung alle Vorschläge als ein Beitrag zur Evolution der Gesamtorganisation zu bewerten waren. Bei allem berechtigten Respekt vor den vorhandenen Aktivitäten mußten gleichwohl Mängellagen deutlich gemacht werden. Es verdient hervorgehoben zu werden und war für den Stil der Stuttgarter Verwaltung bezeichnend, daß die Gutachter niemals das Gefühl hatten, das Opfer taktischer Überlegungen zu sein.

Der Bereich städtischer Beteiligungen wurde wegen der speziellen Probleme, die in diesem Bereich zu lösen waren, nicht in die Überlegungen einbezogen, die die Verwaltungsorganisation betrafen. Das hat die Zügigkeit der gemeinsamen Erörterungen vor-

---

[18] *WIBERA Wirtschaftsberatung* AG, Düsseldorf, Landeshauptstadt Stuttgart: Effektivierung der Arbeit von Gemeinderat und Verwaltung, Eine Untersuchung zur Verbesserung der Steuerung einer großstädtischen Verwaltung, Düsseldorf 1993 (nicht veröffentlicht).

teilhaft beeinflußt. Ebenso ausgeklammert wurden die Überlegungen zur Organisation des im Entstehen begriffenen „Verbandes Region Stuttgart". Das Ergebnis des als strategische Studie anzusprechenden Gutachtens wurde als Leitbild „Stuttgart Stadtmanagement" vorgestellt. Dieses Leitbild umfaßte die strategischen Gestaltungsfelder: Stadtverfassung, Funktion des Gemeinderates, Organisation der Bezirke, Organisation der Verwaltungsführung, dezentrale Organisation und Privatisierung. Wert wurde darauf gelegt, daß es zeitnah formuliert wurde, d.h. auch Maßnahmen enthielt, die sich als mittelfristig realisierbar erweisen konnten. So wurden die Aufträge an die Verwaltung und deren politische Relevanz konkret verdeutlicht. Vermieden wurde, daß in dieser Phase konzeptioneller Arbeit falsche Details die Grundlagenarbeit überlagerten.

Der Rat der Stadt hat beschlossen, die Ergebnisse der Zusammenarbeit zur Grundlage seiner Politik zu machen. Unmittelbar nach Abschluß der gutachterlichen Arbeit hat sich die Verwaltungsleitung entschieden, in Pilotämtern Erkenntnisse zu sammeln, welche Organisationskonzepte und Instrumentarien geeignet sind, allgemein in der Verwaltung eingesetzt zu werden.

Das mag alles nur ein Ergebnis von Vernunft und Pragmatik sein. Exemplarisch sind wohl die Beachtung der Prioritäten und die genaue Einschätzung dessen, was in einer mittelfristigen Sicht von einer großstädtischen Verwaltung bewältigt werden kann, ohne Reformruinen zu hinterlassen oder vor enttäuschten Erwartungen zu stehen. Bemerkenswert erscheint, daß Verwaltungsmodernisierung in Stuttgart bei aller Beachtung von Zusammenhängen nicht als ein Prozeß einer Totalrevision angelegt ist und nicht als Weg zu einer „anderen" Verwaltung, der in Sackgassen enden könnte.

Manfred Rommel hat das Vorhaben zu einer Neuordnung der städtischen Organisation nicht nur initiiert, sondern aktiv begleitet. Die Steuerung in dieser Konzeptionsphase hat er dem 1. Bürgermeister, Gerhard Lang, überlassen. Er hat aber in die Diskussionen seine langjährige organisatorische Erfahrung und seine durchaus subjektiven Bewertungen eingebracht. Wer an Organisationsplanungen und organisatorischen Änderungen in großen Verwaltungen häufiger beteiligt war, wird bemerkt haben, daß es nicht nur darauf ankommt, theoretisch vertretbare Modelle zu entwickeln und umzusetzen, sondern daß es für Erfolg und Mißerfolg auf die Einschätzung der Spitzenkräfte ankommt, was „mit ihnen zu machen ist". Ohnehin ist eine wirkungsvolle Organisation kein abstraktes Ziel, sondern eine Denkrichtung unter ständiger Korrektur von Bewertungen. Von Bedeutung war in Stuttgart die wiederholte Mahnung des Oberbürgermeisters, daß alle organisatorischen Vorhaben sich selbst als ökonomisch zu erweisen hätten, nicht jede Veränderungsmöglichkeit auszunutzen wäre und daß vor allem die Vorschläge zur Verbesserung des politisch administrativen Prozesses nicht dazu führen dürften, neue Begehrlichkeiten für eine Ausweitung von Aufgabenbeständen zu erzeugen. Das muß ein Essential jeder kommunalen Organisationspolitik sein und bleiben.

Nachwort

Der Verfasser dieser Überlegungen bekennt gern, daß die Zusammenarbeit mit Manfred Rommel, dem Rat der Stadt und der Verwaltungsleitung zu den Erfahrungen gehört hat, die ihn in seiner langen Laufbahn als Organisationsberater kommunaler Verwaltungen am meisten befriedigt und bereichert haben.

Hommage à Manfred Rommel!

DIETER SAUBERZWEIG

Kulturpolitik bei knappen Kassen

I. Haushaltskrisen

Haushaltskrisen hat es, wie wir alle wissen, auch in der Vergangenheit gegeben. So waren z.B. im Herbst 1966 infolge der wirtschaftlichen Rezession die kommunalen Kulturetats in besonderer Weise von Einsparungen bedroht. Damals habe ich – drei Wochen nach meinem Dienstbeginn als Schul- und Kulturdezernent des Deutschen Städtetages – einen Schnellbrief an alle Mitgliedsstädte geschickt und vor voreiligen Entscheidungen gewarnt, „um die dringend gebotene Kontinuität der Arbeit im kulturellen Bereich zu gewährleisten". Die Argumente, die der damalige Schnellbrief enthielt, begegnen einem unverändert auch in der heutigen Debatte um die Einsparungen in den Kulturetats: Da findet sich die Aussage, daß die öffentlichen Ausgaben für den Kulturbereich seit Jahrzehnten lediglich rd. 1 % der öffentlichen Haushalte ausmachen (1913: 1,3 %, 1925: 1,5 %, 1954: 1,0 %). Vor allem aber wird auf etwas hingewiesen, was bei allen Einsparungen im Kulturetat an erster Stelle zu beachten ist: „Kulturelle Leistung verlangt Kontinuität. Kulturelle Tätigkeit kann nicht vorübergehend eingestellt und nach Belieben wieder in Gang gesetzt werden. Gerade die Unterbrechung der gekennzeichneten gesellschaftspolitischen Funktionen würde der Gesamtheit nicht aufzuwiegende Schäden bringen".

Die Haushaltskrisen der 70er und 80er Jahre wurden in der Regel mit einem über ein bis zwei Jahre dauernden gebremsten Ausgabenanstieg überwunden. Das geschah nicht ohne Erfolg: So wurde in der Krise Anfang der 80er Jahre der Finanzierungssaldo der Kommunen binnen zwei Jahren von –9,6 Mrd. DM auf –1,3 Mrd. DM abgebaut. Damit war die Überbrückung zum nächsten konjunkturellen Aufschwung gewährleistet. So intensiv und z.T. sogar dramatisch die Diskussion um die Wege zur Haus-

285

haltskonsolidierung schon damals war, so rasch wurde das Thema anschließend ad acta gelegt. Ein wenig hat hierdurch auch die Glaubwürdigkeit der kontinuierlichen Klage der Städte über ihre schlechte Finanzausstattung gelitten.[1] Nach der Überwindung der Einschränkungen wurde ohne nachhaltige Änderungen in der Aufgabenwahrnehmung und in den Handlungs- und Entscheidungsstrukturen nach den bisherigen Prinzipien weiter verwaltet und gewirtschaftet.

Das alles hatte zur Folge, daß die öffentlichen Hände „instrumentell" relativ unvorbereitet den aktuellen Haushaltsproblemen gegenüberstanden. Entscheidend aber ist etwas anderes: Die gegenwärtige Krise der öffentlichen Haushalte ist nicht vergleichbar mit den Haushaltskrisen der Vergangenheit. Wir stehen mitten in grundsätzlichen und noch keineswegs abschätzbaren Veränderungen der wirtschaftlichen, gesellschaftlichen und politischen Rahmenbedingungen. Die Prämissen, unter denen wir den Wohlfahrtsstaat durch die soziale Marktwirtschaft institutionalisiert und weiterentwickelt haben, verlieren ihre praktische Relevanz. Die Annahme einer Tendenz zur Vollbeschäftigung und die damit verbundene Erwartung einer positiven Verknüpfung eines volkswirtschaftlichen Wachstums mit der Beschäftigungssituation stimmen nicht mehr. Damit ist die Finanzierung sozialer Problemlagen, etwa bei Dauerarbeitslosigkeit, nicht mehr die Ausnahme, sondern wird in großem Umfang zur Regel. Schließlich kann man die Krise der Gemeindefinanzen nicht mehr isoliert von den weltweiten und nationalen Rahmenbedingungen betrachten; sie ist eingebettet in globale Zusammenhänge. Von der Politik wird in dieser Umbruchssituation erwartet, daß sie nicht in den gewohnten Geleisen denkt und handelt, sondern die Möglichkeiten nüchtern überprüft, innerhalb der denkbaren Zukünfte eine Auswahl trifft und das Handeln darauf ausrichtet. Notwendig ist eine alle Ebenen übergreifende grundsätzliche Diskussion der gesellschaftlichen Werte, der staatlichen Aufgaben und der kommunalen Aufgabenwahrnehmung.

---

[1] Siehe hierzu auch *Bernd Meyer,* Die Finanzierung von Museumsaufgaben im Zeichen des wirtschaftlichen und gesellschaftlichen Wandels, in: Museumskunde Bd. 61, Heft 2/1996, S. 108.

Vor diesem Hintergrund besteht kein Zweifel: Die deutschen Städte und Gemeinden befinden sich in Finanznot. Die dramatische Situation ist vielfach analysiert und beschrieben worden.[2] Auch wenn der Abbau der Defizite durch die einschneidenden Sparmaßnahmen voranschreitet, bleiben für 1996 Schuldenlasten von 7,5 Mrd. DM für die Städte·im Westen und von 2 Mrd. DM für die Kommunen in den neuen Bundesländern.[3] Auch wenn bei einem konjunkturellen Aufschwung die Einnahmen der Kommunen steigen sollten, wird dies – bedingt durch die hohen Ausgaben für den Sozialbereich – nicht zu einer Entlastung der kommunalen Haushalte führen. Mit anderen Worten: Wir stehen gegenwärtig nicht in einer vorübergehenden Haushaltskonsolidierungsphase, sondern sind mit einem grundlegenden Wandel in Wirtschaft, Politik und Gesellschaft konfrontiert, dessen Ausgang offen ist.

II. Entwicklung des Kulturetats

Das hat erhebliche Konsequenzen für die Kulturpolitik. Zum einen stehen alle kommunalen Aufgaben unter einem verstärkten Legitimationsdruck; besonders aber gilt dies für die Kulturpolitik, weil sie zu den freiwilligen Selbstverwaltungsaufgaben gerechnet wird. Zum anderen sind in den letzten Jahren gesellschaftliche Veränderungen eingetreten, die nicht ohne Rückwirkungen auf die Inhalte und Angebote kommunaler Kulturpolitik bleiben können. Beides wird zu betrachten sein. Zuvor ist jedoch ein Blick auf die Entwicklung der Kulturetats geboten.

Eine langfristige Betrachtung der kommunalen Kulturetats führt zu einigen interessanten und wichtigen Ergebnissen:

---

[2] Siehe hierzu die Grundsatzrede des Präsidenten des Deutschen Städtetages auf der Hauptversammlung 1995 in Magdeburg: *Norbert Burger,* Die Stadt als Chance – Neue Wege in die Zukunft, in: Neue Schriften des Deutschen Städtetages Heft 69, Köln 1995, S. 26 ff. Zur Analyse der kommunalen Finanzsituation *Hanns Karrenberg/Engelbert Münstermann,* Gemeindefinanzbericht 1996, in: der städtetag 3/1996, S. 128-211.
[3] *Deutscher Städtetag,* Aktuelle Finanzlage der Städte, Umdruck M 6124 vom 15.1.97. *Bundesvereinigung der Kommunalen Spitzenverbände,* Kommunalfinanzen 1996 und 1997, Umdruck M 6123 vom 15.1.97.

• Die absoluten Beträge der kommunalen Aufwendungen für den Kulturbereich sind zwischen 1963 und 1972 von 631 Mio. DM auf 1,1 Mrd. DM, also um 84 %, gestiegen. Das mag auf den ersten Blick positiv erscheinen; doch dieser Eindruck wird durch die Tatsache relativiert, daß im gleichen Zeitraum der Anteil der Kulturausgaben am Gesamtetat von 2,8 % auf 2,1 % zurückgegangen ist.[4]

• Erst in den 70er Jahren wachsen die kommunalen Kulturausgaben im Vergleich zu den Gesamtausgaben stärker.[5] Während das Wachstum der Gesamthaushalte zwischen 1975 und 1981 39,2 % betragen hat, steigen die Kulturhaushalte im gleichen Zeitraum um 80,9 %.

• Das „neue Interesse an der Kultur" schlägt sich auch in den 80er Jahren in den kommunalen Kulturhaushalten nieder.[6] Die Zuwachsraten sind zwar gegenüber den 70er Jahren geringer, aber der Anteil der Kulturausgaben an den kommunalen Gesamtausgaben steigt zwischen 1981 und 1991 von 3,8 % auf 4,2 %. Dabei sind insbesondere die finanziellen Anstrengungen der Gemeinden zwischen 20.000–50.000 Einwohnern, bei denen ein „Nachholbedarf" zu konstatieren ist, bemerkenswert.[7]

Zusammenfassend läßt sich also für die Zeit zwischen 1970 und 1990 im Vergleich zum Gesamtetat ein überproportionales Wachstum des Kuluretats feststellen.[8] Ausgelöst wurde diese positive Entwicklung nicht zuletzt durch die Initiativen des Deutschen Städtetages: 1971 wurde mit dem Konzept „Wege zur

---

[4] Siehe hierzu *Dieter Sauberzweig*, Kultur ist nicht nur eine Arabeske unseres gesellschaftlichen Lebens. Über kommunale Kunstpolitik in Zeiten wirtschaftlicher Rezession, in: Frankfurter Rundschau Nr. 63, 15.3.1976, S. 11.

[5] Vgl. *Andreas Joh. Wiesand*, Kulturfinanzierung – Daten und Trends in Deutschland und Europa, in: Deutscher Kulturrat (Hrsg.), Zweiter Bericht zur Kulturpolitik 1993/94, Bonn 1994, S. 88 ff.

[6] Hierzu *Armin Klein*, Neues Interesse an der Kultur. Die Ausgaben der Gemeinden von 1981 bis 1991, in: der städtetag 1/1993, S. 4-10.

[7] Die Entwicklung in den Klein- und Mittelstädten ist untersucht worden von *Markus Pohlmann*, Kulturpolitik in Deutschland, München 1994.

[8] Ein reiches statistisches Material über die Entwicklung der einzelnen Kulturbereiche findet sich in der *Veröffentlichung des Statistischen Bundesamts* (Hrsg.), Im Blickpunkt: Kultur in Deutschland. Zahlen und Fakten, Wiesbaden 1994.

menschlichen Stadt" die Dominanz von Ökonomie und Technik in der bisherigen Stadtentwicklung korrigiert. 1973 wurde die wachsende Bedeutung der Kulturpolitik in diesem Veränderungsprozeß durch das Konzept „Bildung und Kultur als Element der Stadtentwicklung" herausgestellt und theoretisch fundiert. Die „neue Kulturpolitik", die von hier ihren Ausgang nahm, wurde prägend für den Ausbau und die Fortentwicklung der kommunalen Kulturarbeit in den folgenden Jahren.[9] Unbestritten ist jedenfalls, daß die kommunale Kulturpolitik mit ihren Angeboten und Aktivitäten erhebliche Fortschritte gemacht hat. Die Städte haben in dieser Zeit in Kultur „investiert". Man stellte fest: „Kultur hat Konjunktur".

Die Kulturpolitik hat in diesen Jahren aber auch ihren Stellenwert in der Kommunalpolitik festigen können. Das läßt sich an folgendem Vergleich ablesen: Während der Rotstift des Kämmerers in der Rezessionsphase 1966/67 zuerst und überwiegend am Kulturetat angesetzt wurde, behandelte man die Kulturhaushalte in der Rezession 1976 nicht anders als die Haushaltspläne der übrigen Sachbereiche. Mein Resümee lautete damals: „Wenn freiwillige Sozialzuschüsse gestrichen, wenn die Verkleinerung der Gruppen in Kindergärten gestoppt, wenn Leistungen für Schülerbeförderung und Lernmittelfreiheit überprüft, wenn der Ausbau von Einrichtungen der Altenhilfe verlangsamt, wenn im sozialen Wohnungsbau gespart wird – wenn all dies bei den Sparmaßnahmen auch zur Debatte steht, dann ist es für die Kulturpolitiker schwer, wenn nicht unmöglich, den Kulturetat vor maßvollen und kurzfristig hinnehmbaren Eingriffen zu bewahren".[10]

Die damit angesprochene Frage des Vergleichs zwischen Sozialetat und Kulturetat, die sich bei knappen Kassen als ein Kontinuum in den Haushaltsdebatten erwiesen hat, stellte sich – sieht man einmal vom Krisenjahr 1983 ab – bis in die 90er Jahre hin-

---

[9] Sehr anschaulich ist diese Entwicklung nachgezeichnet worden durch *Bernd Meyer*, Abschied von Illusionen? Zur kulturpolitischen Programmatik des Deutschen Städtetages, in: Norbert Sievers/Bernd Wagner (Hrsg.), Blick zurück nach vorn. 20 Jahre Neue Kulturpolitik, Essen 1994, S. 75 ff.
[10] Siehe Fn. 4.

ein nicht mehr. Viele meinten, man habe die Zeiten des Kämpfens um die Bedeutung und Förderung der Kultur hinter sich. Zur weiteren Begründung und Legitimation der Kulturausgaben wurden zunehmend auch wirtschaftliche Gründe ins Feld geführt. Die Wechselwirkungen zwischen einem hohen Wohn- und Freizeitwert, der kulturellen Ausstrahlung einer Stadt und ihrer wirtschaftlichen Leistungsfähigkeit gewannen in den stadt- und kulturpolitischen Diskussionen an Bedeutung. Angesichts des Wettbewerbs zwischen Städten und Regionen, der sich durch die Verflechtungen wirtschaftlicher Beziehungen und der wachsenden Standortunabhängigkeit der Wirtschaft im Weltmaßstab verschärfte, wurde Kultur als „weicher Standortfaktor" in den Blickpunkt gerückt. Darüber hinaus stellte man durch Gutachten und Untersuchungen die Bedeutung der Kultur als Wirtschaftsfaktor heraus. Nicht nur die Arbeitsplätze in den kulturellen Einrichtungen und neue Dienstleistungsberufe im Kultur- und Freizeitbereich, sondern auch die stimulierenden Wirkungen kultureller Angebote auf die Ausgaben in Hotels, Restaurants und Einzelhandel wurden als Beleg dafür angeführt, daß Kultur nicht nur Geld benötigt, sondern sich auch „rechnet". Man konnte nachweisen, daß 1984 680.000 Personen mit der Schaffung, Verbreitung und Bewahrung von Kunst und Kultur befaßt waren und daß sich die wirtschaftliche Leistung im Kunst- und Kulturbereich im gleichen Jahr auf 40 Mrd. DM belief. Stolz wurde vermerkt, daß aus diesem Sektor 15,7 Mrd. DM an den Staat zurückgeflossen sind.[11]

Albrecht Göschel hat zu Recht darauf hingewiesen, daß sich mit der Betonung der Kultur als Standort- und Wirtschaftsfaktor und der damit verbundenen Zielsetzung auf das Wohlstandswachstum „die Funktion des Kulturstaatlichen in die des Sozialstaatlichen" verschoben hat.[12] Und ihm ist zuzustimmen, daß solche „Umwegbegründungen" der Kulturpolitik mehr schaden als nützen.

---

[11] *Ifo-Institut für Wirtschaftsforschung,* Die volkswirtschaftliche Bedeutung von Kunst und Kultur, Gutachten im Auftrag des Bundesministers des Innern, Mai 1988, insbesondere S. 9 ff.
[12] *Albrecht Göschel,* Zwischen Sozial- und Rechtsstaat. Zur Zieldiskussion in der Kulturpolitik, in: Kulturpolitische Mitteilungen Nr. 69, II/95, S. 26 f.

„Weiche Standortfaktoren" mögen in Zeiten wirtschaftlichen und finanziellen Wohlstands ihre Bedeutung haben, aber sie rücken an den Rand, wenn es bei wirtschaftlichen Krisen und finanzieller Enge allein um den ökonomischen Erfolg und harte Standortfaktoren (z.B. Verkehrsanbindung) geht. Kultur und Kulturpolitik müssen aus anderen Dimensionen begründet werden.[13]

Eine Frage ist bisher noch unbeantwortet geblieben: Welche Kürzungen sind in der gegenwärtigen Situation angesichts der rigiden und notwendigen Sparmaßnahmen in den kommunalen Kulturetats vorgenommen worden? Hierzu liegt noch kein Überblick vor. Anhaltspunkte lassen sich nur aus Berichten über die Situation in einzelnen Städten und vorläufigen Umfragen gewinnen. Eine Umfrage des Deutschen Städtetages bei den Mitgliedern des Kulturausschusses läßt erkennen, daß die Anteile des Kulturhaushalts am Gesamthaushalt in den Jahren 1993–1995 in den Großstädten leicht rückläufig gewesen sind, während in den Mittelstädten der Anteil überwiegend gehalten werden konnte.[14] Die Berichte aus einzelnen Städten, die schon 1994 deutliche Einschnitte und massive Kürzungen hinnehmen mußten, zeigen eine gewisse Ratlosigkeit, aber auch Ansätze zu überlegtem Sparen.[15] Die Befragungsergebnisse von 24 Städten weisen einerseits auf deutliche Sparauflagen und auch Schließungen von kulturellen Einrichtungen hin, lassen aber andererseits den Schluß zu, daß zumindest bis 1994 „die befürchteten Einbrüche im Kultursektor durch die Finanzkrise noch nicht stattgefunden haben und auch in den Städten mit stärkeren Sparmaßnahmen es sich noch um ein Lavieren auf finanziell gekürztem Niveau handelt". Die vorliegenden Daten zeigen ferner, daß der Kulturbereich bis dahin noch keine „Sonderopfer" bringen mußte, die über die Spar- und Kürzungszwänge für die anderen kommunalen Aufgaben hinausgingen. Hellhörig macht allerdings die Tatsache, daß eine größere

---

[13] Siehe unten S. 292 ff.

[14] *Deutscher Städtetag*, Ergebnisse der Umfrage zur Haushaltsentwicklung im kulturellen Bereich, Umdruck K 1620 vom 3.3.95.

[15] Vgl. hierzu die *Berichte über Berlin, Bremen, Frankfurt/Main, Gelsenkirchen, Nürnberg und Postdam* in: Sparen als Politikersatz ?, Kulturpolitische Mitteilungen Nr. 67, IV/94, S. 24 ff.

Zahl der Städte die Frage, nach welchen Gesichtspunkten Kürzungen vorgenommen wurden, nicht beantwortet hat. Das läßt den Schluß zu, daß entweder mit einem linearen Prozentsatz nach der „Rasenmähermethode" gekürzt wurde oder daß Entscheidungen nach Verpflichtungen und Traditionen getroffen wurden. „Kulturpolitisch begründete Spar- und Kürzungsvorschläge, die versuchen, Prioritäten zu setzen, gibt es nur in wenigen Städten".[16]

III. Legitimationsdruck

Der Rückblick und die Analyse der kulturpolitischen Entwicklung während der letzten dreißig Jahre waren notwendig, um begründete Schlußfolgerungen für eine „Kulturpolitik bei knappen Kassen" ziehen zu können. Denn daß es in den kommenden Jahren bei knappen Kassen bleibt und daß sich die Kommunalpolitik auf allen Gebieten auf eine anhaltende Einschränkung ihrer Leistungen einstellen muß, dürfte unstrittig sein. Gefragt sind Nüchternheit auf der einen und kreatives Handeln auf der anderen Seite. Dabei sind fünf Themenbereiche von Bedeutung:

Der Legitimationsdruck für die Zieldiskussion in der Kulturpolitik; die gesellschaftlichen Veränderungen mit ihren möglichen Auswirkungen auf Angebot und Nachfrage in der Kulturarbeit; das Verhältnis von Kultur und Wirtschaft; die Kulturverwaltung zwischen Sparzwang und Innovation; die Strategien zukünftiger Kulturpolitik.

In der gegenwärtigen Diskussion um die Kulturfinanzierung fällt auf, daß sehr viel vom Legitimationsdruck die Rede ist. Die Kulturverantwortlichen haben angesichts der ökonomischen und gesellschaftlichen Veränderungen offenbar Schwierigkeiten, die Förderung der Kultur durch die öffentliche Hand überzeugend zu begründen. Diese Situation ist keineswegs neu. Auch bei frühe-

---

[16] *Thomas Röbke/Bernd Wagner,* Sparen als Politikersatz, S. 14 ff.

ren Haushaltskrisen waren Formulierungen wie „Kultur nur noch als Luxus?", „Wie überflüssig ist die Oper?", „Existenzielle Bedrohung der bildenden Kunst" und „Wie lange können die Kommunen ihre Theater noch bezahlen?" an der Tagesordnung. Die Hinweise darauf, daß die Aufwendungen für Kunst und Kultur Investitionen in die Zukunft der Gesellschaft sind, überzeugten offenbar nicht alle. Allerdings glaubte man in den letzten Jahren, dem ständigen Beweiszwang für die Notwendigkeit der Kulturförderung entronnen zu sein. Und in der Tat ist es heute nicht mehr ganz so einfach wie früher, die Kulturetats zur Disposition zu stellen. Dennoch wird in der Legitimationsdebatte die Frage „Kultur wozu?" erneut gestellt.

Die zentrale Begründung von Kulturförderung als öffentliche Aufgabe wird im allgemeinen aus dem Kulturstaatsgedanken abgeleitet. Dieses Fundament hat seine Gültigkeit nicht verloren.

Art. 5 Abs. 3 GG enthält zwar keinen allgemeinen Verfassungsauftrag an den Staat zur Kunstförderung; er sichert der Kunst die Freiheit der Entfaltung zu. Aber die Verfassungswirklichkeit hat gezeigt, daß der Grundgesetzartikel als allgemeine Kulturstaatsbestimmung gewertet wird. Darüber hinaus schreiben die meisten Länderverfassungen in Verbindung mit den Gemeindeordnungen de facto eine Verpflichtung zur Pflege der Kultur fest. „Insgesamt ist also festzuhalten, daß Kultur im föderativen System der Bundesrepublik Deutschland als Staatsziel definiert ist und durchweg die Verpflichtung der Kommunen besteht, diesem Staatsziel durch Pflege und Förderung von Kunst und Kultur gerecht zu werden".[17] Diese Verpflichtung steht allerdings unter dem Vorbehalt der Leistungsfähigkeit der Kommunen.

Vor dem Hintergrund der immer wieder geführten Diskussionen um die kommunalen Kulturhaushalte ist mehrfach der Versuch unternommen worden, die freiwillige Selbstverwaltungsaufgabe zur Förderung der Kultur als Pflichtaufgabe der Gemeinden zu

---

[17] *Bernd Meyer,* Rettungsanker Kulturgesetze ? in: Zeitschrift für Gesetzgebung 4/96, S. 349.

begründen.[18] Aber diese Bemühungen hatten keinen nachhaltigen Erfolg.[19] Generell aber läßt sich zu dieser Diskussion sagen, daß die budgetäre Steuerungsfunktion von Kulturklauseln überschätzt wird,[20] denn auch gesetzliche Regelungen, wie z. B. die Weiterbildungsgesetze, stehen unter dem Vorbehalt der jeweiligen finanziellen Leistungsfähigkeit.[21]

Die Debatte um diese Fragen ist kürzlich erneut durch die Einführung des Sächsischen Kulturraumgesetzes von 1994 belebt worden. Dieses Gesetz, das für die beteiligten Kommunen die Kulturpflege zur Pflichtaufgabe macht, wurde vielfach als ein Fortschritt zur Absicherung der kommunalen Kulturausgaben angesehen. Bemerkenswert ist in diesem Zusammenhang eine Feststellung von Fritz Ossenbühl, die er in seinem Gutachten zur Verfassungsmäßigkeit der Bildung von Kulturräumen in Sachsen gemacht hat. Danach besteht ein „Pflichtcharakter kommunaler Kulturförderung kraft Selbstbindung", der durch die ständige Übung der Gemeinden und durch die Rechtsüberzeugung der Gemeindebürger begründet wird.[22] Zusammenfassend stimme ich der Meinung von Bernd Meyer zu, daß die Diskussion darüber, „ob Kultur als Ganzes eine freiwillige oder eine pflichtige Selbstverwaltungsaufgabe ist, ein Streit um des Kaisers Bart ist, weil ... der Kulturbegriff offen bleibt und in der heutigen heterogenen, pluralistischen Gesellschaft offen bleiben muß".[23] Das Sächsische Kulturraumgesetz ist durch die besondere Situation in den neuen Bundesländern zu rechtfertigen; dem trägt auch die

---

[18] Vgl. insbesondere *Ernst Pappermann*, Grundzüge eines kommunalen Kulturverfassungsrechts, in: Deutsches Verwaltungsblatt 1980, S. 701 ff. *Albert v. Mutius*, Sind weitere Maßnahmen zu empfehlen, um den notwendigen Handlungs- und Empfehlungsspielraum der kommunalen Selbstverwaltung zu gewährleisten ?, Gutachten E für den 53. Deutschen Juristentag, Berlin 1980, insbesondere S. E 154 ff.

[19] Hierzu *Udo Steiner*, Kulturauftrag im staatlichen Gemeinwesen. Bericht auf der Staatsrechtslehrertagung 1983, S. 24.

[20] Ebenso *Steiner* (Fn. 19), S. 17.

[21] Siehe auch *Meyer*, Kulturgesetze S. 347 (Fn. 17).

[22] *Fritz Ossenbühl*, Kommunale Kulturpflege und legislative Organisationshoheit. Zur Verfassungsmäßigkeit der Bildung von Kulturräumen im Freistaat Sachsen. Rechtsgutachten erstattet im Auftrag des Sächsischen Staatsministers für Wissenschaft und Kunst im Juni 1993. In: Matthias Theodor Vogt (Hrsg.), Kulturräume in Sachsen. Eine Dokumantation, Leipzig o.J., S. 129.

[23] *Meyer*, Kulturgesetze S. 349 f. (Fn. 17).

begrenzte Gültigkeit des Gesetzes bis zum Jahre 2002 Rechnung. Im Grundsatz aber ist der kommunale Kulturauftrag auch als freiwillige Leistung durch die bestehenden verfassungsmäßigen und rechtlichen Regelungen, nicht zuletzt durch Art. 28 Abs. 3 GG, gesichert. Es ist sogar ein Vorzug, daß die Kulturpolitik einer der wenigen Bereiche kommunalen Handelns geblieben ist, in dem die Gestaltungsfreiheit nicht durch gesetzliche Vorgaben beeinträchtigt wird. Die Kulturpolitik ist damit ein Schwerpunkt kommunaler Selbstverwaltung, der allein unter diesem Aspekt auch in Zeiten finanzieller Enge wahrgenommen werden muß.[24]

Albrecht Göschel hat im Zusammenhang mit der Legitimationsdebatte und der Zieldiskussion auf die wachsende Befürchtung hingewiesen, „die Begründung der Bundesrepublik als eines demokratischen Rechts- und Sozialstaates sei … allein durch ständig wachsenden und breit verteilten Wohlstand, also aus der Funktionsfähigkeit des Sozialstaatlichen gewährleistet".[25] Diese Sorge erscheint nicht unbegründet und berührt auch die Funktion des Kulturstaates. Ob es allerdings schlüssig ist, die Umwegbegründungen für die Kultur als Wirtschafts- und Standortfaktor als Zweifel der Kulturpolitiker an der Funktion des Kulturstaates mit diesem Gedankengang zu verbinden, erscheint mir zweifelhaft. Es ist zwar eine Tendenz zur Verschiebung der Funktion des Kulturstaatlichen in die des Sozialstaatlichen in der Argumentation zu beobachten.[26] Und zweifellos hat auch die „Neue Kulturpolitik" mit ihrer Forderung, daß in einem demokratischen Staatswesen Kulturarbeit allen Bevölkerungskreisen zugänglich gemacht werden muß und der Entfaltung der sozialen und kulturellen Bedürfnisse aller Bürger dienen soll, eine deutliche soziokulturelle Komponente. Aber der grundsätzliche moralische, staatspo-

[24] *Dieter Sauberzweig,* Kulturpolitik – Ein Schwerpunkt städtischer Selbstverwaltung, in: Albert v. Mutius (Hrsg.), Selbstverwaltung im Staat der Industriegesellschaft. Festgabe zum 70. Geburtstag von Georg Christoph von Unruh, Heidelberg 1983, S. 731-746.

[25] *Albrecht Göschel* (Fn. 12), S. 26.

[26] *Siegfried Hummel,* Die kulturelle Entwicklung der Großstädte am Ende des 20. Jahrhunderts, in: Beilage ZMD Nr. 15/16 vom 21.4.93, S. 1-8, definiert Kulturpolitik auch als Sozialpolitik bzw. als „vorbeugende Sozialpolitik". Siehe auch *Udo Schmode,* Über das Umdenken in der Politik des Kulturellen, in: Demokratische Gemeinde, Sondernummer „Kommunale Kultur- und Sozialpolitik", Bonn 1994, S. 64-71.

litische und auch demokratietheoretische Anspruch der Kulturpolitik – das „Bürgerrecht auf Kultur" –, der im Kulturstaatlichen
begründet ist, sollte deshalb nicht in Zweifel gezogen werden.
Dabei mag, wie Göschel meint, das „Zielkonzept der Pluralität",
das die gesellschaftlichen Veränderungen deutlicher reflektiert
und akzentuiert, zu einer Differenzierung einer konzeptionellen
Neuorientierung der Kulturpolitik beitragen. Aber ich sehe keinen Grund, den gesellschaftlichen Bezug und das Demokratisie-
rungspostulat der alten „Neuen Kulturpolitik" aufzugeben.[27]

Der Primat der öffentlichen Verantwortung für die Kulturpolitik
muß erhalten bleiben. Gerade in der gegenwärtigen Umbruchssituation müssen wir erkennen, daß das Umdenken, das auf allen
Gebieten von uns gefordert wird, eine kulturelle Leistung ist. Die
wachsende Komplexität gefährdet den Zusammenhalt der Gesellschaft. Das Gemeinsame aber läßt sich nur durch Kultur bewahren. Kultur ist nicht nur das Ferment, das Städte bewohnbar und
anziehend macht; sie ist angesichts des Wandels die wichtigste
Chance, um den Zusammenhalt der Gesellschaft zu bewahren.
Ohne kulturelle und schöpferische Leistungen ist eine Gesellschaft zur Evolution nicht fähig. Diese Position sollte in den
unvermeidlichen Verteilungskämpfen um finanzielle Ressourcen
offensiv und nicht defensiv vertreten werden.[28]

IV. Wandel von den Produktions- zur Dienstleistungs- und Informationsgesellschaft

Die Bewahrung dieser Grundsatzposition muß einhergehen mit
einer intensiven Auseinandersetzung mit dem Umwälzungen, die
sich aus dem Wandel von der Produktions- zur Dienstleistungs-
und Informationsgesellschaft ergeben.[29] Hier besteht für die Kul-

---

[27] Diese Position vertritt auch *Margarethe Goldmann,* Veränderte Zeiten. 20 Jahre Neue Kulturpolitik in der Praxis, in: Sievers/Wagner (Fn. 9), S. 116: „Die Verabschiedung von einer Kulturpolitik für alle und von allen bedroht die lokale Demokratie".
[28] Ebenso *Oliver Scheytt,* Sparen als Politikersatz. Anforderungen an das Kulturmanagement
von morgen, in: Kulturpolititische Mitteilungen Nr. 74, III/96, S. 41.
[29] Ebenso *Scheytt* (Fn. 28), S. 41.

turpolitik ein Nachholbedarf. Der Kulturausschuß des Deutschen Städtetages hat die Diskussion über diese Probleme mit einem „Diskurs Kultur" zwar schon Ende der 80er Jahre geführt. Aber die Fortführung dieses Dialogs wurde durch die deutsche Einigung, die neue und bisher noch weithin unbeantwortete Fragen über die künftige Rolle der kommunalen Kulturpolitik aufgeworfen hat, unterbrochen.[30]

Auf dem Hintergrund der gesellschaftlichen Veränderungen stellt sich die Frage, welche Kontinuität überkommene Kulturorientierungen haben und ob nicht neue Verhaltens- und Lebensformen zu sehr unterschiedlichen Einstellungen und Präferenzen im Kulturbereich führen. So können die Veränderungen biographischer Verläufe (lange Ausbildungszeit, geringe Kinderzahl, große Zahl von Ein- und Zweipersonenhaushalten) die Wünsche und Anforderungen an kulturelle Angebote verändern. Die Bedingungen und Einflüsse, die vor allem in der Jugend das kulturelle Verhalten prägen, werden angesichts des ständigen und raschen Wandels von Einflüssen, Moden und Trends immer vielschichtiger. Eine Einschätzung der kulturellen Nachfrage kann also nicht von der Annahme stabiler Verhaltensmuster ausgehen.[31] Die Frage, ob die Kultureinrichtungen, wie sie gegenwärtig bestehen, auch in Zukunft in diesen Formen ihr Publikum finden werden, ist nicht mehr so sicher zu beantworten wie früher. So sind z.B. für das herkömmliche Stadttheater, auch angesichts des hohen Kostenanteils am Kulturetat, Status- und Strukturveränderungen nicht auszuschließen.[32]

---

[30] Die Rückwirkungen, die sich aus der deutschen Einigung für die Kulturpolitik ergeben, können hier nicht ausführlicher dargestellt werden. Ich verweise in diesem Zusammenhang auf folgende Beiträge: *Bernd Meyer*, Kulturpolitik im Vereinigungsprozeß, und *Thomas Strittmatter*, Strukturverlust oder Substanzverlust?, in: Bundesministerium für Bildung, Wissenschaft, Forschung und Technologie (Hrsg.), Was ist uns die Kultur wert? Kulturpolitik und Kulturelle Bildung im gesellschaftlichen Umbruch, Bonn 1995, S. 12-20 bzw. 21-32.

[31] Diese Zusammenhänge haben sich in einer Untersuchung des Deutschen Instituts für Urbanistik, die die Haltungen und Wünsche der Jahrgänge 1930, 1940, 1950 und 1960 analysierte, bestätigt: *Albrecht Göschel*, Die Ungleichzeitigkeit in der Kultur, Schriften des Deutschen Instituts für Urbanistik Bd. 84, Stuttgart 1991.

[32] Vgl. hierzu die wichtige Veröffentlichung von *Sebastian Popp/Bernd Wagner* (Hrsg.), Das Theater und sein Preis. Beiträge zur Theaterreform, Frankfurt/Main 1994. Aus der Sicht eines früheren Intendanten ist besonders die in diesem Band enthaltene kritische Bilanz von *Arnold Petersen*, Zur Situation der Stadt-und Staatstheater (S. 17-31) bemerkenswert.

Offen ist auch eine konkrete Auseinandersetzung mit den kulturpolitischen Konsequenzen, die sich aus Gerhard Schulzes Buch
„Die Erlebnisgesellschaft" ergeben.[33] Angesichts der gesellschaftlichen Entwicklung hat Schulze eine Diskussion eröffnet,
in der die Bedeutung und Wirkung kulturpolitischen Handelns
einer kritischen Analyse unterzogen werden. Zugespitzt fragt er,
ob auf dem Erlebnismarkt Kulturpolitik noch sinnvoll etabliert
werden kann und ob die tatsächlichen Wirkungen der Kulturpolitik ihren grundlegenden Intentionen entsprechen. Die steigende
Zahl der „Erlebnisnachfrager" verschafft dem Publikum mit seinem veränderten Verhalten eine nachhaltige Dominanz. „Durch
die Gleichgültigkeit der Erlebnisnachfrage gegenüber der Herstellung des Erlebnisangebots, sei die Produktion nun privatwirtschaftlich organisiert oder öffentlich gefördert, rückt das Publikum in eine strategische Position auf dem Erlebnismarkt. Der
Gestaltungsspielraum der Kulturpolitik wird durch das definiert,
was den Erlebnisnachfragern Spaß macht".[34] Dadurch sieht
Schulze die Gefahr gegeben, daß die offizielle Anspruchshaltung
der Kulturpolitik durch eine inoffizielle Bereitschaft unterlaufen
wird, sich auf das Spiel des Publikums einzulassen. Und in der
Tat führte der Kulturboom der 80er Jahre zu einer „Ereigniskul-
tur", die der bunten Vielfalt unterschiedlicher Lebensstile entge-
genzukommen suchte.[35] Daß diese Kulturbetriebsamkeit mit ihrer
Inflation der Ereignisse zu einem Verlust des kritischen Potenti-
als der Kunst führen und der objektive Gehalt des Kunstwerks
überdeckt werden kann, ist wiederholt herausgestellt worden.[36]
Schulze geht davon aus, daß die Dynamik des Erlebnismarktes
ihren Fortgang finden wird und daß „die Nachfrager ihre Ressourcen an Geld, Zeit und Aufmerksamkeit nur denjenigen zur
Verfügung stellen, die lohnend erscheinende Erlebnisse anbie-

---

[33] *Gerhard Schulze*, Die Erlebnisgesellschaft. Kultursoziologie der Gegenwart, Frankfurt/Main-
New York 1993.
[34] *Schulze* (Fn. 33), S. 516.
[35] Hierzu *Norbert Sievers/Bernd Wagner*, Zwischen Reformorientierung, Pragmatismus und
Sparzwang, in: Sievers/Wagner, Blick zurück nach vorn (Fn. 9), S. 128. *Dieter Sauberzweig*,
Anforderungen an die Stadtkultur, in: der städtetag 8/1992, S. 561.
[36] Sehr früh hat das schon *Peter Iden* getan: Die Gefährdung der Kunst durch falsche Erwartung, in: Frankfurter Rundschau vom 10.11.1979.

ten".[37] In dieser Situation kann die Kulturpolitik, so meint Schulze, nur versuchen, eine gewisse Eigenständigkeit zu bewahren, indem sie sich nicht allein ökonomischen Kriterien unterordnet und damit eine „besondere kulturpolitische Enklave im gesellschaftlichen Erlebnisangebot" bleibt.

Eine offene Frage ist, wie sich die Veränderung der ökonomischen und finanziellen Rahmenbedingungen, die sich in den letzten Jahren vollzogen haben, gegenüber dieser Analyse zu gewichten ist. Das Bild einer mehr oder minder nivellierten Wohlstandsgesellschaft, das der Untersuchung von Schulze zugrunde liegt, läßt sich kaum noch aufrechterhalten. Aber die Veränderung der Gesellschaft von einer schicht- zu einer milieuspezifischen Orientierung bleibt eine Herausforderung, der sich die Kulturpolitik zu stellen hat. Mit diesen Differenzierungen muß sich die Kulturpolitik auseinandersetzen. Für einen neuen und weiterentwickelten kulturpolitischen Ansatz dürften diese Erkenntnisse wichtig sein.

V. Kultursponsoring

Knappe Ressourcen beleben stets die Debatte um die Möglichkeiten und Grenzen eines Kultursponsoring. Kulturdezernenten, Intendanten und Museumsdirektoren werden von den Politikern aufgefordert, zusätzliche Mittel aus der Wirtschaft einzuwerben und Fehlbeträge durch Spenden auszugleichen. Zugleich wird in schöner Regelmässigkeit auf das Vorbild USA verwiesen. Zweifellos hat die Förderung der Kultur durch die Wirtschaft an Bedeutung gewonnen. Das ist positiv zu bewerten, solange die städtische Kulturpolitik nicht in den Sog städtischer Wirtschaftspolitik gerät. Eine anfangs zu beobachtende ideologische Distanzierung zwischen Wirtschaft und Kultur scheint weitgehend überwunden zu sein. Als der politisch engagierte Theatermacher Jürgen Flimm einmal Spenden des Rüstungsproduzenten MBB ablehnte, war die Aufregung groß. Damals zeigte sich, daß Sponsoren und Kulturverantwortliche den Umgang miteinander erst lernen und ein-

---

[37] *Schulze* (Fn. 33), S. 525.

sehen mußten, daß auch beim Sponsoring unterschiedliche Meinungen zu respektieren sind. Die bisherigen Erfahrungen haben im übrigen gezeigt, daß die Befürchtungen, die privaten Sponsoren würden einen inhaltlichen oder politischen Einfluß auf die geförderten Angebote ausüben, unbegründet sind.

Dagegen liegt natürlich in der Auswahl der Förderobjekte durch die Sponsoren eine kulturpolitische Akzentuierung. Gefördert werden vor allem Projekte, mit denen Wirtschaftsunternehmen ihr eigenes Image ins rechte Licht rücken können: Aufführungen in Oper und Theater, besondere Ausstellungen, Festspiele. Die Unternehmen engagieren sich auf diese Weise besonders stark in den Kultursparten, in denen auch die öffentliche Hand am aktivsten fördert. Einrichtungen der soziokulturellen Breitenarbeit werden dagegen kaum berücksichtigt. Es mag auch die „gesellschaftliche Verantwortung", die von den Firmen immer wieder als Motiv für ihr finanzielles Engagement genannt wird, mit im Spiel sein. Aber die Geschäftsbasis für das Sponsoring bleibt die Tatsache, daß „ein Sponsor Mittel einsetzt in der Erwartung, von Geförderten direkt oder indirekt eine Gegenleistung zu erhalten".[38]

Für die sachgerechte Gewichtung und Einordnung der Bedeutung, die das Sponsoring für die Finanzierung der Kultur hat, ist allerdings ein Resultat zu beachten: Den rd. 14 Mrd. DM, die Bund, Länder und Gemeinden 1993 für den Kulturbereich aufgebracht haben, stehen nach unterschiedlichen Schätzungen 300–500 Mio. DM an Fördermitteln aus der Wirtschaft gegenüber.[39] Daraus folgt: Sponsoring kann in der Kulturfinanzierung nur eine Ergänzungsfunktion haben; die gesellschaftliche Ver-

---

[38] *Manfred Bruhn,* Sponsoring. Unternehmen als Mäzene und Sponsoren, Frankfurt/Main 1987, S. 16. Ferner zur grundsätzlichen Information: *Karla Fohrbeck,* Renaissance der Mäzene? Interessenvielfalt in der privaten Kulturfinanzierung, Köln 1989. *Manfred Bruhn/Hans Dieter Dahlhoff,* Kulturförderung, Kultursponsoring. Zukunftsperspektiven der Unternehmenskommunikation, Wiebaden 1989. *Marlies Hummel,* Neuere Entwicklungen bei der Finanzierung von Kunst und Kultur durch Unternehmen, Ifo-Studien zu Kultur und Wirtschaft Nr. 7, München 1992.
[39] Siehe *Bernhard Frhr. Loeffelholz von Colberg,* Vom Mäzenatentum und Stiftungswesen in der Bundesrepublik Deutschland, in: Wanderungen durch die Kulturpolitik, Festschrift für Sieghardt v. Köckritz, Berlin 1993, S. 305. Wiesand (Fn. 5), S. 94.

pflichtung von Staat und Gemeinden der Kultur gegenüber bleibt damit ohne Einschränkung bestehen.

Kulturförderung hat immer etwas mit Bürgersinn zu tun.[40] Wer in seiner Stadt gern lebt, sollte auch ein Interesse daran haben, die kulturellen Einrichtungen in ihrer Leistungsfähigkeit zu erhalten. Darüber hinaus sollte der weiterführende Gedanke verfolgt werden, die Identifikation der Unternehmen mit Stadt und Region zu verstärken.[41] Konkret bedeutet das, die Unternehmen dafür zu interessieren, sich mit bestimmten kulturellen Einrichtungen durch Förderung zu identifizieren. Hier wären die seit kurzem diskutierten Ansätze einer neuen „aktiven Demokratie" und der „Selbstorganisation der zivilen Gesellschaft"[42] aufzugreifen und Schritt für Schritt mit Leben zu erfüllen. Privat-öffentliche Verantwortungspartnerschaften zwischen Kultur und Wirtschaft sowie Bürgerinnen und Bürgern könnten auf diese Weise vorbildliche Bedeutung gewinnen. Das setzt allerdings das uneingeschränkte Bekenntnis der öffentlichen Hand zu ihrer kulturellen Verpflichtung voraus. Schließlich aber sollte das große Potential des Stiftungswesens durch eine weitere Verbesserung der entsprechenden Gesetzgebung aktiviert werden.[43] Stadtstiftungen und Kulturstiftungen als „institutionalisiertes Mäzenatentum" könnten Zeichen dafür setzen, was uns die Kultur wert ist.[44]

Auf diesem Wege wäre sogar eine Annäherung an die oft als Beispiel zitierte private Kulturförderung in den USA möglich. Daß aber auch dort die Spendenfreudigkeit von der Steuergesetzgebung abhängig ist, hat der spektakuläre Rückgang des Spenden-

---

[40] Wichtige Beiträge hierzu enthält das Buch von *Günter und Waldtraut Braun* (Hrsg.), Mäzenatentum in Berlin. Bürgersinn und kulturelle Kompetenz unter sich verändernden Bedingungen, Berlin-New York 1993.

[41] Auf diesen wichtigen Ansatz hat insbesondere *Meyer,* Kulturfinanzierung S. 112 (Fn. 1) hingewiesen. Siehe auch *Kathinka Dittrich von Weringh,* Wir sind alle verantwortlich!, in: Hermann Glaser/Margarethe Goldmann/Norbert Sievers (Hrsg.), Zukunft Kulturpolitik, Hagen 1996, S. 186 f.

[42] *Ulrich Beck,* Der Spiegel 20/1996, S. 140 ff.

[43] Hierzu *Loeffelholz* (Fn. 39), S. 307 ff.

[44] *Kathinka Dittrich* fragt zu Recht, ob „nicht ein Bruchteil des in 50 Jahre Frieden angehäuften Erbschaftsvolumens von 4,3 Billionen DM in der Bundesrepublik in kulturelle Stiftungen eingebracht werden könnte": (Fn. 41), S. 187.

volumens nach der Steuerreform von 1986 gezeigt. Im übrigen beruht die Finanzierung kultureller Einrichtungen in den USA auf geschichtlichen Traditionen, die mit den unseren nicht vergleichbar sind. Wir haben auch in schwierigen Zeiten keinen Anlaß, die Vorteile der gewachsenen Strukturen unserer öffentlichen Kulturfinanzierung in Frage zu stellen oder gar preiszugeben.

VI. Kulturverwaltung

Die Kulturverwaltung steht gegenwärtig vor besonderen Anforderungen; sie muß unter finanziellen Einschränkungen einem erhöhten gesellschaftlichen Problemdruck standhalten. Es ist auffallend, daß es im Rahmen der vielfach eingeleiteten Reformen der Kommunalverwaltung oft die Kulturressorts sind, die unter den Stichworten „Neues Steuerungsmodell" und „dezentrale Ressourcenverantwortung" beim Umbau der kommunalen Verwaltungen zu modernen Dienstleistungsunternehmen vorangehen.[45] Offenbar sieht man die Besonderheiten der Kulturverwaltung[46] mit ihren Anforderungen an Flexibilität und Eigenverantwortung als geeignetes Experimentierfeld an.[47]

An dieser Stelle ist es nicht möglich, auf den Stand der Reformbemühungen in der Kommunalverwaltung, geschweige denn auf die täglich anwachsende Literatur hierzu einzugehen. Ich muß mich vielmehr auf die Betrachtung einiger grundsätzlicher Aspekte, die auch bei der Einführung neuer Verwaltungsstrukturen in der Kulturverwaltung sichtbar geworden sind, beschränken.

Das „Neue Steuerungsmodell" der KGSt ist ein anspruchsvolles Programm, dessen Komplexität sich in der konkreten Umsetzung

---

[45] Einen guten Überblick gibt die Veröffentlichung von *Reinhart Richter/Norbert Sievers/Hans-Jörg Siewert* (Hrsg.), Unternehmen Kultur: Neue Strukturen und Steuerungsformen in der Kulturverwaltung, Hagen 1995.

[46] Vgl. *Doris Gau,* Kultur als Politik. Eine Analyse der Entscheidungsprämissen und des Entscheidungsverhaltens in der kommunalen Kulturpolitik, München 1990.

[47] Hierzu *Röbke/Wagner* (Fn. 16), S. 14.

zeigt.[48] Deshalb ist es ein Irrtum, daß derartige Organisationsveränderungen kurzfristig zu Haushaltskonsolidierungen beitragen könnten. Knappe Mittel können zwar ein heilsamer Anstoß für Reformen und das Aufbrechen verkrusteter Strukturen sein. Aber eine überhastete Veränderung, die vordringlich auf mögliche Einsparungen und weniger auf einen erfolgreichen Verlauf der Reform im einzelnen dringt, ist kontraproduktiv. Reformvorhaben und Sparzwang führen vielfach zu einer unglücklichen Mischung. Vor allem aber: Der Prozeß der Verwaltungsreform darf die Diskussion über die Ziele der Kulturpolitik nicht verdrängen.

Es steht außer Frage, daß die öffentliche Verwaltung bisher nicht über wirksame kostenorientierte Steuerungsmodelle verfügte. Die Betriebswirtschaftslehre ist an der öffentlichen Verwaltung offenbar spurlos vorübergegangen, denn das im kommunalen Bereich geltende Kostendeckungsprinzip und das Instrument der Kostenrechnung stellen die Kosten selbst nicht in Frage. Die Elemente der Budgetierung und der Dezentralisation sind deshalb ein fruchtbarer Ansatz. Doch die Kombination von strikter Dezentralisierung, flexibler Entscheidungsmöglichkeiten mit straffer Zielvorgabe und wirksamen Kontrollen läßt sich nicht von heute auf morgen verwirklichen; dieser Prozeß braucht Zeit und die kontinuierliche Auswertung gewonnener Erfahrungen. Für den Kulturbereich und seine Einrichtungen ist die Herauslösung aus der Kameralistik von besonderer Bedeutung. Sie erlaubt den Institutionen ein eigenverantwortliches und flexibles Wirtschaften im Rahmen der vorgegebenen Haushaltsmittel. Modelle, die diese Entwicklung fördern, sollten ausgewertet und in einen interkommunalen Erfahrungsaustausch eingebracht werden.[49]

---

[48] Zu den Realisierungsvoraussetzungen vgl. auch *Norbert Sievers,* Aktive Kulturpolitik und Kulturverwaltungsreform. Neue Steuerungsformen in der Diskussion, in: Richter/Sievers/Siewert (Fn. 45), S. 35 ff. Ferner *Dierk Hartleb,* Markt und Muse sollen sich versöhnen, in: Kommunalpolitische Blätter 2/1994, S. 142 f.

[49] In diesem Zusammenhang sei das Berliner Theaterfinanzierungskonzept von 1994 genannt, das die Bühnen aus der Fessel der Kameralistik befreien und ihnen zugleich durch feste Haushaltsvorgaben Planungssicherheit geben sollte (letzteres ist durch erneute Streichungen allerdings schon obsolet geworden).

Das Controlling und die Erarbeitung und Auswertung von Kennzahlen stellen im Kulturbereich Politik und Verwaltung vor besondere Schwierigkeiten. Komplexe kulturelle Zusammenhänge lassen sich nur schwer mit Kennzahlen einfangen; die Messung von Besucherzahlen kann, aber muß nichts Schlüssiges über den Erfolg einer Einrichtung aussagen. Hierzu sind differenziertere Bewertungen als betriebswirtschaftliche Betrachtungen von Marktanteilen notwendig.[50]

In der allgemeinen Diskussion um die Entlastung der öffentlichen Haushalte spielen Aufgabenverminderung, Aufgabenverlagerung und Aufgabenverzicht, zusammengefaßt unter dem Stichwort „Privatisierung", eine erhebliche Rolle. Die „Leitlinien des Deutschen Städtetages zur Privatisierung" betonen zu Recht die Unmöglichkeit genereller Empfehlungen. Die Erwartung, nach theoretischen Effizienzkriterien konkrete Aufgaben eindeutig oder sogar endgültig der öffentlichen Hand oder der privaten Wirtschaft zuweisen zu können, ist unrealistisch. Unstrittig aber ist, daß die Kommunen unter dem Sparzwang prüfen müssen, von welchen überkommenen Aufgaben sie sich entlasten können. Der soziale Rechtsstaat aber muß, wenn er seine Leistungen nicht gerade für die schwächeren Gruppen in der Bevölkerung einschränken will, vor einer Entscheidung über die Privatisierung öffentlicher Aufgaben folgende Kriterien beachten: Gewährleistung des Leistungsangebots auf Dauer durch den privaten Träger; Erhaltung der Leistungsqualität; Vermeidung von Monopolen in privater Hand; zumutbare Entgelte für den Bürger.

Wendet man diese Kriterien auf den Kulturbereich an, so zeigt sich sehr rasch, daß diese Aufgaben für eine Privatisierung in einem größeren Umfang ausscheiden. Sie gehören zu den Dienstleistungen, die in der Regel nicht kostendeckend angeboten werden können, wenn sie allen Bevölkerungskreisen zugänglich blei-

---

[50] *Scheytt* ist zuzustimmen, wenn er sagt: „Ein allein an Kennzahlen und Produktdefinitionen orientiertes Kulturmanagement wird der Rolle der Kultur für die Fortentwicklung der Gesellschaft nicht gerecht": (Fn. 28), S. 44. Vgl. hierzu auch die Magdeburger *Thesen des Deutschen Städtetages:* Die Stadt als Chance – Neue Wege in die Zukunft, Neue Schriften des Deutschen Städtetages H. 69, Köln 1995, S. 234.

ben sollen. Das gilt für Theater und Museen ebenso wie für Bibliotheken oder Volkshochschulen. Natürlich können bestimmte Formen des Theaters, wie z.b. Musical-Theater, privat und in dieser Form mit Gewinn betrieben werden. Auch die Umwandlung der Trägerschaft in privat-öffentliche Betriebsformen (Eigenbetrieb, GmbH, e.V.) für kulturelle Einrichtungen, insbesondere für Theater, kann mehr betriebswirtschaftliche Effizienz bewirken. In der Regel aber bleibt auch hier die Notwendigkeit der öffentlichen Förderung, so daß der finanzwirtschaftliche Nutzeffekt meist geringer ist als erwartet. Im übrigen kann man davon ausgehen, daß durch die eingeleitete Verwaltungsreform und deren Möglichkeiten zur Budgetierung und dezentralen Ressourcenverwaltung die Frage privater Rechtsformen an Bedeutung verliert.

In diesem Rahmen ist für die Kulturverwaltung eine gründliche Standort- und Zielbestimmung erforderlich. Für die Fragen, die sich dabei stellen und die zu beantworten sind, existieren bereits aus der Erfahrung gewonnene „Check-Listen".[51] Entscheidend aber bleibt dieses: Bei der Kulturpolitik handelt es sich, wie Doris Gau überzeugend herausgearbeitet hat, um ein Politikfeld mit einer in hohem Maße fragmentierten Struktur und einem höchst differenzierten Netz von Personen und Institutionen. Eine Verwaltung, die in diesem Feld erfolgreich tätig sein will, muß um die Komplexität und Dynamik der Entwicklung wissen und sich durch Sensibilität und Flexibilität auf ihre Aufgabe einstellen. Das gelingt nicht am Schreibtisch, sondern nur über ständige persönliche Kontakte und Gespräche. Die erste Aufgabe der Kulturverwaltung ist es, Freiräume zu schaffen, in denen sich Kultur entfalten kann. Um es verwaltungswissenschaftlich auszudrücken: Die Leistungsfähigkeit kommunaler Kulturverwaltung hängt in besonderer Weise davon ab, in welchem Umfang die administrative Verarbeitungsstruktur und die Problemstruktur einander entsprechen. Das mag grundsätzlich auch für andere Verwaltungen gelten. Aber die Besonderheit der Kulturverwaltung liegt darin, daß bei ihr mehr als in anderen Verwaltungen die Elemente des

---

[51] Siehe vor allem *Kurt Eichler*, „Produkt Kultur" – Das neue Paradigma der Kulturpolitik?, in: Glaser/Goldmann/ Sievers (Fn. 41), S. 202.

Gestaltens vor den Elementen der Steuerung Vorrang haben müssen. Das gilt uneingeschränkt, ja vermehrt auch in Zeiten knapper Kassen.

VII. Schlußfolgerungen

Ich möchte abschließend den Versuch machen, aus der voraufgegangenen Darstellung einige Schlußfolgerungen zu ziehen. Dabei gehe ich davon aus, daß die Aufwendungen für die Kultur nicht einem grundsätzlichen Tabu unterliegen können. Auch hier sind angesichts der gegenwärtigen kommunalen Finanznot Einsparungen unausweichlich, ist die Forderung nach optimaler Planung und Kalkulation einzulösen. Andererseits darf der Kulturetat angesichts der Bedeutung der kommunalen Kulturarbeit für das Zusammenleben der Menschen in der Stadt nicht zur Sparbüchse werden, in die man in mageren Jahren besonders kräftig hineingreifen kann. Kulturpolitik bei knappen Kassen könnte sich an folgenden Kriterien orientieren:

• Das Wichtigste – und damit knüpfe ich an den eingangs erwähnten Schnellbrief von 1966 an – ist dieses: Kulturelle Leistung verlangt Kontinuität; kulturelle Tätigkeit kann nicht vorübergehend eingestellt und auf Knopfdruck wieder in Gang gesetzt werden. Hier gelten andere Gesetze als im Straßenbau. Deshalb sind Kultureinrichtungen, die einmal geschlossen wurden, für immer geschlossen.

• Einsparungen dürfen bei kulturellen Einrichtungen nicht nach schematischen Kriterien, sondern müssen sensibel und mit dem Blick für die Erhaltung der qualitativen Leistungskraft vorgenommen werden. In den „Apparaten" und Organisationsstrukturen stecken zumeist noch Einsparungs- und Rationalisierungsmöglichkeiten; hier ist in den guten Jahren auch „Speck" angesetzt worden. Kritisch aber wird es, wenn ein Theater, das durch Auszehrung seine künstlerische Qualität und Vielfalt verliert, wirklich zu einem teuren Theater wird. Die teuerste Oper ist schlechte Oper. Ein Museum, das seine Sammlungen nicht ergänzen und erhalten kann, verliert seinen Rang. Eine Bibliothek ohne

ausreichende Ergänzung ihres Bestandes büßt rasch jene Aktua-
lität ein, die für eine zuverlässige Information der Bürger notwendig ist.

• Das Theater beansprucht in den theatertragenden Städten den
größten Anteil am Kulturetat. Auf die gesamte Bundesrepublik
bezogen wird jeder Platz pro Abend mit 146 DM subventioniert.
So ist es nicht überraschend, daß die Theater bei den Einsparungen unter einem besonderen Druck stehen. Spät, aber vielleicht
noch nicht zu spät hat der Deutsche Bühnenverein erkannt, daß er
eigene Thesen zum Erhalt der deutschen Theaterlandschaft vorlegen muß.[52] Sie enthalten mit dem Abbau von Spitzengagen, der
Abschaffung der über die Tarifverträge hinausgehenden Bühnen-
bräuche, mit flexiblen Arbeitszeitregelungen u.a. richtige Empfehlungen. Entscheidend aber ist, daß alle Veränderungen dem
Ziel dienen, mit weniger Mitteln die künstlerische Leistungsfähigkeit zu erhalten, wenn nicht zu erhöhen. Die finanzielle,
strukturelle und konzeptionelle Krise, in der sich viele Theater
befinden, muß durch neue Wege und andere Lösungsstrategien als
bisher überwunden werden.[53] Das erfordert nicht zuletzt Einsicht
und die Bereitschaft zum Umdenken bei den Gewerkschaften. Die
Tarifverträge müssen von manchen lieb gewordenen Bestimmungen entschlackt und konsequent auf die Notwendigkeiten
einer effektiven künstlerischen Produktion konzentriert werden.[54]
Wenn das Bild von den Menschen, die in einem Boot sitzen, auf
eine Institution zutrifft, dann für das Theater.

• Die gegenwärtige Spardiskussion birgt die Gefahr, daß der alte
und schon weithin überwunden geglaubte Antagonismus zwischen „traditioneller" und „alternativer" Kultur wieder auflebt.
Die Kritik an der vollzogenen Erweiterung des Kulturbegriffs ist

---

[52] Thesen des *Deutschen Bühnenvereins* für die Sitzung des „Runden Tisches über die Zukunft
des deutschen Theaters" am 19.10.1993 in München.

[53] *Cornelia Dümke,* Zu den aktuellen Theaterentwicklungen aus ökonomischer Sicht, in:
Popp/Wagner (Fn. 32), S. 67-78, hat eine wichtige Analyse der ökonomischen Probleme des
Theaters vorgelegt. Vgl. ferner die Beiträge von *Hermann Glaser, Arnold Petersen und Bernd
Wagner* im gleichen Band.

[54] Vgl. hierzu auch die *Empfehlung des Deutschen Städtetages* „Perspektiven für die Theater
und Orchester in öffentlicher Verantwortung" vom 15. Juni 1994, insbes. S. 13 f.

ein Indiz dafür.[55] Die kulturellen Aktivitäten der freien Initiativen, der Theater- und Musikgruppen und die kulturelle Stadtteilarbeit haben sich in den zurückliegenden Jahren zu einem unverzichtbaren Teil kommunaler Kulturpolitik entwickelt. Nicht wenige Gruppen erreichen inzwischen durch ihre Professionalisierung und Qualität ein überlokales Publikum. Eine wesentliche Einschränkung des ohnehin schmalen Anteils am Kulturetat für die Förderung dieses Spektrums der Kulturpolitik würde die fruchtbare Spannung zwischen den bestehenden kulturellen Einrichtungen und den darüber hinausgehenden Kulturformen zerstören.

• Die „Neue Kulturpolitik" formulierte das Ziel, die Zusammenarbeit der städtischen Kultureinrichtungen untereinander und auch die Kooperation mit den Schulen zu verbessern. Hier und da ist man auf diesem Weg vorangekommen. Aber insgesamt ist die Kooperation weithin unterblieben oder in eine Routine zurückgefallen. Eine verbesserte Koordination und Kooperation zwischen den Kultureinrichtungen aber könnte Synergieeffekte und auch Einsparungen (gemeinsame Werkstätten, Magazine, Beschaffung) erzielen.[56]

• Synergieeffekte lassen sich auch durch eine verbesserte Zusammenarbeit in der Region erreichen. Notwendig ist – auch angesichts der Entwicklung in Europa – ein neues Denken und Handeln: Weniger Konkurrenz in einer Region, mehr Kooperation in der Kommunal- und Regionalpolitik. Ein regionales Bewußtsein im Kulturbereich aber kann sich nur entwickeln, wenn man voneinander weiß. Dazu bedarf es der Information über die zentralen Angebote in den Städten und über die kulturellen Aktivitäten in der Region. Gerade angesichts knapper Ressourcen wächst der Druck, die vorhandenen Möglichkeiten optimal auszuschöpfen.

---

[55] Hierzu *Bernd Wagner*, „Kultur für alle" – Kunst für Wenige, in: Glaser/Goldmann/Sievers (Fn. 41), S. 145-163, insbes. S. 160 ff.
[56] Ebenso *Gerhard Langemeyer*, Entwicklung kommunaler Modelle der Sozial- und Kulturarbeit – Beispiel Dortmund, in: Sonderheft Demokratische Gemeinde (Fn. 26), S. 85. Siehe hierzu auch die Forderung „Urbane Kultur verlangt die Solidarität der Kulturen und Kulturträger" sowie „zwischen Kultureinrichtungen und Publikum" auf der Hauptversammlung des *Deutschen Städtetages* 1993, Neue Schriften des Deutschen Städtetages H. 65, S. 227.

Dies setzt freilich voraus, daß jeder zu geben und nicht nur zu nehmen bereit ist.

• Sparen ist kein Politikersatz. Kultur darf nicht auf das gerade Finanzierbare nach vorangegangenen Verteilungskämpfen reduziert werden. Es darf nicht jeder sich selbst der Nächste sein. Das Gebot des Nachdenkens darüber, wie es mit weniger Geld weitergehen kann, gilt für alle Beteiligten. Die Kulturpolitik ist gefordert, konzeptionelle und inhaltliche Vorschläge für die weitere Entwicklung vorzulegen, Prioritäten zu setzen und zu begründen sowie eigene Handlungsperspektiven zu entwickeln. Tut sie das nicht, so werden andere, die weniger von der Sache verstehen, die entsprechenden Entscheidungen treffen. Offensives und zugleich realistisches Handeln und eine an Inhalten orientierte Kulturpolitik, die Ideen entwickelt, die über das Tagesgeschäft hinausreichen, sind das entscheidende Mittel zur Wahrung der eigenen Position gegenüber einer schematischen Sparpolitik.[57] Umsichtiges Sparen kann vor allem im Kulturbereich den Erfolg nicht in kurzfristigen Konsolidierungsprogrammen suchen, sondern muß langfristige Strategien entwickeln. Das würde erleichtert, wenn man der Kulturpolitik nicht kurzfristige Einsparungen auferlegt, sondern bei klaren Vorgaben Übergangsphasen einräumt.

• Für die Lösung dieser Aufgaben gibt es keine Patentrezepte. Jede Stadt muß in ihrer Kulturpolitik ihr eigenes Profil entwickeln. Sie muß ihre Antwort auf die gesellschaftlichen Veränderungen finden und zugleich die Prioritäten für kulturpolitische Entscheidungen so setzen, daß die eigenständige Physiognomie als kulturelle Kraft bewahrt wird. Das Unverwechselbare sollte durch eine konkrete Kulturarbeit entfaltet werden.

Die europäische Stadt als besonderes Kulturgut erhält gerade im Zeitalters des technologischen und gesellschaftlichen Wandels als ein Rahmen für ein vielfältiges Leben eine wichtige Funktion. Und dabei ist es eine entscheidende Frage für die Zukunft der

---

[57] Ebenso *Kurt Eichler* (Fn. 51), S. 204.

Stadt, wie die Menschen in ihr leben. Die Grundbedürfnisse müssen sich erfüllen lassen: Leben und Wohnen, Arbeiten und Lernen, Teilhaben und Mitwirken, gesundheitliche und soziale Sicherung. Unverzichtbar für die soziale und geistige Entfaltung des Menschen, aber auch für die Stadt als Stätte des Austauschs, der Begegnung und der Produktivität bleibt die Kultur. Sie muß ihren „Sitz im Leben" behaupten und ist ein „humanes Kapital", das öffentlich zu fördern ist.[58] Diese Einsicht gilt nicht nur in guten, sondern auch und sogar verstärkt in schwierigen Zeiten.

---

[58] Hierzu *Hilmar Hoffmann,* Blick zurück nach vorn, in : Sievers/Wagner (Fn. 51), S. 66.

PETER EICHHORN

Kommunale Kultureinrichtungen als Unternehmen

I. Duale Kulturökonomie

Die Kulturpolitik der Städte und Landkreise steckt in der Klemme. Die desolate Haushaltslage führt einerseits zur Kürzung der Zuweisungen an die Kultureinrichtungen, andererseits erwarten die Bürger Höchstleistungen seitens der kommunalen Bühnen, Orchester, Musikschulen, Volkshochschulen, Museen, Galerien, Kinos, Bibliotheken, Archive und Kulturämter. Die Sparzwänge haben mancherorts schmerzliche Einbußen beim Programm gebracht; Schließungen oder Verkäufe kultureller Einrichtungen sind keine Seltenheit mehr.

Zu diesem Dilemma kann man unterschiedliche Standpunkte einnehmen. Radikal ist jene Auffassung, die mit dem Slogan „Mehr Markt und weniger Staat" für die Privatisierung eintritt und die Rentabilität als Maßstab für den Kulturbetrieb wählt. Wer so denkt, setzt das Formalziel Gewinnstreben an die Spitze eines Kulturunternehmens und sucht es durch ein Angebot zu erreichen, das sich – wie es salopp heißt – rechnet. Mit Boulevardtheater, Rockfestivals, Musicals, Starparaden, Festspielen, außergewöhnlichen Ausstellungen und anderen spektakulären Sonderveranstaltungen werden teilweise gute Geschäfte gemacht. Die Qualität des Angebots definiert sich hier im Sinne von Akzeptanz des Publikums.

Kultur darf man aber nicht nur von einer erwerbs- und marktwirtschaftlichen Warte aus betrachten. Zwar hat Kultur stets eine ökonomische Komponente, aber diese ist keineswegs identisch mit Kommerz bzw. Profit. Generell gilt, daß die kulturellen Angebote die Nachfrage nach Kultur befriedigen sollen. Das kann – wie gesagt – rentabel geschehen oder es werden nur die Kosten gedeckt oder es sind sogar Verluste in Kauf zu nehmen. Aber selbst im Falle fehlender Rentabilität muß die Bedarfsdeckung wirtschaftlich erfolgen.

Anders als bei der Ausrichtung auf die Zielgröße Gewinn dominiert dann ein Sachziel, zum Beispiel musikalische Ausbildung, Förderung von Literatur und Lesen, Freizeitgestaltung durch Theater, Weiterbildung durch Volkshochschulen usw. Diese Zielsetzungen dienen den Individuen und – das ist wesentlich – der Allgemeinheit. Deshalb findet hier das Solidarprinzip Anwendung, das bei den Leistungen grundsätzlich niemand ausschließt und die Lasten auf möglichst viele verteilt. Der Zugang zu den Kultureinrichtungen soll weniger von der Zahlungsfähigkeit der Nutzer abhängen und mehr durch die Zahlungsbereitschaft des Trägers gesteuert werden.

Mancher ist versucht, aus der Gegenüberstellung von erwerbswirtschaftlicher und bedarfswirtschaftlicher Betätigung den Schluß zu ziehen, daß für erstere private Unternehmen und für letztere öffentliche Unternehmen in Betracht kommen. Vor dieser Fehleinschätzung muß man warnen, denn sie führt die kommunalen Kultureinrichtungen ins Abseits. Es ist verständlich, wenn Private die lukrativen „Rosinen picken"; das darf aber nicht bedeuten, daß gewinnbringende Aktivitäten für die Kommunen tabu sind. Nehmen sich die Kommunen allerdings solcher Tätigkeiten an, haben diese erstens marktkonform zu sein, um nicht private Konkurrenz zu beeinträchtigen; zweitens werden sie nicht um ihrer selbst willen, sondern im Dienste anderer kultureller Sparten erbracht, so daß erzielte Gewinne gemeinwohlorientiert verwendet werden.

II. Unternehmenseigenschaft

Für diese Überlegungen ist ein Vorverständnis für kommunale Kultureinrichtungen unerläßlich. Sie bilden in der Regel eine Organisationseinheit mit Betriebscharakter innerhalb der Stadtverwaltung. Diese wiederum ist Bestandteil der Stadt. Und die Stadt – so hört und liest man neuerdings häufig – ist ein Unternehmen und muß demgemäß unternehmerisch geführt werden. Diese Ansicht geht fehl. Die Stadt ist kein Unternehmen, sie hat Unternehmen! Die Stadt läßt sich aus betriebswirtschaftlicher Sicht korrekt als Dienstleistungsbetrieb begreifen. Für ihn ist kennzeichnend, daß Produktionsfaktoren beschafft und so kombiniert werden, damit bestimmte Dienstleistungen erstellt und angeboten werden können. Da die Städte und andere Gebietskörperschaften Mehrproduktbetriebe sind, handelt es sich bei ihnen im übrigen um höchst komplexe Dienstleistungsbetriebe, die man auch als Betriebsverbund und dessen Teile als Glied- oder Verbundbetriebe zu bezeichnen vermag. (Die Etikettierung der Stadt als Konzern erweist sich dagegen als mißverständlich, weil der Begriff Konzern belegt ist; man versteht darunter rechtlich selbständige Unternehmen unter einheitlicher Leitung.)

Ein Betrieb mausert sich zum Unternehmen, wenn seine Produkte entgeltlich angeboten werden und die Umsatzerlöse das eingesetzte Kapital zumindest partiell zu reproduzieren vermögen. Der Dienstleistungsbetrieb bzw. Betriebsverbund Stadt verfügt in aller Regel über zahlreiche Gliedbetriebe, die ihre Leistungen mehr oder weniger gegen Benutzungsgebühren oder Tarifentgelte anbieten und abgeben. Hierzu zählen die meisten kommunalen Kultureinrichtungen. Werden sie als Ämter bzw. Bruttobetriebe geführt, stellen sie gewissermaßen unternehmerische Einschlüsse im Verwaltungskörper dar. Als Nettobetriebe in Eigenbetriebsform oder mit eigener Rechtspersönlichkeit bilden sie hingegen Partnerunternehmen. Im Falle privatrechtlicher Verselbständigung in Form der GmbH oder AG ist gern von Beteiligungs- oder Tochtergesellschaften die Rede.

Einer Stadt bieten sich demnach zwei Alternativen zur wirtschaftlichen Verwirklichung ihres Kulturauftrags. Folgt man primär Bedarfsdeckungszielen wie beispielsweise bei Archiven, findet deren Finanzierung größtenteils über allgemeine Deckungsmittel statt und liegt eine Einbindung in die Ämterorganisation nahe. Selbst diese Organisationsform entbindet aber nicht von einer wirtschaftlichen Verhaltensweise. Diese besteht unter anderem darin, daß man Kosteninformationen für Entscheidungen ermittelt und bereitstellt, arbeitsteilige Prozesse optimiert, Mitarbeiter motiviert, Marketingmethoden einsetzt usw. Will man kulturelle Bedarfe decken und daneben auch erwerbswirtschaftlichen Gesichtspunkten Rechnung tragen, empfiehlt sich eine Verselbständigung als Eigenbetrieb, Anstalt des öffentlichen Rechts oder Eigengesellschaft.

Es steht einer Stadt im Prinzip frei, sich für die eine oder andere Alternative zu entscheiden. Wo diese kommunale Organisationshoheit nicht vorhanden ist, sollte sie uneingeschränkt eingeräumt werden. Es gehört zum Wesensgehalt kommunaler Selbstgestaltung, nicht nur über finanzielle und personelle Ressourcen verfügen zu können, sondern auch organisatorische Formen und Mittel nach kommunalpolitischem Ermessen auszuwählen und einzusetzen. Im folgenden soll am Beispiel von Museen und Theatern verdeutlicht werden, wie kommunale Kultureinrichtungen als Unternehmen geführt werden können.

III. Fachspezifische Aspekte

Museen dienen bekanntlich der Sammlung, Bewahrung, Erforschung und Wiederherstellung von Kulturgut, vor allem aber dessen sinnvoller Präsentation und Erläuterung. Sie versuchen Bezüge zur Gegenwart herzustellen, zeigen ihre ständigen Sammlungen und veranstalten unter anderem Sonderausstellungen, Film- und Diavorführungen, Vorträge, Seminare, Diskussionen. Diese lexikalische Definition beschreibt die Aufgabenstellung aus museumskundlicher Sicht. Theater lassen sich vergleichbar von ihrer Aufgabenstellung her definieren.

Museen und Theater können aber auch aus anderer Perspektive betrachtet werden. Für die Bauten mit Bühnen, Foyers, Zuschauerräumen, Repräsentationssälen, Werkstätten, Labors, Bibliotheken, Läger, Büros, Parkplätzen, Freiflächen usw. interessieren sich Architekten. Sie verstehen unter diesen Kultureinrichtungen Bauwerke und Teile des Stadtbilds. Vom Standpunkt von Erziehung und Bildung aus sind Museen und Theater Kulturstätten, die im ersten Fall wertvolle Altertümer, künstlerische, wissenschaftliche und technische Gegenstände besitzen und im zweiten Fall

Schauspiele, Musiktheater und Ballet anbieten, um Kinder, Schüler und Erwachsene zu informieren, zu bilden und zu unterhalten. Historiker schätzen an Museen deren Vergangenheits- und zeitgeschichtlichen Bezug, ohne den es keine Gegenwart und Zukunft gibt, und bei Theatern trägt die Theatergeschichte zum Verständnis für literarische, musikalische und darstellende Künste bei. Das juristische Erkenntnisinteresse richtet sich auf die Rechtmäßigkeit des Handelns. So gesehen fragt man nach rechtmäßigem Errichten, Bau und Betrieb, nach Rechtsform und Träger, Organen, Arbeitsverhältnissen, Personalvertretung, Haushaltsrecht, Steuerrecht, Benutzungsordnungen, Vertragsbeziehungen usw.

Ökonomischer Auswahlgesichtspunkt ist das Prinzip der Wirtschaftlichkeit. Dabei sind zwei Betrachtungsweisen möglich. Museen und Theater können einerseits als Wirtschaftsfaktor vor Ort, in der Region, im Land oder für die gesamte Volkswirtschaft untersucht werden. Welchen Beitrag leisten sie zum Beispiel als Arbeitgeber, für Einkommen, Umsätze und für das Sozialprodukt? Wie hoch sind die Besucherzahlen, wie setzen sie sich zusammen und wie groß ist der Anteil der Touristen? Andererseits bilden diese Kultureinrichtungen Wirtschaftssubjekte, die auf Beschaffungsmärkten Sachgüter und Dienstleistungen erwerben, Leistungen erstellen und auf der Leistungsabgabeseite anbieten. Alle weiteren Überlegungen gelten diesen betriebswirtschaftlichen Aspekten von Museen und Theatern (und nicht den volkswirtschaftlichen Zusammenhängen).

IV. Sachzielorientiertes Marketing

Das Wort Leistungsabgabeseite wird hier gewählt, weil der übliche Begriff Absatzmarkt nur teilweise zutrifft. Absatzmarkt assoziiert Leistungsverwertung im Sinne des Verkaufs von Produkten, um Umsätze zu tätigen und Gewinn zu erzielen.

Bei kommunalen Kultureinrichtungen ist das gewöhnlich anders. Sie sollen einen Kulturauftrag erfüllen, beispielsweise Forschung betreiben, Bildung vermitteln, Gemeinsinn fördern, Freizeit gestalten. Wohlgemerkt, das besagt nicht, daß Gewinnerzielung ausscheidet. Im Zielsystem von Museen und Theatern gebührt ihr nur kein Vorrang; als Nebenziel kommen Gewinnstreben oder Kostendeckung durchaus in Betracht. Eine Zielvorschrift könnte lauten: Leistungsmaximierung bei Kostendeckung, eine andere: eine bestimmte Leistung (etwa eine nach Art, Menge und Güte festzulegende Ausstellung) ist kostenminimal anzubieten.

Marketing im Sinne der Ausrichtung von Tätigkeiten an den Bedürfnissen tatsächlicher und potentieller Abnehmer bedeutet für Museen und Theater den Einsatz von Marketinginstrumenten zur Erreichung der Sach- und Formalziele. Abnehmer sind im Falle von Museen dabei keineswegs nur Besucher und Käufer von Katalogen, Repliken und sonstigen Artikeln im Museumsshop, vielmehr auch andere Museen, mit denen man Kunstwerke austauscht, oder Behörden, Unternehmen, weitere Institutionen und Personen, die Leihgaben oder Urheberrechte erhalten oder ausgesonderte Gegenstände erwerben wollen. Ähnliche Verhältnisse finden sich bei den Theatern.

Je nach Zielgruppe ist der Marketingmix zu gestalten, das heißt das absatzpolitische Instrumentarium auszuwählen. Dabei kommt es darauf an, die Produktpolitik (Menge, Qualität, Design, Image, Service, Sortiment), Distributionspolitik (Standort, Absatzkanal, Logistik), Kommunikationspolitik (Werbung, Verkaufsförderung, Öffentlichkeitsarbeit) und Preispolitik (Listen- und Sonderpreise, Rabatte, Zahlungsbedingungen) inhaltlich, intensitätsmäßig, räumlich und zeitlich adressatenspezifisch abzustimmen.

Mit Hilfe des Marketing gelingt es, die häufig einseitige Produktions- und Angebotsorientierung abzuschwächen und eine stärkere Ausrichtung auf die Nachfrager zu realisieren. Kunden, insbesondere wiederkehrende Kunden schätzen es, wenn Unternehmung und Produkt unverwechselbar sind. Die sog. Corporate Identity muß kreiert und das Selbstbildnis eines Kulturbetriebs von innen nach außen durch Marketing plaziert werden, damit das Selbstbildnis mit dem Meinungsbild in der Öffentlichkeit über das Museum bzw. Theater (sog. Corporate Image) zur Übereinstimmung gelangt.

Die Marketingaktivitäten beziehen sich nicht nur auf die externe Öffentlichkeit, sondern auch auf die Mitarbeiter, die eine Art interne Öffentlichkeit bilden. Ohne Human Relations, Wir-Gefühl, Selbstwert, fachliche und soziale Kompetenz, Glaubwürdigkeit, Flexibilität und Weiterbildung der Führungs-, Fach- und angelernten Kräfte ist den Customer Relations auf Dauer kein Erfolg beschieden. Ein Zusammengehörigkeitsgefühl der Mitarbeiter und deren Identifikation mit ihrem Haus entsteht in personalintensiven Kultureinrichtungen nicht von selbst und bedarf besonderer Pflege, zumal das Personal äußerst heterogen zusammengesetzt ist. Im Falle von Museen besteht es aus Wissenschaftlern, Präparatoren, Restauratoren, Technikern, Laborangestellten, Bibliothekaren, Verwaltungspersonal, Aufsehern, Hausmeistern, Reinigungskräften; im Falle von Theatern aus Künstlern, Angehörigen diverser kaufmännischer und handwerklicher Ausbildungsberufe sowie zahlreichen angelernten und ungelernten Arbeitskräften.

Für das Selbstverständnis und Erscheinungsbild eines Unternehmens ist ein Unternehmensleitbild zu entwickeln. In ihm muß die Führungsphilosophie zum Ausdruck kommen. Die Führungsphilosophie befaßt sich mit den grundlegenden Werten und Normen für Unternehmens- und Mitarbeiterführung samt der Einstellung zu den Sach- und Formalzielen. Sache der Organisationskultur ist es, die Denk- und Verhaltensmuster sowohl der tragenden Kräfte als auch der Mitarbeiter zu erkennen und gemäß der Führungsphilosophie zu beeinflussen.

V. Pluralistische Finanzierung

Mit dem Begriff der Finanzierung werden grundsätzlich zwei Vorgänge erfaßt, nämlich die Ausstattung eines Unternehmens mit Eigen- und Fremdkapital (sog. Außenfinanzierung) und die Erhöhung oder Umschichtung finanzieller Mittel aus dem Leistungs- und Umsatzprozeß (sog. Innenfinanzierung). Diese Finanzierungsarten treffen für erwerbswirtschaftliche Unternehmen zu; für kommunale Museen und Theater mit vorrangigen

Aufgaben der Bedarfsdeckung erweisen sich Differenzierungen als angebracht.

Abgesehen von der finanziellen Erstausstattung mit sog. Dotationskapital (in Form von Sach- und/oder Bareinlagen) werden namentlich für Neu- und Erweiterungsinvestitionen zweckgebundene Kapitalzuschüsse seitens der Kommune oder anderer öffentlicher Hände geleistet. Dieses bereitgestellte Kapital wird nicht verzinst und ist in der Regel nicht einmal zurückzuzahlen. Die Umsatzerlöse reichen gewöhnlich nicht aus, um den laufenden Betrieb zu finanzieren. Deshalb sind Betriebszuschüsse vertraglich zu sichern und Drittmittel einzuwerben, sei es über Mäzene, Sponsoren, Fördervereine, Stiftungen oder Spendenaktionen.

Eine Art von Mischfinanzierung ist auch in anderer Hinsicht gegeben. Außer den für gemeinnützige Zwecke zufließenden Mitteln, die früher den größten Teil der Einnahmen ausmachten, nehmen gewerbliche Erträge (durch Verkäufe im Museumsshop, Gastronomie, Vermietung von Räumen usw.) mehr und mehr zu. Hier tauchen Abgrenzungsprobleme auf, denn für erstere gelten Steuerprivilegien, für letztere aber nicht. Im Falle weiter wachsender Erträge aus „wirtschaftlichem Geschäftsbetrieb" kommt es darauf an, daß sie ausschließlich der Finanzierung der begünstigten Zwecke dienen. Dies darf man unterstellen, wenn ein als gemeinnützig anerkannter Betrieb gewerblicher Art einer Körperschaft des öffentlichen Rechts vorliegt (§ 2 Abs. 2 Gemeinnützigkeits-Verordnung).

Die Entwicklung kommunaler Kultureinrichtungen hin zu unternehmerisch gestalteten und handelnden Wirtschaftsgebilden hängt wesentlich auch davon ab, ob und inwieweit Selbstfinanzierung möglich ist. Bei bedarfswirtschaftlich ausgerichteten Unternehmen wird das Aufkommen finanzieller Mittel aus Gewinnen zwar kein vorrangiges Gesamtziel sein. Bei einzelnen Aktivitäten (z.B. Sonderausstellungen, Seminare, Verkäufe von Privat- und Audio/Video-Medien, Boulevardtheater, Festspiel- und Gastspielveranstaltungen) können aber durchaus Gewinne angestrebt werden, um sie für andere kulturelle Zwecke des Unternehmens einzusetzen. Zwei Arten der Gewinnverwendung

kommen in Betracht, wenn man Gewinnausschüttung von vornherein ausschließt: Die Gewinne subventionieren intern erstens
den laufenden Betrieb anderer Sparten – ein Vorgang, den man
vom eigenbetrieblichen Querverbund her kennt; zweitens lassen
sich die Gewinne thesaurieren und für Ersatz-, Erweiterungs- und
Neuinvestitionen heranziehen.

VI. Kaufmännische Rücklagenbildung

Soweit Gewinne, Zuschüsse oder Drittmittel nicht im Geschäfts-
jahr erfolgs- und/oder vermögenswirksam verausgabt werden,
vermag man sie einzubehalten und den Rücklagen zuzuführen.
Die Bildung von Rücklagen sollte auch bei Museen und Theatern
im kaufmännischen Sinn verstanden werden – und dementsprechend erfolgen! In dem für die meisten kommunalen Kultureinrichtungen nach wie vor üblichen kameralistischen Rechnungswesen, das sie mit den Ämtern ihres Trägers teilen, sind Rücklagen (Bar- oder Buch-)Geldmittel, die als Betriebsmittelrücklage
der Liquiditätssicherung dienen. Darüber hinaus können sie auch
eine Art von kameralistischem Fonds bilden, der für investive
Zwecke angesammelt wird. Kaufmännische Rücklagen, genau
genommen Rücklagen in der kaufmännischen Buchführung
gemäß §§ 238 bis 241 HGB sind hingegen Rechengrößen. Diese
besagen, daß in Höhe der Rücklagen Eigenkapital vorhanden ist,
das keine unmittelbaren Ansprüche des Eigentümers auf Gewinnausschüttung gewährt (während z.B. mit Grundkapital bei der AG
und Stammkapital bei der GmbH Dividendenansprüche und mit
Fremdkapital Zinsansprüche verbunden sind). Bei einem rechtlich nicht selbständigen Kulturunternehmen in der Rechtsform
des Eigenbetriebs wird man der Gemeinde als Trägerin zwar den
Zugriff auf dessen Rücklagen rechtlich kaum verwehren können,
tatsächlich dürfte dies aber kaum vorkommen. Insofern erfüllen
auch hier kaufmännische Rücklagen eine Funktion zur Verhinderung von Geldabflüssen.

Diese Rücklagen, d.h. auf der Passivseite der Bilanz stehende
Kapitalrechte, beziehen sich auf alle Vermögensgegenstände auf
der Aktivseite. Auch in der kaufmännischen Bilanz gilt das

Gesamtdeckungsprinzip. Die Bilanz ist keine Schichtenbilanz. Rücklagen stecken demnach nicht in einzelnen Wirtschaftsgütern des Anlage- oder des Umlaufvermögens. Rücklagen stellen Positionen dar, die zeigen, wie das Gesamtvermögen (durch Rücklagen und anderes Kapital) gedeckt ist. Eine etwaige Zweckbindung von Rücklagen drückt aus, daß ein bestimmter Kapitalbetrag für bestimmte Wirtschaftsgüter bzw. Vermögenspositionen rechtlich reserviert ist. Das durch den Umsatzprozeß oder durch Zuwendungen zugeflossene Geld steckt in allen Vermögenspositionen (z.B. auf Bankkonten, in den Vorräten oder im Anlagevermögen).

Für erwerbswirtschaftliche Privatunternehmen erfüllen Rücklagen und überhaupt das Eigenkapital wichtige Funktionen der Haftung, Akquisition, Einflußsicherung und Gewinnverwendung. Diese Funktionen spielen für kommunale Kulturunternehmen keine nennenswerte Rolle, denn hier sind Solidität und Solvenz des Muttergemeinwesens ausschlaggebend. Rücklagen bei Museen und Theatern erfüllen in erster Linie eine Finanzierungsfunktion. Die Gegenstände des Anlage- und Umlaufvermögens bedürfen der eigenkapitalmäßigen Fundierung. Ansonsten ist das Unternehmen den Nachteilen einer Fremdfinanzierung vollständig ausgeliefert (z.B. Abhängigkeit vom fristgerechten Geldanschluß und von der Zinskostenentwicklung). Für kommunale Kulturunternehmen, die primär einen Kulturauftrag und Bedarfsdeckungsziele verfolgen und kontinuierlich Leistungen zu erbringen haben, bedeutet das Eigenkapital einen „Puffer" gegen sonst etwaige zu stark durchschlagende Schwankungen beim Träger (Wechsel in den Mehrheitsverhältnissen in der Gemeindevertretung, Haushaltsentwicklungen etc.).

Bedeutsam für Museen und Theater ist auch die Autonomiefunktion des Eigenkapitals. Gestützt auf langfristig zur Verfügung stehendes Eigenkapital, das praktisch niemals zurückgezahlt zu werden braucht, besitzen die Organe des Unternehmens die für unternehmerische Entscheidungen wichtige Dispositionsfreiheit. Durch Rücklagen, die keine Ausgabenpflichten bewirken, wird diese dispositive Unabhängigkeit in besonderem Maße gefördert und zum Ausdruck gebracht.

VII. Von der Kameralistik zur Doppik

Eng mit der Finanzwirtschaft von Museen und Theatern hängen deren Haushaltsplanung und Rechnungslegung zusammen. Herkömmlicherweise werden die Einnahmen und Ausgaben nach haushaltsrechtlichen Vorgaben veranschlagt und kameralistisch Buch geführt. Das bedeutet bis ins einzelne festgelegte Ansätze nach Zweck, Betrag und Zeitraum. Ausnahmen von der Bindung sind nur bei gegenseitiger oder einseitiger Deckungsfähigkeit von Ansätzen und bei Übertragbarkeit auf das nächste Haushaltsjahr möglich. Die bloße Einnahmen-Ausgaben-Rechnung kennt keine exakte Periodenabgrenzung, ist nicht systematisch mit einer Vermögens(bestands)rechnung verbunden und erlaubt infolge fehlender Kosten- und Leistungsgrößen keine Wirtschaftlichkeitsanalysen.

Statt Haushaltspläne und Kameralistik empfehlen sich für zumindest größere kommunale Kulturunternehmen Budgets und Doppik. Der Aufbau der Budgets könnte sich an die seit über 50 Jahren bewährten Wirtschaftspläne von Eigenbetrieben anlehnen. Die Budgetierung erfolgt in Form eines Erfolgsplans und eines Finanzplans. Der Erfolgsplan enthält alle voraussehbaren Erträge und Aufwendungen des Kalenderjahres. Ihm werden am Jahresende die Ist-Erträge und Ist-Aufwendungen der Erfolgsrechnung gegenübergestellt. Im Finanzplan werden alle voraussehbaren vermögenswirksamen Einnahmen und Ausgaben erfaßt. Er wird deshalb auch als Vermögensplan, Investitionsplan, Investitionsbudget oder als Investitions- und Finanzierungsplan bezeichnet. Der Finanzplan bezieht sich ebenfalls auf das Kalenderjahr und läßt sich in eine mittelfristige bzw. fünfjährige Finanzplanung einbetten, die für Maßnahmen auf weite Sicht unentbehrlich ist. Anders als beim Haushaltsplan sollte bei den Budgets grundsätzlich Gesamtdeckung, ausnahmsweise auch Gruppendeckung (z.B. für zweckgebundene Investitionszuschüsse) vorgesehen sein. Alle Ansätze sollten übertragbar sein. Überlegenswert wäre, ob bei größeren Museen und Theatern Abteilungsbudgets für flexibleres Handeln sorgen könnten.

Ein nach der kaufmännischen Doppelbuchhaltung eingerichtetes Rechnungswesen mit Finanz- und Betriebsbuchhaltung, Strom-

und Bestandsrechnung liefert zusätzliche Informationen zur Fundierung der Entscheidungen. Dem genügt insbesondere eine ausgebaute Kostenrechnung. Bislang ist sie in kommunalen Kultureinrichtungen nur ansatzweise zu finden. Dabei sind die Voraussetzungen dort eher gegeben als in den kommunalen Verwaltungsbereichen, wo Produktvielfalt und Verfahrenskomplexität einfache kostenrechnerische Lösungen erschweren. In einem vom übrigen Träger und seinen Organisationseinheiten rechnerisch abgegrenzten Kulturunternehmen läßt sich leichter auf die Fragen antworten, welche Kosten bei der Erstellung von Leistungen entstehen (Aufgabe der Kostenartenrechnung), wo die Kosten entstehen (Aufgabe der Kostenstellenrechnung) und für welche Leistungen sie entstehen (Aufgabe der Kostenträger- bzw. Leistungsrechnung). Die Ergebnisse sollten beispielsweise darüber informieren, wie hoch Kostendeckungsgrade bei entgeltlichen Veranstaltungen sind, wie hoch Leistungsentgelte sein müssen, um Kostendeckung nach betriebswirtschaftlichen Grundsätzen zu erreichen, mit welchen Kostenwirkungen bei Leistungsänderungen zu rechnen ist, wo Senkungen von Einzel- und Gemeinkosten sowie fixen und variablen Kosten bei gleichbleibendem Leistungsangebot möglich sind, wieviel vergleichbare Alternativen kosten wie z.B. Eigenerstellung oder Fremdbezug, Bau, Miete oder Leasing? Zum Teil gibt es dafür eine entsprechende Software. Was das externe Rechnungswesen anbelangt, sollte man einen Vorteil nicht unerwähnt lassen. Der kaufmännische Jahresabschluß mit Bilanz und G+V-Rechnung wird auch in der Öffentlichkeit verstanden, wobei im Geschäftsbericht besonders auf Sachziele und Zielerreichung hinzuweisen wäre, weil sich der Erfolg kommunaler Kulturunternehmen nicht in einer profitablen Bilanz widerspiegelt.

VIII. Controlling als Entscheidungshilfe

Ausbau und Umbau von Museen und Theatern, ihr Leistungsprogramm, das Marketingmix, die Kosten und ihre Finanzierung erfordern fundierte Entscheidungen. Zur Verhinderung von Fehlentscheidungen hat die Managementlehre Einsichten vermittelt, die zu befolgen sich auch für kommunale Kulturunternehmen empfiehlt. Danach sind strategische von operativen Aufgaben zu unterscheiden. Bei ersteren handelt es sich um grundlegende und umfassende Aufgaben mit weitreichender Wirkung. Bei Museen und Theatern gehören sie in die Kompetenz des Trägers bzw. Überwachungsorgans. Operative Aufgaben liegen dagegen bei konkreten Einzelmaßnahmen mit kürzerer Reichweite vor. Für sie muß das Leitungsorgan verantwortlich sein.

Die Entscheidungsträger benötigen ökonomisch relevante Informationen, noch dazu, wenn diese Unternehmen über mehrere Sparten verfügen, im Wettbewerb stehen und als Teil des kulturellen Lebens von der Öffentlichkeit wahrgenommen werden. Die Informationen bereitzustellen, ist Sache des Controlling. Controlling heißt ziel- und zukunftsbezogen informieren und hat eine dienende Funktion, indem es Zielsetzung und Planung überwacht, Abweichungen und Ursachen meldet und Kurskorrekturen vorschlägt. Notwendig ist Controlling bei komplexer Aufgabenstellung in schwierigen Entscheidungssituationen mit hohem Koordinationsaufwand. Der Controller hat oft eine undankbare Aufgabe, weil er Zielsetzungen und Zukunftschancen kritisch hinterfragen muß. Controlling ist also nicht mit Kontrolle gleichzusetzen, bedeutet vielmehr Steuerung in Richtung auf künftige Entwicklungen.

Als Controllinginstrumente zieht man Indikatoren, Kennzahlen und Statistiken, Betriebs-, Verfahrens- und Zeitvergleiche, Kosten- und Gewinnvergleiche, Investitionsrechnungen, Wertanalysen, Gegenstromverfahren, Plausibilitätsprüfungen, Erfolgskontrollen usw. heran.

Da viele Bestandteile des Controlling von jeher – auch in der Museums- und Theaterpraxis – Anwendung finden, fragt man sich nach dem besonderen Neuen dieser Methode. Es besteht im ganzheitlichen und integrativen Ansatz und in der systematischen Durchdringung des Betriebsgeschehens unter Wirtschaftlichkeitsaspekten. Dazu gehören vor allem Alternativengenerierung und Alternativenevaluierung. Erst sie setzen instand, fundierte Entscheidungen zu treffen.

Vom Controller wird erwartet, daß er hierzu die Informationen liefert. Er beschafft sie aus dem Rechnungswesen, allgemeiner: aus dem Informationssystem des Unternehmens und aus externen Berichten, Statistiken und anderen Informationsquellen oder führt eigene Erhebungen durch. In der Regel wird er seine Auswertungen der Leitung vorlegen. Leitung heißt bei Museen und Theatern häufig monokratische Leitung, denn sie verfügen oft über eine singuläre Spitze, den Museumsdirektor bzw. Theaterintendanten. Manchmal trifft man auch auf eine Zweierspitze mit einem Leiter und einem Verwaltungsdirektor. Denkbar wäre für große Museen und Theater auch ein kollegialer Vorstand, um den vielfältigen wissenschaftlichen, künstlerischen, wirtschaftlichen, sozialen und technischen Anforderungen arbeitsteilig und professionell begegnen zu können. Hier gibt es keine einheitlichen Regeln, wohl aber Erkenntnisse der Organisationstheorie, welche Voraussetzungen für einzelne Führungsmodelle gegeben sein sollten und welche Wirkungen das eine oder andere Modell zeitigt. Wo sich zwei oder mehrere Personen die Leitung teilen, bedarf es aber stets einer Geschäftsordnung mit Festlegung der Zuständigkeiten, der Entscheidungsfindung und Verantwortlichkeiten. Die Öffentliche Betriebswirtschaftslehre muß hierzu noch einiges beisteuern, um die Führung kommunaler Kulturunternehmen zu optimieren.

JÜRGEN MITTELSTRASS

Neue Medien und Kultur

Kultureller Wandel kommt häufig als technologischer Wandel daher. So sind es heute insbesondere die Stichworte Multimedia und Information, die mit einem technologischen Wandel auch einen kulturellen Wandel anzeigen. Der Ausdruck ‚Informationsgesellschaft' bringt dies auf eine kurze Formel. Mit ihm bezeichnen Soziologen und Politiker in ungewohnter Eintracht eine Gesellschafts- und Wirtschaftsform, in der die Erzeugung, Speicherung, Verarbeitung, Vermittlung, Verbreitung und der Nutzen von Information und Wissen in Informationsform, einschließlich immer größerer technischer Möglichkeiten der interaktiven Kommunikation, eine entscheidende Rolle spielen.[1] Maßgebliche Elemente dieser Entwicklung sind die Technik, z.B. in Form des Aufbaus und des Ausbaus von Informationsleitungsnetzen (‚Datenautobahnen') und der Entwicklung nutzerfreundlicher Mensch-Maschine-Schnittstellen, die Wirtschaft, z.B. im Produktions- und Dienstleistungsbereich (‚Multimedia'), und die Arbeitswelt, z.B. in Form des Wandels von Berufs- und Beschäftigungsfeldern und des Entstehens neuer Arbeitsformen (‚Telearbeit'), ferner alle im üblichen engeren Sinne kulturellen Formen der Gesellschaft, z.B. in den Bereichen Bildung und Umwelt. Tatsächlich sind auch die Momente Technik, Wirtschaft und Arbeitswelt kulturelle Formen, d.h., auch sie gehören zu einem kulturellen Ganzen, in dem sich der moderne Wandel nur am deutlichsten zum Ausdruck bringt. Daß dabei der technologische Wandel den Kern des mit den Stichworten Multimedia und Information bezeichneten Wandels darstellt, wurde schon gesagt.

---

[1] Vgl. *Der Rat für Forschung, Technologie und Innovation,* Informationsgesellschaft. Chancen, Innovationen und Herausforderungen, Bonn 1995, S. 9-12 (Allgemeine Vorbemerkungen).

Im Folgenden einige kurze Bemerkungen zu den Stichworten Sprache, Medien, Kommunikation und Information, verbunden mit den Begriffen der Informationswelt und der Informationsgesellschaft sowie den Begriffen der Orientierung und der Kultur. Dabei greife ich auf einige frühere Überlegungen zurück und arbeite sie weiter aus.[2] Im Mittelpunkt dieser Überlegungen steht die These, daß wir mit den genannten Begriffen nicht so sehr eine Welt beschreiben, wie sie sich von sich aus darstellt, sondern die Art und Weise, wie wir diese Welt – und uns selbst mit ihr – machen. Homo faber – das ist auch der sprechende, bildende, kommunizierende Mensch – und mundus faber, die (vom Menschen) angeeignete, geschaffene Welt, die sich anschickt, sich den Menschen anzueignen, ihn nach dem von ihm geschaffenen Bilde noch einmal zu schaffen, verbinden sich miteinander. In dieser Verbindung vollzieht sich heute das, was wir einen kulturellen Wandel nennen.

I.

Kultur – das ist immer auch und in erster Linie Sprache. Die Sprache beherrscht uns, die wir doch die Sprache zu beherrschen glauben. Sie beherrscht unser Denken und Tun, das individuelle ebenso wie das gesellschaftliche. Die Sprache folgt uns auf Schritt und Tritt, auf privaten und öffentlichen Wegen, die selbst Wege in eine sprachliche Welt sind, und sie ist uns immer schon voraus. Wohin wir auch gehen, wo immer wir siedeln, die Sprache war immer schon da – mit ihren Unterscheidungen, in denen sich die Welt als eine geordnete Welt zu erkennen gibt und mit denen wir Schneisen in das Ungeordnete schlagen, mit ihren Orientierungen, die unsere Erwartungen und Einsichten, unsere Hoffnungen und Ängste bestimmen, mit ihren Grenzen, die wir nicht hinter uns lassen können. Wittgenstein, von dem noch die Rede sein wird,

---

[2] *Jürgen Mittelstraß*, Sprache – Medien – Kommunikation. Stichworte zur „Leonardo-Welt", in: Kommunikation und Metropole. SEL-Stiftungstagung Berlin '93, Stuttgart (SEL-Stiftung) 1993, S. 22-31.

wörtlich: „Die Grenzen meiner Sprache bedeuten die Grenzen meiner Welt."[3]

Die Sprache sagt, in welcher Welt wir leben und wer wir sind. Sie sagt, aus welcher Welt wir kommen und in welche Welt wir gehen. Sie macht uns zu Subjekten, zum Ich und zum Du. Ohne Sprache gäbe es keine verläßliche Orientierung, und ohne Sprache gäbe es keine bewohnbare Welt. Oder anders ausgedrückt: Sprache ist die Welt bewohnbar gemacht, die Welt verwandelt in die Welt des Menschen, eines Menschen, der sich nur in Dingen wiederzuerkennen vermag, die er berührt hat, denen er sein Wesen eingeprägt hat, die er benannt und die er selbst gemacht hat. Gemeint sind nicht nur Dinge, denen der Mensch, z.B. in der Wissenschaft, Objektivität verleiht, sondern auch Dinge, die seine Subjektivität atmen.

Was ist das für eine Welt? Es ist die Welt, in der sich der Mensch als Entdecker, als Deuter und als Konstrukteur und Künstler bewegt. Es ist eine Kolumbus-Welt, in der die Horizonte unseres Wissen- und Entdeckenwollens mit unserem Wissen und Entdecken ständig weiterwandern, eine Leibniz-Welt, die sich der Mensch über seine Deutungen aneignet, und eine Leonardo-Welt, die er selbst gemacht hat, um fortan als Entdecker und Deuter in seiner eigenen Welt zu leben. Sprache ist (auch) in diesem Sinne nichts Äußerliches, unserem Denken und Tun lediglich Beigefügtes, sondern das Medium, in dem sich diese Welten bilden – nicht als literarische oder fiktive Welten, sondern als die wirkliche Welt, in ihren Aspekten als Kolumbus-Welt, Leibniz-Welt und Leonardo-Welt.

Das wußte im übrigen schon Wilhelm von Humboldt. Humboldts These, die auch in der Gegenwart (zumindest der philosophischen und der sprachwissenschaftlichen) ihre Geltung behauptet hat, ist, daß in jeder Sprache ‚eine eigentümliche Weltansicht' liege. Sprache ist dabei nach Humboldt weder Werk (Ergon), d.h. etwas von uns Hergestelltes, wie Uhren und Pfannen, noch Mittel, d.h. ein bloßes Instrument, zur Kommunikation mit der Welt, sondern

---

[3] Tractatus logico-philosophicus (1921) 5.6.

selbst Tätigkeit (Energeia) und als solche ‚Arbeit des Geistes'. Diese Arbeit bringt sich sowohl im Sprechen als auch im Verstehen und damit in der dialogischen Einheit von Ich und Du zum Ausdruck.[4] Und sie bringt sich in den genannten Welten – der Kolumbus-Welt, der Leibniz-Welt und der Leonardo-Welt – paradigmatisch zum Ausdruck. Deren Einheit ist deshalb auch, so verstanden, eine Humboldt-Welt. Die ‚Arbeit des Geistes', die Humboldt in der Sprache und ihren ‚Weltansichten' beschlossen sah, ist Aneignung und Orientierung. Aneignung bedeutet Verwandlung der Welt in die Welt des Menschen, Orientierung eine (individuelle wie gesellschaftliche) Lebensform – die immer auch eine besondere (innere) Sprachform einschließt.

Daß die Welt ein Resultat der ‚Arbeit des Geistes' ist, bedeutet nicht, daß ihre einzige Wirklichkeit die des Geistes ist. Wer das annimmt (und die Philosophie kennt viele Beispiele für diese Annahme), der setzt sich nicht nur dem Gelächter der thrakischen Magd aus, die, mit beiden Beinen fest auf dem Boden der Normalität stehend, den gelehrten Thales mit den Sternen zugewandtem Blick in einen Brunnen fallen sieht, sondern der vergißt auch, daß die Welt nicht einfach ihre Sprache ist. Wer alles in Sprache aufzulösen sucht, kommt in ihr um, d.h., er stößt nur um so heftiger auf eine Realität, die sich unseren sprachlichen Beschwörungen und Träumen nicht beugt (Herr und Knecht und Natur, die in ihrer Aneignung auf den Menschen zurückschlägt, sind Stichworte dafür). Die Gleichung zwischen Welt und Sprache geht, trotz Humboldt-Welt und des über Aneignung und Orientierung und die Allgegenwart der Sprache Gesagten, nicht auf. Auch nicht in ihrer alten wie neuen Form als Gleichung zwischen Welt und Text, die aus dem sprachlichen Wesen der Welt ein literarisches Wesen macht. Darauf hat schon Umberto Eco (mit Blick auf Rosen und Interpretationen) ausdrücklich hingewiesen: „Das Mittelalter irrte, als es die Welt als Text verstand, die Moderne irrt, wenn sie den Text als Welt betrachtet."[5] Texte sind weder die

[4] Vgl. *Kuno Lorenz,* Artikel: Wilhelm von Humboldt, in: Jürgen Mittelstraß (Hrsg.), Enzyklopädie, Philosophie und Wissenschaftstheorie II, Mannheim/Wien/Zürich 1984, Stuttgart/Weimar 1996, S. 140.
[5] *Umberto Eco,* Streit der Interpretationen, Konstanz 1987, S. 29.

Welt noch deren Geheimnis. Sie sind vielmehr, so Eco weiter, „der menschliche Versuch, die Welt auf ein handliches Format zu bringen"[6] – so wie die Sprache insgesamt gesehen der immer erfolgreiche und doch auch immer unzulängliche Versuch ist, die Welt, wie es zuvor hieß, bewohnbar zu machen. Wir ziehen mit der Sprache Furchen in die Welt, aber wir machen sie nicht mit unserer Sprache; wir kultivieren die Welt, indem wir sie in unserer Sprache zum Sprechen bringen, aber wir lösen die Welt nicht in sprachliche Kultur (und, häufiger noch, Unkultur) auf.

Eco wendet sich, mit den Worten des Konstanzer Romanisten Hans Robert Jauß, gegen die „Reduktion des Textes auf eine einzige Bedeutung einerseits" und seine „Dispersion in willkürliche Interpretationen andererseits"[7]. Von modischer Dekonstruktion, die das Band zwischen Literatur und Wirklichkeit löst, hält er nichts. Ebensowenig der philosophische Schriftsteller Italo Calvino mit der Unterscheidung zwischen geschriebener und ungeschriebener Welt.[8] Die Welt ist weder Sprache, noch bleibt sie durch Sprache unerreichbar, unaussprechbar. Zwischen geschriebener und ungeschriebener Welt, zwischen versprachlichter Welt und der Sprache Widerstand leistender Welt bewegen sich Aneignung und Orientierung nach historischen, philosophischen, politischen, wissenschaftlichen, künstlerischen und anderen Maßen. Humboldt-Welt – die Welt, in der Kolumbus-Welt, Leibniz-Welt und Leonardo-Welt zu einer sprachlich verfaßten Einheit finden – und eine Welt, die auch dann da ist, wenn wir verstummen, und die trotz aller sprachlichen Aneignung etwas Unbegreifbares bleibt – wie Leben und Tod, Lachen und Weinen, das Glück und die Melancholie –, sind die Pole, zwischen denen die conditio humana, die menschliche Befindlichkeit, ausgespannt ist.

Das gilt nicht nur in erkenntnistheoretischen und weltgeschichtlichen Dimensionen, sondern auch im Ich und Du. Deren Sprache ist der Dialog, die eigentliche Urform der Sprache. Der Dialog

---

[6] Ebd.

[7] *Hans Robert Jauß,* Einleitung zu: Umberto Eco, Streit der Interpretationen, S. 11.

[8] *Italo Calvino,* Mondo scritto e mondo non scritto, in: Lettera Internazionale Jg. 3 (1985), H. 4/5, S. 16-18.

konstituiert nicht nur die Anerkennung der Subjekte, er bringt auch deren Identität zur Geltung. Alice in Wonderland bekommt dies auf eine liebenswürdige Weise zu spüren, als sie, nach ihrem Erwachen durch zahllose Metamorphosen gehend, diese Identität nicht zu artikulieren vermag. Ihr Gespräch mit der Raupe macht das deutlich: „,Who are you?' said the Caterpillar. (…) Alice replied, rather shyly, ‚I – I hardly know, Sir, just at present – at least I know who I was when I got up this morning, but I think I must have been changed several times since then.' ‚What do you mean by that?' said the Caterpillar sternly. ‚Explain yourself!' ‚I can't explain myself, I'm afraid, Sir,' said Alice, ‚because I'm not myself, you see.' ‚I don't see,' said the Caterpillar" – und der Dialog läßt weiter auf sich warten.[9] Sprachliche Kompetenz setzt Selbstgewißheit des Sprechers voraus, wie umgekehrt Selbstgewißheit ohne sprachliche Kompetenz anderen und sich selbst verborgen bleibt. Ein Dialog kommt, wie im Falle von Alice und der Raupe, nicht zustande, das Subjekt und seine Welt bleiben stumm.

II.

Um so beredter sind heute die Medien. Wo sich die Sprache dem Dialog entzieht, dieser nicht mehr zustande kommt und Subjekt und Welt verstummen, melden sich die Medien um so lauter. Sie schieben sich wort- und bilderreich zwischen das Ich und das Du, das Subjekt und sein Bewußtsein, das Subjekt und seine Welt. Die Leonardo-Welt verwandelt sich in eine Medienwelt, mundus faber schlägt auf homo faber zurück. Dieser gehört nicht länger sich selbst – wozu ihn einmal die Aufklärung aufgefordert hatte –, weil ihm seine Orientierungen nicht gehören. Diese gehören vielmehr den Medien, vor allem den visuellen Medien, auch wenn diese selbst gemäß den Idealen einer offenen, pluralistischen Gesellschaft pluralistisch organisiert und frei sind. Das Man, von dem Heidegger so überzeugend darlegt, daß es die alltägliche Seinsweise des Menschen ist[10], hat in den Medien seine moderne

---

[9] *Lewis Carroll,* Alice in Wonderland/Through the Looking-Glass, etc., New York 1965, S. 36 f.
[10] *Martin Heidegger,* Sein und Zeit, Tübingen [14]1977, S. 126 ff.

Orientierungsform gefunden, der gegenüber frühere Formen der Inbesitznahme des Menschen fast nur noch ein müdes Lächeln verdienen. Freie Medien machen eben das Individuum noch lange nicht frei. Wo sie es nicht voraussetzen – wie es das Ideal einer aufgeklärten Gesellschaft besagt –, setzen sie sich vielmehr an seine Stelle, indem sie die Kammern seines Bewußtseins besetzen, seine Wahrnehmungen, seine Erfahrungen, seine Vorstellungen lenken, Einfluß auf das Bild der Welt durch ihre Bilder nehmen. An die Stelle der Weltbilder sind in einer Leonardo-Welt die Bilderwelten der Medien getreten. Und mehr noch: Auf diese Weise werden auch Herrschaftsstrukturen verändert – wovon vor aller Medienwelt schon Gottes Warnung gegenüber Moses zeugt: du sollst dir kein Bildnis machen.[11] Wir herrschen mit unseren Bildern über die Dinge, und die Bilder herrschen über uns.

In der Medienwelt, die selbst Ausdruck einer Leonardo-Welt ist, rufen alle nach dem mündigen, verantwortungsbewußten Bürger, und viele hoffen dabei insgeheim, daß es ihn nicht gibt, jedenfalls nicht in nennenswerter Zahl. Und diese Hoffnung wird selten enttäuscht. Das gilt für den gesamten Bereich der ,Öffentlichkeit', mit deren Idee als bürgerlicher Öffentlichkeit ursprünglich die Durchsetzung von gesellschaftlicher Autonomie und Vernunft verbunden war, desgleichen der Zusammenhang von Mündigkeit und Aufklärung. Der mündige Bürger ist der aufgeklärte Bürger; ,aufgeklärt' dabei nicht lediglich im Sinne von ,informiert', sondern im Sinne von ,selbstbestimmt' und ,selbstverantwortet'. Dies ist der eigentliche Kern des aufklärerischen Programms, weshalb es auch noch immer angebracht ist, Immanuel Kant zu zitieren: „Aufklärung ist der Ausgang des Menschen aus seiner selbst verschuldeten Unmündigkeit. Unmündigkeit ist das Unvermögen, sich seines Verstandes ohne Leitung eines anderen zu bedienen. Selbstverschuldet ist diese Unmündigkeit, wenn die Ursache derselben nicht am Mangel des Verstandes, sondern der Entschließung und des Mutes liegt, sich seiner ohne Leitung eines andern

---

[11] 2. Mose 20.4.

zu bedienen."[12] ,Entschließung' und ,Mut' in Sachen Aufklärung sind auch heute noch immer schwach ausgeprägt. In dem Maße, in dem die öffentliche Meinung an die Stelle einer eigenen Meinung, d.h. des öffentlichen Gebrauchs des eigenen Verstandes, tritt, ist Mündigkeit oft nur noch eine Beschwörungs- und Beschwichtigungsformel, die sich als schöner gesellschaftlicher Schein über unaufgeklärte Verhältnisse legt.

Die Medien sind ihrer eigenen Rolle in einer modernen, pluralistischen Gesellschaft nach das Mittel, diesen Schein zu zerstören; sie befördern ihn aber auch und sie profitieren auch von ihm. Das Man ist die Urform der Gesellschaft, auch der modernen, pluralistischen; und es ist der bevorzugte Adressat der Medienwelt. Dabei kann die Eintrittsschwelle in diese Welt unterschiedlich hoch liegen. Bei den visuellen Medien, vor allem beim Medium Fernsehen, liegt sie besonders niedrig. Während es selbst zum Zeitunglesen einer gewissen ,Entschließung' (wenn auch nicht des ,Mutes') bedarf, ferner der Bereitschaft, andere Dinge beiseite zu legen, etwas anderes zu tun, nämlich zu lesen, genügt in diesem Falle ein Knopfdruck, bei manchem schon routinisiert wie das Schuhe-Abstreifen beim Betreten der Wohnung. Veni, vidi, Video – die Konsumwege in der Medienwelt sind kurz geworden.

III.

Kein Wunder, daß diese Entwicklung auch den Kulturbegriff erfaßt, Kultur heute im wesentlichen Medienkultur bedeutet. Dabei ist Kultur recht verstanden nicht das, was man mit dem üblichen Kulturbetrieb identifiziert, also ein von anderen Lebensbereichen abgegrenzter Teilbereich des gesellschaftlichen Lebens,

---

[12] *Immanuel Kant,* Beantwortung der Frage: was ist Aufklärung? (1784), in: Immanuel Kant, Werke in sechs Bänden, hrsg. v. Wilhelm Weischedel, Frankfurt/Darmstadt 1956-1964, VI, S. 53. Zur Modernität dieser Sätze auch in der Medienwelt vgl. Franz Alt, Wer aufklärt, stört. Aber das ist unser Auftrag, in: Hermann Boventer (Hrsg.), Medien und Moral. Ungeschriebene Regeln des Journalismus, Konstanz 1988 (Journalismus 27), S. 17-26.

sondern Inbegriff aller menschlichen Arbeits- und Lebensformen. Wer Kultur gegenüber den Arbeitsformen der Gesellschaft in der genannten Weise abgrenzt und sie nur als separaten Teil der Lebensform einer Gesellschaft, gewissermaßen als den Feierabendanteil ansieht, verwechselt eben Kultur mit den gewöhnlichen Formen des Kulturbetriebs. Kultur wird zum Luxus und zieht sich in eigene Welten zurück. Das gleiche gilt für Bildung. Bildung ist individuell assimilierte Kultur, der Gebildete nach einer noch immer beherzigenswerten Definition Wilhelm v. Humboldts derjenige, der „so viel Welt, als möglich zu ergreifen, und so eng, als er nur kann, mit sich zu verbinden" sucht[13]. Zugleich verbinden sich die Begriffe der Kultur und der Bildung mit dem Begriff der Orientierung in einer Leonardo-Welt. Weil Kultur und Bildung nicht zuletzt Forschung, Invention und Darstellung sind, sich im Medium von Finden, Erfinden und Gestalten bewegen, ist auch die moderne Welt als Leonardo-Welt zugleich eine Kultur- und Bildungswelt.

Und diese Welt schließt nun auch die Medien ein. Die modernen Medien sind in eminenter Weise zum Ausdruck einer Leonardo-Welt geworden, d.h. zum Ausdruck einer Welt, die ihre Natürlichkeit längst verloren hat, in der Wirklichkeit zur Konstruktion wird und in der nicht nur die Welt zum Werk des Menschen, sondern auch der Mensch zum Werk seiner selbst und der von ihm geschaffenen Welt wird. In den Medien schaut sich die Leonardo-Welt selbst an, erkennt sie ihre eigene weltbildende Kraft und das, was an ihr selbst Kultur und Bildung, aber auch Unkultur und Unbildung ist. Dabei gehört es zur Hoffnung unserer Welt, daß sich in den Grenzen einer Leonardo-Welt die Kulturwelt an die Stelle einer unwiederbringlichen Naturwelt und an die Stelle einer Aneignungswelt, in der auch Kultur ihre Selbständigkeit verliert, setzt.

---

[13] *Wilhelm von Humboldt*, Theorie der Bildung des Menschen (Bruchstück), in: Wilhelm von Humboldt, Gesammelte Schriften, I-XVII, Berlin 1903-1936, I, S. 283.

IV.

Teil der Medienwelt ist die Informationswelt, die ihrerseits domi-
nanter Ausdruck einer modernen Kommunikationswelt ist. Im
Informationsbegriff scheinen Sprachbegriff, Wissensbegriff und
Kommunikationsbegriff zu einer neuen Einheit gefunden zu
haben. Müssen wir das über Sprache und Welt, Aufklärung und
Orientierung Gesagte korrigieren? Haben wir bereits, wonach wir
(und Alice) suchten? Hat die Leonardo-Welt im Informationsbegriff zu ihrem Bewußtsein und der eigentlichen Wirklichkeit einer
Homo-Faber-Welt gefunden? Dazu ist Folgendes zu sagen.[14]

Heute verspricht eine Informationswelt ein paradiesisches Reich
des Wissens ohne mühsame Lernprozesse; Informationstechnologien, die nicht nur unsere Arbeits- und Konsumgewohnheiten,
sondern auch unsere Vorstellungsgewohnheiten umkrempeln,
erscheinen als die neuen Zauberstäbe, als ein modernes Abraka-
dabra, das die Welt auf Bildschirme zaubert und mehr Antworten
bereithält, als Fragen verfügbar sind. Die neue Pädagogik des Pla-
tonischen Höhlengleichnisses lautet, daß wir alle von Wissens-
zwergen zu Informationsriesen werden sollen. Schon glauben
Soziologen und Politiker in seltener Einmütigkeit die Morgen-
dämmerung einer neuen Gesellschaft, eben der Informationsgesellschaft wahrzunehmen.

In einer derartigen Gesellschaft, metaphorisch gesprochen: in der
Symbiose von Bildschirm und Kopf, wird die Unterscheidung
zwischen Wissen und Information blaß. Wir sprechen von Information, als sei diese schon das ganze Wissen, und übersehen
dabei, daß Information nur eine besondere Form des Wissens ist,
nämlich die Art und Weise, wie sich Wissen transportabel macht,
also eine Kommunikationsform, keine (selbständige) Wissens-
form. Es entsteht der irreführende Eindruck, daß sich das Wissen
selbst in Informationsform bildet, daß mit dem Informationsbe-

---

[14] Das Folgende ist zum Teil in direktem Anschluß weiter ausgeführt in: *Jürgen Mittelstraß,*
Leonardo-Welt – Aspekte einer Epochenschwelle, in: Gert Kaiser/Dirk Matejovski/Jutta Fedro-
witz (Hrsg.), Kultur und Technik im 21. Jahrhundert, Frankfurt/New York 1993, S. 16-32, hier:
S. 23 ff., S. 31 f.

griff ein neuer Wissensbegriff entstanden ist, und zwar gegenüber älteren Wissensbegriffen der einzig richtige. An die Stelle von eigenen Wissensbildungskompetenzen treten nun Verarbeitungskompetenzen und das Vertrauen darauf, daß die Information ‚stimmt'. In der Tat macht es ja auch wenig Sinn, vor dem Bildschirm den Skeptiker zu spielen. Informationen muß man glauben, wenn man ihr Wissen, das über die Information transportierte Wissen, nicht prüfen kann. Eben diese Prüfung aber war bisher konstitutiv für den Begriff der Wissensbildung: Wissen kann man sich nur als Wissender aneignen, Wissen setzt den Wissenden voraus.

Die Situation, daß Information an die Stelle des Wissens tritt bzw. zwischen Wissen und Information nicht mehr in der richtigen Weise unterschieden wird, ist übrigens nicht neu. Sie war auch früher und ist auch heute überall dort gegeben, wo man sich z.B. auf das Wissen des Arztes verlassen mußte oder die Existenz von Klassikern bereits als Ausweis begründeten Wissens diente. Nur wurde mit der Idee der Aufklärung gegen einen in dieser Weise eingeschränkten Wissensbegriff eine Vorstellung von Wissen geltend gemacht, die gerade auf der Selbständigkeit des Wissenden, d.h. einer produktiven, begründungsorientierten Aneignung des Wissens, beruhen sollte. Also kommt es und kam es immer darauf an, sehr genau zwischen einem Wissen, das seinen Sitz in einem selbst erworbenen, selbst Wissen produzierenden Sachverstand hat, und einem Wissen, das als mitgeteiltes einfach übernommen und weiter verarbeitet wird, zu unterscheiden. Dies könnte heute etwa dadurch geschehen, daß man sich unmißverständlich klarmacht, daß Informationstechnologien allein der Bereitstellung von Informationen dienen, die auf andere Weise entweder gar nicht oder nicht in der gebotenen Schnelligkeit beschafft werden können, daß sie Informationen ‚errechnen', die gegebenes Wissen auf eine leicht handhabbare Weise zur Verfügung stellen. Informationstechnologien wären ‚rechnende' Enzyklopädien, mehr nicht, aber auch nicht weniger. Der ‚Nutzer' oder ‚Anwender' muß wissen, worauf er sich einläßt, nicht, indem er den Informationstechnologien mißtraut, sondern indem er weiß, wie er Informationen mit dem eigenen Wissen verbindet. Noch einmal: Vor dem Bildschirm hat es keinen Sinn, den Skeptiker zu spielen – nur sollte der richtige Kopf vor dem Bildschirm sitzen.

Unabhängig davon gilt, daß sich in einer oberflächlichen Beschreibung der Leonardo-Welt als Informationswelt und ihrer Bewohner als Informationsgesellschaft eine Entwicklung ausdrückt, die von der alten (aufklärerischen) Idee einer epistemischen (d.h. auf die Wissensbildung bezogenen) Selbständigkeit zur Wirklichkeit einer epistemischen Unselbständigkeit führt. Abhängigkeiten gegenüber Informationen wachsen, ein eigenes, selbst erworbenes und selbst beherrschtes Wissen nimmt ab. Das aber bedeutet auch (wenn das zuvor Gesagte unberücksichtigt bleibt), daß im Medium der Information Wissen und Meinung ununterscheidbar werden. Meinung artikuliert sich in Informationsform wie Wissen; der epistemische Vorsprung des Wissens vor der Meinung wird unkenntlich. Strukturell und auf den durchschnittlichen ‚Konsumenten' bezogen, entspricht der Informationswelt eine Meinungswelt, keine Wissenswelt; der ‚Informierte' selbst weiß nicht, ob er in einer Wissenswelt oder in einer Meinungswelt lebt.

Um es noch deutlicher auszudrücken: Wo sich epistemische Selbständigkeit zu epistemischer Unselbständigkeit verkehrt, wo in Informationsform zwischen Wissen und Meinung nicht mehr unterschieden wird bzw. dieser Unterschied nicht mehr kenntlich ist, öffnet sich heute in überraschender Weise eine kulturökologische Nische für eine neue Dummheit. Diese Dummheit ist gewiß nicht mehr die dumpfe Dummheit des Ungebildeten und Verstockten, aber sie teilt mit der Dummheit im üblichen Sinne die habituelle Nicht-Existenz von Wissen im hier definierten, an den Begriff der epistemischen Selbständigkeit gebundenen Sinne. Sie ist eine Dummheit auf hohem Niveau, gibt sich nur dem auf Wiederherstellung einer ursprünglichen Wissenswelt Dringenden wirklich zu erkennen und fällt im übrigen nur deshalb nicht sonderlich auf, weil sie technologisch gesehen ungeheuer erfolgreich ist.

Das ist polemisch und ist auch so gemeint. Polemik ist ja nicht nur etwas Unsachgemäßes, sie ist auch der Stachel im Fleisch einer allzusehr von sich selbst überzeugten Kultur, auf welchem intellektuellen Niveau auch immer. In diesem Falle geht es darum, die Dynamik einer Leonardo-Welt deutlich zu machen. Sie kommt nicht nur in einer wachsenden epistemischen Unüberschaubarkeit zum Ausdruck, d.h. darin, daß wir mit mehr Informationen zusammenleben, als wir verarbeiten können, sondern auch darin, daß sich die Wissensstrukturen in dieser Leonardo-Welt verändern. Auf den Strömen der Information entfernen wir uns immer weiter von den Quellen, die das Wissen sind. Und in dieser Entwicklung droht das politische Prinzip des Teilens und Herrschens (‚divide et impera!') auch zu einem epistemischen Prinzip zu werden.

Gemeint ist hier die zunehmende Partikularisierung des Wissens, die in einem seltsamen Gegensatz zu der in einer Informationswelt zunehmenden ‚technologischen' Integration des Wissens steht. Diese Integration führt nicht, was man vermuten könnte, zu einer neuen (oder alten) Einheit des universal orientierten Wissenden, sondern gerade im Gegensatz dazu zur Kreation des Experten. Die Informationswelt ist eine Expertenwelt; in ihr herrscht nicht die Leibnizsche Monade, in der sich auch in Wissensdingen ein Universum spiegeln soll, sondern der Spezialist, in dem sich fast nichts mehr oder nur noch (frei nach Schiller) eine geteilte Erde spiegelt. Wer immer mehr von immer weniger weiß, ist auf die Rückseite der Universalität geraten; er sucht sie im Detail, das für ihn nun das Ganze ist. Das aber kann vor allem unter Orientierungsgesichtspunkten nicht gutgehen. Wo eine Informationswelt zur Expertenwelt wird, ist das (alte) Ideal der Einheit des Wissens, auch wenn es ‚technologisch' noch weiter verfolgt wird, gesellschaftlich funktionslos geworden. Allenfalls lebt es wie sein eigener Schatten in Form des so genannten Generalisten weiter, der sich z.B. als die Hoffnung des Politikers angesichts der Herrschaft der Experten und seiner eigenen Inkompetenz auf der Seite des Sachverstandes im politischen Raum festzusetzen sucht. Die Ordnung des Wissens in den Kategorien Universalität und Fachlichkeit, d.h. in einer Form der Zuständigkeit für das Ganze und seine Teile (einige Teile), wird blaß. Und erneut ist es der Begriff der Information, der nicht nur auf der Verursacherseite steht, sondern auch Entlastung, entlastende Orientierung verspricht.

V.

Das Entscheidende ist an dieser Stelle das Stichwort Orientierung. Wenn das Wissen nicht zuletzt immer auch der Orientierung dient, dann muß auch ein Informationswissen, d.h. Wissen in Informationsform, seinen wohlbestimmten Platz in einer derartigen Ordnung finden. Und hier sei nun behauptet, daß Informationen im strengen Sinne nicht orientieren, daß sie aber zu den Voraussetzungen oder Grundlagen der Orientierung gehören. Maßgebend für diese Bestimmung ist, daß Informationswissen in erster Linie ein Faktenwissen ist, d.h. ein Wissen darüber, was der Fall ist. Demgegenüber läßt sich ein Orientierungswissen als ein Zwecke- und Zielewissen definieren, d.h. als ein Wissen darüber, was (begründet) der Fall sein soll. Informationswissen ist daher auch im Unterschied zum Orientierungswissen ein Verfügungswissen, d.h. ein (instrumentelles) Wissen um Ursachen, Wirkungen und Mittel. Als solches ist es wie dieses ein positives Wissen, kein regulatives Wissen. Regulatives Wissen ist nach den hier getroffenen Unterscheidungen kein Verfügungswissen, sondern ein Orientierungswissen. Oder noch anders, den ‚Ort‘ des Informationswissens im System des Wissens verdeutlichend, formuliert: Informationswissen ist Teil eines Verfügungswissens und dient dem Orientierungswissen.

Diese begrifflichen Unterscheidungen machen deutlich, daß die Beschwörung einer Informationsgesellschaft ins Leere geht, wenn mit ihr nicht nur eine informierte, sondern auch eine orientierte Gesellschaft gemeint sein sollte. Wenn Informationen der Orientierung dienen, aber nicht selbst schon die Orientierung sind, dann bedarf auch eine Gesellschaft, die sich als Informationsgesellschaft bezeichnet, der Ergänzung eines Informationswissens durch ein Orientierungswissen. Wie dies gewonnen werden kann, ist daher auch keine Frage, die sich über noch mehr Informationswissen beantworten läßt. Mit anderen Worten: Die Informationswelt ist keine Orientierungswelt, auch wenn in ratio-

338

nalen Kulturen jede Orientierungswelt, d.h. eine Welt, die nicht nur Was- und Warum-Fragen, sondern auch Wozu-Fragen zu beantworten sucht, (zunehmend) Elemente eines Informationswissens enthalten muß.

Damit macht auch der Hinweis auf eine Expertenwelt klar, daß die Informationswelt eine Aneignungsform der Leonardo-Welt ist, mit der diese über das Sein und das Bewußtsein ihrer Subjekte zu herrschen beginnt. Ihre Kultur heißt im übrigen – was die Philosophie und die Künste immer schon wußten – Konstruktion, Konstruktion der Wirklichkeit ebenso wie des Bewußtseins, das sich im Medium der Information auf diese Wirklichkeit bezieht. Wo homo faber, der Mensch als Handwerker, Konstrukteur und Ingenieur, herrscht, wird in diesem Sinne alles zur Konstruktion, erfaßt die Leonardo-Welt unter dem Signum des technologischen Wandels, der in Wahrheit ein kultureller Wandel ist, selbst die Wissenschaft und die Wissensformen. Achten wir darauf, daß wir über den Schalmeienklängen der neuen Weltbaumeister nicht vergessen, daß die Zukunft der modernen Gesellschaft und mit ihr der modernen Welt nicht die Informationsgesellschaft, sondern die Wissensgesellschaft ist, eine Gesellschaft, die die neuen Möglichkeiten der Kommunikations- und Informationstechnologien klug und souverän nutzt, ohne ihnen, d.h. der in allem Technologischen liegenden Verselbständigungs- und Herrschaftstendenz, zu unterliegen.

VI.

Auf den Begriff des Orientierungswissens richten sich seit langem Bemühungen, ihn selbst ‚operationabel' zu machen, d.h. auch, ihn in einer ‚technischen' Sprache formulieren zu können. Ein Beispiel dafür ist KI bzw. KI-Forschung, d.h. Forschung über Künstliche Intelligenz, insofern diese nicht nur die Leistungsfähigkeit von Informationstechnologien im Sinne der Erweiterung eines Informations- und Expertenwissens zu steigern sucht, sondern Probleme eines Orientierungswissens zu lösen beansprucht. Der Phantasie scheinen dabei keine Grenzen gesteckt, Science Fiction ist allgegenwärtig, z.B. in den Worten eines Forschungschefs, mit denen dieser mit Blick auf die Entwicklung von Hochleistungsrechnern ‚nach menschlichem Maß' und nach Erwähnung einiger schöner Tip-Tops wie Fingertip-top und Needletip-top seiner Phantasie die Zügel schießen läßt: Der „Braintop als direkt an das Nervennetz angeschlossenes Implantat könnte unsere linke Gehirnhälfte erheblich aufmöbeln, wenn in ihm nur das positive Wissen der Encyclopaedia Britannica, der Prädikatenkalkül als logische Gehhilfe und das Vokabular (einschließlich Grammatik) von so etwa 20 Sprachen gespeichert wären. (…) Unsere linke Gehirnhälfte könnte sich dann mit komplexeren rationalen Problemen befassen, und die rechte stünde (…) völlig für die menschliche Seite, d.h. für Sport, Kultur und Kunst, Politik, Hobby, Philosophie und natürlich für die Liebe in allen Spielarten von agape bis zum eros pandemos zur Verfügung."[15] Orientierungswissen, so steht zu vermuten, wäre dann ebenfalls eine Sache der linken Gehirnhälfte, der Braintop wird's schon richten.

Sollen wir unsere Leonardo-Welt so einfach machen und eine Orientierungswelt so technologiegerecht? Für das Rationale, einschließlich der gesuchten Orientierungsrationalität, sorgten die Informationstechnologien, für das Irrationale wir selbst? Der Braintop als die Zukunft der Vernunft auf dem Wege in das nächste Jahrtausend? Gottlob scheint auch unser Forschungschef daran nicht so recht zu glauben, jedenfalls findet er nach diesem phantastischen Ausblick sehr schnell zu den materialen Problemen der Softwareentwicklung, der Physik und der Materialforschung (Stichwort Halbleiterentwicklung) zurück. Technologien bleiben eben auch dann noch Werkzeuge in der Hand des Menschen, wenn der Mensch ihnen Leben nach seiner Art einzuhauchen sucht. Außerdem bewegen wir uns mit derartigen Phantasien im unbegrenzten Reich der Analogien. Die aber sind, z.B. wenn wir von KI als selbstbewußter Intelligenz sprächen, ohnehin eher das Geschäft des Poeten und des Zauberers als das Geschäft des Wissenschaftlers, auch wenn analogische Ausschweifungen

---

[15] *K. Joachim Schmidt-Tiedemann,* Forschung 2000, Ms. Hamburg, Juni 1991 (MS-H 4886V/91), S. 3. Schmidt-Tiedemann war bis Juli 1991 Leiter der deutschen Philips-Forschung.

340

manchmal auch in der Wissenschaft im Sinne des zeitweiligen Beiseiteschiebens von Gewohnheiten, desgleichen von methodischem Gehorsam und intellektuellen Bequemlichkeiten, sehr fruchtbar sein können. Wer das Unmögliche nicht berührt, wird auch im Möglichen durchschnittlich bleiben. Nur gehört es eben zur wahren Kunst nicht nur des Wissenschaftlers, nach dem richtigen Unmöglichen Ausschau zu halten.

VII.

Dies ist in Sachen Orientierung nicht KI, aber auch, gegen den Zeitgeist gewendet, nicht Natur. Gegenwärtig sucht sich das alte Naturparadigma der Orientierung, wie es archaische Gesellschaften charakterisiert, wieder zu etablieren; die Kritik an der Leonardo-Welt erfolgt – mit Hegel und der idealistischen Naturphilosophie gesprochen, wonach Natur die andere Seite des Geistes, seine schlafende Seite ist – nicht im Namen des Geistes (und somit der Kultur), sondern eben im Namen der Natur. Stehen wir vor einer Renaissance der Natur, die nicht nur gegen den Imperialismus einer Baconschen Wissenschaft, sondern auch gegen einen Hegelschen Geist steht, der im Kulturbegriff überwintert hat? Vieles deutet darauf hin. Im Rahmen einer sogenannten ökologischen Ethik wird Natur selbst wieder zum Subjekt; romantische Verhältnisse holen, an Bacon und Hegel vorbei, die Leonardo-Welt ein. Wo dies wirklich der Fall ist, wird aber nicht Versöhnung (zwischen Natur und Geist), sondern Enttäuschung die Folge sein. Denn wer in einer Leonardo-Welt lebt, der kann nicht auf die Natürlichkeit der Natur und nicht auf die Natürlichkeit seiner Orientierungen hoffen. Der Ausgang des Menschen aus seiner Natürlichkeit ist unwiderruflich und daher auch die Bindung jeglicher Orientierung, wenn diese selbst Rationalität beansprucht, an die Vernunft.

Nun ist Vernunft ein schweres Wort, auch und gerade in einer Leonardo-Welt. Schließlich ist das Vernünftige nicht das, was einfach geschieht, wenn die Leonardo-Welt ihre Leistungskraft ungehindert entfaltet, sondern allemal das, was zugemutet werden muß, etwas, das die Dinge lenkt, nicht hinter ihnen herläuft, Orientierungsprobleme löst, indem es das Können mit dem Sollen und mit dem Dürfen verbindet. Folglich ist Vernunft auch nichts, was individuelle Bedürfnisse, aber auch kollektive, so wie sie sind oder wie sie sich der Markt wünscht, legitimiert, sondern etwas, das derartige Bedürfnisse einschränkt, sie einer Beurteilung unterwirft, deren Maß z.B. Gesichtspunkte des Zuträglichen, des Verallgemeinerbaren, der Verantwortung auch gegenüber zukünftigen Generationen sind.

Hier soll nicht einer Auffassung das Wort geredet werden, die das Werden der Leonardo-Welt als einen Irrweg und die Zukunft in ihrer Abschaffung sieht. Die Leonardo-Welt ist kein ‚Zufall‘, kein Spiel der Geschichte, das auch anders hätte gespielt werden können, sondern, wie bereits hervorgehoben, ein konsequentes Resultat des entwickelten Wesens des Menschen. Wissenschaftliche und technische Rationalitäten machen den Menschen zu einem rationalen Subjekt und seine Welt zu einer rationalen Welt. Nicht in allen Fällen und nicht in jeder Hinsicht, wie der Hinweis auf die Schwierigkeiten des Informationsbegriffs und des Vernünftigen verdeutlichen sollte; aber doch auch nicht so, daß wir uns mit unserem rationalen Wesen aus dieser Welt hinaus in eine heile Welt träumen könnten. Die Leonardo-Welt braucht weder Science Fiction, in der der Mensch allmählich verschwindet, noch betuliche Phantasien vom einfachen Leben, denen ihre Gegner nachhängen. Was diese Welt vielmehr braucht, ist eine besonnene Entwicklung derjenigen Rationalitäten, denen sie ihr eigentümliches Wesen verdankt. Und dies sind eben wissenschaftlich informierte und technisch stabilisierte Rationalitäten, auch im Technologiebereich.

Daß diese ihre eigenen Probleme, vor allem Nebenfolgenprobleme und Orientierungsprobleme, haben, ist unbestreitbar. Nur lautet die Lösung wohl nicht weniger wissenschaftlicher und technischer Verstand, sondern, allerdings eben auf besonnenen Wegen, in vielen Fällen sogar Steigerung des wissenschaftlichen und des technischen Verstandes, z.B. im Energie- und Kommunikationssektor. Was die Leonardo-Welt hier braucht, sind neue Technologien, die nicht die Ausbeutung und Verschwendung knapper natürlicher Ressourcen fortsetzen, sondern diese, jedenfalls für die Zwecke der Energiegewinnung, überflüssig machen, und Technologien, die die zwischen Medienwelt, Informationswelt und Orientierungswelt, zu der auch die selbstbestimmte Subjektivität gehört, aufgetretene Kluft nicht vergrößern, sondern wieder verringern. Diese Technologien sind wiederum ohne Pionierarbeiten der Naturwissenschaften unmöglich. Auch das hat Folgen: die Naturwissenschaften verwandeln sich in Verfolgung dieser Ziele selbst mehr und mehr in Technikwissenschaften. Die klassischen Ideale ,reiner' Forschung treten zurück, sie ,verweltlichen' sich; die Freiheit der Forschung verbindet sich mit dem Notwendigen. Zu erkennen, was die Welt im Innersten zusammenhält, ist gewiß auch heute noch ein hohes Ziel, die Welt zusammenzuhalten wohl kein geringeres.

Die Aufgabe, die Welt zusammenzuhalten, läßt sich in einem Imperativ formulieren: „Stelle Konstruktion und Entwicklung in den Dienst der Erhaltung und der Verbesserung der Lebensgrundlagen und des Lebens in einer Leonardo-Welt!". Dieser Imperativ, von dessen Befolgung es abhängen wird, ob überhaupt noch eine zukünftige Welt sein kann, sei der technologische Imperativ genannt. Neben ihn tritt, im Blick auf die notorische Unterentwicklung der praktischen Vernunft, ein ethischer Imperativ, dessen Paradigma noch immer Kants kategorischer Imperativ ist. Für die Aufrechterhaltung der Leonardo-Welt ist eben nicht nur der Fortgang von Wissenschaft, Forschung und Entwicklung unabdingbar; das gleiche gilt auch für moralische und politische Orientierungen.

In einer Situation, in der sich die Leonardo-Welt wohl auf Dauer im Dilemma von Fortschritt und dessen schwer kalkulierbaren Folgen einrichten muß, gibt es allerdings keine moralischen und politischen Patentrezepte, sondern nur die ständige Aufgabe, den wissenschaftlichen und den technischen Verstand wieder mit einer verantwortungsorientierten praktischen Vernunft zu verbinden. Die Zukunft der Leonardo-Welt wird davon abhängen, ob diese Verbindung gelingt, d.h., ob wissenschaftlich-technischer Verstand und praktische Vernunft wieder zu einer Einheit finden. Mit anderen Worten: Es geht nicht um die Frage, ob technologischer Wandel in einer gefährdeten Umwelt sein soll oder nicht,

sondern allein um die Frage, wie sich ein verantworteter technologischer Wandel und die Leonardo-Welt zur Zukunft des Menschen zusammenschließen.

In diesem Zusammenhang sollten wir uns übrigens auch nicht mit
einer Vermutung Lichtenbergs trösten: „Warum sollte es nicht
Stufen von Geistern bis hin zu Gott hinauf geben und unsere Welt
das Werk von einem sein können, der die Sache noch nicht recht
verstand, ein Versuch?"[16] Die Verantwortung für die Leonardo-
Welt läßt sich nicht auf einen Anfängergott abwälzen. Richtig ist
vielmehr, daß die Leonardo-Welt das Werk des Menschen ist, und
dieser seine Sache noch nicht recht verstand.

VIII.

Kultur – das sollte hier über die Erörterung der Begriffe Sprache,
(neue) Medien, Kommunikation und Information, desgleichen
mit der Formulierung eines technologischen und eines ethischen
Imperativs für die Leonardo-Welt deutlich werden – ist nicht die
Gegenwelt zur Leonardo-Welt, sondern, wie dies für eine lebendige Kultur immer gilt, als selbst poietische Kultur (von griech.
poiesis, das herstellende Handeln) deren Arbeits- und Lebensform. Dabei hat die Zukunft, auch die, die uns vom 21. Jahrhundert trennt, längst begonnen. Der qualitative Sprung, den ein
romantisches Bewußtsein erwarten mag, ist längst getan. Das
Neue, das zum Alltag einer Leonardo-Welt gehört, hält sich nicht
an eine christliche Zeitrechnung, und in Zeitaltern oder Epochen
denkt der historische und der politische Verstand, nicht der technische und der wissenschaftliche Verstand. Das wird auch nicht
anders, wenn wir die Leonardo-Welt unter dem Stichwort Kultur
auszumessen suchen und mit Kultur die Form meinen, unter der
sich eine Welt bildet. Die Leonardo-Welt bewegt sich in Richtung
auf eine permanente Revolution. Der technologische Wandel wird
zur eigentlichen Wirklichkeit und mit ihm der kulturelle Wandel.

---

[16] *Georg Christoph Lichtenberg,* Sudelbücher K 69, in: Georg Christoph Lichtenberg, Schriften und Briefe, I-IV, hrsg. v. Wolfgang Promies, München/Darmstadt 1967-1974, II, S. 410.

Nicht als armer Vetter oder chronischer Nachzügler; Komplexitäten, in die eine Leonardo-Welt zunehmend hineinwächst, ebnen die Kausalitäten, auch die zwischen Wissenschaft, Technik und Kultur, ein.

Dabei nimmt der Kulturprozeß ebenso wie der technologische Wandel einen evolutionären Charakter an. Homo faber und mundus faber verschmelzen miteinander. Der Mensch, wie ihn die Genieästhetik oder das Avantgardemodell der Kultur zu beschreiben suchen, wird von seiner eigenen Welt, der Leonardo-Welt, eingeholt. Wird er sich selbst, wird ihn seine Welt durch ein anderes Wesen ersetzen? Für dererlei Visionen oder Ängste ist es zu früh. Der Mensch ist, evolutionär betrachtet, gottlob ein sehr robustes Lebewesen, nicht nur gegenüber seinen evolutionären Wettbewerbern und seiner Welt, sondern auch gegenüber sich selbst. Allerdings steht der Nachweis, daß der Mensch die Probe, auf die er sich mit der Leonardo-Welt selbst gestellt hat, auch wirklich besteht, noch aus. Noch einmal: Diese Welt läßt sich nicht auf einen Anfängergott abwälzen, auch nicht in ihrer kulturellen Form, die sie zu einer Orientierungswelt machen soll.

IX.

Wie wird die Geschichte der Leonardo-Welt in dreihundert und vierhundert Jahren, oder gar im Jahre 3000 aussehen? Wird ein zukünftiger Geschichtsschreiber der Vereinigten Staaten der Erde – und möglicherweise anderer Teile des Universums – noch viel Kultur in unserer Kultur erkennen? Wird es noch Metropolen wie Paris und London geben, die durch eine ungeheure Verdichtung der Kommunikation gebildet werden, durch eine dynamische Interaktion zwischen unterschiedlichen Kultursegmenten (im engeren Sinne) und anderen kulturellen Welten wie Politik, Wirtschaft und Verwaltung? Metropolen in diesem Sinne als das Gesamtkunstwerk der technologischen Gesellschaft, der Leonardo-Welt, in dem diese ihre ganze kulturbildende Kraft entfaltet? Wir sollten unserem Geschichtsschreiber die Arbeit nicht erschweren, auch wenn derzeit manches darauf hindeutet, daß uns (im engeren Sinne von Kultur) die kulturelle Luft auszugehen droht, die Wege in eine Play-back-Kultur weisen und die McDonalds auch in der Kultur zunehmen. Was zählen wird, ist nicht nur: Welche Bücher haben wir geschrieben? Für welches Gesamtkunstwerk haben wir uns entschieden? Wie viele vergangene Welten haben wir rekonstruiert? Was vor allem zählen wird, ist: Wie viele Kulturen haben wir nebeneinander ertragen, gefördert, erfunden? Welche Türme haben wir gebaut, Babylon, das kulturschaffende, eingeschlossen? Wieviel Vernunft haben wir in die Dinge gelegt? In welchem Zustand haben wir die Welt unseren Kindern übergeben? Die Antwort auf diese Fragen wird die eigentliche Bewährungsprobe unserer Leonardo-Welt sein.

HANS BRAUN

Sozialpolitik als kommunaler Gestaltungsauftrag

I. Soziale Integration als Bezugsproblem

Bei der Diskussion um die Zuwanderung nach Deutschland, schreibt Manfred Rommel, sei ihm der Satz eines Sozialdezernenten besonders in Erinnerung geblieben: „Städte sind Orte der Integration, nicht der Ausgrenzung". Dieser Satz führe „auf das eigentliche Anliegen kommunaler Sozialpolitik" zurück.[1] Und in der Tat geht es auf kommunaler Ebene ja nicht nur um die Eingliederung von Zuwanderern, sondern auch um die Ermöglichung der gesellschaftlichen Teilhabe von Bevölkerungsgruppen, die aufgrund ihrer wirtschaftlichen, sozialen oder gesundheitlichen Lage der Gefahr der Marginalisierung ausgesetzt sind. Generell geht es um die Herstellung eines Zustandes, bei dem möglichst viele Bürger über die materiellen und sozialen Mindestressourcen verfügen, die es ihnen erlauben, ein Leben innerhalb der Gesellschaft zu führen. Dazu gehört das Gefühl der Zugehörigkeit ebenso wie die Überzeugung, nicht nur das Objekt von Entscheidungen zu sein, sondern auf Vorgänge, die einen selbst betreffen, zumindest indirekt Einfluß nehmen zu können.

Integration im Sinne eines Zustands des Integriertseins ist aus sozialwissenschaftlicher Sicht eine wichtige Voraussetzung für die Entwicklung von Vertrauen. Und wie Francis Fukuyama in seinem viel beachteten Buch zu diesem Thema gezeigt hat, stellt Vertrauen, er spricht von „trust", eine wesentliche Komponente dessen dar, was man als „Sozialkapital" bezeichnet: „Social capi-

---

[1] *Manfred Rommel*, Wanderungsbewegungen in und nach Europa, in: Franz Schuster (Hrsg.), Sozialpolitik und ihre Träger. Zum Gedenken an Dr. Bernhard Happe, Köln 1992, S. 48.

tal is a capability that arises from the prevalence of trust in a society or in certain parts of it."[2] Fukuyama zufolge sind Organisationen, die auf Vertrauen basieren, tendenziell jenen überlegen, in denen Eigeninteresse und formale Verträge die Grundlage bilden. Eine andere wichtige Komponente von Sozialkapital nennt er „spontaneous sociability", womit die Fähigkeit und Bereitschaft gemeint sind, neue Zusammenschlüsse zu bilden und innerhalb eines selbst gesetzten Bezugsrahmens zu kooperieren.[3] „Trust" und „spontaneous sociability" sind aber nur denkbar, wenn Menschen die Chance erhalten, an einem Satz gemeinsamer Überzeugungen und Werte zu partizipieren, wenn das Gemeinwesen also einen gewissen Grad der Integration aufweist. Über den Grad der Integration wird in einem Land wie Deutschland nicht nur auf der kommunalen Ebene entschieden, doch kann dort ohne Zweifel ein wichtiger Beitrag geleistet werden.

Kommunen in einen Zusammenhang mit sozialer Integration zu bringen, mag auf den ersten Blick vielleicht etwas überraschend sein. Tatsächlich hat die Idee, was ihren Kern anbelangt, aber eine lange Tradition. Sie findet ihren Ausdruck nicht zuletzt darin, daß den Kommunen schon seit Jahrhunderten über die Aufrechterhaltung der äußeren Ordnung und das Vorhalten einer Infrastruktur hinaus die Basissicherung jener Menschen obliegt, deren Eigenmittel zur Lebensfristung nicht ausreichen und die die notwendige Unterstützung auch nicht aus ihrem primären sozialen Umfeld, das heißt vor allem aus der Familie, erhalten können. Diese Basissicherung erfolgte im Rahmen der Armenfürsorge. Deren Bedeutung nahm im Zuge der Industrialisierung erheblich zu. Herauslösung aus traditionellen sozialen Bindungen als Folge der Zuwanderung in die industriellen Zentren, hohes Krankheits- und Unfallrisiko aufgrund extrem harter Arbeitsbedingungen, weitgehende Schutzlosigkeit der Arbeiter im Verhältnis zu den Unternehmern und schließlich die Verarmung von Bevölkerungsgruppen, die mit den neuen Produktionsformen nicht Schritt hal-

---

[2] *Francis Fukuyama*, Trust. The Social Virtues and the Creation of Prosperity, New York 1995, S. 26.
[3] *Fukuyama* (Fn. 2), S. 27.

ten konnten, waren die sozialen Begleiterscheinungen der Industrialisierung. Sie konnten mit der überkommenen Armenfürsorge nicht mehr bewältigt werden.

II. Die Kommunen als sozialpolitisches Handlungsfeld

Eine entscheidende „Modernisierung" der kommunalen Armenfürsorge stellte in Deutschland in der zweiten Hälfte des 19. Jahrhunderts das im Jahre 1853 in der Stadt Elberfeld eingeführte und bis auf den heutigen Tag als „Elberfelder System" bezeichnete Modell dar. Das System basierte einmal auf dem Gedanken der, wie wir heute sagen würden, „klientennahen" Arbeit: Jeder Armenpfleger war für eine beschränkte Zahl von Haushalten in einem eng begrenzten und damit überschaubaren Umfeld zuständig. Zum anderen hatte das System als Strukturmerkmal die Verschränkung einer öffentlichen Aufgabe mit deren ehrenamtlicher Ausführung. Sowohl die Vorsteher der Armenbezirke als auch die in den Quartieren der Bezirke tätigen Armenpfleger nahmen ihre Aufgaben ehrenamtlich wahr.[4] Im Laufe der Zeit wurde jedoch das ehrenamtliche Moment zurückgedrängt. Das „Elberfelder System" wurde durch das „Straßburger System" ersetzt, das zwar noch ehrenamtliche Armenpfleger kannte, das darüber hinaus aber auch schon hauptamtliches Fachpersonal vorsah.[5] Ein „Armenamt" wurde geschaffen. Die Professionalisierung der administrativen Vollzüge bei der Armenfürsorge fand bald auch ihre Entsprechung in der Professionalisierung der inhaltlichen Arbeit mit sozial schwachen Bevölkerungsgruppen. Der „Sozialberuf" entstand.[6]

Schon in der Mitte des 19. Jahrhunderts ist in vielen Kommunen die Tendenz festzustellen, nicht nur Armut zu verwalten, sondern ihr auch durch geeignete Maßnahmen vorzubeugen. In diesem

---

[4] *Eberhard Orthbandt,* Der Deutsche Verein in der Geschichte der deutschen Fürsorge 1880-1980, Frankfurt 1980, S. 70.
[5] *Orthbandt* (Fn. 4), S. 82 ff.
[6] *Ute Leitner,* Sozialarbeit und Soziologie in Deutschland. Ihr Verhältnis in historischer Perspektive, Weinheim 1981.

Zusammenhang hebt Orthbandt auf die Unterscheidung von Armenfürsorge im Sinne des Umgangs mit aktueller Armut und sozialer Fürsorge ab. Bei letzterer handelte es sich nicht um eine kommunale Pflichtaufgabe, sondern um freiwillige Leistungen, die dem Ziel dienten, Konstellationen, aus denen heraus typischerweise Armut entsteht, aufzulösen oder zumindest zu entschärfen.[7] Bei der Erfüllung dieser Aufgabe spielte die Zusammenarbeit mit Freien Trägern eine große Rolle. Neben eher individualisierend ansetzenden Maßnahmen gab es aber auch solche, die strukturell ausgerichtet waren. Dazu gehörte die Schaffung von kommunalen Kassen mit Versicherungscharakter, bei denen es vor allem um den Umgang mit den Risiken „Behandlungskosten bei Krankheit" und „krankheitsbedingter Einkommensausfall" ging.

Solche Kassen eröffneten durch kommunale Subventionen zum einen die Möglichkeit der freiwilligen Versicherung von abhängig Beschäftigten in Handwerk und in der Industrie, die aus organisatorischen oder finanziellen Gründen dazu nicht in der Lage gewesen wären. Zum anderen konnte durch Ortsstatut aber auch der Beitritt zu bestimmten auf kommunaler Ebene bestehenden Hilfskassen vorgeschrieben werden.[8] Insofern handelte es sich bei den kommunal organisierten Versicherungseinrichtungen um Vorformen der in den 80er Jahren des vergangenen Jahrhunderts eingeführten Sozialversicherung. Vielleicht wären die Vorbehalte gegenüber dem Aufbau einer Sozialversicherung viel größer gewesen, hätte man nicht auf die im Bergbau und in den Kommunen gemachten Erfahrungen zurückgreifen können. Von daher gesehen ist es gewiß nicht verwegen zu sagen, daß die Kommunen in der zweiten Hälfte des 19. Jahrhundert in Deutschland ein Experimentierfeld für Problemlösungen mit nationaler Reichweite darstellten.

Während die Absicherung gegenüber elementaren Lebensrisiken im Rahmen der Sozialversicherung den Status einer nationalen

---

[7] *Orthbandt* (Fn. 4), S. 104 ff.

[8] *Albin Gladen*, Geschichte der Sozialpolitik in Deutschland. Eine Analyse ihrer Bedingungen, Formen, Zielsetzungen und Auswirkungen, Wiesbaden 1974, S. 24.

Aufgabe erhielt, wurden durch nationale Gesetze Leistungen, die im Rahmen der sozialen Fürsorge erbracht wurden, nach und nach zu kommunalen Pflichtaufgaben. Wichtige Etappen in dieser Entwicklung stellten das Reichsjugendwohlfahrtsgesetz von 1922, die Fürsorgepflichtverordnung von 1924 und die Reichsgrundsätze über Voraussetzung, Art und Maß der öffentlichen Fürsorge aus dem gleichen Jahre dar. Im Hinblick auf die Geschichte der Bundesrepublik sind insbesondere das Bundessozialhilfegesetz aus dem Jahre 1961 und das Kinder- und Jugendhilfegesetz aus dem Jahre 1990 zu nennen.

Mit diesen Gesetzen und Verordnungen wurden durch das Reich bzw. durch den Bund den Kommunen Aufgaben übertragen, für deren Zuordnung zur kommunalen Ebene es gute Gründe gibt. Schließlich handelt es sich dabei zum einen um Aufgaben, die einen direkten Bezug zur Lebenswelt der Adressaten haben. Und diese ist nun einmal weitgehend lokal organisiert. Zum anderen ist die Erfüllung der Aufgaben an die Vertrautheit mit den spezifischen Umständen gebunden. Es gilt hier in ganz besonderer Weise der häufig in einem Atemzug mit dem Namen des Freiherrn vom Stein genannte Grundsatz, demzufolge Kenntnis der Örtlichkeit die Seele des Dienstes sei. Die Belastungen, denen die Kommunen heute als Träger sozialer Leistungen ausgesetzt sind, resultieren denn auch nicht aus der Zuweisung von Aufgaben, die sachlogisch, weil sie einen lebensweltlich-lokalen Bezug haben und die besondere Vertrautheit mit dem konkreten Problem verlangen, auf der kommunalen Ebene anzusiedeln sind. Schwierigkeiten erwachsen den Kommunen aus der Tatsache, daß im Rahmen der Pflichtaufgaben auch die Folgen solcher Probleme bearbeitet werden müssen, die sich aus gesamtgesellschaftlichen und gesamtwirtschaftlichen Konstellationen ergeben, auf welche die Kommunen keinen Einfluß haben und bei denen es sich immer mehr um Massenphänomene handelt.[9]

---

[9] *Hans Braun,* Verantwortung für Sozialpolitik im Geflecht der Zuständigkeiten, in: Martin R. Textor (Koordination), Sozialpolitik. Aktuelle Fragen und Probleme, Opladen 1997, S. 62-67.

III. Herausforderungen an die kommunale Sozialpolitik

Gesellschaftliche Entwicklungen, aus denen Herausforderungen an die Sozialpolitik allgemein erwachsen, wirken sich auch auf der kommunalen Ebene aus. Oftmals erfahren die Probleme dort sogar noch eine Zuspitzung. Zu diesen Entwicklungen zählt zunächst einmal die Veränderung des Altersaufbaus unserer Gesellschaft. Konkret geht es um die Zunahme des Anteils älterer Menschen an der Gesamtbevölkerung. Schon heute ist in Deutschland ein Fünftel der Bevölkerung 60 Jahre und älter. Im Jahre 2030 wird es rund ein Drittel sein. Im Jahre 1950 waren, die Bundesrepublik und die frühere DDR zusammengenommen, knapp zehn Prozent der Bevölkerung 65 Jahre und älter.[10] Für das Jahr 2010 werden rund 20 Prozent und für das Jahr 2030 knapp 26 Prozent angenommen.[11] Bemerkenswert ist die Zunahme der Zahl der Hochbetagten. So wird angenommen, daß bis zum Jahr 2010 in Deutschland die Zahl der 80jährigen und älteren um fast eine halbe Million, bis zum Jahre 2030 um weit über eine Million zunehmen wird.[12] Heute ist es nichts Ungewöhnliches mehr, daß der Generation der „Alten" zwei Generationen angehören. So kann der 63jährige Rentner durchaus noch eine 85jährige Mutter haben. Beide gehören auf der einen Seite biologisch unterschiedlichen Generationen an, sind auf der anderen Seite aber sozial Angehörige der Generation der „Alten" in dem Sinne, daß sie aus dem Erwerbsleben ausgeschieden sind und in erheblichem Umfang, wenn nicht gar ausschließlich, von Transfereinkommen leben.

Der Anstieg der Zahl der Hochbetagten bedingt einen wachsenden Bedarf an ambulanten Betreuungs- und Pflegediensten sowie an entsprechenden teilstationären und stationären Einrichtungen. Selbstverständlich ist Alter nicht von vornherein gleichbedeutend

---

[10] *Statistisches Bundesamt* (Hrsg.), Statistisches Jahrbuch 1996 für die Bundesrepublik Deutschland, Stuttgart 1996, S. 60.

[11] *Deutscher Bundestag,* 12. Wahlperiode, Zwischenbericht der Enquete-Kommission Demographischer Wandel – Herausforderungen unserer älter werdenden Gesellschaft an den Einzelnen und an die Politik –, Drucksache 12/7876, 14.6.94, S. 51.

[12] *Deutscher Bundestag* (Fn. 11), S. 40.

mit Hilfe- oder Pflegebedürftigkeit, doch ist die Tatsache nicht zu leugnen, daß mit steigendem Alter nun einmal die Wahrscheinlichkeit wächst, auf die Hilfe und Pflege anderer angewiesen zu sein. Wird etwa davon ausgegangen, daß bei den 65-69jährigen nur ein Prozent pflegebedürftig ist, so sind es bei den 75-79jährigen schon 3,6 Prozent, bei den 85jährigen und älteren aber 13 Prozent.[13] Hier schafft die am 1. April 1995 in ihrer ersten und am 1. Juli 1996 in ihrer zweiten Stufe in Kraft getretene Pflegeversicherung sicherlich eine gewisse Entlastung für die kommunale Ebene, die in der Vergangenheit in besonderer Weise durch die Ausgaben für die Hilfe zur Pflege im Rahmen der Sozialhilfe betroffen war. So entfielen im Jahre 1993 rund 63 Prozent der Ausgaben der Sozialhilfe auf die Hilfe in besonderen Lebenslagen, und dabei allein fast 34 Prozent auf die Hilfe zur Pflege.[14] Was die von der Pflegeversicherung ausgehende Entlastungswirkung anbelangt, so ist von gut zehn Milliarden DM die Rede. Diese Größenordnung wird allerdings von anderer Seite bezweifelt. Auch in Zukunft wird die Sozialhilfe in vielen Fällen mit ergänzenden Leistungen in Erscheinung treten müssen. Der Deutsche Städtetag geht sogar davon aus, daß der Sozialhilfeaufwand für die Pflege alter Menschen wieder stark wachsen wird.[15]

Auch die Entwicklung auf dem Arbeitsmarkt schlägt auf die Kommunen durch. Im Dezember 1996 gab es in Deutschland über 4,1 Millionen registrierte Arbeitslose. Dies entsprach einer Arbeitslosenquote von 10,8 Prozent. In den alten Bundesländern lag die Quote bei 9,6 Prozent und in den neuen Bundesländern bei 15,9 Prozent.[16] In diesen Zahlen spiegelt sich einmal der Zusammenbruch der Wirtschaft in der ehemaligen DDR und die dadurch notwendig gewordene Anpassung von Unternehmen und Arbeitskräften an neue Gegebenheiten wider. In den Zahlen kommen aber

[13] *Presse- und Informationsamt der Bundesregierung* (Hrsg.), Sozialpolitische Umschau, Nr. 382/1996, 23. September 1996.

[14] *Statistisches Bundesamt* (Fn. 10), S. 470.

[15] *Deutscher Städtetag,* Aktuelle Finanzlage der Städte – Rückblick auf 1996 und Prognose für 1997 –, Umdruck Nr. M 6124, Köln 15.01.1997, S. 10.

[16] *Presse- und Informationsamt der Bundesregierung,* Sozialpolitische Umschau, Nr. 1/1997, 13. Januar 1997.

auch die Folgen eines seit mehr als 20 Jahren in Westdeutschland zu beobachtenden Prozesses zum Ausdruck, bei dem sich der Sockel an Arbeitslosen von einer wirtschaftlichen Krise zur nächsten erhöhte.[17] Die Langzeitarbeitslosigkeit nimmt in Deutschland und in unseren Nachbarländern zu. Ende September 1995 war in Westdeutschland ein Drittel aller Arbeitslosen ein Jahr oder länger ohne Arbeit, in Ostdeutschland waren es knapp 30 Prozent.[18] Dem Risiko, arbeitslos zu werden oder in Arbeitslosigkeit zu verbleiben, sind besonders Personen ohne Berufsausbildung, solche in fortgeschrittenem Lebensalter und solche mit gesundheitlichen Beeinträchtigungen ausgesetzt. Immer häufiger reichen die im Falle von Arbeitslosigkeit gewährten Lohnersatzleistungen nicht zum Bestreiten des Lebensunterhalts aus, so daß Sozialhilfe in Anspruch genommen werden muß. So stand bei den Beziehern von Sozialhilfe des Jahres 1993 die Ursache „Arbeitslosigkeit" an der ersten Stelle aller in der amtlichen Statistik aufgeführten Ursachen. In einem Drittel der über 2,1 Millionen Empfängerhaushalte war Arbeitslosigkeit die Hauptursache.[19] Eine für das Saarland angestellte Schätzung geht dahin, daß bei 40 Prozent der Personen, die auf Leistungen der Sozialhilfe angewiesen sind, Arbeitslosigkeit die Hauptursache darstellt.[20]

Die Langzeitarbeitslosen sind im Zusammenhang zu sehen mit der Zunahme der „Modernisierungsverlierer".[21] Damit sind jene Menschen gemeint, die mit dem anhaltenden Prozeß der Rationalisierung unserer Lebens- und Arbeitsbedingungen nicht Schritt halten können. In vielen Bereichen der Arbeitswelt beobachten wir bei Verkürzung der Arbeitszeit eine Erhöhung der Arbeitsintensität. Wir beobachten aber auch die Verbreitung neuer Tech-

---

[17] *Eckhard Knappe* und *Hans-Joachim Jobelius*, Millionen Arbeitslose – muß die Arbeit umverteilt werden? in: Martin R. Textor (Koordination), Sozialpolitik. Aktuelle Fragen und Probleme, Opladen 1997, S. 29-37.
[18] *Statistisches Bundesamt* (Fn. 10), S. 122.
[19] *Statistisches Bundesamt* (Fn. 10), S. 471.
[20] *Frank Schindler* und *Guido Freidinger*, Lohnkostenzuschuß als Weg aus der Sozialhilfe. Erfahrungen aus der Landeshauptstadt Saarbrücken, in: Nachrichtendienst des Deutschen Vereins für öffentlich und private Fürsorge, Jg. 76 (1996), S. 382.
[21] *Hans Braun*, Soziale Spaltungen im vereinten Deutschland, in: Die neue Ordnung, Jg. 46 (1992), S. 446-449.

nologien der Prozeßsteuerung, der Datenverarbeitung und der Kommunikation. Beide Entwicklungen führen dazu, daß es Menschen, die aufgrund gesundheitlicher oder milieubedingter Beeinträchtigungen leistungsgemindert sind, im Arbeitsleben immer schwerer haben. Im Hinblick auf die Modernisierungsverlierer, zu denen eben auch ein Teil der Langzeitarbeitslosen zählt, stellt sich nicht nur die Frage nach der materiellen Sicherung, sondern auch nach der Eröffnung halbwegs befriedigender Lebensperspektiven. Gerade diese Frage verweist aber wiederum auf die alltäglichen Lebenszusammenhänge der Betroffenen und damit auf die Entwicklung von Handlungsstrategien auf kommunaler Ebene.

Eine dritte Entwicklung wird heute weit über die Sozialwissenschaften hinaus unter dem Schlagwort der Individualisierung diskutiert. Wenngleich das Konzept der Individualisierung dabei bis zum Überdruß strapaziert wird, so sind die ihm zugrunde liegenden Phänomene nun einmal nicht zu übersehen: Menschen sind heute in der Gestaltung ihres Lebens unabhängiger von Vorgaben, die in der Vergangenheit verhaltenssteuernd waren. Was für einen jungen Menschen heute angemessen ist, ist weitaus weniger festgelegt als noch in den 50er Jahren oder gar vor dem Ersten Weltkrieg. Ob ein junger Mensch bei den Eltern leben möchte, alleine in einer Wohnung, mit einem Partner zusammen oder in einer Wohngemeinschaft, bleibt weitgehend ihr oder ihm überlassen. Ähnliches gilt auch für den Zeitpunkt einer Heirat, die Aufnahme oder Aufgabe einer Erwerbstätigkeit, die Geburt eines Kindes oder die Ehescheidung.

Die Individualisierung der Lebensgestaltung und damit des Lebensverlaufs führt, gesamtgesellschaftlich betrachtet, zu einer Vielzahl von gleichzeitig nebeneinander bestehenden Lebensformen, zu einer Pluralisierung der Lebensstile. In diesem Prozeß der Pluralisierung geht der Anteil der „Normalfamilien" zurück, nicht-eheliche Lebensgemeinschaften gewinnen zunehmend an Akzeptanz, die Zahl der Alleinlebenden wächst. Dies muß nicht notwendigerweise zu einer Isolierung des einzelnen und zur Aufgabe wechselseitiger Unterstützung führen, wohl aber kann die Erfüllung von Aufgaben, die traditionell mit der Lebensform

„Familie" verbunden waren, nicht mehr mit der gleichen Selbstverständlichkeit erwartet werden wie noch vor 30 oder 40 Jahren.

Was in diesem Zusammenhang die Kommunen besonders belastet, ist die Zunahme der Zahl der Alleinerziehenden.[22] Daß Mütter – und zu einem geringeren Teil auch Väter – Kinder alleine erziehen, ist natürlich keine Erscheinung des ausgehenden 20. Jahrhunderts. Nach den beiden Weltkriegen stellten verwitwete Frauen mit Kindern so etwas wie eine kollektive Schicksalslage dar.[23] Heute machen Verwitwete freilich nur eine kleine Gruppe unter den Alleinerziehenden aus. Eine wesentlich größere Rolle spielen ledige, getrennt lebende und geschiedene Elternteile. Dies hat seine Ursache einmal darin, daß ein Verständnis von Familie an gesellschaftlicher Akzeptanz gewonnen hat, bei dem nicht mehr die Ehe im Mittelpunkt steht. Zum anderen ist die wachsende Zahl der Alleinerziehenden die Folge von Trennung und Ehescheidung, was wiederum mit den sehr hohen Erwartungen an Ehe und Familie in unserer Gesellschaft zusammenhängt. Wie Umfragen immer wieder zeigen, messen die Menschen in unserer Gesellschaft den auf Dauer gestellten Beziehungen von Mann und Frau nach wie vor eine sehr hohe Bedeutung zu.

Nicht die grundsätzliche Ablehnung von Ehe und Familie ist denn auch heute das Problem, sondern die abnehmende Fähigkeit der Menschen, die sehr hohen Erwartungen an diese Sozialformen mit dem Alltag in Übereinstimmung zu bringen. Weil die Erwartungen so hoch sind, fällt es den Menschen schwer, mit Enttäuschungen, die nun einmal im menschlichen Zusammenleben unvermeidlich sind, fertig zu werden. Damit sinkt tendenziell die Schwelle, an der die Partner bereit sind, weitreichende Konsequenzen zu ziehen. Diese Konsequenzen heißen Trennung und Scheidung. Im Jahre 1993 gab es in Deutschland über 166.000 gerichtliche Ehelösungen. Betrachtet man das frühere Bundes-

---

[22] *Stephan Articus, Hans Braun,* Kommunalpolitische Dimensionen des Wandels der Familienstrukturen, in: K. Peter Strohmeier, Stephan Articus, Hans Braun, Michael Bommes, Ulrich Rotthoff, Hubert Heinelt, Kommunen vor neuen sozialen Herausforderungen, Sankt Augustin 1994, S. 67-91.

[23] *Hans Braun,* Das Streben nach Sicherheit in den 50er Jahren. Soziale und politische Ursachen und Erscheinungsweisen, in: Archiv für Sozialgeschichte, Jg. 18 (1978), S. 283-288.

gebiet, so erhöhte sich die Scheidungsziffer, damit sind die Ehe-
scheidungen bezogen auf 10.000 bestehende Ehen gemeint, von
36 im Jahre 1960 über 51 im Jahre 1970 und 81 im Jahre 1980 auf
91 im Jahre 1994.[24]

In einer modernen Gesellschaft, in der den Entfaltungsmöglichkeiten des einzelnen ein hoher Stellenwert eingeräumt wird, stellen nicht an die Ehe gebundene Elternschaft und Ehescheidung
zunächst einmal persönliche Entscheidungen dar. Allerdings läßt
sich nicht übersehen, daß häufig die aus der persönlichen Entscheidung resultierenden Konsequenzen sozialisiert, das heißt der
Gemeinschaft übertragen werden: Die Lebensform, die aus nicht
an die Ehe gebundener Elternschaft, aus Trennung oder aus Ehescheidung resultiert, übersteigt die wirtschaftlichen Möglichkeiten der Betroffenen, Sozialhilfe muß in Anspruch genommen werden. Das ist etwa dann der Fall, wenn dem sorgeberechtigten
Elternteil eine Erwerbstätigkeit aufgrund fehlender Einrichtungen zur Betreuung der Kinder nicht möglich ist oder wenn der
zum Unterhalt verpflichtete Partner seiner Verpflichtung nicht
nachkommt bzw. nicht nachkommen kann. Überdies wirkt sich
die Zunahme der Zahl der Alleinerziehenden nicht nur auf die
Sozialhilfe, sondern auch auf die Jugendhilfe aus. So gibt es Städte, in denen sowohl bei der Erziehungsbeistandschaft als auch bei
der Familienhilfe die Kinder Alleinerziehender schon mehr als die
Hälfte aller Fälle ausmachen. Noch stärker ist der Anteil von Kindern Alleinerziehender in den Maßnahmen zur Erziehung außerhalb der Familie.

Schließlich stellt auch die Zuwanderung nach Deutschland eine
Herausforderung an die Kommunen dar. Zwar ist Deutschland
kein Einwanderungsland in dem Sinne, daß es wie die klassischen
Einwanderungsländer USA, Kanada und Australien eine erklärte
Politik zur Steuerung der Immigration verfolgt, doch ist Deutsch-
land ein Einwanderungsland in dem ganz elementaren Sinne, daß
Ausländer nun einmal in großer Zahl nach Deutschland einwan-
dern. Im Jahre 1994 waren es rund 774.000 Ausländer, die in der

---

[24] *Statistisches Bundesamt* (Fn. 10), S. 79.

Kategorie „Zuzüge" von der amtlichen Statistik erfaßt wurden.[25] Die Zahl der tatsächlichen Zuwanderer ist natürlich höher, da die illegale Immigration nach wie vor eine nicht zu unterschätzende Rolle spielt. Zwar wird häufig übersehen, daß den Zuzügen auch Fortzüge entgegenstehen, im Jahr 1994 waren es 621.000 Ausländer, die Deutschland verließen, so daß sich die jährlichen Zahlen der Zuwanderer nicht einfach aufaddieren lassen, doch bedürften gerade die Zuziehenden besonderer Aufmerksamkeit.

Ende 1994 waren in Deutschland 8,5 Prozent der Bevölkerung Ausländer. Verglichen mit anderen europäischen Ländern, zum Beispiel der Schweiz, ist der Ausländeranteil in Deutschland nicht besonders hoch. Allerdings bestehen erhebliche regionale Unterschiede. So gibt es Städte wie Frankfurt, München oder Stuttgart, in denen der Anteil der Ausländer an der Bevölkerung deutlich über 20 Prozent liegt. Und in manchen Städten finden sich Schulen, in denen bis zu vier Fünftel der Kinder Ausländer sind. Auch bei einem im internationalen Vergleich relativ niedrigen durchschnittlichen Ausländeranteil kann vor Ort also eine ausgeprägte ethnische Vielfalt bestehen.[26] Worauf es dabei ankommt, sind Anstrengungen, diese Vielfalt nicht zu einer Konfliktquelle werden zu lassen, befriedigende Formen des Zusammenlebens zwischen Deutschen und Ausländern, aber auch zwischen ausländischen Gruppen untereinander herbeizuführen. Zwar können Bund und Länder Programme zur Gestaltung der Rahmenbedingungen festlegen, unter denen Ausländer leben, doch erfolgt die Umsetzung da, wo sich die Menschen tatsächlich aufhalten, eben auf kommunaler Ebene. Hier wird im Sinne der eingangs zitierten Bemerkung von Manfred Rommel über Ausgrenzung oder Integration im realen Zusammenleben entschieden. Obwohl die Kommunen mit rückläufigen Leistungen für Asylbewerber und Bürgerkriegsflüchtlinge rechnen,[27] bleibt für sie eine Vielzahl von sich aus der Zuwanderung ergebenden Aufgaben bestehen.

---

[25] *Statistisches Bundesamt* (Fn. 10), S. 84.

[26] *Hans Braun*, Multiculturalism as a Social Reality and as a Political Issue: The Case of Germany, in: Hans Braun und Wolfgang Klooss (Hrsg.), Multiculturalism in Europe and North America. Social Practices – Literary Visions, Trier 1995, S. 64-66.

[27] *Deutscher Städtetag* (Fn. 15), S. 10.

IV. Die Entwicklung der Ausgaben für soziale Leistungen

Die Ausgaben der Gemeinden für soziale Leistungen betrugen im Jahre 1995 in den alten Bundesländern 50,7 Milliarden DM und in den neuen Bundesländern 8,4 Milliarden DM.[28] Während in den alten Bundesländern die Ausgaben der kommunalen Verwaltungshaushalte 1995 gegenüber dem Vorjahr um 2,7 Prozent stiegen, erhöhten sich die Ausgaben für soziale Leistungen um 6,0 Prozent.[29] Verständlicherweise große Beachtung fand in dieser Situation die Feststellung in dem Anfang 1997 vom Deutschen Städtetag vorgelegten Bericht zur Finanzlage der Städte, daß von 1995 bis 1996 entgegen der Vorausschätzungen die Ausgaben der Kommunen für soziale Leistungen nicht nur keine Steigerung aufwiesen, sondern sogar um 2,0 Prozent zurückgegangen sind. Als Ursachen hierfür werden genannt: die Einführung der zweiten Stufe der Pflegeversicherung mit Leistungen für die stationäre Versorgung, begrenzte Zuwächse der Regelsätze in der Sozialhilfe und der Pflegesätze in Einrichtungen, die Leistungen der Pflegeversicherung für ambulante Hilfen, die Erhöhung des Kindergeldes sowie Anstrengungen der Kommunen, die Zahl der Sozialhilfeempfänger etwa durch verstärkte Prüfung und durch Förderung der Arbeitsaufnahme zu begrenzen bzw. sogar zu reduzieren.[30] Indessen scheint es wohl nicht gerechtfertigt, schon jetzt von einer Trendwende zu sprechen.

Was die Entwicklung seit 1980 anbelangt, so ist jedenfalls ein geradezu als dramatisch zu bezeichnender Anstieg des Anteils der sozialen Leistungen an den gesamten kommunalen Ausgaben zu beobachten. Im Jahre 1980 lag der Anteil in den alten Ländern noch bei 11,8 Prozent. Bis zum Jahre 1985 hatte sich der Anteil auf 15,5 Prozent und bis zum Jahre 1990 auf 17,4 Prozent erhöht. Im Jahre 1995 machte er schließlich 21,5 Prozent aus. Im gleichen Zeitraum sank der Anteil der Sachinvestitionen, die ja in erheblichem Maße über die zukünftige Qualität des Lebens in

---

[28] *Hanns Karrenberg* und *Engelbert Münstermann*, Städtische Finanzen '96 – in der Sackgasse, in: der städtetag, Jg. 49 (1996), S. 197, 199.

[29] *Karrenberg, Münstermann* (Fn. 28), S. 198.

[30] *Deutscher Städtetag* (Fn. 15), S. 6.

einer Gemeinde entscheiden, von 30,4 Prozent auf 16,5 Prozent. Zwar war in den neuen Ländern der Anteil der Sachinvestitionen mit 26,7 Prozent im Jahre 1995 noch deutlich höher als in den alten, doch stieg auch hier der Anteil der Ausgaben für soziale Leistungen deutlich an: Von 4,6 Prozent im Jahre 1991 auf 14,1 Prozent im Jahre 1995.[31]

Die Zuweisung von Aufgaben an die Kommunen sowie die quantitative Ausdehnung und qualitative Verschärfung von Problemen, die traditionell und auch sachlogisch richtig im Rahmen der kommunalen Sozialpolitik bearbeitet werden, geht zusammen mit einer gegenüber den beiden anderen Ebenen des politischen Systems, dem Bund und den Ländern, sich relativ verschlechternden Situation bei den Einnahmen. Der Widerstand der Kommunen gegenüber dieser Entwicklung wächst. In einem mit dem anschaulichen Titel „Die Packesel werden bockig" überschriebenen Beitrag verweist Kerstin Schwenn darauf, daß die Kommunen immer entschiedener gegenüber dem Bund, aber auch gegenüber den Ländern auf dem Grundsatz bestehen: „Wer bestellt, muß zahlen."[32] Dabei geht es vor allem um eine verläßliche Beteiligung der Kommunen an Gesetzesvorhaben, die die kommunale Ebene berühren, dies vor allem im Hinblick auf eine Vorabschätzung der Kosten, die mit der Ausführung verbunden sind. Schätzungen gehen dahin, daß von den in Gesetzen und Verordnungen enthaltenen Einzelbestimmungen mindestens vier Fünftel von den Kommunen ausgeführt werden müssen. Das damit angesprochene Problem weist natürlich weit über den Sozialbereich hinaus. Allerdings zeigt sich in diesem Bereich besonders deutlich, wie die Erfüllung von Aufgaben auf einem Gebiet, auf dem die Kommunen traditionell tätig sind und das von der Sache her bei ihnen auch richtig angesiedelt ist, zunehmend erschwert wurde.

Durch die Entwicklung der letzten eineinhalb Jahrzehnte wurde indessen nicht nur die Erfüllung von traditionell den Kommunen

[31] *Karrenberg, Münstermann,* (Fn. 28), S. 201.
[32] *Kerstin Schwenn,* Die Packesel werden bockig. Zur Finanzmisere der Kommunen, in: Frankfurter Allgemeine Zeitung, 6. Januar 1996, Nr. 4. S. 9.

übertragenen und sachlogisch auch am besten auf der kommunalen Ebene angesiedelten Aufgaben erschwert, es werden noch Potentiale blockiert, mit denen die Kommunen zur Weiterentwicklung des Sozialstaats beitragen könnten. Weiterentwicklung des Sozialstaats meint hier dessen Anpassung an veränderte gesellschaftliche und ökonomische Bedingungen. Zu ersteren zählen die schon angesprochenen Veränderungen im Altersaufbau der Bevölkerung sowie der Wandel in den elementaren Formen des Zusammenlebens, also Partnerschaft, Ehe und Familie. Zu den letzteren zählt der aus dem technologischen Wandel und aus der Globalisierung der Wirtschaftsbeziehungen resultierende Strukturwandel auf dem Arbeitsmarkt. Daß die Strukturen des Sozialstaats und die mit diesen Strukturen einhergehenden Denkweisen eine gewisse Trägheit im Verhältnis zur gesellschaftlichen und wirtschaftlichen Dynamik aufweisen, ist offensichtlich. Freilich ist das Beharrungsvermögen von Strukturen und Denkweisen nicht etwas, das nur auf den Sozialstaat zutrifft. Auch Unternehmen und Verbände sind mit diesem Phänomen konfrontiert. Und wenn eine gewisse Beharrungstendenz nicht zur Sklerose führt, dann hat sie auch ihr Gutes. Im Falle des Sozialstaats heißt dies, daß wir uns der historischen Bedeutung bewußt bleiben, die diesem Staatstyp gerade in Deutschland zukommt.

V. Strukturwandel der Solidarität?

Die mit der Bismarckschen Sozialgesetzgebung einsetzende Tendenz zum gesellschaftlichen Ausgleich hat sich mit dem Ausbau des Sozialstaats nach dem Zweiten Weltkrieg erheblich verstärkt. Der Sozialstaat hat endgültig zur Integration der Arbeiterschaft, aber auch anderer Bevölkerungsgruppen in die Gesellschaft und damit zum sozialen Frieden beigetragen.[33] Um diesen sozialen Frieden werden wir von vielen unserer Nachbarn nach wie vor beneidet. Und auch die gesellschaftliche und wirtschaftliche

---

[33] *Josef Mooser*, Abschied von der „Proletarität". Sozialstruktur und Lage der Arbeiterschaft in der Bundesrepublik in historischer Perspektive, in: Werner Conze und M. Rainer Lepsius (Hrsg.), Sozialgeschichte der Bundesrepublik Deutschland. Beiträge zum Kontinuitätsproblem, Stuttgart 1983, S. 163.

Modernisierung in Ostdeutschland wäre ohne sozialstaatliche Absicherung der davon betroffenen Menschen kaum möglich. Welche Konsequenzen der Versuch des Umbaus einer Wirtschaftsordnung ohne wirksamen sozialen Schutz der Menschen hat, zeigt sich in einigen Ländern Osteuropas in aller Deutlichkeit.

Dies gilt es also zu bedenken, wenn über die Weiterentwicklung des Sozialstaats nachgedacht wird – weil darüber nachgedacht werden muß. Die Weiterentwicklung erstreckt sich zunächst einmal auf die großen Systeme der Daseinssicherung, deren finanzielle Korrelate ihren Niederschlag im Sozialbudget finden.[34] Hier muß das Interesse der Kommunen darin liegen, daß der Umgang mit strukturellen Problemen auf der politischen Ebene erfolgt, auf der Makrozusammenhänge auch tatsächlich beeinflußt werden können. Freilich geht es bei der Weiterentwicklung des Sozialstaats auch noch um etwas anderes, nämlich um die Verhinderung der weiteren Erosion sowie um die Förderung und Stabilisierung von intermediärer und nahraumbezogener Solidarität.

Manfred Prisching zufolge ist der Sozialstaat „das Ergebnis vielfältiger, oft inkonsistenter, vom langsamen Ausbau wie von überraschenden 'Schüben', von Erfolgen und Rückschlägen gekennzeichneter Anstrengungen, Solidarität unter den Bedingungen einer modernen Industriegesellschaft zu organisieren".[35] Für die im Wohlfahrtsstaat bzw. Sozialstaat erfolgte „Institutionalisierung kollektiver Hilfsprogramme" wird zum einen auf veränderte Wirtschaftsformen reagiert, die den einzelnen aus traditionellen sozialen Bindungen herausgelöst haben. Zum anderen stellt der Ausbau des Sozialstaats eine Antwort auf die Gefahren dar, die darin bestehen, daß große Gruppen der Bevölkerung in Not und wirtschaftlicher Unsicherheit leben. Schließlich kann in der durch die redistributiven Maßnahmen des Sozialstaats herbeige-

---

[34] *Hans Braun*, Umbau des Sozialstaats, in: Eildienst 17. Landkreistag Nordrhein-Westfalen, 29. September 1995, S. 293-296.

[35] *Manfred Prisching*, Das Ende der Solidarität? Über einige moralische Vorstellungen in der modernen Gesellschaft, in: Otto Kimminich, Alfred Klose und Leopold Neuhold (Hrsg.), Mit Realismus und Leidenschaft. Ethik im Dienst einer humanen Welt. Valentin Zsifkovits zum 60. Geburtstag, Graz, Budapest 1993, S. 107.

führten Abschwächung der Unterschiede in den Lebensbedingungen der Bevölkerung auch ein Beitrag gesehen werden, „das Versprechen einer demokratischen Ordnung" zu erfüllen.[36]

Daseinsvorsorge, die diesen Namen verdient, ist heute nur noch in organisierter Form möglich. Für die Ausgestaltung der organisierten Daseinsvorsorge gibt es gewiß unterschiedliche Lösungen. Deutschland ist ein Land, in dem die Menschen traditionell auf den Staat setzen. In anderen Ländern spielt die privatwirtschaftlich gestaltete organisierte Daseinsvorsorge eine größere Rolle. In diesem Zusammenhang wird gerne auf Chile verwiesen, wo im Jahre 1981 eine „Privatisierung" der sozialen Sicherung eingeleitet wurde. Auch in diesen Ländern muß der Staat aber zumindest insofern als Wohlfahrtsstaat agieren, als er Rahmenbedingungen setzt und Aufsicht über die Ausgestaltung der Leistungsangebote und die Handhabung der Leistungsgewährung führt.[37] Insbesondere wird es darum gehen, die Bürger zum Beitritt zu privatwirtschaftlich ausgerichteten Institutionen der Daseinsvorsorge zu verpflichten. Dies ist deshalb erforderlich, um „Trittbrettfahrertum" zu minimieren, das heißt, die Zahl der Fälle niedrig zu halten, wo Menschen im Vertrauen darauf, bei Eintritt einer Notlage letztlich doch aus öffentlichen Mitteln unterstützt zu werden, sich der Beteiligung an ihrer sozialen Absicherung entziehen. Ganz gleich, ob der Staat selbst Träger der sozialen Sicherung ist, diese Aufgabe an nachgeordnete Institutionen übertragen hat oder lediglich die Rahmenbedingungen für privatwirtschaftliche Anbieter setzt, die von ihm organisierte Daseinsvorsorge stellt die der modernen Gesellschaft angemessene Form der Ausgestaltung von Makrosolidarität dar.

Neben der sozialstaatlich organisierten Solidarität gibt es aber noch eine andere Form der Solidarität, die man als intermediär bezeichnen könnte. Es handelt sich hierbei um eine Solidarität, die weitaus weniger geplant ist und bei der die unmittelbare Anschauung eine gewisse Rolle spielt. Entscheidend ist dabei,

---

[36] *Prisching* (Fn. 35), S. 105.
[37] *Barbara E. Kritzer*, Privatizing Social Security: The Chilean Experience, in: Social Security Bulletin, Jg. 59 (1996), S. 45-55.

daß sie, anders als die sozialstaatlich organisierte Solidarität, nicht erzwungen werden kann. So besteht für einen Arbeiter oder Angestellten die Verpflichtung, Beiträge zur Krankenversicherung oder zur Rentenversicherung zu entrichten, niemand kann ihn aber zwingen, dem Bettler an der Ecke etwas zu geben, bei der Straßensammlung eines Wohlfahrtsverbandes zu spenden oder sich in einem Sozialdienst ehrenamtlich zu engagieren. Gerade weil sie nicht erzwungen werden kann, ist die intermediäre Solidarität aber für eine Gesellschaft außerordentlich wichtig. Beim Empfänger von Hilfe ermöglicht sie, wenn oft auch nur punktuell, die Entwicklung eines Gefühls der Zugehörigkeit, was wiederum eine Voraussetzung für Vertrauen ist. Bei demjenigen, der Hilfe leistet, wird die Fähigkeit gestärkt, sich in die Lage anderer zu versetzen und, im Falle des Engagements in einer Vereinigung, sich zu assoziieren und aus freien Stücken koordiniert zu handeln.[38] Es geht also wiederum um Sozialkapital.

Nun scheint der Sozialstaat diese Form der Solidarität freilich zu gefährden. Prisching führt hierfür drei Gründe an. Zum einen verringere die Verfügbarkeit öffentlicher Hilfesysteme privaten Altruismus. Wo Solidarität nicht eingeübt werde, schwinde die Fähigkeit zu solidarischem Handeln. Und wo sozialstaatliche Programme vorhanden seien, da liege es nun einmal nahe, sich auch an die entsprechenden Instanzen zu wenden. Auf der einen Seite müßten keine „Unbeteiligten" bemüht werden, auf der anderen Seite brauchten diese aber auch keine Opfer zu bringen. Mitleid, so schrieb Konrad Adam, sei im Wohlfahrtsstaat zu einer Sache der Behörden geworden. Und das von ihm als Beleg herangezogene Bekenntnis britischer Politiker, „noch nie einem Bettler etwas zugesteckt zu haben", kommentiert er mit dem Satz: „Ein schönes Zeugnis dafür, daß der „welfare state" sein Ziel, das Abtöten der Gefühle, weitgehend erreicht hat".[39]

---

[38] *Alois Baumgartner,* Solidarität und Ehrenamtlichkeit, Subsidiarität und Selbsthilfe. Veraltete Prinzipien der Sozialpolitik? in: Martin R. Textor (Koordination), Sozialpolitik. Aktuelle Fragen und Probleme, Opladen 1997, S. 29-37.
[39] *Konrad Adam,* Beinhart in die Eiszeit. Tony Blair und die Bettler: Der „welfare state" hat sein Ziel, das Abtöten der Gefühle, erreicht, in: Frankfurter Allgemeine Zeitung, 10. Januar 1997, Nr. 8, S. 29.

Eine Ursache dafür, daß Mitleidsreaktionen seltener ausgelöst werden, kann mit Prisching in den „in einer ‚reichen' Gesellschaft in der Unsichtbarkeit versickernden Armutserfahrungen" gesehen werden. Dies gilt jedenfalls im Vergleich zu den Verhältnissen im 19. Jahrhundert und zu jenen in der Dritten Welt. „Die offenkundigen Attribute des Elends, die das Mitgefühl der ‚Nachbarn' wachrufen würden, bleiben verborgen: Unser übliches Bild von schwerer Armut richtet sich auf hungernde und frierende Menschen, zerlumpte Kinder, Zigarettenstummel auflesende Männer, Kinder, die im Winter mit Holzpantoffeln zur Schule gehen."[40] Wo in der öffentlichen Wahrnehmung die Einschränkung des Arbeitslosen mit Eigenheim darin bestehe, daß der jährliche Winterurlaub ausfallen müsse, werde keine moralische Empörung und in deren Gefolge Hilfsbereitschaft ausgelöst.

Daß Armut heute weniger dramatische Erscheinungsformen hat, ist zu einem nicht geringen Teil auch dem Sozialstaat zuzurechnen. Freilich deutet einiges darauf hin, daß Ausdehnung des Wohlstands auf breitere Bevölkerungsgruppen und sozialstaatliche Absicherung nicht ohne Folgen für die in der Gesellschaft praktizierte Solidarität blieben. So sieht Prisching in der bei einer Langzeitbetrachtung offensichtlichen Einkommenserhöhung eine Ursache für die Schwächung von Solidarität. Unter Bedingungen der Knappheit sei unsolidarisches Handeln existenzbedrohend, und das Risiko sei hoch, in einer Notsituation selbst allein gelassen zu werden. In einer im historischen Vergleich eher durch Überfluß als durch Mangel gekennzeichneten Gesellschaft und insbesondere dann, wenn Rechtsansprüche auf kollektive Leistungen bestehen, „kann man auch auf Solidarität im unmittelbaren zwischenmenschlichen Sinne, also auf Face-to-face-Solidarität, leichter verzichten, der Zusammenhalt ist weniger notwendig, unsolidarisches Verhalten wird weniger gefürchtet, Solidarität wird daher auch weniger gepflegt".[41]

Der wirtschaftliche Erfolg in den westlichen Ländern und deren wohlfahrtsstaatliche Ausgestaltung gefährden also tendenziell

---

[40] *Prisching* (Fn. 35), S. 109.
[41] *Prisching* (Fn. 35), S. 110.

intermediäre Solidarität. Viele Kritiker des Sozialstaats sehen freilich nicht nur die intermediäre Solidarität gefährdet, sie weisen auch auf Erosionstendenzen im Bereich der primären, das heißt, im sozialen Nahraum der Menschen angesiedelten, Solidarität hin. Damit sind vor allem die Verhältnisse in der Familie und im Verwandtenkreis, mit Einschränkungen auch in der Nachbarschaft gemeint. Auch hier gibt es sicherlich Beispiele dafür, wie sozialstaatliche Programme Unterstützungsleistungen zurückgedrängt haben, die als typisch für den sozialen Nahraum galten. Durch das System der kollektiven Alterssicherung wurden die Kinder von der Aufgabe entbunden, unmittelbar zur wirtschaftlichen Versorgung ihrer alten Eltern beizutragen, durch den Ausbau von Einrichtungen der stationären Altenhilfe wurden die Voraussetzungen geschaffen, sich im Falle von deren Hilfe- und Pflegebedürftigkeit von der persönlichen Versorgung der Eltern zu dispensieren.

VI. Die gesellschaftliche Reichweite kommunaler Sozialpolitik

Allerdings ist bei der These von der Zurückdrängung nahraumbezogener Solidarität durch sozialstaatlich organisierte Programme Zurückhaltung geboten. Trotz eines Systems der kollektiven Alterssicherung gibt es heute, wie die sozialwissenschaftliche Forschung immer wieder gezeigt hat, nach wie vor vielfältige Leistungen zwischen den Generationen.[42] Und nach wie vor wird die große Mehrheit behinderter und pflegebedürftiger Menschen in der eigenen Häuslichkeit durch Angehörige versorgt. Es spricht deshalb viel für die Diagnose, daß die Expansion sozialstaatlicher Leistungsprogramme sehr viel stärker die intermediäre Solidarität als die nahraumbezogene Solidarität beeinträchtigt hat. Freilich darf man sich mit dieser Feststellung nicht zufrieden geben. Angesichts des Problemdrucks – noch nie gab es so viele pflegebe-

---

[42] *Hans Braun,* Das Verhältnis zwischen den Generationen: Solidarität und Konflikt, in: Otto Kimminich, Alfred Klose und Leopold Neuhold (Hrsg.), Mit Realismus und Leidenschaft. Ethik im Dienst einer humanen Welt. Valentin Zsifkovits zum 60. Geburtstag, Graz, Budapest 1993, S. 238-240.

dürftige alte Menschen – und angesichts des sich im sozialen und demographischen Wandel verändernden Hilfebedarfs braucht auch die nahraumbezogene Solidarität Unterstützung und Stabilisierung, etwa durch ambulante soziale Dienste und teilstationäre Einrichtungen, aber auch durch Beratungsstellen und Selbsthilfezusammenschlüsse. Dies kann aber nur vor Ort geschehen, wo sich die Probleme stellen und wo Menschen konkret mit der Problembewältigung befaßt sind. Damit ist die kommunale Sozialpolitik gefordert.

Kommunale Sozialpolitik vermag aber auch einen Beitrag zur Entwicklung intermediärer Solidarität zu leisten.[43] Hier besteht die Aufgabe darin, Arrangements zu schaffen, die es Menschen, die zu sozialem Engagement bereit sind, ermöglichen, ein ihren Interessen und Fähigkeiten entsprechendes Betätigungsfeld zu finden und die den jeweiligen Vereinigungen und Initiativen die Gewißheit geben, im Bedarfsfall auf professionellen Sachverstand und organisatorische Hilfe zurückgreifen zu können. Darüber hinaus ist es eine wichtige Aufgabe der Kommunen, die Tätigkeit von Freien Trägern, Selbsthilfezusammenschlüssen und ehrenamtlichen Gruppen zu koordinieren und Absprachen über die Formen einer die Adressaten des Tuns nicht verunsichernden Konkurrenz herbeizuführen.[44]

Natürlich können durch eine so ausgerichtete kommunale Sozialpolitik gesellschaftliche und politische Entwicklungen nicht rückgängig gemacht werden, durch die intermediäre Solidarität zurückgedrängt und nahraumbezogene Solidarität gefährdet wird. Bestimmte Probleme lassen sich in einer modernen Gesellschaft eben nur in formalen Großinstitutionen lösen, wie sie der Sozialstaat unterhält oder zumindest kontrolliert. Sicherlich stellt die Stabilisierung und in gewissen Grenzen sogar mögliche Reaktivierung von Solidarität einen Beitrag zur Entlastung des Sozialstaats dar. Freilich sollten hier keine Wunder erwartet werden.

---

[43] *André Habich,* Solidarität – aber wie. Überlegungen zum sozialpolitischen Engagement der Kirchen, in: Die neue Ordnung, Jg. 50 (1996), S. 453.
[44] *Stephan Articus, Hans Braun, Christine Kramer, Wolfgang Pföhler,* Kommunale Sozialpolitik, Köln 1992, S. 36 f. (Aufgaben der Kommunalpolitik, Bd. 3).

Tatsächlich muß die Rolle von Solidarität in einem viel größeren Zusammenhang gesehen werden: Die aus nahraumbezogener Solidarität resultierenden Leistungen entsprechen im allgemeinen eher den Vorstellungen der Adressaten als ausschließlich professionell und stationär erbrachte Leistungen. Im sozialen Nahraum erbrachte Leistungen stellen damit einen Beitrag zur Lebensqualität der Menschen dar. Nahraumbezogene wie intermediäre Solidarität sind darüber hinaus im Zusammenhang mit dem Sozialkapital einer Gesellschaft zu sehen. Insofern weist kommunale Sozialpolitik über die Kommunen selbst hinaus. Ihr kommt eine gesamtgesellschaftliche Bedeutung zu. Damit dieses Potential der kommunalen Sozialpolitik aber zum Tragen kommen kann, müssen die Kommunen von Aufgaben entlastet werden, die nur auf anderen Ebenen unseres Gemeinwesens, vor allem auf der Ebene des Bundes, bearbeitet werden können.

JOHANN EEKHOFF

Wohnungspolitik in Städten und Gemeinden

Die Mitarbeiter in den Wohnungsämtern und die für Wohnungs-
fragen verantwortlichen Kommunalpolitiker können aufatmen.
Seit dem Beginn der neunziger Jahre wächst das Wohnungsangebot schneller als die Nachfrage. Die Mieten steigen wieder langsa-
mer; auf einigen Teilmärkten gehen sie zurück. Selbst bei Wohnungen in den unteren und mittleren Preisklassen hat der Nach-
fragedruck nachgelassen. In den nächsten zwei bis drei Jahren,
also etwa bis zum Jahre 2000, ist mit einer weiteren Entspannung
auf dem Wohnungsmarkt zu rechnen.

Aber erfahrene Wohnungspolitiker ahnen, daß der Angebots-
überhang und die Entspannung auf den meisten Wohnungsteil-
märkten schon den Keim der nächsten Krise in sich bergen. Die
Bautätigkeit wird in großen Schritten verringert. Der unvermeid-
bare Kapazitätsabbau in der Bauwirtschaft wird von schmerzhaf-
ten Verlusten und einer hohen Anzahl von Konkursen begleitet.
Allein 1996 mußten 6000 Bauunternehmen aufgeben. Für 1997
wird noch einmal mit der gleichen Anzahl von Konkursen gerechnet. Der Staat verschärft die marktbedingte Anpassungskrise
durch den Abbau von Sonderabschreibungen, die sich wieder einmal als zweifelhaftes Förderinstrument erwiesen haben. Mit der
rückwirkenden Neuregelung der Erbschaftsteuer zum 1. Januar
1996 werden Immobilien erheblich stärker belastet. Am meisten
zu beklagen ist aber die Erhöhung der Grunderwerbsteuer von
2 auf 3,5 Prozent ab dem 1. Januar 1997, weil dadurch ein Eigen-
tümerwechsel von Grundstücken erschwert wurde.

Meinem Mitarbeiter Herrn Diplom-Volkswirt Alexander Lepach danke ich für seine wertvolle
Unterstützung.

In den Vorschlägen zur großen Steuerreform ist ein Abbau der Abschreibungsvergünstigungen im Wohnungsbau vorgesehen. Auch wenn das Gesamtkonzept zu begrüßen ist – einschließlich des Abbaus von Steuervergünstigungen –, kommt auf die Bau- und Wohnungswirtschaft möglicherweise eine zusätzliche Anpassungslast zu, d. h. der Rückgang der Bautätigkeit wird verschärft und länger dauern als ohnehin schon von der Nachfragesituation vorgezeichnet. Die positiven Wirkungen der Steuerreform über ein höheres Wirtschaftswachstum werden frühestens in drei bis vier Jahren wirksam, wenn es bei einem investitionsanregenden Konzept bleibt.

Der Wohnungsbauzyklus trifft also die Bauwirtschaft im Augenblick mit voller Wucht. Je härter dieser Anpassungsprozeß ausfällt, um so schwieriger und langwieriger wird es, die Baukapazität wieder aufzubauen, falls die Wohnungsnachfrage wieder anzieht, und um so größer ist die Gefahr neuer empfindlicher Engpässe in vier bis fünf Jahren.

I. Unvermeidbare Zyklen auf dem Wohnungsmarkt

Dieser zyklische Ablauf auf dem Wohnungsmarkt ist nicht neu. Er hat sich in den siebziger und achtziger Jahren in ähnlicher Form abgespielt. Vielfach wird darin ein Marktversagen gesehen. Insbesondere in der Phase der Engpässe – häufig als Wohnungsnot bezeichnet – mehren sich die Stimmen, daß die Wohnungsversorgung nicht dem Markt überlassen werden könne, weil dieser es offenbar nicht schaffe, das Angebot entsprechend der Nachfrage auszuweiten, wie es auf anderen Märkten der Fall sei. Marktversagen wird außerdem diagnostiziert, weil das Angebot an preiswerten Wohnungen zu gering sei und weil einzelne Gruppen praktisch nicht oder unzureichend mit Wohnungen versorgt würden.

Den Thesen vom Marktversagen folgte in der Vergangenheit, vor allem auch auf der kommunalen Ebene, die Forderung, der soziale Wohnungsbau müsse ausgeweitet werden. Daß die Ergebnisse der jeweiligen Ausweitung des sozialen Wohnungsbaus unbefriedigend blieben, liegt vermutlich nicht nur am bösen Willen der Kämmerer und Finanzminister, die dem Volumen des sozialen Wohnungsbaus engere Grenzen setzten als die Wohnungspolitiker sich dies wünschten. Um den Rahmen für den wohnungspolitischen Handlungsspielraum der Kommunen abstecken zu können, muß den Thesen zum Marktversagen genauer nachgegangen werden.

Der Wohnungsmarkt unterscheidet sich von anderen Märkten unter anderem durch die lange Lebensdauer der Wohnungen. Die Folge davon ist ein sehr geringer Ersatzbedarf. Weniger als ein Prozent des Wohnungsbestandes wird jährlich durch Neubauten ersetzt. Die Bauwirtschaft als Investitionsgütersektor der Wohnungswirtschaft braucht deshalb nur eine geringe Kapazität, gemessen an der Gesamtzahl der Wohnungen. In Phasen der stagnierenden oder nachgebenden Nachfrage käme die Wohnungswirtschaft auch einmal ohne Neubau aus, ohne daß sich der Bestand und die Wohnungsversorgung spürbar veränderten. In Phasen kräftiger Nachfragesteigerung oder aufgestauter Nachfrage könnte mühelos die Bauleistung von zwei oder drei Jahren vom Markt aufgenommen werden. Das bedeutet: Schon bei geringen Schwankungen der Wohnungsnachfrage wird die Bauwirtschaft vor kurzfristig nicht lösbare Anpassungsprobleme gestellt. Sie kann kräftige Nachfrageänderungen häufig nur in mehreren Jahren ausgleichen, so daß ein zeitweiliges Überschießen des Angebots und ein Nachfrageüberhang für mehrere Jahre entstehen können mit allen Schwierigkeiten für viele einkommensschwache Familien und für Personen mit Risikomerkmalen, die in den Engpaßphasen eine Wohnung suchen.

Die zyklischen Ausschläge auf dem Wohnungsmarkt ergeben sich aus der Art des Gutes Wohnen. Sie sind kein Anzeichen für ein Marktversagen, und sie können deshalb auch nicht dadurch überwunden werden, daß der Staat versucht, den Markt auszuschalten und selbst das Angebot bereitzustellen, wie es mit dem sozialen Wohnungsbau immer wieder versucht wurde. Staatliche Eingriffe in die Bauproduktion und in die allgemeine Wohnungsversorgung verschärfen die Probleme und verstärken die zyklischen Ausschläge, wie es jetzt wieder zu beobachten ist. Es ist ein Irrtum zu glauben, der Staat könne einen maßgeblichen Anteil des Wohnungsangebots bereitstellen und finanzieren.

Die Feststellung, daß das Wohnungsangebot sich nur zeitlich verzögert und häufig mit hohen Kosten an eine veränderte Nachfrage anpaßt und daß dieser Zusammenhang durch staatliche Eingriffe praktisch nicht verändert werden kann, heißt nicht, daß daraus keine schwerwiegenden Probleme entstehen. Das Gegenteil ist richtig: Weil es diese Angebotsverzögerung gibt, werden auf dem Wohnungsmarkt immer wieder empfindliche Engpässe auftreten, werden wohnungssuchende Haushalte in manchen Jahren große Schwierigkeiten haben, eine Wohnung zu finden, und werden Haushalte mit geringen Einkommen und mit Risikomerkmalen im Wettbewerb nicht zum Zuge kommen. Das ist der Kern des Wohnungsproblems, mit dem die Kommunen sich zu befassen haben. Das bleibt eine Daueraufgabe der kommunalen Wohnungspolitik. Nur wenn die Kommunen sich darauf einstellen, daß es zu zyklischen Engpässen kommt und daß dadurch immer wieder Menschen in Not geraten, werden sie nicht von der Entwicklung überrascht und können sie die größten Härten auffangen. Die Aufgabe läßt sich nicht mit einem Kraftakt für alle Zeit erledigen. Der Umfang dieser Aufgabe kann allenfalls dadurch verringert werden, daß die Kommunen sich in der Wohnungspolitik für Rahmenbedingungen einsetzen, die eine Marktanpassung erleichtern und beschleunigen, statt sie auch noch zu behindern und zu verteuern.

II. Wohnungspolitik ist Sozialpolitik

Die Leistungsfähigkeit des Marktes in Frage zu stellen, weil nicht alle sozialen Probleme gelöst werden, zeugt von unzureichender Kenntnis oder dem Versuch, von der eigenen Verantwortung abzulenken. Daß Interessengruppen immer wieder versuchen, den Staat mit seiner Zwangsgewalt für die eigenen Interessen einzuspannen, um Verteilungsvorteile zu erlangen, sollte die politisch Verantwortlichen nicht überraschen. In Deutschland wurde der Begriff „Soziale Marktwirtschaft" geprägt, mit dem ausgedrückt wird, daß die Marktwirtschaft der sozialen Flankierung bedarf, daß der Staat und die Kommunen den Menschen helfen müssen, die aus eigener Kraft nicht in der Lage sind, im Marktprozeß eine ausreichende Lebensgrundlage zu erwirtschaften.

Der Wohnungspolitik und dabei insbesondere den Kommunen kommt eine wichtige Aufgabe im Zusammenhang mit der sozialen Sicherung zu. Sieht man einmal von den allgemeinen Rahmenbedingungen ab, die in ähnlicher Form für alle Märkte erforderlich sind, dann ist Wohnungspolitik im Kern Sozialpolitik. Diese Form der Sozialpolitik kann am besten auf der kommunalen Ebene wahrgenommen werden, soweit es sich nicht um reine Einkommenshilfen wie beim Wohngeld handelt. Eine stärkere Verlagerung der sozialpolitischen Verantwortung in der Wohnungspolitik auf die kommunale Ebene setzt aber auch eine Umverteilung der Mittel zugunsten der Kommunen voraus.

Insbesondere die Großstädte in den Ballungsräumen, in denen Wohnungen knapp und teuer sind, haben immer wieder große Schwierigkeiten, den Menschen zu helfen, die keine angemessene Wohnung finden. Bis heute wird vorrangig auf den Bau von Sozialwohnungen gesetzt. Länder und Kommunen fordern immer wieder vehement eine Aufstockung der Mittel für den sozialen Wohnungsbau, obwohl längst nachgewiesen ist, daß der soziale Wohnungsbau extrem teuer ist, daß die Bestände falsch genutzt werden, daß die Fördervorteile in einzelnen Wohnungen keinem rationalen Muster folgen, daß die besonders Bedürftigen häufig nicht zum Zuge kommen und daß keine Chance besteht, mit diesem Instrument die sozialen Probleme befriedigend zu lösen.

Ein Grund für die Beliebtheit des sozialen Wohnungsbaus als wohnungspolitisches Instrument ist die einfache Logik dieser Art der Förderung: Wenn Wohnungen fehlen und zu teuer sind, scheint es sich anzubieten, das Problem zu überwinden, indem der Staat Wohnungen baut bzw. fördert und verbilligt zur Verfügung stellt. Die Tatsache, daß trotz hoher Milliardenbeträge nur ein Bruchteil der Zielgruppe erreicht wurde, hat weniger zu einem Umdenken als zu Forderungen nach einem höheren Mitteleinsatz geführt. Der Glaube an das einfache Modell, man brauche doch nur Wohnungen zu bauen und zu verbilligen, hat kaum Schaden genommen, weil die mit dem System verbundene Verschwendung und die sozialpolitische Willkür zumindest auf den ersten Blick nicht zwingend erscheinen.

Das unbeirrte Eintreten für den Sozialen Wohnungsbau trägt ähnliche Züge wie der Kampf für die Förderung des Steinkohlebergbaus. Beide Bereiche lassen sich emotionalisieren, weil es sich um „besondere Güter" handelt, weil sich die Härte der Arbeit sowie die Not, auf der Straße zu liegen, drastisch darstellen lassen und weil es sich geradezu aufdrängt, eine unmittelbare Lösung außerhalb des Marktsystems zu suchen.

Die Hilfe ist im Einzelfall sichtbar, umfassend und wirksam, so daß kein Zweifel entsteht, daß den Begünstigten tatsächlich geholfen wird und daß der Staat solche Leistungen erbringen kann. Die Hilfe läßt sich fast unmittelbar den beteiligten Politikern zurechnen. Der Ruf der Interessengruppen und der Kommunen nach Hilfen für die Bergarbeiter und die wohnungssuchenden einkommensschwachen Haushalte hat den Vorzug, daß sich Solidarität und Engagement für Benachteiligte demonstrieren läßt, ohne sich nennenswert an den Kosten zu beteiligen. Die Kosten werden zumindest nicht unmittelbar sichtbar.

Es wird suggeriert, wenn nur die Bereitschaft bestünde, könnten auch die Probleme anderer Gruppen ähnlich spontan und unmittelbar gelöst werden. Auf jeden Fall lasse sich am Beispiel des Kohlebergbaus wie des sozialen Wohnungsbaus zeigen, wie wirkliche Hilfe aussehen müsse. Ja, es wird sogar behauptet, die jeweilige Förderung sei auch gesamtwirtschaftlich rational; so etwa mit der These, es sei billiger, Arbeit als Arbeitslosigkeit zu finanzieren, oder mit der These, es sei besser, öffentliches Geld in den Bau von Wohnungen zu stecken und das Angebot mit Multiplikatorwirkungen für die Gesamtwirtschaft zu erhöhen, statt die Mittel für Wohngeld auszugeben, mit dem lediglich die Mieten erhöht würden.

Es ist sicher nicht zu bestreiten, daß einem Teil der Arbeitnehmer und der Wohnungssuchenden mit massivem Einsatz öffentlicher Gelder wirksam geholfen werden kann. Bestritten wird aber, daß diese Hilfen geeignet sind, allen Arbeitnehmern und Arbeitslosen sowie allen Wohnungssuchenden mit den gleichen wirtschaftlichen und sozialen Problemen in ähnlicher Weise zu helfen, zumal beide Programme sowohl in der Summe als auch bezogen auf den Einzelfall viel zu teuer sind. Jede Mark muß aus einer anderen Verwendung abgezogen werden, in der Regel aus einer produktiveren.

Wie läßt es sich rechtfertigen, für die Arbeitsplatzgarantie eines Bergarbeiters jährlich etwa 120.000 DM auszugeben, wenn mehr als 6 Mio. Menschen, die einen Arbeitsplatz suchen, auch nicht annähernd auf solche Hilfen zählen können? Es ist weder wirtschaftlich noch sozialpolitisch zu rechtfertigen, 120.000 DM an öffentlichen Geldern einzusetzen, um einen Arbeitsplatz mit einer Vergütung von 60.000 DM zu erhalten. Allein in der Bauwirtschaft sind im letzten Jahr mehr Menschen arbeitslos geworden, als im gesamten Steinkohlebergbau beschäftigt sind, ohne entsprechende Milliardenprogramme aufzulegen. Wollte man lediglich alle Arbeitslosen – also nicht auch noch andere Beschäftigte, deren Arbeitsplätze gefährdet sind – in gleicher Weise unterstützen wie die Bergleute, wären dafür 700 bis 800 Mrd. DM erforderlich, also etwa das Siebenfache der jährlichen Aufwendungen der Bundesanstalt für Arbeit.

Die Mißstände im sozialen Wohnungsbau haben eine vergleichbare Dimension. Um für einen Mieter einen Fördervorteil von einer Mark zu erreichen, müssen mindestens zwei bis drei Mark an Fördermitteln eingesetzt werden. Der Förderaufwand ist durch die Mietverbilligung nicht zu rechtfertigen. Hinzu kommt die krasse Ungleichbehandlung: Ein Großteil der Haushalte mit besonders geringem Einkommen und zusätzlichen Problemen kommt überhaupt nicht in den Genuß der Förderung, ein Teil der Fördermittel fließt Haushalten zu, die nicht oder nicht mehr zur Zielgruppe der Förderpolitik gehören. Wollte man aus Gründen der Gleichbehandlung allen „Berechtigten" eine Sozialwohnung bereitstellen, müßten mehrere hundert Mrd. Mark bereitgestellt werden. Allein der soziale Wohnungsbau und die Förderung aller Arbeitslosen nach dem Bergarbeitermodell würden rund ein Drittel des Bruttoinlandsprodukts beanspruchen.

Wer solche Überlegungen und – zugegebenermaßen groben –
Überschlagsrechnungen anstellt, gerät in den Verdacht, unsensi-
bel gegenüber offensichtlichen sozialen Problemen zu sein. Aber
Vorsicht bei dieser Schlußfolgerung. Das Gegenteil könnte richtig sein.

Wenn es wirklich darum geht, soziale Probleme zu mildern, dann
sollte allergrößter Wert darauf gelegt werden, dort zu helfen, wo
die Not am größten ist, also den Arbeitslosen, den Wohnungssuchenden mit den geringsten Einkommen, den Personen und Familien, die unter den gegebenen Bedingungen aufgrund negativ
beurteilter Merkmale von den Vermietern nicht akzeptiert werden. Eine sinnvolle Sozialpolitik darf nicht auf spektakuläre Hilfen für eine kleine Gruppe der zu unterstützenden Menschen setzen, sondern sie muß die nur begrenzt verfügbaren Mittel nach
dem Grundsatz der Gleichbehandlung verwenden.

Für die Kommunen heißt das: Sie brauchen Instrumente, auf die
vor allem in Engpaßsituationen zurückgegriffen werden kann, die
es erlauben, sich mit den schwierigen Fällen zu befassen, und die
keine Mittel mehr binden, wenn die Haushalte nicht mehr hilfs-
bedürftig sind.

III. An den Ursachen der Probleme ansetzen

Wenn Haushalte auf dem Mietwohnungs- oder Eigentümerwoh-
nungsmarkt nicht zurechtkommen und keine angemessene Wohnung finden, hat das vor allem drei Gründe. Erstens gibt es Haushalte, die nicht in der Lage sind, eine menschenwürdige Wohnung
zu bezahlen (Wohnkosten- bzw. Mietzahlungsproblem). Zweitens
finden Haushalte keine Wohnung, weil die Vermieter Zweifel an
ihrer Mietzahlungsfähigkeit und Vertragstreue haben, obwohl es
sich durchaus um normale und solvente Mieter handeln kann. Da
der Vermieter das Risiko der Vermietung an solche Mieter scheut,
die Mieter aber keine Möglichkeit haben, den Gegenbeweis anzu-
treten, kommt es vielfach nicht zu einem Mietvertrag (Zugangs-
problem). Drittens gibt es Personen, die Mietverträge nicht ein-
halten und sich in keine Hausgemeinschaft oder Nachbarschaft
einfügen können.

Obwohl die Abgrenzung nicht immer ganz eindeutig ist, bleibt die Betreuung und Unterbringung von Personen, die nicht mietvertragsfähig sind, eine öffentliche, genauer eine kommunale Aufgabe. Dafür ist in begrenztem Umfang ein eigener Wohnungsbestand erforderlich, oder es müssen Verträge mit einer kommunalen oder privaten Wohnungsgesellschaft geschlossen werden, die entsprechende Wohnungen bereitstellen und bewirtschaften, aber von den besonderen Kosten (Mietausfälle, Beschädigungen, Verfahren usw.) entlastet werden.

Häufig handelt es sich nicht nur um ein Wohnungsproblem, sondern es kommen andere Schwierigkeiten hinzu, so daß eine weitergehende soziale Betreuung erforderlich ist. Auch diese öffentlichen Aufgaben mögen in enger Zusammenarbeit mit Vermietern bewältigt werden; die anfallenden Sozialkosten können aber nicht von dem betroffenen Vermieter getragen werden, weil sich sonst die Anbieter aus diesem Marktsegment oder insgesamt zurückziehen würden. Eine faire und für beide Seiten befriedigende Lösung wird am ehesten in freiwilligen Verträgen erreicht. Das ist auch für die öffentliche Hand auf mittlere Sicht günstiger als allgemeine Verwendungs- und Nutzungsauflagen oder Mietbeschränkungen.

Die Mietzahlungsfähigkeit und die Fähigkeit, die Kosten für eine eigene selbstgenutzte Wohnung zu tragen, werden durch das bestehende Wohngeld gestärkt. Das Wohngeldsystem ist in einzelnen Punkten durchaus noch verbesserungsfähig. Es hat aber gegenüber dem sozialen Wohnungsbau entscheidende Vorzüge. Das Wohngeld kann unmittelbar in Anspruch genommen werden, wenn ein Haushalt aufgrund der Einkommenssituation, z. B. aufgrund von Arbeitslosigkeit förderfähig wird. Außerdem wird um so stärker gefördert, je geringer das Einkommen und je höher die Wohnkostenbelastung – bis zu bestimmten Höchstgrenzen – ist.

Die Wohngeldleistung kann sich an einzelnen, besonders teuren Standorten als knapp bemessen oder sogar als unzureichend erweisen, obwohl sie in anderen Kommunen eine ausreichende Hilfe darstellt. Den Forderungen nach einer stärkeren regionalen Differenzierung des Wohngeldes sollte aber nicht gefolgt werden.

Vielmehr müssen Kommunen, in denen die Wohnkosten weit über dem Durchschnitt liegen, gegebenenfalls ein kommunales Zusatzwohngeld einführen. Dadurch würde sichergestellt, daß ein erhöhtes Wohngeld von den Personen getragen wird, denen die Vorteile aus der hohen Standortattraktivität zufallen. Hohe Bodenpreise und Wohnkosten sind ein Indiz für die Vorteilhaftigkeit eines Standorts im Vergleich zu anderen Räumen.

Die Mitverantwortung der Kommunen für die soziale Absicherung ihrer Bürger sollte auch deshalb erhalten bleiben, weil die Kommunen maßgeblichen Einfluß auf die Modernisierungs- und Sanierungstätigkeit haben. Es wäre jedenfalls nicht hinnehmbar, wenn einfache Wohnungsbestände mit öffentlicher Förderung modernisiert und ganze Stadtteile saniert würden, so daß sich die Wohnungen für Wohngeldbezieher kräftig verteuerten, und dann den übrigen Bundesbürgern die Kosten für ein erhöhtes Wohngeld aufgebürdet würden.

Da die Kommunen sich auch finanziell am sozialen Wohnungsbau beteiligen, wäre daran zu denken, zumindest eines dieser Mittel für ein kommunales Zusatzwohngeld einzusetzen. Das wäre besonders wirksam, wenn gleichzeitig in größerem Umfang Belegungsrechte zur Verfügung ständen.

Ein zentrales Element der kommunalen Wohnungspolitik ist der Erwerb von Belegungsrechten zugunsten von Haushalten mit Zugangsproblemen auf dem Wohnungsmarkt. Belegungsrechte wurden in der Vergangenheit vorwiegend über den sozialen Wohnungsbau erworben. Das ist ein teurer Weg, weil die Belegungsrechte in Neubauten erworben werden und weil sie mit einem hohen Aufwand für die Mietverbilligung verknüpft sind. Der Erwerb von Belegungsrechten für einfache Bestandswohnungen und ohne gleichzeitige Mietsubventionen ist dagegen ein noch junges und noch nicht intensiv genutztes Instrument.

Die Mitarbeiter der Vergabestellen und Wohnungsämter, die jahrelang den sozialen Wohnungsbau gefördert und verwaltet haben, taten sich bislang schwer mit der Vorstellung, Vermietern etwas zu zahlen, ohne sie zu Investitionen oder zu einem Mietnachlaß zu verpflichten. Daß auch im Rahmen des sozialen Wohnungsbaus für die Risiken der Vermieter gezahlt wird – sei es über eine großzügige Übernahme von Kosten, sei es über hohe Mietzuschüsse –, geht in dem Gesamtpaket von Förderleistungen und Verpflichtungen unter. Viele Menschen können sich noch nicht von der Vorstellung lösen, daß es in der Wohnungspolitik vor allem darauf ankommt, den Bau zusätzlicher Wohnungen zu fördern. Latent bestehen deshalb selbst gegenüber dem Wohngeld immer noch erhebliche Vorbehalte.

Hinzu kommt ein zweites Hemmnis für den Erwerb von Belegungsrechten im Bestand. Der Bedarf an Belegungsrechten ist in den Zeiten groß, in denen es Engpässe auf dem Wohnungsmarkt gibt und in denen Wohnungen leicht zu vermieten sind. Dann besteht aber wenig Neigung bei den Vermietern, der Kommune Belegungsrechte einzuräumen. Umgekehrt ist der Druck für die Kommune gering, bei entspannter Wohnungsmarktsituation Belegungsrechte zu erwerben, obwohl die Vermieter dann vergleichsweise wenig dafür verlangen. Belegungsrechte „auf Vorrat" zu erwerben, ist einem Kämmerer, der immer zu wenig Geld hat und sich nicht intensiv mit den Besonderheiten des Wohnungsmarktes befaßt, nur schwer zu vermitteln.

Schließlich hat sich noch zu wenig an der falschen Anreizsituation geändert. Die teuren Belegungsrechte im sozialen Wohnungsbau werden zum weit überwiegenden Teil vom Bund und von den Ländern finanziert. Belegungsrechte im Bestand müssen die Kommunen im wesentlichen alleine finanzieren. Das verhindert von vornherein einen effizienten Einsatz der Instrumente, und es ist dringend geboten, diese Anreizverzerrung zu beseitigen; denn in Zeiten knapper Kassen wird das preiswertere und effizientere Instrument des Erwerbs von Belegungsrechten im Bestand stärker und kontinuierlicher genutzt werden müssen.

IV. Kommunale Belegungsrechte erwerben

Mit dem Erwerb des Rechts durch die Kommune, eine Wohnung unmittelbar zu belegen oder den Personenkreis für die Belegung mehr oder weniger eng vorgeben zu können, entsteht dem Vermieter ein erhöhtes Risiko, einen Mieter zu bekommen, der seine Miete nicht zahlt, der nicht mit den anderen Bewohnern des Hauses oder der Wohnanlage auskommt oder der Schäden in der Wohnung verursacht. Für die Übernahme dieses Risikos verlangt der Vermieter in der Regel eine Gegenleistung von der Kommune. Wie hoch das geforderte Entgelt sein wird, hängt von der Änderung der erwarteten Vermietungschancen ab, aber auch von der Struktur der Mieter, die der Vermieter bereits hat, vom Umfang des Bestandes, aus dem das Belegungsrecht zu bedienen ist, von der Dauer der Belegungsbindung und nicht zuletzt von Erfahrungen, die der Vermieter mit der Kommune gemacht hat. Letztlich kann es auch auf diesem Wege nicht gelingen, privaten Vermietern soziale Lasten aufzuerlegen, die von der Kommune zu tragen sind. Aber allein schon wegen der breiten Basis des Bestandes an Altbauwohnungen ergibt sich die Chance, Belegungsrechte von den Vermietern zu erhalten, bei denen das Einräumen eines solchen Rechts mit den geringsten Kosten verbunden ist. Es wäre gut vorstellbar, daß die Kommunen künftig den Wettbewerb nutzen und den Erwerb von Belegungsrechten ausschreiben.

Belegungsrechte können an einer bestimmten Wohnung erworben werden. Aber es ist auch möglich, Belegungsrechte in einem größeren Bestand zu erwerben, beispielsweise in der Form, daß der Vermieter solche Rechte für zwanzig Prozent seines Wohnungsbestandes oder für eine bestimmte Anzahl von Wohnungen einräumt, aber selbst bestimmen kann, welche Wohnungen für diesen Zweck genutzt werden.

Grundsätzlich geht es ausschließlich um ein Belegungsrecht ohne zusätzliche mietrechtliche Bindungen. In der Vergangenheit ist das Instrument allerdings auch gleichzeitig genutzt worden, Mieten zu verbilligen. So wurden beispielsweise in der Wohnungsfürsorge des Bundes für Bedienstete, Soldaten und ausländische Diplomaten Mietabschläge zwischen 0,50 DM und 2 DM mit dem Belegungsrecht verbunden und entgolten. In anderen Verträgen wurde die untere Grenze der Vergleichsmietenspanne oder der Mittelwert der Vergleichsmieten als obere Grenze festgelegt. Nicht nur aus Gründen der Vereinfachung, sondern auch wegen der Gleichbehandlung der Mieter ist es ratsam, das Belegungsrecht nicht mit einer Mietbindung zu verknüpfen. Da der Vermieter sich den Mietnachlaß regelmäßig von der Kommune erstatten lassen wird, die Mietsubvention also aus öffentlichen Mitteln zu bestreiten ist, erscheint es sinnvoller, diese Mittel in ein kommunales Wohngeld einzubringen, und damit eindeutig von der Einkommenssituation des jeweiligen Mieters abhängig zu machen. Dann bliebe auch das Verwaltungsverfahren, in dem Belegungsrechte erworben und genutzt werden, von einer komplizierten Einkommensüberprüfung befreit.

Kommunen können ihre Gegenleistung für eingeräumte Belegungsrechte in unterschiedlicher Form erbringen. Sie können die Gegenleistung um so geringer halten, je stärker sie den Vermieter von zusätzlichen Risiken freistellen, indem sie beispielsweise eine Mietausfallgarantie geben, die Kosten für die Beseitigung von Schäden in der Wohnung, für eine Räumung usw. übernehmen. Allerdings ist zu beachten, daß bei der Verpflichtung zur Kostenübernahme ein unzureichendes Interesse entstehen kann, die Kosten niedrig zu halten.

Als Gegenleistung für ein Belegungsrecht kann eine Einmalprämie vereinbart werden, entweder für den Zeitraum der Belegungsbindung oder jeweils für den Abschluß eine Mietvertrages mit einem Haushalt aus der Zielgruppe. Die Prämie kann auch in laufende Zahlungen je Quadratmeter Wohnfläche für die Laufzeit des Vertrages aufgeteilt werden. Auch eine indirekte Zahlung kommt in Betracht, z. B. indem ein Neubau oder die Modernisierung der belegungsgebundenen oder einer anderen Wohnung gefördert wird. Dieser Weg wird manchmal beschritten, um Mittel aus den üblichen Objektförderungsprogrammen in Anspruch nehmen zu können. Es gibt also ein breites Spektrum an Gestaltungsmöglichkeiten. Der effizienteste Weg wird am ehesten gefunden, wenn die Kommunen die Mittel nach eigenem Ermessen einsetzen können und somit nicht gezwungen sind, den Umweg über verschiedene Formen der Investitionsförderung zu gehen.

Das Wohnungszugangsproblem ist zu einem erheblichen Teil eine Folge der bestehenden Kündigungsschutzregelungen. Da den

Mietern faktisch ein Dauerwohnrecht eingeräumt wurde, versuchen die Vermieter das Vermietungsrisiko bei der Auswahl der Mieter gering zu halten. Mieter mit äußerlichen Merkmalen, die auf ein erhöhtes Vermietungsrisiko schließen lassen, werden in der Regel nicht genommen. Das ist besonders bitter für Haushalte, die bereit und in der Lage sind, ihre Miete regelmäßig zu zahlen, pfleglich mit der Wohnung umzugehen und sich in Gemeinschaften und Nachbarschaften normal einzufügen. Da der Vermieter dies aber nicht ausprobieren und im Falle von Schwierigkeiten dem Mieter ohne weiteres kündigen kann, wird er bei der Auswahl der Mieter besonders vorsichtig sein und vielfach unbeabsichtigt auch solche Bewerber ausschließen, die problemlose Mieter wären.

Dieses Dilemma hat zu Überlegungen geführt, das Risiko einer falschen Mieterauswahl durch Formen des „Probewohnens" zu verringern und dadurch die Kosten von Belegungsrechten zu senken, ohne daß die Kommune die Wohnung unmittelbar anmietet (§ 564 Abs. 7 Nr. 5 BGB). So hat die Expertenkommission Wohnungspolitik im Jahre 1995 vorgeschlagen, für Wohnraum, der auf Grund eines Belegungsrechts vermietet worden ist, in den ersten zwölf Monaten eine Kündigung mit einer Frist von (knapp) drei Monaten zuzulassen. Diese Regelung würde nicht nur den Wohnungssuchenden helfen, die den Vermietern keine besonderen Problem bereiten; sie würde auch die Kosten von Belegungsrechten und damit die Belastung der Kommunen erheblich verringern.

Der Erwerb von Belegungsrechten im Bestand erhält vor allem in den Ballungskernen eine zunehmende Bedeutung, weil praktisch nur noch auf diesem Wege Belegungsrechte erworben werden können. Die Neubaualternative scheidet schon deshalb aus, weil kaum noch Flächen verfügbar sind. Da viele der Belegungsbindungen im Sozialwohnungsbestand schon weggefallen sind und weitere in den nächsten Jahren entfallen, wäre es besonders wichtig, hier mit dem Erwerb neuer Belegungsrechte anzusetzen, allerdings ohne gleichzeitig Mietbindungen anzustreben. Das Lösen der Belegungsrechte von einer Mietbindung hat den großen Vorteil, daß die Mietvergünstigung nicht mehr auf das Objekt bezogen ist, sondern sich an der wirtschaftlichen Situation der Haushalte orientiert.

V. Mehr Verantwortung für die Kommunen

Da das Gesamtangebot an Wohnungen und die durchschnittlich verfügbare Wohnfläche pro Kopf in Deutschland ein hohes Niveau erreicht haben – in Ostdeutschland sind noch einige Einschränkungen zu machen, insbesondere bezüglich der Qualität der Wohnungen –, gewinnt die kommunale Wohnungspolitik an Bedeutung. Dabei liegt der Schwerpunkt eindeutig in der sozialen Absicherung in Notsituationen und in der Unterstützung, den Zugang zu einer Wohnung zu finden.

Das Nachkriegskonzept, nämlich den allgemeinen Wohnungsbau zu fördern und staatlich geförderte Wohnungen für breite Schichten der Bevölkerung bereitzustellen, paßt nicht mehr zur erreichten Wohnungssituation. Die teure Objektförderung hat sich nicht zuletzt deshalb so lange gehalten, weil aufgrund der aufgeteilten finanziellen Verantwortung niemand die Kosten voll gerechnet hat. Die Mitverantwortung des Bundes für den sozialen Wohnungsbau wird aus Artikel 104 a des Grundgesetzes abgeleitet. Die Gründe für die finanzielle Beteiligung des Bundes an „besonders bedeutsamen Investitionen" im Artikel 104 a des Grundgesetzes, nämlich „zur Abwehr einer Störung des gesamtwirtschaftlichen Gleichgewichts oder zum Ausgleich unterschiedlicher Wirtschaftskraft im Bundesgebiet oder zur Förderung des wirtschaftlichen Wachstums" sind allerdings lange genug überstrapaziert worden. Es ist schwer nachvollziehbar, daß mit der Beteiligung des Bundes an der Förderung des sozialen Wohnungsbaus permanent eine Störung des gesamtwirtschaftlichen Gleichgewichts abgewehrt wird. Der Verteilungsschlüssel für die Mittel läßt auch nicht darauf schließen, daß Unterschiede in der Wirtschaftskraft von Regionen ausgeglichen werden sollen. Und daß der soziale Wohnungsbau ein besonders geeignetes und dauerhaft notwendiges Instrument zur Förderung des wirtschaftlichen Wachstums sein soll, dürfte wohl auf große Zweifel stoßen.

Es ist an der Zeit, ein nicht mehr vertretbares Förderinstrument aufzugeben, mehr Verantwortung für die Wohnungspolitik auf die Kommunen zu übertragen und dafür einen angemessenen finanziellen Rahmen zu schaffen. Diese Verlagerung betrifft vorrangig die Erleichterung des Zugangs zum Wohnungsmarkt. Damit wäre auch das Hindernis für den Erwerb von Belegungsrechten beseitigt, nämlich die Bundesmittel nur indirekt über investive Maßnahmen und unter Einschaltung der Länder einsetzen zu können.

Die klassische Aufgabe der Kommunen im Rahmen der Wohnungspolitik bleibt es, ausreichend Bauland auszuweisen und zu erschließen. Das wird in den Kernen dicht bebauter Ballungsgebiete zwar immer schwieriger, aber es kann keine Rede davon sein, daß es innerhalb von Arbeitsmarktregionen nicht genug Flächen gäbe. Einige Großstädte müssen sich allerdings mit den Umlandgemeinden auf eine sinnvolle Arbeitsteilung und Koordinierung verständigen. Insgesamt wird eher zu wenig Bauland ausgewiesen und erschlossen. Das ist ein Grund für die hohen Baulandpreise. Umgekehrt besteht kein Grund, Bauland verbilligt bereitzustellen, wenn insgesamt ein hinreichendes Angebot verfügbar ist. Auch diese Formen der Objektförderung sollten beendet werden. Die Struktur der Baulandpreise hat eine wichtige Steuerungsfunktion für die Wahl der Wohnstandorte und für den Konsum von Wohnflächen.

Die Kommunen können wohnungspolitisch nicht mit den Wohnungsproblemen fertig werden, wenn die große Mehrzahl der Menschen sich nicht auf dem privaten Wohnungsmarkt selbst befriedigende Wohnverhältnisse schafft. Voraussetzung dafür ist die Bereitschaft privater Investoren, Wohnungen zu bauen, zu erhalten und zu modernisieren. Deshalb sollten die Kommunen alles unterlassen, Investoren und Wohnungseigentümer zu gängeln, wie z. B. über die Behinderung der Umwandlung von Mietwohnungen in Eigentumswohnungen, über ein Verbot der sogenannten Zweckentfremdung von Wohnungen, über Erhaltungssatzungen usw. Alle Versuche dieser Art richten sich ausschließlich auf den vorhandenen Bestand und lassen außer Acht, daß sie schwerwiegende negative Rückwirkungen auf die Investitionen haben. Investoren kann man nicht zwingen, ihr Geld in

Deutschland anzulegen, und noch viel weniger, ihr Geld in Wohnungen zu stecken, über deren Nutzung und Renditen sich die Kommunen ein Mitspracherecht anmaßen. Nur wer sauber trennt zwischen dem privaten Wohnungsmarkt und der öffentlichen Aufgabe der sozialen Flankierung, wird mittelfristig gute Wohnbedingungen ermöglichen. Es ist ein – leider in der Wohnungswirtschaft weit verbreiteter – Irrtum, daß privaten Anbietern wirksam soziale Lasten aufgepackt werden könnten. In den Staaten, die dies konsequent versucht haben, hatte das die simple Folge, daß es schließlich keine privaten Investoren mehr gab.

In einem weiteren Punkt ist Vorsicht geboten, nämlich in der Förderung von Modernisierungs- und Sanierungsmaßnahmen. Entsprechend der Einkommens- und Sozialstruktur in einer Stadt muß es schlichte Wohnungen und veraltete Stadtteile mit bescheidener Infrastrukturausstattung und einer nur mäßigen Wohnqualität geben. Wer solche Bestände modernisiert und die entsprechenden Stadtteile auf einen Standard hochsaniert, den die Normalbürger für ansprechend halten, muß wissen, daß damit den Haushalten mit geringem Einkommen Teile des Wohnungsangebots entzogen werden. Der Versuch, den einkommensschwachen Haushalten mit Objektsubventionen und Mietbindungen für sanierte und modernisierte Wohnungen zu helfen, wird auch in Zukunft nicht gelingen, nicht nur aufgrund der knappen Mittel.

Das Schwergewicht der kommunalen Wohnungspolitik wird sich darauf verlagern müssen, Belegungsrechte im Bestand zu erwerben und für Engpaßsituationen vorzuhalten. Das ist die logische Konsequenz aus den langjährigen Erfahrungen mit dem sozialen Wohnungsbau, wobei sogar eine gewisse Kontinuität gewahrt und ein Teil der früheren Sozialwohnungen erneut für soziale Zwecke genutzt werden kann, indem die Kommunen in diesem Bestand Belegungsrechte erwerben. Das erfordert ein Umdenken der Verwaltung, weil sie auf der kommunalen Ebene ausgewogene, faire Verträge aushandeln muß und weil es den früheren Wettbewerb der Investoren um eine lukrative Förderung nicht mehr gibt.

Der Erwerb von Belegungsrechten wird erleichtert werden müssen, indem Bund und Länder zumindest einen Teil der im sozia-

len Wohnungsbau eingesparten Mittel an die Kommunen weiter-
geben. Die beste Ausgestaltung der Belegungsrechte und des
kommunalen Entgelts wird in einem längeren Zeitraum heraus-
gefunden werden müssen. Dabei ist keine bundeseinheitliche
Standardisierung erforderlich; denn die Kommunen sollen ja
gerade in die Lage versetzt werden, flexibel auf unterschiedliche
Bedingungen einzugehen, auch auf die unterschiedliche Bereitschaft großer Wohnungsgesellschaften, mit der jeweiligen Kommune zusammenzuarbeiten.

Schließlich wird in einigen Kommunen zu klären sein, ob ein
kommunales Zusatzwohngeld eingesetzt werden soll. Für die
meisten Kommunen wird dafür auch in Zukunft kein Bedarf
bestehen; denn wenn es ein Wohngeld des Bundes und der Länder gibt, sollte mit dieser Geldleistung das Wohnkostenproblem
für die Mieter und Eigentümer in dem größten Teil der Städte und
Gemeinden zufriedenstellend gelöst sein. Die regionalen Unterschiede in den Wohnkosten können aber so groß sein, daß einzelne Kommunen ihren einkommensschwachen Bürgern zusätzlich
helfen müssen.

Bibliographie Manfred Rommel

– Ein Auswahlverzeichnis –

I. Selbständige Veröffentlichungen
(Alleinverfasser, Herausgeber oder Mitautor)

1. Stellungnahme zum Gutachten der Stadt-Umland-Kommission Stuttgart. Stuttgart: Stadt Stuttgart 1977.

2. Troll, Thaddäus: Stuttgarter Zeiten. … von dazumal bis heute. 100 Jahre Stadtgeschichte. Mit einem Vorwort versehen von Manfred Rommel. Stuttgart: Poller 1977.

3. Zwischen Cannstatt und Stuttgart. Erinnerungen an das grüne Erlebnis in der blühenden Stadt. Hrsg. von Klaus E. R. Lindemann. Mit Beiträgen von Manfred Rommel u.a. Karlsruhe: Info-Verlagsgesellschaft 1979.

4. Abschied vom Schlaraffenland. Gedanken über Politik und Kultur. Stuttgart: Deutsche Verlags-Anstalt 1981. (Weitere Ausgaben).

5. Über die Regierbarkeit der Großstädte. Festvortrag bei der Eröffnung des Internationalen Kongresses für Verwaltungswissenschaften am 19. September 1983. Berlin: Internationaler Kongreß für Verwaltungswissenschaften 1983.

6. Getting along with the Germans. Bob Larson. Manfred Rommel (Vorw.). Esslingen: Bechtle 1985.

7. Wir verwirrten Deutschen. Betrachtungen am Rande der großen Politik. Stuttgart: Deutsche Verlags-Anstalt 1986. (Weitere Ausgaben).

8. Stadt und Gesellschaft. Festvortrag anläßlich des Stadtfreiheitstages 1987. Gehalten am 8. November 1987 im Reichssaal des Alten Rathauses zu Regensburg. Regensburg 1987. (Stadtfreiheitstag. 1987).

9.   Klar gedacht und gut gesprochen! Manfred Rommel in Sentenzen und verbalen Skizzen. Rolf Thieringer. Stuttgart: Landesgirokasse 1988.

10. Manfred Rommels gesammelte Sprüche. Gefunden und herausgegeben von Ulrich Frank-Planitz. Stuttgart: Engelhorn-Verl. 1988. (Engelhorn-Bücherei) (Weitere Ausgaben).

11. ... Weil ich diesen Beschluß für nachteilig für die Stadt Stuttgart halte. Ausführungen des Aufsichtsratsvorsitzenden der Flughafen-Stuttgart-GmbH, Oberbürgermeister Dr. h.c. Manfred Rommel, am 21. Januar vor dem Gemeinderat Stuttgart zur Frage einer Klage der Landeshauptstadt gegen den Planfeststellungsbeschluß für den Ausbau des Flughafens und der Autobahn A 8. Stuttgart: Flughafen-Stuttgart-GmbH 1988.

12. 90 Jahre Musikverein Stadtorchester Feuerbach e.V. 1899–1989. Jubiläum, verbunden mit dem Kreisverbandsmusikfest Stuttgart/Filder, 1.–4. Sept. 1989. Vorredner: Manfred Rommel. Stuttgart: Musikverein Stadtorchester Feuerbach 1989.

13. Initiative und Partnerschaft. Manfred Bulling zum 60. Geburtstag. Hrsg.: Paul Feuchte, Manfred Rommel, Otto Rundel. Baden-Baden: Nomos Verlagsgesellschaft 1990.

14. Plädoyers für eine multikulturelle Gesellschaft. Heiner Geißler, Manfred Rommel. Stuttgart: Akademie der Diözese Rottenburg-Stuttgart 1992. (Kleine Hohenheimer Reihe. 19).

15. Region und Heimat in der Politik. Stuttgart: Schwäbische Gesellschaft 1992. (Schriftenreihe / Schwäbische Gesellschaft. 8).

16. Die Zukunft der öffentlichen Wirtschaft in der Europäischen Gemeinschaft. Referate einer Vortragsveranstaltung der Gesellschaft für öffentliche Wirtschaft. Von ... Manfred Rommel ... Berlin: Gesellschaft für öffentliche Wirtschaft 1992. (Beiträge zur öffentlichen Wirtschaft. 11).

17. Manfred Rommels gesammelte Gedichte. Mit vierzehn Zeichnungen des Autors. Gefunden und herausgegeben von Ulrich Frank-Planitz. Stuttgart: Engelhorn-Verl. 1993. (Engelhorn-Bücherei) (Weitere Ausgaben).

18. Kommunalpolitik im Zeichen der Wiedervereinigung. Heidelberg: Müller Juristischer Verlag 1993. (Schriftenreihe / Juristische Studiengesellschaft Karlsruhe. 207).

19. Nicht nur Gute-Nacht-Geschichten. Von Prominenten erzählt. Von … Manfred Rommel … 3. Aufl. Dresden: Grohmann 1994.

20. Deutschland und Rußland am Wendepunkt. Die geistige Lage aus deutscher und russischer Sicht. Referate, die bei einer Veranstaltung im November 1993 an der Universität Hohenheim gehalten wurden. Günter Rohrmoser, Manfred Rommel, Vjaceslav Stjopin. Bietigheim/Baden: Gesellschaft für Kulturwissenschaft 1995.

21. Die Grenzen des Möglichen. Ansichten und Einsichten. Stuttgart: Deutsche Verlags-Anstalt 1995.

22. Leopold von Ranke. Der 200. Geburtstag am 21. Dezember 1995. Berichte und Gedanken zu seinem Leben und Werk. Von … Manfred Rommel … Hrsg.: Ranke-Verein. Itzehoe: Moritzen 1995.

23. Sillenbuch und Riedenberg. Zwei Stadt-Dörfer erzählen aus ihrer Geschichte. Von … Manfred Rommel … Stuttgart: Schmetterling-Verl. 1995.

24. Erwin Teufel, unser Ministerpräsident. Beobachtet von Konrad R. Müller. Mit einem Text von Manfred Rommel. Stuttgart: CDU Baden-Württemberg 1996.

25. Europa mit-gestalten II. Texte zur Europawoche 1996. Von … Manfred Rommel … Hrsg.: Ministerium für Kultus, Jugend und Sport Baden-Württemberg. Köln: Omnia Verl. 1996.

26. Manfred Rommels politisches Lexikon. Zusammengestellt und herausgegeben von Ulrich Frank-Planitz. Mit neun Zeichnungen von Friederike Groß. Stuttgart: Engelhorn-Verl. 1996. (Engelhorn-Bücherei).

27. Stuttgart 21. Entwürfe für die neue Stadt. Beiträge von Manfed Rommel u.a. Hrsg.: Stadt Stuttgart. Stuttgart: Deutsche Verlagsanstalt 1996.

II. Aufsätze und sonstige Beiträge

28. Politik des Vertrauens und der gläsernen Kassen. Interview zu Fragen der Kommunalpolitik und der Zukunft der Stadt. In: Stuttgarter Zeitung v. 31.12.1974, S. 17-18.

29. Baden-Württemberg. Verlagsbeilage mit Beiträgen von ... Manfred Rommel ... In: Vorwärts v. 4.12.1975, S. 23-28.

30. Stuttgart kann sich nicht mehr helfen. Interview über die finanziellen Zukunftsaussichten der Stadt. In: Stuttgarter Zeitung v. 20.9.1975, S. 2.

31. „... und fertig ist die Laube". Interview zum Gastarbeiterproblem. In: Deutsche Zeitung – Christ und Welt v. 28.2.1975, S. 21.

32. Von mir aus gegen Kohl oder Schmidt – aber niemals gegen Adam Riese. Interview zur Kommunalpolitik. In: Stuttgarter Zeitung v. 31.12.1975, S. 17-18.

33. Trotz aller Prognosen: Dem Staatsbürger gehört die Zukunft. „Sind die Städte noch regierbar?" In: Die Welt v. 26.1.1976, S. 3.

34. Bürgernahe Politik heißt Stärkung der kommunalen Ebene. In: der städtetag N.F. 30 (1977), S. 359.

35. Die Verbesserung der Lebensqualität. In: der städtetag N.F. 30 (1977), S. 625-629.

36. Die Verleihung des Hegel-Preises 1977. In: Hegel-Preis-Reden 1977. Eine Veröffentlichung des Kulturamtes der Stadt Stuttgart. Ernst. H. Gombrich, Dieter Henrich, Manfred Rommel. Stuttgart, Zürich: Belser 1977.

37. Bemerkungen zum Thema Denkmalschutz und kommunale Selbstverwaltung. In: der städtetag N.F. 31 (1978), S. 279-280.

38. Denkmalpflege und kommunale Selbstverwaltung. In: Zeitschrift für Stadtgeschichte, Stadtsoziologie und Denkmalpflege 5 (1978), S. 155-158.

39. Fallstricke und Irrwege. In: Wirtschaftsdienst 58 (1978), S. 436-438.

40. „Ich hätte ihn besser beraten". Spiegel-Interview mit Stuttgarts Oberbürgermeister Manfred Rommel (CDU) über Filbinger. In: Der Spiegel v. 5.6.1978, S. 52.

41. „Ich würde ihm nicht raten, jetzt leise weinend zu verschwinden". Der Stuttgarter OB Manfred Rommel fordert von der CDU Fairneß gegenüber Filbinger. In: Die Welt v. 13.7.1978, S. 2.

42. „Mein Vater wollte Schluß machen". Über David Irvings Rommel-Biographie. In: Der Spiegel v. 28.8.1978, S. 128-129.

43. Städte im Spannungsfeld zwischen Bürger und Staat. Vortrag anläßlich der Mitgliederversammlung des Städteverbandes Rheinland-Pfalz am 15. Februar 1978 in Mayen. Mainz: Städteverband Rheinland-Pfalz 1978.

44. Die deutschen Städte – Chancen und Probleme. In: Neue Zürcher Zeitung v. 2.12.1979, S. 25.

45. Der Energiepolitik fehlt Kohärenz. In: der städtetag N.F. 32 (1979), S. 561-562.

46. Kommunale Versorgungswirtschaft – Konzept mit Zukunft. In: Kommunale Versorgungswirtschaft – Konzept mit Zukunft. Dokumentation der VKU-Verbandstagung 1979. Köln: Verband Kommunaler Unternehmen 1979. (Beiträge zur kommunalen Versorgungswirtschaft. 58). S. 115-131.

47. Starke Städte – Lebendige Demokratie. In: Starke Städte – Lebendige Demokratie. Standort und Zukunft der kommunalen Selbstverwaltung. Vorträge, Aussprachen und Ergebnisse der 20. Hauptversammlung des Deutschen Städtetages vom 9. bis 11. Mai 1979 in Kiel. Köln: Kohlhammer 1979. S. 59-75.

48. VKU. Sonderbeilage zur Jahrestagung des Verbandes Kommunaler Unternehmen 1979 in Travemünde. Mit Beiträgen von ... Manfred Rommel ... In: Handelsblatt v. 5.10.1979.

49. Zur Lage der Kommunalverwaltung nach 30 Jahren Grundgesetz. In: Die öffentliche Verwaltung 32 (1979), S. 362-367.

50. Mittlerer Neckar. Strukturwandel auf solider Basis. Beilage mit Beiträgen von ... Manfred Rommel ... In: Handelsblatt v. 14.10.1980.

51. Schöne grüne Welt. Im Vorfeld der Bundestagswahl: Was wollen die „Grünen"? Ein ZEIT-Forum mit Politikern, Journalisten und Experten. Debatte zwischen ... Manfred Rommel ... In: Die Zeit v. 18.7.1980, S. 9-12.

52. Die unregierbare Stadt. Kommunalpolitik – erstarrt im Netz der Justiz. In: Die Zeit v. 25.4.1980, S. 16.

53. Auch etwas Radau. Aber: Es gibt Grenzen für die Gelassenheit. In: Die Zeit v. 20.3.1981, S. 3.

54. Bessere Chancen für die Städte und ihre Bürger. In: Bessere Chancen für die Städte und ihre Bürger. Vorträge, Aussprachen und Ergebnisse der 21. ordentlichen Hauptversammlung des Deutschen Städtetages vom 25. bis 27. Mai 1981 in Hamburg. Köln: Kohlhammer 1981. S. 31-47.

55. Kommunale Wirtschaft '81 – unser Konzept in der Bewährung. In: Kommunale Wirtschaft – unser Konzept in der Bewährung. Dokumentation der VKU-Verbandstagung 1981. Köln: Verband Kommunaler Unternehmen 1981. (Beiträge zur kommunalen Versorgungswirtschaft. 60). S. 73-90.

56. Notfalls entlassen. Der Deutsche Gewerkschaftsbund forderte erneut das Streikrecht für Beamte. Begründung: Für sie gelte wie für alle Arbeitnehmer das grundgesetzlich garantierte Koalitionsrecht. Interview mit Städtetagspräsident Manfred Rommel. In: Die Zeit v. 11.12.1981, S. 24.

57. Ohne den Ausbau der Kernkraft könnte es zum ökonomischen und sozialen GAU kommen. Energiepolitik in der Bundesrepublik Deutschland. In: Handelsblatt v. 2.10.1981, Sonders. 1.

58. Sind die Städte noch regierbar? In: der städtetag N.F. 34 (1981), S. 143-144.

59. Städtische Selbstverwaltung noch nie so wichtig wie heute. In: der städtetag N.F. 34 (1981), S. 1-2.

60. Was dem einen recht ist, ist dem anderen billig. Die Konzessionsabgaben sind für die Gemeinden unverzichtbar. In: der städtetag N.F. 34 (1981), S. 671-672.

61. Wettbewerbsnachteile sind nicht akzeptabel. Haftungszuschlag für Sparkassen. In: Handelsblatt v. 16.11.1981, S. 8.

62. Entsorgungssorgen – wie berechtigt sind sie? In: der städtetag N.F. 35 (1982), S. 481-483.

63. Die Erde wieder bewohnbar machen. Unsere liebe Stadt. Beiträge von: ... Manfred Rommel ... In: Rheinischer Merkur v. 7.5.1982, S. 20-21.

64. Landeshauptstadt Stuttgart. Residenz – industrieller Schwerpunkt – Heimat des Buches und der Musen. In: Das Parlament v. 7.8.1982, S. 10.

65. Thema: Hochschulstadt Stuttgart. Manfred Rommel u.a. In: Deutsche Universitätszeitung 38 (1982), H. 10, S. 10-40.

66. Boykott der Volkszählung – ein offener Rechtsbruch. In: der städtetag N.F. 36 (1983), S. 171-172.

67. Energiepolitik – Umweltschutz – Preise – Ordnungspolitik. Statement anläßlich der Abschlußpressekonferenz zur VKU-Verbandstagung am 7.10.1983 in Würzburg. In: der städtetag N.F. 36 (1983), S. 834-835.

68. Kommunale Unternehmen – die Zukunft meistern. Beilage mit Beiträgen von: ... Manfred Rommel ... In: Handelsblatt v. 7.10.1983.

69. Kommunale Unternehmen – die Zukunft meistern. In: Kommunale Unternehmen – die Zukunft meistern. Dokumentation der VKU-Verbandstagung 1983. Köln: Verband Kommunaler Unternehmen 1983. (Beiträge zur kommunalen Versorgungswirtschaft. 62). S. 107-120.

70. Unser Land braucht starke Städte. In: Unser Land braucht starke Städte. Vorträge, Aussprachen und Ergebnisse der 22. ordentlichen Hauptversammlung des Deutschen Städtetages vom 13. bis 15. Juni 1983 in Frankfurt am Main. Köln: Kohlhammer 1983. S. 43-55.

71. Die Zukunft meistern. Kommunale Versorgungswirtschaft 1983. In: der städtetag N.F. 36 (1983), S. 657-658.

72. Zusammenarbeit zum Vorteil von Kommunen und sportbegeisterten Bürgern. In: der städtetag N.F. 36 (1983), S. 818-820.

73. Emotionen verringern keine Emissionen. In: der städtetag N.F. 37 (1984), S. 591-592.

74. Moral und Vernunft in der Politik. In: Zeichen unserer Zeit. Ausgewählte Höxberg-Gespräche. Hrsg. vom Arbeitgeberverband Nordwestdeutscher Zement- und Kalkwerke, Beckum. Köln: Deutscher Instituts-Verlag 1984.

75. Ökologie und Ökonomie – Gegensatz oder Ergänzung? In: der städtetag N.F. 37 (1984), S. 1-2.

76. „Stil verbessern heißt Gedanken verbessern". Kurt Georg Kiesinger war immer bestrebt, aus der Politik ein Ganzes zu machen. In: Stuttgarter Zeitung v. 7.4.1984, S. 5.

77. Umweltschutz – aber mit Vernunft. In: der städtetag N.F. 37 (1984), S. 695.

78. 175 Jahre Stein'sche Städteordnung. In: 175 Jahre Stein'-sche Städteordnung, 10 Jahre Deutsches Institut für Urbanistik. Sondersitzung des Hauptausschusses des Deutschen Städtetages am 17. November 1983 im Reichstagsgebäude von Berlin. Köln: Deutscher Städtetag 1984. (Deutscher Städtetag. Reihe A, DST-Beiträge zur Kommunalpolitik. 4). S. 29-41.

79. Carl Goerdeler zum Gedächtnis. In: der städtetag N.F. 38 (1985), S. 319-323.

80. Kommunale Unternehmen. Beilage mit Beiträgen von: Manfred Rommel u.a. In: Handelsblatt v. 11.10.1985.

81. Kommunale Versorgungsunternehmen – Bewährtes verbessern, Neues gestalten. In: Kommunale Versorgungsunternehmen – Bewährtes verbessern, Neues gestalten. Dokumentation der VKU-Verbandstagung 1985. Köln: Verband Kommunaler Unternehmen 1985. (Beiträge zur kommunalen Versorgungswirtschaft. 67). S. 7-19.

82. Laudatio auf Teddy Kollek (anläßlich der Verleihung des Friedenspreises des Deutschen Buchhandels). In: Börsenblatt für den Deutschen Buchhandel 41 (1985), S. 2694-2697.

83. Perspektiven der kommunalen Versorgungswirtschaft bis zum Jahre 2000. In: der städtetag N.F. 38 (1985), S. 637-638.

84. 40 Jahre Stuttgarter Zeitung. Beilage mit Beiträgen von: … Manfred Rommel … In: Stuttgarter Zeitung v. 18.9.1985.

85. Btx-Tage Stuttgart '86. Beilage mit Beiträgen von: … Manfred Rommel … In: Stuttgarter Zeitung v. 22.2.1986.

86. Der hohe Leistungsstandard unserer Wasserversorgung verpflichtet zu verantwortlichem Handeln. In: der städtetag. N.F. 39 (1986), S. 47-49.

87. Kommunale Unternehmen. Beilage mit Beiträgen von: ...Manfred Rommel ... In: Deutsches Allgemeines Sonntagsblatt v. 25.5.1986.

88. Rheinischer Merkur – 40 Jahre. Beilage mit Beiträgen von: ... Manfred Rommel ... In: Rheinischer Merkur v. 15.3.1986.

89. Kräutles Kampf gegen die Kriminalität. Wie man in die Medien und halbwegs ungeschoren auch wieder von ihnen loskommt. In: Süddeutsche Zeitung v. 12.1.1987, S. 21.

90. Kommunale Versorgungsunternehmen. Umweltvorsorge ist Handlungsprinzip. Beilage mit Beiträgen von: Manfred Rommel u.a. In: Handelsblatt v. 1.10.1987.

91. Ordnungsgemäße Gewässerverunreinigung? In: der städtetag N.F. 40 (1987), S. 29-30.

92. Plädoyer für die pluralistische Struktur unserer Versorgungswirtschaft. In: der städtetag N.F. 40 (1987), S. 577.

93. Auf Hegel verzichten? Die hermeneutische Phänomenologie Paul Ricoeurs. Zur Verleihung des Hegel-Preises der Stadt Stuttgart an Paul Ricoeur. In: Hegel-Studien 23 (1988), S. 245.

94. Kommunale Unternehmen: Verantwortung und Fortschritt. In: Kommunale Unternehmen: Verantwortung und Fortschritt. Dokumentation der VKU-Verbandstagung 1987 in Karlsruhe. Köln: Verband Kommunaler Unternehmen 1988. (Beiträge zur kommunalen Versorgungswirtschaft. 70). S. 25-35.

95. Muß denn alles ebbes sein? In: Stuttgart. Kunst & Kultur. Stuttgart: Factor-Verl. 1988, S. 382.

96. Ziel: Die europäische Stadt. Die Ausländerproblematik in unseren Großstädten. In: Die neue Ordnung 42 (1988), S. 263.

97. Blickpunkt Baden-Württemberg: Kunst und Kultur. Beilage mit Beiträgen von: ... Manfred Rommel ... In: Die Welt v. 3.11.1989, S. 17-18.

98. Geschichte einer großen Täuschung. Adolf Hitler, die negative Kraft des Jahrhunderts. In: Stuttgarter Zeitung v. 15.4.1989, S. 49.

99. Die kommunale Wirtschaft auf dem Weg nach Europa. In: Versorgung in kommunaler Hand – eine weltweite Idee. Dokumentation der VKU-Verbandstagung 1989 in Köln. Köln: Verband Kommunaler Unternehmen 1989. (Beiträge zur kommunalen Versorgungswirtschaft. 73). S. 161-174.

100. Nationale Aufgabe Wohnungsbau. In: der städtetag N.F. 42 (1989), S. 689-690.

101. Ohne Städte keine Zukunft. Schlußwort. In: Ohne Städte keine Zukunft. Vorträge, Aussprachen und Ergebnisse der 25. ordentlichen Hauptversammlung des Deutschen Städtetages vom 29. bis 31. Mai 1989 in Bonn. Köln: Kohlhammer 1989. S. 115-119.

102. Die Zukunft des dezentralen Elements. In: der städtetag N.F. 42 (1989), S. 627-628.

103. 40 Jahre VKU: Daten, Informationen, Analysen. Beilage mit Beiträgen von: Manfred Rommel u.a. In: Handelsblatt v. 12.10.1989.

104. Baden-Württemberg. Beilage mit Beiträgen von … Manfred Rommel … In: Frankfurter Allgemeine Zeitung v. 6.11.1990.

105. Made in Germany. Beilage mit Beiträgen von … Manfred Rommel … In: Süddeutsche Zeitung v. 3.9.1990.

106. Multikulturelle Vielfalt in den Städten. In: Multikulturelle Vielfalt in den Städten. Ein Cappenberger Gespräch. Veranstaltet am 22. Januar 1990 in Hannover. Referate von Manfred Rommel und Barbara John. Köln: Kohlhammer 1990. (Cappenberger Gespräche der Freiherr-vom-Stein-Gesellschaft. 24). S. 7-16.

107. Ohne Steuererhöhungen wird es nicht gehen. Deutscher Städtetag / Der deutsch-deutsche Zusammenschluß und die Finanzpolitik aus städtischer Sicht. In: Handelsblatt v. 14.5.1990, S. 6.

108. Positionen der deutschen kommunalen Selbstverwaltung. In: der städtetag 43 (1990), S. 549-551.

109. Wir haben gemeinsamen Blutkreislauf mit der DDR. Der Stuttgarter Oberbürgermeister und Präsident des Deutschen Städtetags kritisiert den deutsch-deutschen Einigungsvertrag. Interview. In: Stuttgarter Zeitung v. 20.8.1990, S. 3.

110. Zum Tag der deutschen Einheit. In: der städtetag N.F. 43 (1990), S. 690.

111. Bedeutung und Notwendigkeit der Weiterentwicklung des ÖPNV. In: Der Eisenbahningenieur 42 (1991), S. 572-573.

112. Gesamtkonzept für die Finanzierung der Deutschen Einheit notwendig. In: der städtetag N.F. 44 (1991), S. 740-741.

113. Mit Energie für eine bessere Umwelt. In: der städtetag N.F. 44 (1991), S. 603.

114. Starke Städte für Deutschland und Europa. In: Starke Städte für Deutschland und Europa. Vorträge, Aussprachen und Ergebnisse der 26. ordentlichen Hauptversammlung des Deutschen Städtetages vom 4. bis 6. Juni 1991 in Hannover. Köln: Kohlhammer 1991. S. 29-40.

115. Wir verlangen: Kein Eingriff in die Konzessionsabgaben! In: der städtetag N.F. 44 (1991), S. 523.

116. Deutsche, Ausländer, Europa. In: Europa und die Menschen in unserer Stadt. Vorträge im Rahmen der Veranstaltungsreihe „Herbst der Kulturen '91". Manfred Rommel, Daniel Cohn-Bendit, Hakki Keskin. Stuttgart: Stadt Stuttgart 1992. (Stuttgarter Themen. 1). S. 3-12.

117. Der Gesamtstaat als Gegenstand gemeinsamer Verantwortung. Die drei politischen Ebenen müssen jetzt an einem Strang ziehen. In: der städtetag N.F. 45 (1992), S. 564-566.

118. Kommunalpolitik und Presse. In: der städtetag N.F. 45 (1992), S. 11-15.

119. Tendenzen bei der Finanzierung der Gemeindehaushalte. Was hat sich in Stuttgart in den letzten Jahren verändert? In: Der langfristige Kredit 43 (1992), S. 700-705.

120. Über Theodor Pfizer. In: der städtetag N.F. 45 (1992), S. 716-717.

121. Wanderungsbewegungen in und nach Europa. In: Sozialpolitik und ihre Träger. Zum Gedenken an Dr. Bernhard Happe, Franz Schuster (Hrsg.). Köln: Deutscher Gemeindeverlag / Kohlhammer 1992. S. 43-49.

122. Bemerkungen über Solingen und die Folgen. In: der städtetag 46 (1993), S. 456-458.

123. Freie Städte im vereinten Deutschland. In: Freie Städte im vereinten Deutschland. Vorträge, Aussprachen und Ergebnisse der 27. ordentlichen Hauptversammlung des Deutschen Städtetages vom 11. bis 13. Mai 1993 in Karlsruhe. Köln: Kohlhammer 1993. S. 27-37.

124. Im deutschen Interesse: Doppelte Staatsangehörigkeit. In: Vom Mitbürger zum Staatsbürger. Vorträge im Rahmen der Veranstaltungsreihe „Herbst der Kulturen" 1992. Frieder Birzele, Manfred Rommel, Kay Hailbronner, Hermann Glaser. Stuttgart: Stadt Stuttgart 1993. (Stuttgarter Themen. 2). S. 14-15.

125. Kommunale Wirtschaft in der Bewährung. In: VKU-Nachrichtendienst Nr. 539 v. 3. November 1993, Anlage, S. 2-5.

126. Städte in Not. Schlußansprache. In: Städte in Not. Ansprachen, Statements und Diskussionsbeiträge der außerordentlichen Hauptversammlung des Deutschen Städtetages am 18. Oktober 1993 in Bonn. Köln: Kohlhammer 1993. S. 55-59.

127. Thema: Citizenship, Bürgerbildung, Citoyenneté. ... Interview mit Manfred Rommel ... Neuwied: Luchterhand 1993. (Grundlagen der Weiterbildung. 4.1).

128. Die Grenzen des Möglichen sichtbar machen. Über aktuelle Probleme von Demokratie und Wirtschaft in Deutschland. In: der städtetag N.F. 47 (1994), S. 260-268.

129. Regionales Bewußtsein ist gefragt. Zu den Aufgaben der Region Stuttgart. In: der städtetag 47 (1994), S. 542-544.

130. Wir brauchen das Recht auf einen Hebesatz. In: Kommunalpolitische Blätter 47 (1995), S. 8-9.

Über Manfred Rommel

131. Krause-Burger, Sibylle: Über Manfred Rommel. Biographische Skizzen. Stuttgart: Verlag Bonn aktuell 1982.

132. Puhl, Widmar: Manfred Rommel. Der Oberbürgermeister. Zürich: Orell Füssli 1990.

133. Adieu, OB. Manfred Rommel zum Abschied aus dem Rathaus. Stuttgarter Nachrichten, Sonderbeilage v. 13. Dezember 1996.

134. Geißler, Heiner: Manfred Rommel. In: Große Stuttgarter. Gestalten aus fünf Jahrhunderten. Hrsg. von Erwin Teufel. Stuttgart: Deutscher Verlags-Anstalt 1996. S. 333-340.

135. Eine Institution mit Humor: Manfred Rommel. Stuttgart: Deutsche Verlagsanstalt 1996. (Damals spezial. 1/1996).

136. Manfred Rommel. Eine Ära geht zu Ende. Stuttgarter Zeitung, Sonderbeilage v. 13. Dezember 1996.

137. Manfred Rommel. 22 Jahre Oberbürgermeister. Amtsblatt der Landeshauptstadt Stuttgart, Sonderausg. v. 17.12.1996.

138. Müller, Ewald: Manfred Rommel geht und bleibt. In: der städtetag N.F. 49 (1996), S. 785-786.

Bearbeitet von Martin Jansen, Bibliothek der Hauptgeschäftsstelle des Deutschen Städtetages.

Autorenverzeichnis

Prof. Dr. Hans Braun, Universität Trier, Fachbereich IV – Sozialwissenschaften

Prof. Dr. Peter Eichhorn, Universität Mannheim, Lehrstuhl für Allgemeine Betriebswirtschaftslehre, öffentliche Verwaltung und öffentliche Unternehmen

Prof. Dr. Johann Eekhoff, Universität zu Köln, Wirtschaftspolitisches Seminar

Prof. Dr. Dietrich Fürst, Universität Hannover, Institut für Landesplanung und Raumforschung

Prof. Dr. Karl-Heinrich Hansmeyer, Universität zu Köln, Finanzwissenschaftliches Forschungsinstitut

Prof. Dr. Ferdinand Kirchhof, Eberhard-Karls-Universität Tübingen, Lehrstuhl für Staats- und Verwaltungsrecht, insbesondere Finanz- und Steuerrecht

Prof. Dr. jur. Franz-Ludwig Knemeyer, Universität Würzburg, Kommunalwissenschaftliches Forschungszentrum

Prof. Dr. Eberhard Laux, Landrat a.D., Düsseldorf

Prof. Dr. Heinrich Mäding, Deutsches Institut für Urbanistik, Berlin

Prof. Dr. Jürgen Mittelstraß, Universität Konstanz, Philosophische Fakultät, Fachgruppe Philosophie

Prof. Dr. jur. Albert von Mutius, Christian-Albrechts-Universität zu Kiel, Lorenz-von-Stein-Institut

Prof. Dr. Fritz Ossenbühl, Rheinische Friedrich-Wilhelm-Universität Bonn, Institut für Öffentliches Recht, Abteilung Staatsrecht

Prof. Dr. Günter Püttner, Eberhard-Karls-Universität Tübingen, Juristische Fakultät, Lehrstuhl für Öffentliches Recht

Prof. Dr. Dieter Sauberzweig, Senator a.D., Berlin

Prof. Dr. Gerhard Seiler, Oberbürgermeister der Stadt Karlsruhe,
Präsident des Deutschen Städtetages

Prof. Dr. Dr. h.c. Heinrich Siedentopf, Hochschule für Verwaltungswissenschaften Speyer, Lehrstuhl für Vergleichende Verwaltungswissenschaft und Öffentliches Recht

Prof. Dr. Dres. h.c. Klaus Stern, Rechtszentrum für europäische
und internationale Zusammenarbeit, Abt. Staatsrecht und Verfassungsrecht in Europa, Köln

Prof. Dr. Hellmut Wollmann, Humboldt-Universität zu Berlin,
Philosophische Fakultät III, Institut für Politikwissenschaft